도약하는 중국

천안문 2층에 올라 중국을 보다

정인화 지음

선학사

정인화

고려대 행정학과를 나와 국립대만대학교에서 정치학 석사를 하였다.
고려대에서 〈중국의 이데올로기 갈등과 정책변동〉으로 박사학위를 받았다.
현재 관동대 교양과 교수이며, 윤리학, 매스컴론, 리더십론, 중국학 등 교양과목을 강의한다. 북경대 방문교수를 지냈다(1999년).
지은 책으로는, ≪고뇌하는 현대인을 위한 윤리학 강의≫, ≪작은 도시가 사는 길≫, ≪클릭!차이나≫(공저), ≪유교문화의 두 모습≫(공저), ≪아빠와 딸이 여행을 하며 고전을 이야기하다≫ 등이 있다.

도약하는 중국

2009년 2월 20일 초판 인쇄
2009년 2월 25일 초판 발행

지은이 • 정인화
펴낸이 • 이찬규
펴낸곳 • 선학사
등록번호 • 제03-01157호
주소 • 121-801 서울시 마포구 공덕동 115-13번지 2층
전화 • (02) 704-7840
팩스 • (02) 704-7848
이메일 • sunhaksa@korea.com
홈페이지 • www.sunhaksa.com

ISBN 978-89-8072-217-4 (93350)

값 18,000원

머리말

– 貧者因書而富, 富者因書而貴 –
(가난한 사람은 책을 통해 부자가 되고,
부자는 책을 통해 귀한 사람이 된다)

중국, 그것은 내 삶의 지적 여행지였다. 1981년, 대만으로 유학을 떠나던 당시만 해도 중국은 우리에게 금기의 땅 "중공"이었다. 석사를 마치고, 다시 고려대 대학원으로 돌아와 "공산주의란 무엇일까"하고 그 본질을 이해하려 애썼다. 다행히도 우리나라의 북방정책으로, 1990년 1월부터 공산권 자료에 대한 접근이 가능해졌다. 나는 고려대 아세아문제연구소 도서관에서, 대출이 안되는 「인민일보」를 분석하여, 〈중국의 이데올로기 갈등과 정책변동〉이라는 학위논문을 썼다. 그리고 관동대학으로 왔다. 김영평 선생님의 제안으로, 아시아 가치를 재조명해보고 중국과 한국의 공무원문화를 실증 비교·분석한 연구서, 『중국문화의 두 모습』이란 책도 공저로 출판할 수 있었다.

한참의 세월이 흐른 후, '도약하는 중국'이란 제목의 교양강좌가 열렸다. 중국어를 곁들여, 중국의 사상·문화예술·역사·정치행정·경제정책 등을 그야말로 개론적으로 다루어 보았다. 서점에 나와 있는 대학교재는 너무나 딱딱하였다. 좀 쉽게 강의할 수는 없을까? 우선 강의노트를 정리하여 『도약하는 중국』이란 이름의 교재를 만들었다. 이제 그 교재를 다시 다듬어, 정돈된 책으로 출판하게 되었다. 〈천안문 2층에 올라 중국을 보다〉라는 책 제목을 붙이고 싶었으나, 기존 강의 교재의 연속이므로 책 제목도 『도약하는 중국』이라 하였다. 제 1, 2, 3부(중국 개요/중국인의 지혜/중국의 문화예술)는 비전공자를 위해 쓴 개론서이다. 제 4,5,6부(중국이 걸어온 길/덩샤오핑의 제2차 혁명/중국의 정부 운용방식)는 그간의 발표논문이나 책에서 발췌하였다. 가능한 한 현실감 있게 중국을 서술하기 위해, 내 딸과의 대화도 넣어 보았다. 탈고를 하고 보니, 역시나 너무나 딱딱한 글들이어서 당혹스럽다. 독자들은 필요에 따라 선택적으로 읽어주기 바란다. 아쉬운 점이 있다면 이 책에서는 중국 정부의 돈의 흐름, 즉 중국 정부의 예산과 재정을 분석하지 못하였다는 점이다. 이 부분이 중국정부 이해에서 우리나라 학자들이 넘어야 할 하나의 큰 산이라 생각한다.

2000년 봄, 북경대 방문교수 시절, 북경시내의 한 책방에서 본 '가난한 사람은 책을 통해 부자가 되고, 부자는 책을 통해 귀한 자가 된다'란 글귀가 생각난다. 자본주의화한 중국에서도 부자보다 더 중요한 것이 있음을 나타내는 말이라 참으로 인상적이었다. 내 책을 통해 독자들이 특히 대학생들이 한국이라는 좁은 지역을 벗어나 중국대륙으로, 나아가 세계를 향해 뻗어 나가는 포부와 길을 발견해주길 바라는 마음에서 이 책을 썼다. 부디 생각의 지평을 넓히고 세계로 나아가기 바란다. 또한, 책과 더불어 단순한 부자보다는 귀한 사람이 되길 기원해 본다.

작은 도시 강릉에서
정인화

차 례

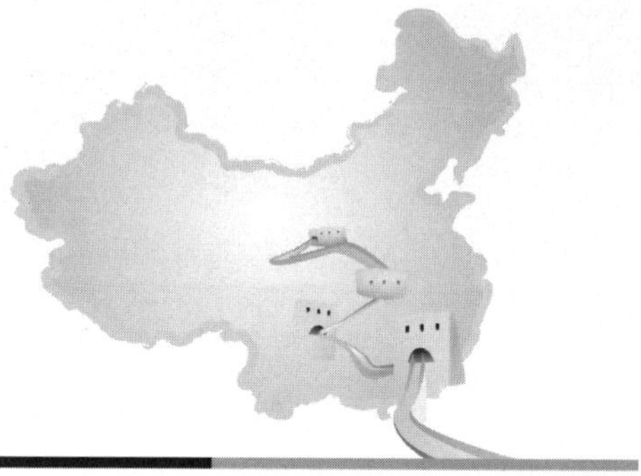

도 약 하 는 중 국 |제1부|

중국 개요

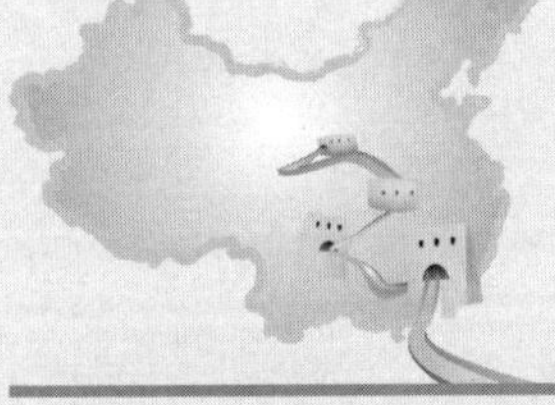

도 약 하 는 중 국 |제 1 부|

중국 개요

제 1 장

중국에는 누가 사는가?

1. 중국에 대한 기본적 이해

(1) 한국인과 중국인의 차이점과 공통점

Q : 중국에서 연인에게 선물해도 되는 것은?

① 옷 ② 시계 ③ 국화 ④ 우산 ⑤ 배

답은 '① 옷'이다. 우리 한국인은 손수건이나 신발을 연인에게 선물하지 않는다. 이 같이 중국인들도 연인끼리 선물하지 않는 것이 있다. 그것은 시계이다. '시계를 선물 한다'는 중국어로 송종(送鐘, songzhong)인데, 이는 '임종한다'는 의미인 송종(送終, songzhong)과 같은 발음이기 때문이다. 국화도 장례식에서 사용하기 때문에 꺼린다. 우산(雨傘)의 산(傘, san)은 헤어지다는 뜻인 산(散)과 같은 발음이기에 선물하지 않는다. 배도 나누어 먹지 않는다. 배를 나눈다는 뜻의 중국어는 이별(分離, fenli)한다는 뜻의 발음과 같기 때문이다.

그렇다면 중국인들이 가장 좋아 하는 숫자는? 8이다. 8의 발음이 '돈을 벌다(發財: 파차이)'라는 첫 글자 발음과 유사하기 때문이다. 홍콩 최고 부자의 롤스로이스 번호판이 8888이다. 8자가 연속으로 붙는 전화번호의 가격은 몇 십 몇 백 배이다. 북경올림픽은 2008년 8월 8일 오후 8시에 개막하였다. 서방에서는 〈신약성서〉 '요한계시록'에 나오는 악마를 대표하는 짐승의 머릿수가 666이라는 기록 때문에 6이란 숫자를 기피한다. 하지만 중국인은 6의 발음이 '리우', 즉 흐를 류(流)의 발음과 같아서 좋아하는 숫자이다. 그래서 6월 6일은 결혼식 길일이다. 중국인이 가장 좋아하는 색깔은? 차이나 레드(中國紅), 즉 붉은 색이다. 한국인(남한)에겐 악마의 상징인 붉은 색이 중국인에게는 행운과 기쁨을 상징한다. 악귀를 쫓고 복을 부르는 의미가 있다. 인생의 3대 기쁨이라는 결혼, 장원급제, 출산을 기념하는 색이 모두 붉은 색이다. 보너스(紅利), 축의금(紅包), 사업의 시작(開門紅), 대성황을 이룸(滿堂紅), 경조사(紅白喜事) 등에 모두 붉을 홍자가 들어간다. 혼인증서와 사주단자를 중국에서는 홍첩(紅帖)이라 부르고, 아들을 낳으면 붉은 물을 들인 계란(紅蛋)으로 친지를 대접한다. 경극에서 무생(武生: 남자배역)은 배역에 맞게 얼굴에 분장을 칠하는데, 붉은 색은 충성, 용맹, 정직을 상징한다. 무신인 관우(關羽)의 얼굴이 붉은 색이다. 춘절(春節: 구정명절)에는 홍등(紅燈)을 단다. 자금성은 문과 벽이 온통 붉은 색이다. 중국인은 또한 황색을 좋아한다. 황색은 천·지·인이 통일된 색채이자, 권위와 존엄의 상징이다. 중국인이 황색을 좋아하는 습성은 대지와 전통문화에 그 뿌리를 두고 있다. 중국인은 복(福)을 중시하고 다산(多産)을 중시하는데, 이는 황색을 좋아하는 기호와 일맥상통한다. 황색은 황제의 색이다. 수나라 때부터 황제의 전용색이 되었다고 한다. 자금성의 지붕이 모두 황색인데, 변방국가의 왕은 황색을 쓸 수 없었다. 우리나라 이조 왕들도 황포를 입지 못했다.

중국은 우리와 유교라는 문화를 공유한다. 하지만, 공산주의를 경험한 중국에서 유교는 타도의 대상이었다. 정치도 자유민주주의가 아니라, 여전히 공산당이 지배하는 사회주의체제이다. 우리나라와는 같은 뿌리, 다른 문화의 중국에는 누가 사는가? 이들은 어떤 사람들일까? 변화하는 중국, 중국인을 이해해 보자.

(2) 12억 대륙에 뜬 별 : 한족(漢族)과 소수민족

중국은 세계 최대 인구보유국이다. 그러나 중국은 더 이상 인구대국만의 나라가 아니다. 1949년 건국 이래 50년, 그리고 1978년 개혁·개방 이래 지난 30년은 중국을 "미래의 대국"으로 만들어 놓았다. 현재 중국의 경제규모는 세계 5위이다. 2050년에는 미국을 능가하는 세계최고의 경제대국이 될 것으로 예상하고 있다. 국제관계에서도 미국에 대하여 "아니다(no!)"라고 할 수 있는 유일한 나라가 되었다. 사실, 중국 전역에서 볼 수 있는 자전거의 물결처럼 중국은 느릿하게 "만만디(慢慢地)"하며 달려왔다. 그러나 한 사람이 시속 100㎞로 달리는 것보다 스무 사람이 10㎞로 달리는 전체속도는 두 배가 빠르다. 중국은 그러나 더 이상 모두가 10㎞의 속도를 내는 민족이 아니다. 100㎞의 속력을 내는 사람들이 전국에 6000여 만 명이다. 12억의 대륙 위에는 여전히 '5성 홍기'가 휘날리며 역사의 수레바퀴를 돌려가고 있다. 그렇다면 도대체 중국은 어떤 사람들이 살고 있는가?

중국은 한족(漢族)을 포함하여 56개 민족으로 이루어진 다민족국가이다. 중국에는 미인대회가 열리는데, 민족별로 최고 미인을 뽑은 뒤 전체 일등을 가린다. 이 미인대회참가자는 저마다 전통의상을 입고 자태를 뽐낸다. 56개 민족 가운데 한족(漢族)이 93%를 이룬다. 중국을 영어로 "China"라 하는데, 이는 중국 최초의 통일 왕조인 진(秦) 나라에서 연유한다. 발음은 "친"인데, "치나"에서 "차이나"로 불리게 된 것이다. 그런데 중국인은 자신들의 민족정체성을 진(秦)에서 찾지 않고 한(漢)에서 찾는다. 한(漢)은 한나라의 한이다. 기원전 206~기원후 220년까지 400년을 이어온 한나라를 중국인은 자신들의 민족과 동일시해 온 것이다. 한족, 한어, 한시라는 명칭에서 보듯, 항우를 물리친 유방이 세운 한나라를 중화제국 모태로 본다.

중국인들은 역대 중국왕조 중, 강한 한나라(强漢)와 성세를 이룬 당나라(盛唐)를 최고로 친다. 「품삼국(品三國)」이란 책으로 일약 중국 최고 고전 전문가로 부상한 이중텐(易中天) 샤먼대 교수는 이 두시기를 '한당기상(漢唐氣象)'이라는 말로 표현한다. 2008년, 중국인은 100년의 꿈이라는 베이징 올림픽을 개최하였다. 새둥지 모양의 주경기장 "냐오차오(鳥巢)"는 국제공모를 하여, 중국이 세계화된 나라이며 한나라, 당나라의 기상을 이어가고 있음을 자랑하였다. 올림픽 기념으로 CC- TV는 노래를 발표했는데, 제목이 '다시 한당으로 돌아가자(重回漢唐)'이다. "한족의 옷을 입고, 예의의 나라를 일으켜 한, 당으로 돌아가 다시 중화의 문화가 넘치는 성세를 읊고 싶다…"는 내용인 것이다.

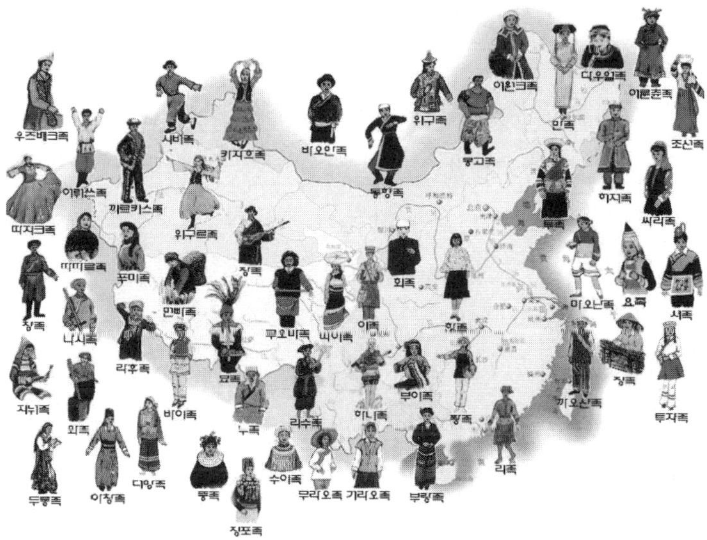

〈그림 1-1〉 중국내 소수민족

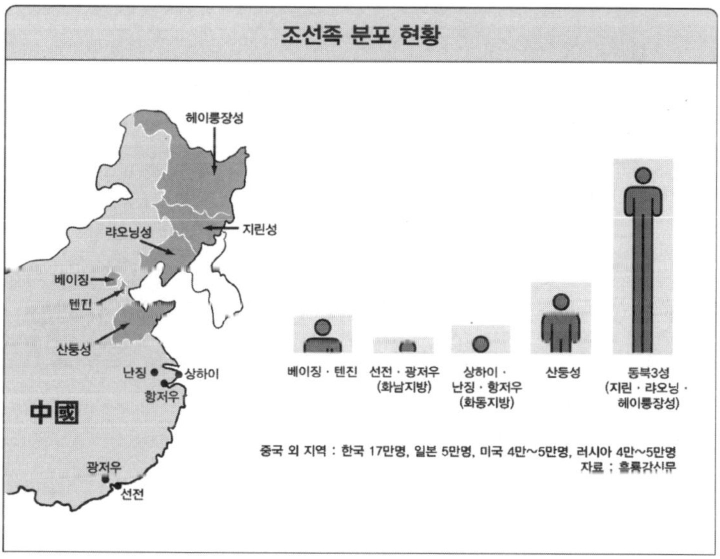

〈그림 1-2〉 조선족 분포현황

- 인구 100만 이상인 소수민족: 17개 민족
  (좡족, 후이족, 위구르족, 카자흐족, 다이족, 이족, 먀오족, 만주족, 티벳족, 몽고족, 투쟈족, 부이족, 조선족, 둥족, 야오족, 바이족, 하니족)
- 인구 10만 이상 100만 이하인 소수민족: 15개 민족
  (리족, 리수족, 서족, 라후족, 와족, 수이족, 둥샹족, 나시족, 시버족, 투족, 거라오족, 키르기스족, 다우르족, 챵족, 징퍼족)
- 인구 5만 이상 10만 이하인 소수민족: 4개 민족
  (무라오족, 사라족, 마오난족, 부랑족)
- 인구 1만 이상 5만 이하인 소수민족: 12개 민족
  (다지크족, 푸미족, 누족, 아창족, 에벵크족, 지눠족, 우즈벡족, 러시아족, 바오안족, 징족, 더앙족, 위구족)

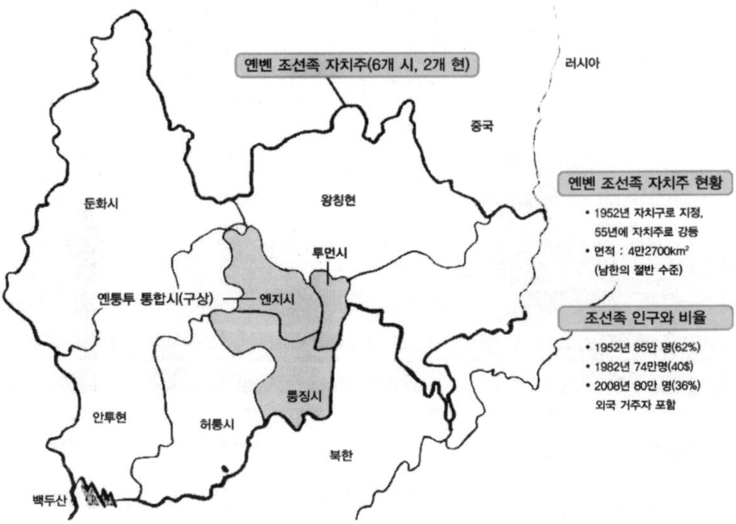

〈그림 1-3〉 흔들리는 조선족 자치주

• 인구 1만 이하인 소수민족: 7개 민족
(가오산족, 다다르족, 두룽족, 오르죤족, 먼바족, 뤄바족, 허저족)

한족이외에 회족, 장족, 태족, 이족, 백족 등 소수민족이 중국전역에 분포되어 그 민족문화를 유지하며 중국이라는 국가를 형성해 살고 있다. 장족(壯族) 1,500만 명, 만주 족 980만 명, 회족(回族) 860만 명, 몽고족(蒙古族) 480만 명 등이 중국전역에 분포되어 살고 있다. 조선족(朝鮮族)은 약 200만이 길림성, 요령성, 흑룡강성 등 동북지방에 살고 있다. 특히 운남성에는 장족(藏族), 묘족(苗族), 이족(彝族), 백족(白族) 등 많은 소수민족이 살고 있다.

중국은 평등, 단결, 자치, 발전을 근본입장으로 하는 민족정책을 펼치고 있다. 전국에 13개의 민족대학을 설립하여 소수민족 고급인력을 양성해오고 있으며, 몽골(蒙古), 서장(西藏), 회강(回疆) 자치구를 설치하고, 이밖에 소수민족의 자치주를 인정하고 있다. 예컨대, 조선족 거주지인 연변은 연변 조선족자치주이다.[1] 자치주는 그 행정책임자를 소수민족 중에서 선발하고, 그 구역 내에서 소수민족 언어사용을 인정한다. 연변조선족 자치주는 옌지시, 룽징시, 둔화시, 투먼시, 훈춘시, 허룽시 등 6개시와 왕칭현, 안투현 등 2개현으로 구성되어 있다. 문제는 옌벤의 조선족은 줄고 한족이 다수를 차시한다는 것이다. 젊은이들이 대도시로 나갔기 때문이다. 조선족 인구와 비율은 1952년 85만 명(62%), 1982년 74만 명(40%)에서 2008년에는 80만 명(36%)이다.

---

1) 조선족 자치주에는 연길시, 도문시, 돈화시, 용정시, 훈춘시, 안도현, 왕청현, 화룡현이 있다.

〈사진 1-1〉 달라이라마 14세(덴신간초)

〈그림 1-4〉 티벳 위치도

한족이 절대다수를 차지하는 중국이지만, 그러나 티벳, 위구르지역에서의 경우에서처럼, 중국정부는 소수민족의 분열에 예민한 반응을 보이고 있다.

(3) 언어와 문자

전 세계에는 6000~7000여 개의 언어가 있다. 이 중 가장 많은 인구가 사용하는 언어는 무엇일까? 그렇다. 중국어이다. 중국어(북방어)는 8억 8500만 명이 사용하고 있다. 영어가 그 뒤를 이어 4억 200만이 사용한다. 한국어는 7500만이 사용하는 언어이다.

중국에는 최소 56개의 언어가 있다. 각 민족은 고유의 언어를 사용하고 고유의 풍습을 유지한다. 예컨대, 조선족은 한국어를, 만주족은 만주어 등 고유 언어를 사용하고 있다. 중국어를 "구어위(國語)"라 하는데, 이는 북경어를 기초로 하여 제정된 표준어이다. 즉, 북경어가 중국의 표준어인 것이다. 현대백화문 작품을 어법규범으로 삼았다. 북경의 관료들이 쓰는 언어를 표준어로 채택한 것이어서, 이를 "베이핑화" 또는 푸퉁화(普通話)라 불렀으며, 영어로는 만다린(Mandarine)

이라 한다. 광동성은 광동어(Cantonese)를, 복건성은 민란어 등을 사용한다. 그러므로 "Can you speak Chinese?"와 "Can you speak Mandarine?"은 다르다. 홍콩 사람들이 쓰는 말이 광동어인데, 이들은 만다린을 따로 배워야 한다. 그러므로 "중국말 할 줄 아느냐"라고 물을 때, 어떤 중국말이냐를 따져야 한다. 즉, 표준어를 할 줄 아느냐는 질문은 "Can you speak Mandarine?"이 된다.

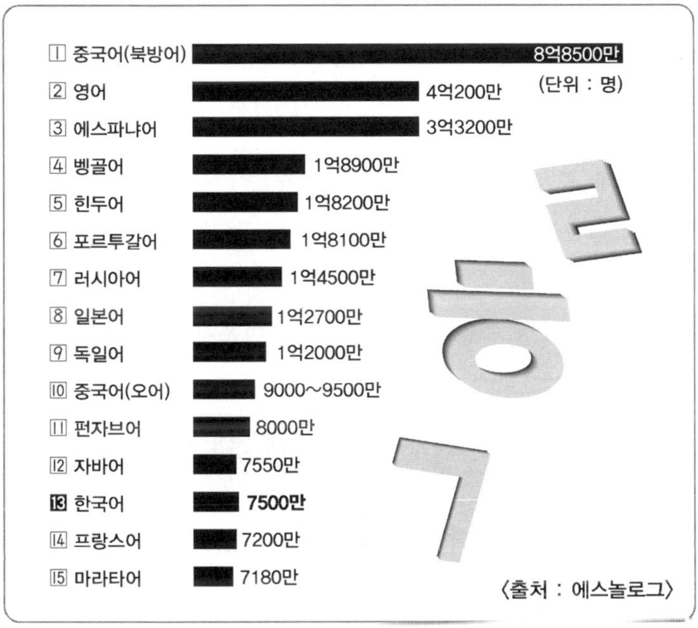

〈그림 1-5〉 전 세계 언어 7000여 개 사용사수 언어 순위

가 지방언어는 같은 민족임에도 서로 알아듣지 못한다. 상하이의 경우, 시교육위는 2005년 9월 새학기 부터 국어(중국어) 시간에 일부

시간을 상하이어로 진행하도록 하고 있다. 중국 가정의 표준어 사용률은 18%이고 상하이는 12%이다. 직장에서 표준어 사용률은 전국이 42%이고 상하이는 35%이다. 중국 교육부 조사결과 중국인 절반 이상이 표준어보다 지방언어를 선호하고 있다.[2)]

각 지방 언어가 다르다 보니, 성이 다른 자식도 생기는 웃지 못 할 일이 생긴다. 예컨대, 陳家勝이란 이름을 이사를 하며, 동사무소에 신고한다고 해보자. 陳의 표준발음은 천(Chen)이다. 그런데 복건성 동서기는 陳을 영어로 Tan으로 표기한다. 한편 광동성 서기는 Chan으로, 객사성 서기는 Chin으로 표기하게 되기에 생기는 현상인 것이다.

발음기호는 '한어병음자모'로 표기되는데, 이는 영어 알파벳을 사용한다. 예컨대, 엄마가 중국어로 媽媽인데, 이 발음을 'mama'로 표기한다. 國家의 발음은 'goujia'로 표기한다. 간화자 방안과 더불어 언어문자개혁의 일환으로 중국어를 보다 쉽게 배우게 해준다. 특히 컴퓨터에 중국어 문자를 입력함에 있어서, 한어병음자모는 유용한데, 컴퓨

〈그림 1-6〉 중국어 발음도

2) 한겨레, 2005.10.3일자(통신원 리포트)

터에 영문으로 mama를 치면 媽媽, goujia를 치면 國家로 변환되어 나타난다.

중국문자는 한자(漢字)를 사용한다. 한자는 갑골문, 금문, 소전, 예서, 초서, 해서, 행서의 순으로 변화하였다.3)

중국을 통일한 진시황은 당시 복잡다기한 한자를 소전체(小篆体)로 통일시켰다. 이 소전체는 2008 북경 올림픽을 도안안 서체이다. 진시황의 이른바 '서동문(書同文)' 정책은 중국 통일의 기초를 닦는 주춧돌이었다.

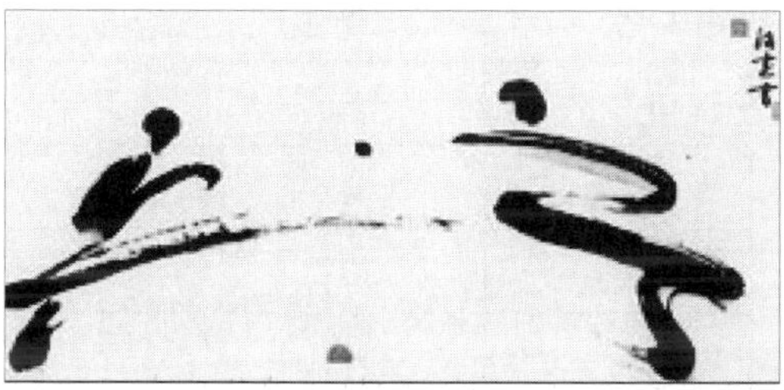

(서예가 왕쉬이안(王緖元)의 작품 : 탁구하는 두 사람을 한자를 응용해 나타낸 그림)

〈그림 1-7〉 한자의 응용

〈그림 1-8〉 북경 올림픽 엠블럼

3) 도예숙, "중국의 언어체계", 한남대 편 〈21세기 도약하는 중국〉, 2001, p.35.

오늘날 중국은 정자체 또는 번체자(繁體字) 대신 간화자(簡化字)를 사용한다. 한자의 간화작업이 이루어진 것은 1950년대이다. 중국의 문맹률을 낮춤으로서, 마오쩌둥의 업적이라고 여겨지는 간화자 작업은, 1964년 문자개혁위원회에 의해 민간에서 통용되는 약자를 정리하여 〈간자화 총표〉를 공표하였다. 모두 2238개의 간자체가 실려 있다.

〈표 1-1〉 중국 번체자, 간체자

	번체자	간체자
동녘 동	東	东
말 마	馬	马
볼 견	見	见
바람 풍	風	风
마디 절	節	节
익힐 강	講	讲
길 장	長	长
값 가	價	价
팔 매	賣	卖
살 매	買	买
날 비	飛	飞

유엔은 2008년부터 모든 공식 중국어 문서에서 번체자(정자체) 사용을 중단하고 간화자만을 쓰기로 결정했다. 이에 따라 번체자를 사용해온 대만과 홍콩 등은 반발을 하게 되었다. 간화자만으로는 중국전통문화를 계승할 수 없다는 이유이다. 대만, 홍콩, 마카오, 북미 화교사회 일부 등 3000만 명은 여전히 번체자를 사용하고 있다.

그러나 각 소수민족은 차츰 언어와 고유의 풍습을 상실해 가고 있다. 만주족, 몽골족의 경우 그 언어들이 거의 사라져가고 있다. 중국은 소수민족 정책을 통해 자치권을 인정한다. 북경에는 소수민족의 언어와 문화를 연구하고 가르치는 중앙민족대학이 있다. 중국은 소수민족의 자치구나 자치주를 인정하고 있다. 이곳에서는 소수민족을 대표로 선발하고 소수민족 언어를 중국어와 공동으로 사용케 하는 등 소수민족 우대정책을 펴고 있다.

중국의 대다수 소수민족은 한족에 동화되고 있으나, 조선족은 고유의 언어와 문화습속을 여전히 유지하며, 연변자치구에서는 민속축제등이 벌어지고 있다. 그리고 티벳과 위구르족은 독립을 요구하고 있어, 중국정부를 긴장시키고 있다.

(4) 물리적 환경

중국은 수탉같이 생긴 나라이다. 인구는 남·북한인구의 약 20배인 13억으로 세계인구의 5분의 1이다. 국토면적은 약 40배인 960만km^{2}이다. 14개 국가와 국경을 마주하고 있으며 세계 최다이다. 국경선 길이는 2만 2000km이다. 지금의 영토는 청나라 건륭제가 완성한 것이다.

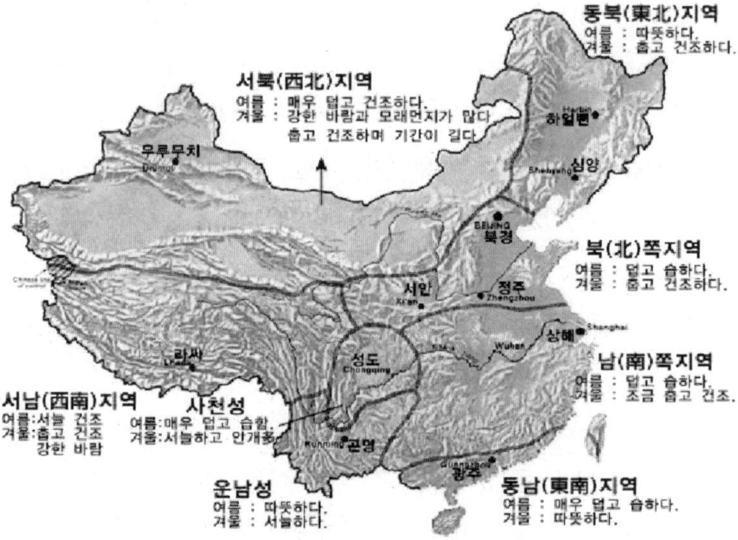

〈그림 1-9〉 중국의 지형

유라시아 대륙의 한가운데를 차지하고 있는 중국은 황하강과 양자강(장강)이 흐른다. 황하강은 중국의 문명을 탄생시켰고, 양자강은 중국의 남북문화를 구분하는 경계이다.

〈그림 1-10〉 중국의 인접국가

〈그림 1-11〉 양쯔강

〈표 1-2〉 동북3성의 개요

동북3성의 개요

헤이룽장성

- 면적 : 45.46만km² (한국의 5배)
- 인구 : 3817만 명
- GDP : 5303억 위안(전국의 3.88%)
- 1인당 GDP : 1만 3894위안
- 성도(省都) : 하얼빈
- 특징 : 석유 · 목재 공급 기지

랴오닝성

- 면적 : 14.59만km² (한국의 1.5배)
- 인구 : 4217만 명
- GDP : 6898억 위안(전국의 5.05%)
- 1인당 GDP : 1만 8297위안
- 성도(省都) : 선양
- 특징 : 중화학공업 발달

지린성

- 면적 : 18.746만km² (한국의 2배)
- 인구 : 2709만 명
- GDP : 2985억 위안(전국의 2.71%)
- 1인당 GDP : 1만 922위안
- 성도(省都) : 창춘
- 특징 : 주요 농산물 생산기지

〈출처: 중앙일보, 2006. 3. 28일자〉

동쪽은 요동 반도와 산동 반도, 그리고 발해만을 끼고 있으며, 북쪽으로는 내몽고자치주가 있고, 서쪽으로는 신강지구, 남쪽으로는 티벳고원지대를 그 경계로 하고 있다. 한반도와 영토를 마주하고 있는 동북 3성의 개요는 〈표 1-2〉와 같다.

〈그림 1-12〉 중국 행정구역

중국의 지방행정 구역은 4급으로 구분된다. 1급 행정구역은 성(省), 직할시, 자치구 세 종류이다. 하북성, 산서성 등 22개성, 내몽고 자치구, 광서장족자치구, 서장자치구, 영하회족자치구, 신강 위그루 자치구 등 5개 자치구 그리고 북경직할시, 천진 시, 상해 시 등 3개 직할시로 모두 30개 성급지역이 있다.

(5) 지리적·민족적 다양성과 정치적 통합

양자강 이남과 이북, 동북 3성과 화북 지방 등이 서로 다른 나라처럼 느껴진다. 특히 남북의 차이는 현저하다. 임어당은 "북방사람은 간략하고 질박한 사유와 힘든 생활에 익숙하며 체격이 크고 건장하다. 성격은 열정적이고 유머러스하며 대파를 즐겨 먹고 농담을 즐긴다"고 하였다. "당신이 동북 여인의 호방함과 상쾌함을, 서북 여인의 인내와 의연함을, 변방 여인의 날쌤과 용맹함과 상쾌함을, 중원 여인의 유쾌함과 명랑함을 보았다면… 그렇다면 강남으로, 상해로 가보라. 그곳 여인들의 특별한 고상함과 단아함을 느낄 수 있을 것이다"라고 하여 남북 여인의 성격 차이를 생동감 있게 묘사하고 있다.[4)]

북방인의 호쾌하고 시원시원한 성격을 나타내는 표시 가운데 하나가 술을 매우 좋아한다는 것이다. 북방을 여행하다 보면, 그곳 사람들이 아침에도, 점심에도 술을 마시는 것을 볼 수 있다. 당대 시인 이백은 40세에 산동을 방문했을 때 산동 사람들이 술에 취해 유유자적하는 풍속을 찬양하여, "난릉의 미주에 금향이 가득하고, 옥그릇 가득 따르니 푸른 호박(琥珀)빛이 넘치네. 주인이 손님을 취하게 만드니, 어디가 타향인지 알 수 없네(蘭陵美酒郁金香, 玉碗盛來琥珀光, 但使主人能醉客, 不知何處是他鄉)"라고 노래한 바 있다.[5)]

이런 다양성의 사회에 마르크스주의란 단일 사상이 통일을 하였으니, 중국의 역동성은 그만큼 후퇴한 것이다. 중국은 2000년도부터 화폐를 바꾸었는데, 그 이전의 100위엔 지폐에는 마오쩌둥, 저우언라이, 유소

4) 후자오량, 『중국의 문화지리를 읽는다』(서울: 휴머니스트, 2005), p.206.

5) 후자오량, 같은 책, p.207.

기, 주더 등 네 명의 혁명가 초상이 그려져 있었고, 소액권에는 소수민족의 그림이 있었으나, 지금은 모두 마오쩌둥 초상으로 통일하였다.

〈사진 1-2〉 중국 인민폐, 100위안 사진

이것도 독립 분리를 주장하는 소수민족과, 고구려 역사를 주장하는 남북한에 대한 견제의 일환으로 보인다.

2. 중국인은 어떤 사람일까

19세기 말 루쉰(盧迅)은 중국 민족성에서 '아Q정신'이라는 노예근성을 중국민족의 문제점으로 지적하며, 혁명을 통한 중국의 새 길을 제시하였다. 루쉰의 현실 참여적 문학은 문제해결을 추구하고 길을 묻던 중국인들의 자각에 공헌하여 신해혁명으로 이어졌다. 중국은 일본의 식민지배와 봉건적 잔재를 걷어내고 마침내 20세기 중반, 신 중국 건국의 영광을 되찾았다. 20세기 후반, 『추악한 중국인(1985)』에서 브오양(柏揚)[6]은 중국문화의 깊이 고인 물, 즉 '상녹'을 진단하고 비판하면서 새로운 세대가 그런 문화의 장독에서 빠져나오길 희망했다. 중국인의 뼛속 깊이 스며있는 유교문화의 잔재를 전염성 바이러스로 단죄하며, 중국인을 '더럽고, 무질서하고, 시끄럽다.'라고 표현한다. '죽어도 잘못 인정 안하며', '결코 단결하지 못하는', '폐병말기환자'같다는 것이다.

대만출신 브오양의 이 책은 금서였다가 최근 해금이 되어 중국에서 판매되고 있다. 브오양이 이런 책을 쓰고, 금서가 되었다가, 해금되었다는 것은 어떤 의미일까? 비판을 수용할 만큼 중국은 자신감에 차있고, 성숙하였다는 뜻이 아닐까.

자기 나라 민족의 문제점을 적나라하게 지적하고 혁명을 추구한 중국인은 청나라 말기의 루쉰(盧迅)이다. ≪아큐정전(阿Q正傳)≫, ≪공을기(孔乙己)≫등을 통해, 전통인습에 찌든 허구에 찬 중국인의 모습을 비판적으로 묘사하고 있다. 후스(胡適)도 〈차부다 선생(差不多 先生)〉이란 단편에서 우유부단한 중국인의 모습을 그리고 있다.

한편 린위탕(林語堂)은 자국민족의 문화전통인 유교와 도교의 세계를 서양문명에 못지 않을 뿐만 아니라, 유머감각과 현실성에 있어 서

6) 1949년 공산당 정권이 들어서면서, 장개석을 따라 타이완으로 건너간 그는 중국문화의 병리현상을 진단하는 한편, 타이완 사회와 관료집단의 추악한 이면을 신랄하게 공격하는 글을 잇달아 발표했다. 장개석 정권으로 부터 1968년 소위 '집행되지 않는 사형' 판결을 받고 9년 간 정치범 수용소에 수감된다. 이 기간 동안 『맨얼굴의 중국사』(창해, 2005)를 집필하였는데, 이 책은 역사서로서 25사와 ≪자치통감≫을 참고했지만 이단적인 역사서로 재탄생시켰다.

양보다 우월함을 자랑하고 있다.

무엇이 중국인의 참모습일까? 분명한 것은 중국의 경우, 지역에 따라 민족에 따라, 중국인의 사고와 행동양식은 다르다는 점이다. 예컨대 북경사람은 체면을 중시하지만, 상해인은 실리를 더 따진다. 북방사람은 음식을 많이 대접하고 또 손님은 음식을 남겨야 예의이다. 그러나 남방은 그와 반대이다. 그렇다면 중국인은 어떤 사람일까? 아니, 만약 외국인이 한국인은 누구인가? 라고 묻는 다면, 우리는 무엇이라 대답해야 하는가? 우리나라처럼 조그마한 국토에서도 경기인을 '경중미인', 충청인을 '청풍명월', 강원인을 '암하노불' 등으로 표현하였고, 지금도 특정 지역인에 대한 편견이 여전히 존재하고 있는데, 이것은 지역 갈등을 부추기는 데 이용될 가능성이 있으므로 조심해야할 것이다. 또한 동일지역 내에서도 사람들의 사상관념이나 행동특성은 천차만별이다. 특정지역 사람들의 성격을 조급함, 우매함, 경박함, 교만함 등의 어휘로 설명하는 것은 적합지 못한 표현일 것이다. 이러한 문화지리적 차이의 전제를 가지고, 중국인의 모습을 찾아내보자.

(1) 현실주의자 중국인

중국인의 생각 스펙트럼은 다양하다. 이상주의자 공자, 현실주의자 안영(안자), 초월주의자 노자, 박애주의자 묵자 등.

임어당(린위탕)은 그의 책 『내 나라 내 민족(吾國 吾民)』에서 중국인의 성격을 원만성, 참을성, 무관심, 노회, 평화주의자, 자족감, 유머, 보수주의 등으로 보고 있다. 그리고 중국의 정신으로 지혜, 여성다움, 과학적 정신의 결핍, 논리성, 직관력, 실용성 등을 들고 있다.

중국인의 특징을 가장 잘 나타내는 말은 “현실주의자”와 “중용”이란 말일 것이다. ‘인본주의적 현실주의와 사물의 중용(中庸)을 이상으로 삼는 사람들’이 중국인이라는 것이다. 린위탕(林語堂)은 『생활의 발견』에서 중국의 철학자들은 ‘한 쪽 눈을 뜨고서 꿈을 꾸는 사람들’이라 했다. 중국인의 생활철학으로 ‘위대한 현실주의, 불충분한 이상주의, 고도의 유머감각, 인생과 자연에 대한 고도의 시적 감수성’을 지적하고 있다.

그는 건전한 국민으로 영국인을 들고 있는데, 영국인은 현실주의와 이상주의를 잘 결합하고 있기 때문이라는 것이다. 그런데 중국인은 영국인보다 더 현실적이며 유머감각이 있으며 감수성이 뛰어난 민족이라고 자랑하고 있다. 자기 꿈을 웃으며 바라볼 수 있는 민족이 중국민족이라는 것이다. 린위탕은 다음과 같은 재미난 공식을 제시하고 있다.

▲ 현실 – 꿈 = 동물

▲ 현실 + 꿈 = 심통(心痛)(이상주의)

▲ 현실 + 유머 = 현실주의(보수주의)

▲ 꿈 – 유머 = 광신

▲ 꿈 + 유머 = 환상

▲ 현실 + 꿈 + 유머 – 지혜

현실을 R, 꿈을 D, 유머 H, 감수성 S라 한다면,

▲ R3D2H2S1 – 영국인

▲ R2D3H3S3 = 프랑스인

- ▲ R3D3H2S2 = 미국인
- ▲ R3D4H1S2 = 독일인
- ▲ R2D4H1S1 = 소련인
- ▲ R2D3H1S1 = 일본인
- ▲ R4D1H3S3 = 중국인

한국인의 공식은 어떠할까? R2D2H1S3 정도가 아닐까?

현세적 인간이란 가족 간의 질서와 우애의 가치를 내세운다. 사람이 되는 것, 이것이 중국인의 이상이다. 인의 본질은 사람과 사람 사이의 관계로, 부자, 형제, 동료, 친구, 상하관계를 포함한다. 중국인의 사회적 기초는 가정이다. 가족 속에서 모든 삶의 가치를 완성한다. 그래서 가족관계를 나타내는 중국어가 많다. 표(表: 외종사촌), 당(堂: 5촌), 증(曾: 2대 사이를 둔 항렬), 현(玄: 손자의 손자), 외(外: 외가), 간(干: 입양된 가족), 후(後) 등의 호칭 접두사를 붙인다. 영어의 aunt는 중국어에서 '백모, 숙모, 고모, 이모, 아줌마' 등 다양하게 번역된다.

'수신제가치국평천하'도 중국인의 입신과 처세강령이다. 가정과 국가가 중시되고 개인은 상대적으로 경시된다. 영어에서는 "I"를 대문자로 쓰고 "self"를 이용한 단어가 100여 개가 된다. 반대로 중국에서는 '나'는 가능한 한 감추어야 한다. 소인, 소자, 소승, 소신 등 자신을 낮추며, 심지어 왕도 스스로를 부족한 사람, 즉 과인(寡人)이라 불렀다. 아내도 내인(內人) 또는 내자, 천내(賤內), 조강(糟糠) 등으로 불렀고, 아들을 견자(犬子), 자기 집을 한사(寒舍)라 했다.

중국인은 또한 현실적 관계를 중시한다. "꽌시망(關係网)"이 중국사회를 설명하는 중요한 요소인데, 중국인은 관계를 통해 사업과 정치의 안정을 추구한다. 사실, 중국의 문화인 유교야말로 관계론적 관점에서 개인과 사회현상을 규명하는 사상이다.[7)]

중국인들은 의와 이(利)를 동시에 추구한다. 중국전통문화와 현대 상업의 상호관계는 다음 네 가지로 요약된다.[8)]

① 인을 근본으로 하여 고객을 최고로 여긴다.
② 덕을 근본으로 하여 서비스를 최고로 여긴다. 덕과 의가 이의 근본이다.
③ 신의를 근본으로 삼아 품질을 최고로 여긴다.
④ 화(和)를 근본으로 하여 협력을 최고로 여긴다.

공자를 숭상하는 중국인은 학문을 중시한다. 무보다 문을 중시하였다.

한때 중국에서는 문화대혁명기간동안 대학원 과정을 없애고 노동과 실천을 중시한 적이 있으며, 노동자가 최고의 대접을 받았다. 그러나 오늘날 중국인들은 자식이 학자가 되기를 바란다. 북경대 부속고(北大附中) 사무실에는 시가 걸려 있는데, 당나라 시인의 공부하러 떠나는 자식의 옷을 꿰매주는 부모에 대한 시이다. 봄날같은 어머니의 은혜를 어찌 잊겠는가 하는 시이다. 중국인의 교육열은 대단하다. 1990년 현재 미국의 화교는 총 165만 명으로 전체 인구의 0.6%이다. 그런데 미국이 13만 고급 과학자와 엔지니어 약 25%를 화교가 차지하고 있다. 또한 미국 각 대학의 물리학과 및 수학과 주임교수의 1/3이 중국인이

7) 신영복, 『강의』(서울: 돌베개, 2005)에서 신영복은 중국의 사상을 관계론적 관점에서 분석하고 있다.

8) 후자오량, 같은 책, pp.59~60.

다. 1995년 세계 3대 유명 학술지인 〈사이언스〉와 〈네이처〉 그리고 〈셀〉에 발표된 중국인 학자들의 우수 논문은 각각 23.4%, 22.8%, 35.6%이다.

중국인이 현실주의자라는 것에는 먹고 마시고 즐기는 삶을 중시하는 것도 포함된다. 즉, 감각의 세계를 중시한다. 그래서일까, 중국인은 특히 음식문화가 발달하였다. 프랑스, 중국은 세계 최대의 음식문화대국이다. 중국은 다양한 술과 차 문화가 발달된 것도 현세적 인간과 깊이 관련된 것이리라. 중국인의 흔한 인사말인 "니 츠판러마(밥 먹었어요?)"도 중국문화를 잘 나타내는 언어이다.

중국인의 현실주의를 잘 나타내는 말이 "동가식 서가숙(東家食西家宿)"이다. 우리나라에서는 이 말이, 오갈데 없이 떠돈다는 말이지만, 그 원뜻은 전혀 그렇지 않다. 조나라의 처녀 얘기다. 이 처녀에게 혼처가 나왔는데, 동쪽의 총각은 부자이나 못생긴 신랑이고, 서쪽의 총각은 가난한데, 잘생겼다. 어디로 시집가야할 것인가? 이때 조나라 처녀는, "밥은 동쪽 집에서 먹고, 잠은 서쪽 집에서 자겠다"라고 하여, 실용주의적 사고를 보여주고 있다.

(2) 현실이익중시의 가치관

미국의 정치학자 잉글하트는 국가발전의 목표에서 물가와 인플레억제, 사회 질서 유지를 강조하는 경제주의적 태도를 '물질주의'로, 언론자유 보장과 정책 결정에 국민의 의견수렴을 우선시하는 문화주의적 태도를 '탈 물질주의'로 정의해 각국민의 가치를 비교분석한 바 있다.

물질주의 가치관 국제비교에서 비교대상국인 미국, 일본, 독일, 중국, 한국, 스웨덴 중 중국이 물질주의가 가장 높게 나타났다. 스웨덴

이 6.4%로 가장 낮고, 미국이 10%, 일본 19%, 독일 30%, 그리고 한국 36.7%, 중국 49.2%이다.

〈표 1-3〉 물질주의 가치관 국제비교

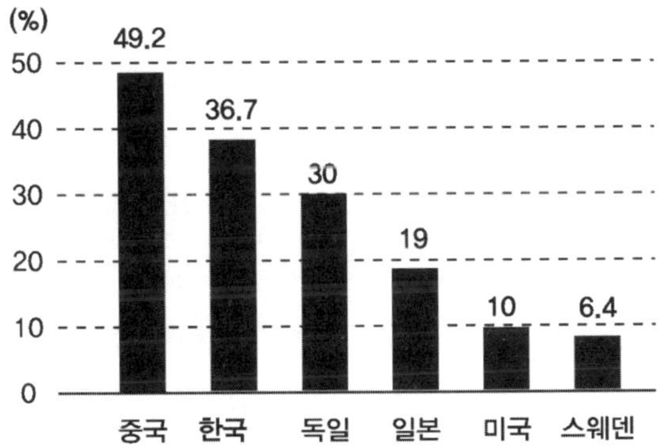

※ 외국자료는 1999~2000년 세계가치 조사 자료임.

(3) 중용주의자

"한쪽으로 치우치지 않는 것을 중(中)이라 하고, 변하지 않는 것을 용(庸)이라 한다." 그러므로, 중용은 조화, 균형, 원만함을 말한다. 음양의 조화 등 자연 질서의 조화에서부터 인간 삶의 방식에서의 조화까지를 포함한다. 중용은 명분과 현실의 조화를 지향한다. 그래서 중국어에서 명실상부(名實相符)란 말이 많이 쓰인다. 그러나 명분과 실리 둘 중 하나를 택하라면 중국인은 실속을 택할 것이다. "지나침은 부족함만 못하다(過猶不及)"도 중용의 사상이다. 덩샤오핑(鄧小平)의 유명한 말인, "흑묘백묘론(黑猫白猫論)"이야 말로, 실용주의의 극치를 보여주는 말이다. 흰 고양이든, 검은 고양이든 쥐만 잘 잡으면 좋은 고양이란 말이다. 일상에서 '무리하지 말라(不要勉强)'는 생각이 지배적이다. '자연스럽게 해라(順其自然)'도 중용이다.

이같은 중국인의 중용관의 기원은 3000여 년 전의 ≪주역(周易)≫으로 거슬러 올라간다. 주역의 핵심사상은 "음과 양이 결합된 것을 도(道)라 한다", "역은 궁하면 변하고, 변하면 통하며, 통하면 오래 간다"라는 명제에 잘 나타나 있다. 춘추전국시대에 형성된 중용관은 적당한 양과 정도, 그리고 최적의 상태를 강조한다. 상대의 체면을 살려주는 것도 중국인의 특징이다. 그래서 중국인은 마음에도 없는 말을 잘 한다. 상대가 나의 입장과 다르더라도 면박하지 않는다. '구동존이(求同存異)' 같은 것이 그 예이다. '크어타오화(客套話)', 즉 겸양어가 중국어엔 많다.

(4) 상대주의자

중국인의 삶을 지탱하는 두 가지 기둥은 유가(confucianism)와 도가(taoism)이다. 유가의 현실주의와 중용사상이 도가의 상대주의와 자연주의 사상과 서로 견제와 조화를 이루며, 함께 중국인의 의식세계를 지배한다. 장자는 유명한 예를 들고 있다. 서시(西施)나 양귀비(楊貴妃) 같은 미인이 산에 나타나면 산짐승은 날아난다. 연못에 나타나면 물고기는 숨는다. 인간의 눈에 미인이 절대미인인 것은 아닐 것이다.

(5) 인내심

중국은 자연재해와 전쟁을 수없이 겪었다. 그래서 "메이파쯔(沒法子)! ", 즉 "아, 방법이 없지."란 말을 많이 쓴다. 중국인의 인내심과 복수심을 잘 나타내는 고사성어(故事成語)가 '와신상담(臥薪嘗膽)'이다. 월나라의 구천은 오랜 숙적인 오나라에 인질로 잡혀 있었다. 설욕을 다짐한 월왕 구천은 미친 척 가장하여 인질에서 풀려난 후, 16년을 장작더미위에서 잠자고 쓸개를 씹으며 복수의 일념으로 산다. 드디어 원수 오나라의 왕 부차에게 복수를 한다. 구천은 서시(西施)라는 경국지색으로 미인계를 써서 숙적 부차를 파멸에 이르게 한다. 그래서 중국어엔 "영웅은 미인의 관문을 넘어야 한다(英雄應過美人關)"란 말이 있고 또 "제 눈에 안경"이란 우리말에 해당하는 "연인의 눈엔 서시로 보인다(情人眼里出西施!)"란 말이 생겼다.

흔히들 중국인을 포커페이스라고 하는데, 좀처럼 의중을 알기 어렵다는 뜻이다. 그래서 음흉하게 여겨지기도 한다. 상담을 할 때 우리나라 사람들이 늘 실패를 하는데, 성격 급한 한국인은 가격제시를 늘 먼저 하기 때문이다. 나는 서역을 여행 중 버스표 환불을 요구하였는데, 이들은 내가 먼저 화를 낼 때까지 끈질기게 기다리다가 환불을 해주지 않았다.

(6) 대강주의와 "만만디"

중국어에서 가장 재미난 말 중의 하나가 "차부뚜어(差不多)" 이다. 후스(胡適)가 쓴 단편 〈차부다 선생(差不多 先生)〉을 보자

> 당신은 중국에서 가장 유명한 사람이 누군지 아는가? 물론 누구든 그를 알고 있을 것이며 이름도 들어보았을 것이다. 왜냐하면 그는 중국인의 대표이니까.
>
> 그의 성은 차(差)요 이름은 부다(不多)이다. 그의 모습은 나나 당신과 별 차이가 없는데(差不多) 다만 보고 듣고 판단하는 것이 그다지 분명하

지 못하다는 특징이 있을 뿐이다.

그는 말한다.

"세상만사란 그게 그거야. 차이가 없어. 뭘 그리 따지면서 산단 말인가?"

그가 어렸을 때 일이었다. 어머니가 누런 설탕을 사오라고 시켰는데 그가 사온 것은 흰 설탕이었다. 어머니가 야단을 치자 고개를 갸우뚱거리며 말했다.

"누런 설탕이나 흰 설탕이나 차부다인데."

학교에서 선생님이 물었다.

"하북성의 서쪽은 무슨 성이지?"

"성서(陝西)성입니다."

"틀렸다. 산시(山西)성이야."

"섬서나 산서나 차부다 아닙니까?"(중국어 발음은 그야말로 차부다)

후에 그는 점원이 되었다. 글도 쓸 줄 알고 계산도 제법 할 줄 알았지만, 정확하게 하지는 못했다. 그래서 가끔 십(十)자를 천(千)자로 쓰거나 그 반대로 쓰기도 했다. 화가 난 주인이 욕을 퍼부었지만 그는 웃으면서 말했다.

"십 자나 천 자나 한 획 차이인데, 차부다 아닙니까?"

한번은 상해에 가기 위해 기차역에 나갔다. 2분이 늦었기 때문에 기차는 이미 떠나고 없었다. 멀리 사라지는 기차를 보면서 혼잣말로 중얼거렸다.

"내일 가지 뭐. 오늘 가나 내일가나 차부다잖아? 그런데 그놈의 기관사는 정말 너무했단 말이야. 8시 30분에 출발하나 8시 32분에 출발하나 차부다 아닌가?"

아무리 생각해도 그는 2분을 기다려주지 않은 기관사를 이해할 수 없었다.

하루는 차부다 선생이 급성질환에 걸렸다. 급히 시종을 시켜 동쪽 거리의 왕(汪)씨 성을 가진 의사를 부르게 했다. 그런데 그 시종은 너무 다급했던 나머지 그만 서쪽 거리의 왕(王)씨 성을 가진 수의사를 불러오고 말았다.

차부다 선생은 급해졌다.

"젠장! 왕(汪)이나 왕(王)이나 차부다 아니냐? 빨리 진맥을 하도록 해라."

결국 수의사가 치료를 하게 되었는데 아니나 다를까 얼마 안있다 그는 죽게 되었다.

그는 가쁜 숨을 몰아쉬면서 말했다.

"하기야 죽는 거나 사는 거나 따지고 보면 다 차부다지 뭐…"

그가 죽자 마을 사람들은 다들 그를 칭송했다. 그다지 철저하지도 따지지도 않았으니 얼마나 덕행이 있는 사람인가. 그래서 원통대사(圓通大師)라는 호를 지어 주었다.

그의 명성은 전 중국으로 퍼져나갔다. 수많은 사람들이 그를 배웠다. 그러나 이때부터 중국은 게으름뱅이의 나라로 바뀌고 말았다.

또한 중국인의 특성을 나타내는 말로 흔히 '만반디(慢慢地) 민족'이라 한다. 느릿느릿한 성품이 마치 자전거를 타고 느릿느릿가는 사람들을 닮았다. 아침이면 공원에서 중국인들이 하는 체조인 '타이쥐치엔(太極拳)'의 동삭저럼 느리다. 그러나 자신의 이익과 관련하여서는 놀랍도록 신속하다는 것이 경험자들의 얘기이다.

'메이꽌시(沒關係)', '만만라이(慢慢來吧!)'
'만저우(慢走!)', '만만츠(慢慢吃)'

등이 모두 중국어에서 흔히 듣는 이야기이다. 그러나 태평해 보이는 중국인도 변화의 속도는 무섭게 빠름을, 오늘날 변화하는 중국사회에서는 흔히 목격되는 일이다.

제 2 장

중국문화 이해하기

1. 중국문화의 특징

서양인이 한국에 와서, 한국인들이 개고기를 즐기는 것을 보고 충격을 받는다. 그렇다면, 우리나라 사람이 중국에 갔을 때 받는 문화적 충격은 어떤 것들이 있을까? 첫째는 화장실일 것이다. 화장실은 중국어로 "츠어수오(厠所)" 또는 "웨이셩지엔(衛生間)"이라 하는데, 공중화장실(꽁츠어: 公厠)의 경우, 칸막이가 없다. 상상해 보라! 먼저 재미난 신문 기사를 하나 인용해 본다.

> 3일 오전 베이징 천안문 광장 동쪽 여성용 공중 화장실 앞. 용변을 보려는 사람들이 길게 서있었다. 홍콩에서 온 중년 여성 관광객 팡은 30여분을 기다린 끝에 화장실 안쪽으로 들어섰다. 순간 가슴이 철렁 내려앉았다. 화장실에 칸막이벽은 물론 출입문도 없었기 때문이다. 사람들은 나란히 쭈그려 앉아 용변을 보고 있었다. 더욱 난감한 것은 그 바로 앞에 사람들이 기다리고 있다는 점이었다. 용변 보는 사람과 기다리는 사람

> 모두 민망한 듯 시선을 이리저리 내돌리고 있었다… 팡은 망설였다. 사정은 다급했다. 순간 가방 속에 들어 있는 양산이 생각났다. 자기 차례가 되자 그는 얼른 쭈그리고 앉아 양산을 앞쪽으로 펴 들었다… 그 모습을 지켜본 옆 자리의 여인이 신문지를 펼쳐 들었다. 그리곤 얼른 자기 얼굴을 가렸다…9)

내가 중국을 처음 방문한 것이 1990년 겨울이었다. 그해 겨울, 나는 서양에서 온 배낭여행 족들과 함께 북경을 여행했는데, 그 서양인들의 눈에 비친 천안문 광장의 화장실은 어떠했을까! 그중 한 여성 여행자는 내게 이런 놀라움 이외에, 화장실에서 '돈 받는 사람 하나, 휴지 파는 사람이 하나 더 있는 것'을 신기해했다. 당시 중국은 개혁·개방으로 공산주의 방식이 변하고 있었지만, 일자리를 전 국민에게 창출해야하는 공산주의 방식이 아직 화장실 근무자에게도 남아있음을 이 서양 여성 여행자는 이해하지 못했기 때문인 것이다.

그 후, 나는 1999~2000년 사이에 북경에서 당시 고1이던 내 딸 다훈이와 일 년을 살았는데, 그때 보니까 천안문의 화장실은 서양식으로 변해 있었다. 하지만 지금 읽은 신문 기사처럼 천안문 광장 주변 5개 공중화장실 문을 다시 모두 떼어낸 이유는 뭘까? "문이 달려있으면 사람들이 꾸물대고 잘 나오지 않는다. 기다림에 지친 사람들이 화장실 문을 발로 차는 바람에 문이 파손되는 경우가 많다"라는 게 관리인의 설명이었다는 것이다. 요컨대, 사람들의 화장실 이용시간을 줄이고, 시설물 보호를 위해 문을 떼어냈다는 이야기이다.

---

9) 중앙일보, 2006.10.4일자.

내가 북경대 방문교수로 있는 동안에 나와 내 딸은 중국전역을 여행하며 또 난처한 경우를 보아야 했다. 중국의 남쪽지방인 항주에서 여행할 때, 여관에 들었는데, 종업원이 우리보고 '결혼증명서'를 제시하라는 것이 아닌가. 나중에 안 사실인데, 중국에서는 결혼 전 남녀가 한방에서 묶는 것이 발견되면 그 여관은 벌금을 내야 한다는 것이다. 도덕적 삶을 중시한 공산주의 방식이 여전히 개혁·개방 중국에 남아있었던 것이다. 물론 외국인이 찾는 관광호텔은 그렇지 않지만 당시 우리는 호텔이 아닌 보통 여관을 찾아갔고, 중국어를 하였으므로 외국인이라 생각하지 못했기 때문일 것이다. 이런 경험은 2002년 겨울, 내 가족이 이슬람권을 여행할 때도 있었다. 예루살렘에 도착하여 값 싼 여관을 찾았는데 남자, 여자가 다른 방을 쓰는 숙소였다. 나는 집사람과 두 딸을 두고 다른 방으로 가야 했다. 가족을 보기 위해 그 방에 잠시 있었는데, 종업원이 달려오더니, "어떻게 남녀가 한방에 있을 수 있느냐, 당장 나가라!"하고 큰 소리를 치는 것이었다. 우리가 무작정 찾아 들어간 값싼 숙소는 예루살렘의 무슬림 거주지에 있는 아랍인이 운영하는 여관이었던 것이다.

중국을 공부할 때 먼저 문화적 차이를 이해해야 한다. 사람들의 삶의 방식과 사고방식은 문화권에 따라 달라지는 것이기 때문이다. 한 사회나 한 문하권에서 옳은 것이 다른 사회, 다른 문화권에서는 그른 것이 될 수 있다. 선과 악은 상대적이란 것이다. 이를 문화상대주의(cultural relativism)라 한다. 보는 관점과 시각에 따라 문화현상은 달라진다.[10)]

10) 문화상대주의는 자민족중심주의(ethno-centrism)를 벗어나게 해준다.

몇 가지 예를 더 들어보자. 중국에서는 어지간한 고급식당에서도 금이 간 컵이나 그릇을 그대로 사용한다. 그리고 식당에서는 물을 주지 않는다. 어떤 한국인은 중국 식당에 가니 물도 안주더라고 한다. 여성들은 미니스커트를 입은 채 자전거를 탄다. 거리 곳곳, 공원이나 마을의 공터, 심지어 지하도에서도 춤을 춘다. 남녀노소 모두 춤을 즐긴다. 남자들은 집안에서 밥하고 청소하고 아이도 돌본다. 여성들은 밤이면 마작을 한다(打麻將). '화라락 화라락'하는 마작소리가 옆집에서도 들린다. 내가 대만에서 유학하던 시절 세 들어 살던 집의 "팡뚱(房東: 집주인)"도 그랬다. 한국인이 볼 땐 중국 남성이 모두 "치이엔(妻官嚴: 공처가)"으로 보이는 것이다(기관지염이란 중국어 발음과 같기에 공처가를 이렇게 부른다). 1949년 중화인민공화국 건국이후 여성의 지위는 크게 높아진 것으로 보인다. 허나, 실제 내가 대화를 나누어 본 중국 여성들은 여전히 여성이 중국에서 약자라고 말하고 있었다.

다른 예를 들어 보자. 북경대 정문엔 수위가 서 있다. 그런데 학생들은 이 문을 나가거나 들어올 때 자전거에서 모두 내려서 자전거를 끌고 들어온다. 왜일까? 수위에 대한 존경심을 그렇게 표현하는 것이다. 신 중국에서 노동자가 대학교수보다 더 존중받던 전통이 남아있기 때문인 것이다. 경어도 없다. 존칭은 사람 성 앞에 '라오(老)'자를 붙이는 정도이다. 그래서 "라오왕(老王)" 정도가 존칭이다. 집에서 부인도 남편도 서로 이름을 부른다. 계급 없는 사회를 지향한 중국 사회를 알

예컨대, 게르만 민족의 우월성을 주장하는 나치의 허위의식을 문화상대주의는 극복하게 해 준다.

아야 이 이상한 행동이 이해될 수 있을 것이다. 몇 가지 예를 더 들어 보자. 우리는 결혼식 축의금이나 장례식 부조금을 흰 봉투에 넣는다. 그러나 중국인은 축의금은 물론, 세뱃돈이나 보너스 등도 전부 “홍빠오(紅包: 빨간 봉투)”를 사용한다. 흰 봉투는 금기이다. 우리나라는 상가 집에서 막 웃고 떠든다. 이것을 서양 사람들은 어떻게 볼까?

흔히들 한국문화는 양반문화, 일본문화는 사무라이 문화라 한다.

한국문화는 수직적 문화로서 전통을 고수하는데 비해, 일본문화는 수평적 문화로서, 타문화를 흡수 동화하는 특징이 있다고도 한다. 그렇다면 중국문화의 특징은 무엇일까? 후자오량(胡兆量)은 『중국의 문화지리를 읽는다』에서, 중국문화의 특징으로, 5000년에 이르는 연속성과 개방성 그리고 동일성을 든다. 그러면서, 중국문화는 ‘여러 민족 공동의 열매’라고 한다.

(1) 5000년의 역사성

중국문화는 이집트, 인도, 메소포타미아, 그리스 문명과 함께 세계 5대 문명을 형성하고 있다. 이집트인이 상형문자를, 메소포타미아의 수메르인이 쐐기문자(설형문자)를 사용하였듯이, 중국인은 한자(漢字)라는 독보적인 문명을 가지고 있다. 인도문화, 그리스 문화, 아랍문화는 모두 중국문화에 대해 일정한 영향을 미쳤다. 정수일의 『고대문명교류사』에 보면, 벼 한 톨도 문명교류의 결과물이라 하는데, 중국은 독자적인 중화문명뿐만 아니라 지난 5천 여년 간 문명 교류의 역사를 지닌 나라이다.

아놀드 토인비(Arnold Toynbee)는 인류가 창조한 문명(문명권)은 모두 30개로 헤아렸다. 그중 성장 도중 정체된 정체문명 5개와 태어나기 전 죽어버린 유산문명 4개를 제외하면 제대로 성장한 성장문명은 모두 21개라고 한다. 이 성장 문명 중에서도 14개는 이미 사명을 다한 사문명이고, 지금까지 살아 숨쉬는 생존문명은 고작 7개(인도, 이슬람, 극동, 비잔틴, 남동유럽, 그리스 정교, 서구문명) 뿐이다. 캄보디아의 앙코르 와트는 그 엄청난 문명이 밀림 속에 묻혀 있었고, 요르단의 페트라는 1000년의 세월을 사막 속에 숨어 있었다. 잉카, 마야 문명 등은 모두 사라진 문명들이다. 중국문명은 유교문명으로서, 아놀드 토인비의 분류에 따르면 극동문명에 속할 것이다. 새뮤얼 헌팅턴도 『문명의 충돌』에서 세계 문명을 8개로 분류하는데, 역시 중국문명이 이 중 하나로 분류되고 있다.

우리나라의 단군 같은 존재인 황제(黃帝)가 중원을 통합한 것은 지금부터 약 4600여 년 전의 일이다. 그러나 역사적 발굴로 그 존재가 인정된 것은 은상(殷商) 시대부터이다. 3700년 전의 유적인 은허(殷墟)에서 갑골문(甲骨文)이 발견되었는데, 청동기상의 금문(金文)과 대전(大篆), 소전(小篆), 예서(隸書), 해서(楷書), 초서(草書)에 이르는 조자의 원칙이 보이고 있다. 이집트 문자는 19세기에 이르러 프랑스의 샹폴리옹에 의해, 수메르 문자도 지금으로부터 약 100여 년 전에 이르러서야 발굴되어 해독되었는데, 이는 세계 문명의 역사의 단절을 의미하는데 반해, 중국은 그 문화의 연속성이 유지되고 있음을 말한다.

무릇, 영토의 역사와 민족의 역사는 다르다. 터키의 경우, 그곳은 그리스 문명권이었으나, 1000여 년 전에 북방민족인 돌궐족이 서진하여 셀주크 터키, 오스만 터키 제국을 형성하여 지금에 이르고 있다. 쿠르드 족도 마찬가지다. 쿠르드족이 살던 땅은 지금의 이라크, 터키 등지이지만, 지금은 땅의 주인이 쿠르드족이 아닌 타민족이다.

≪삼국연의≫는 "천하의 대세란, 합쳐짐이 오래 되면 반드시 분화하고, 분화가 오래되면 반드시 합치는 법이다"라는 말로 시작한다. 중국은 장강(長江)처럼 유구한 세월을 분화와 합일을 지속하며 흘러온 것이다. 중국의 경우, 역사에서 몽골족과 만주족에 의해, 한족의 영토가 지배되어 주인이 바뀌었으나, 이들 민족이 지금 모두 한족에 동화되어 있음을 볼 때, 중국 역사에서의 연속성을 유지하고 있다. 5000년의 연속성은 중국문화의 가장 큰 특징인 것이다.

(2) 개방성과 친화성

중국의 개방성은 우선 그 지리적 위치에서 찾을 수 있다. 오늘날 14개국과의 국경을 접하고 있는 것이 단적인 예이다. 역대 왕조 중 가장 개방적인 왕조는 당(唐)왕조이다. 정관지치(貞觀之治: 617~649)로 꽃을 피운 당나라는 과거제도를 통한 문벌귀족 타파와 관용적 문화, 종교정책에 힘입어 세계제국으로 번성했다. 당 제국의 건국세력이 북방계의 혼혈집단이었음은 학계의 정설이다. 당 왕조는 한 왕조에 비해 동서교류와 통합에 보다 적극적이었다.

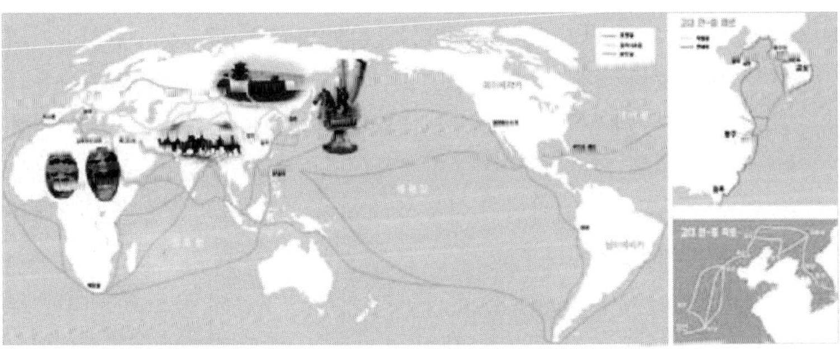

〈그림 2-1〉 실크로드

중국의 개방성과 국제성을 잘 나타낼 수 있는 근거는 실크로드(絲綢之路)일 것이다[11]. 장안(지금의 西安) 북쪽 10km지점에 '개원문'이라는 거대한 조각상이 있는데, 낙타에 비단, 향료 등을 싣고 떠나는 서역인의 조각상을 세워 실크로드의 출발지임을 알리고 있다. 중국은 이 실크로드를 통해 문물과 사상, 종교 그리고 사람이 교류되었던 것이다.

실크로드는 기원 2세기, 전한(前漢) 한무제가 장안서쪽 하서회랑(河西回廊)을 공략하며 생긴 동서연결 교통로이다.[12] 이 실크로드를 오간 사람들은 누구일까? 군인과 외교사절, 승려 그리고 상인들이다. 우선 실크로드를 개척한 장건(張騫)이 있다. 장건은 하서회랑(란저우와 둔황사이)에 있던 월지족(지금의 아프카니스탄)과 이들을 파미르 고원 서쪽으로 쫓아내고 실크로드를 지배했던 흉노와의 민족대립을 해결하기 위해 월지와의 군사동맹을 목적으로 파견된 외교사절이다. 당시 흉노는 북방의 강국이었다[13]. 진시황은 이들의 침입을 막기 위해 만리장

---

11) '실크로드'의 명칭: 독일 지리학자 리히트 호펜(1833~1905)이 서투르키스탄과 중국의 비단무역을 매개로 한 중앙아시아 교통로를 'Seidenstrassen'이라고 명명하였다.

12) 실크로드는 장안(서안)과 로마를 잇는 무역로이다. 하지만 실크로드의 종착역은 장안이 아니라 신라 경주라는 설이 정수일 교수에 의해 제기되고 있다. 경주 불국사에 기독교 십자가석과 마리아석상으로 추정되는 유적이 발굴되었으며, 괘릉의 석상이 아랍인의 모습이라는 것이다. 신라 처용은 ≪삼국유사≫에 의하면 헌강왕이 동해 용왕으로부터 얻는 용왕의 아들로 되어있는데, 처용이 아랍인일 가능성이 높다는 것이다. 정수일, 『고대문명교류사』(사계절, 2001) 참조.

13) 흉노는 중국이 바친 비단공물로 파미르 서쪽 국가들의 물품과 교역했으며, 월지는 북인도에 쿠샨 왕조를 세워 불교를 서역과 중국에 전파하였다. 텐산산맥 북쪽에서 남하해온 투르크(위구르) 인은 7~8세기 이란계 아리아인

성을 쌓은 것으로 유명한데, 중국에서 전한이 건국(기원전 202년)한 이래에도 흉노의 위협은 심각하였다. 기원전 152녀에는 한이 공주를 흉노에 시집보내 화친을 맺어야할 정도였다. 왕소군(王昭君)의 슬픈 스토리도 이 때의 이야기이다[14]. 한의 무제가 등위(기원전 141년)한 후 장건은 100여 명의 일행을 이끌고 제1차 서역 사행(139~126)을 하였다. 장건은 포로로 10여 년을 잡혀 있다가 탈출하여, 장안으로 돌아와 서역의 상황이 중국에 알려지게 된 것이다.

실크로드를 통해 오간 사람들은 승려들이다. 기원전 1세기에 비로절나(毘盧折那) 같은 승려들이 카슈미르로부터 우기(호탄)에 와서 불교를 전파했다는 기록이 있는데, 사실상 1세기 후반에 불교는 오아시스육로 남, 북도를 따라 돈황을 거쳐 하서회랑을 지나 장안과 낙양에 이르렀다고 본다.[15] 4세기에는 동진의 법현이 ≪불국기(佛國記)≫를 남겼고, 7세기 현장(玄奬)[16]은 ≪대당서역기(大唐西域記)≫를, 그리고 8세기 혜초(惠草)는 ≪왕오천축국전(往五天竺國傳)≫[17]을 남겼다.

을 축출하고 실크로드 무대에 등장하였으며, 서진하여 셀주크 터키, 오스만 터키 제국을 형성하였다.

14) 중국의 4대 미인은, 서시(西施), 초선(貂嬋), 왕소군(王昭君) 그리고 양옥환(양귀비, 楊貴妃)이다. 왕소군은 시인들의 작품에 많이 등장한다.

15) 정수일, 『고대문명교류사』(사계절, 2001), pp.488~495.

16) 현장은 627년 오아시스로 북도를 따라 천축(인도)에 갔다. 그 여행기인 ≪대당서역기≫에 고창, 구자, 사마르칸트, 바미얀, 카피샤 등 중앙아시아 제국에서의 불교 보급상황을 기술하고 있다. 현장은 구법여행에서 돌아와, 장안의 대안사에서 불경을 중국어로 번역하였다. ≪서유기≫는 현장의 이야기를 소설화한 것이다.

17) ≪왕오천축국전≫은 1908년 페리오에 의해 돈황의 '장경동'에서 발견되었다. 그 가치는 첫째, 현존 가장 오래된 국내 필사본, 둘째, 8세기 당시 인도

〈그림 2-2〉 혜초 복원도

〈사진 2-1〉 장경동의 펠리오

와 중앙아시아에 대하 기록으로 유일한 고대 문헌이라는 점이다. 정수일, ≪혜초의 왕오천축국전≫(학고재, 2004).

실크로드는 그 이름이 상징하듯 상인들의 길이었다. 마르코 폴로의 아버지는 상인이었는데, 그는 아버지, 삼촌과 함께 중국에 왔다가 귀국한 후, 유명한 ≪동방견문록≫을 통해 중국을 서양에 알리게 된 최초의 사람이다. 마르코 폴로는 로마 교황의 친서를 가지고 원나라 황제 쿠빌라이를 알현하였다. 17년간 원나라 조정에서 봉직을 한 후 항주에서 배로 유럽으로 돌아갔다. 그런데, 로마 가톨릭과 관련하여 아시아를 찾은 첫 유럽인은 마르코 폴로가 아니다. 카르피니와 루브룩이 먼저이다. 이들은 몽골의 동유럽 침공을 보고, 이들을 기독교화시키고 나아가 이슬람과의 싸움에서 그들 배후 지원세력으로 이끌어 들이기 위해 원나라를 찾은 것이었다[18].

중국에서 유럽으로 간 물건의 대표가 실크이다. 차, 향료, 도자기가 유럽으로 건너갔다. 그리고 종이가 있다. 종이는 중국의 4대 발명품의 하나이다. 당나라 현종 때 고선지는 서역정벌을 나섰는데, 중앙아시아의 “달라스 전투”에서 패하고 만다. 당시 아라비아에서 발흥한 이슬람이 동진을 하고 있었고, 투르크족과 연합한 이슬람 세력과의 전투에서 당나라가 패한 것이다. 이때의 당나라 장수가 고구려 유민인 고선지이다. 이때 붙잡힌 당나라 제지기술자들이 유럽에 제지기술을 전파한 것이다. 마치 임진왜란 때 붙잡혀간 조선의 도공들이 도자기 기술을 일본에 전해 준 것과 같은 것이리라.

서역에서 중국으로 들어온 물건은 무엇일까? 우선, 장건의 1차 사행을 계기로 포도, 석류, 호두, 호과, 호마, 호도, 마늘 등 음식물이 서역으로부터 들어오게 되었다. 국수는 서역에서 중국으로 들어온 음식

---

18) 박한제 외, 『유라시아 천년을 가다』(사계절, 2002), 제7장.

문화인데, 국수는 서역에서 유럽으로도 전파되었다. 실크로드는 「누들로드」였던 것이다. 음식물 이외에 구슬, 낙타, 한혈마, 비취, 소뿔, 사자 등이 실크로드를 통해 들어 왔다. 한혈마(汗血馬)는 천리를 달리는 말로서, 당시 한나라의 최대 수입품이었을 것이다. 이밖에 음악과 미술이 서역에서 들어왔다. 5현, 동고(銅鼓), 공후(箜篌), 피리, 저, 소 등이 그것이다. 옥(玉)도 서역에서의 수입품이다. 특히 화씨벽(和氏璧)이 유명한데, '화씨', 즉 화기사람들(월지인)이 캐낸 옥이다. 곤륜산, 호탄 등이 옥의 생산지이다. 이밖에 인도 벵골의 마포와 모직물, 러시아산 가죽, 페르시아 직물 등이 교류되었다.

유럽에서 중국으로 온 물건은 무엇일까? 유리가 대표적이다. 페르시아의 유리가 유명했으며, 4세기에 로만 그라스가 있었다. 경주 98호 고분에서 출토된 수병은 지중해 연안 로마유적에서 출토된 유리유물들과 유사하다고 한다.[19]

중국의 개방성과 친화성을 종교를 통해 좀 더 알아보자. 인도에서 전래된 불교는 중국문화에 지대한 영향을 끼쳤다. 양나라 때 불교를 받아들인 이래,[20] 달마선사가 중국에 입국하여 선불교를 전파하였고, 당나라 현장, 법현 등은 천축국(인도)에 불법을 구하러 여행하고 귀국하여 경전을 번역하는 등 불교의 전파에 힘썼다. 실크로드에는 곳곳에 불교유적이 널려 있는데, 운강(雲岡)석굴, 용문(龍門) 석굴, 맥적산(麥

---

19) 정수일, 『고대문명교류사』(사계절, 2001), 제4장.

20) 불교는 AD 47년, 양나라 황제가 꿈에 빛나는 성인을 보고 신하를 인도에 보내어 성인을 찾게 하였고, 이때 두 명의 인도승려가 중국에 들어 온 것이 최초의 전파로 알려지고 있다. 낙양의 백마사에서 중국어로 불경을 번역하였는데, 따라서 백마사는 중국 최초의 사찰이다.

積山) 석굴, 돈황의 막고굴(寞高窟) 등은 전부 북위(北魏) 시대에 건설되기 시작하여, 당나라에 꽃을 피웠다. 당시 낙양에는 외국으로부터 들어온 사문, 즉 승려가 3천여 명에 달하는데, 그중에는 멀리 서역, 심지어 대진국(로마)에서 온 승려도 있었다고 한다.[21)]

고대 동방 기독교는 중국에까지 전래되었다. 사도 도마의 중국전도설이 있는데, 1세기 초반 초대교회가 있던 에데싸(오늘날 터키의 상르우르파)와 인도 서해안 일대에서 전도하던 사도 도마가 인도로부터 해로를 통해 중국 한발리크(북경)에 이르러 전도하고 교회를 세운 후 다시 인도로 돌아갔다는 전설이다. 분명한 것은, 당나라의 수도 장안에는 불교사원 이외에 아랍상인들의 종교인 회회교(回回敎), 즉 이슬람사원이 있었다는 것이다. 여기에 더하여, 페르시아에서 들어 온 조로아스터교(배화교)나 마니교[22)], 그리고 기독교(景敎) 등 종교성직자들도 있었다는 것이다.[23)]

---

21) 정수일, 『고대문명교류사』(사계절, 2001), p.572.

22) 마니교는 기독교와 조로아스터교가 결합된 형태의 종교이다. 성 아우구스티누스는 마니교에 심취해 있다가, 어머니 모니카의 기도로 기독교로 개종하여, 교부철학을 일으켰다.

23) 우리나라에 가톨릭이 들어 온 것은 약 200년이다. ≪지봉유설≫을 쓴 이수광이 북경에서 마테오 리치가 쓴 ≪천주실의≫를 가지고 들어 온 것이 최초의 전파로 알려져 있다. 가톨릭은 당시 정약용, 정약전 형제 등에 의해 연구되었고, 이것이 서학(西學)이 되어 전통 유학과 반하는 것으로 인식되어 탄압을 받았다. 그런데 정수일 교수는 최근 경주 불국사에서 출토된 돌이 분명 마리아와 십자가라는 주장을 하고 있다. 그는 신라시대에 서역상인들이 경주에 상주하고 있었다는 것이다. 〈처용가〉의 처용, 고려가요 〈동동〉의 회회아비가 다 아랍인이라는 것이다. 경주 괘릉의 무인석이 부언의 증인이며, 용강동과 황성동에서 출토된 남자토용(7세기)의 복장, 용모 등

〈사진 2-2〉 대진경교중국유행비

중국 서안의 비림(碑林)에는 눈여겨 볼 비석이 하나 있다. '대진경교유행중국비(大秦景教流行中國碑)'가 그것이다. 당태종이 세운 비석이다. 이 비는 한 인부가 집을 짓느라고 땅을 파던 중 우연히 발견하였다고 전해지는 데, 아마도 박해를 피해 땅속에 묻었던 것으로 짐작된다.[24] 경교비는 동양 최고의 기독교비로서 경교를 포함한 고대 동방 기독교의 전파상 일단을 보여주는 귀중하고 신빙성 있는 자료이다.[25]

이 서역남자상이라는 것이다. 여러 정황으로 보아, 실크 로드의 끝은 당나라 장안이 아니라, 신라 경주라는 것이다.

24) 우리나라 기독교 전래는 청나라 때 마테오 리치의 ≪천주실의≫가 전해지면서, 이수광등이 소개한 것으로 되어있다. 기독교는 조선에서 서학이라 명명되어 박해를 받았는데, 청나라는 선교사 마테오 리치, 아담 샬 등의 비석을 세워줄 만큼 개방적이었다. 황제가 하사한 마테오 리치의 비석은 지금 북경의 북경행정학원(과거 중국공산당북경당위원회 자리) 마당에 있다.

이 비석에서 보듯, 중국에서 기독교(景教)는 635년 당 태종에 의해 공식허가가 되었는데, 이후 고대 동방 기독교는 대중국 공식전도의 길이 트이게 되었다.

종교뿐만 아니라, 실크로드, 초원의 길, 해상로를 통해 중국은 세계 문명과 교류하여 여러 민족문화가 융합되었다[26].

장안은 한, 당 두 왕조의 민족문화 교류의 중심지였다. 특히 음악과 무용은 각 민족의 문화교류에서 가장 전형적인 영역이다. 수 양제 시기에는 음악이 청악, 서량, 구자, 천축, 강위, 소륵, 안국, 고려, 예필 등 9부로 정리되었는데 이 가운데 청악과 예필 두 부가 한족의 음악이고 나머지는 모두 주변국들의 음악이었다. 당대의 악기에는 아부와 호부의 구별이 있었다.[27]

비파는 이란, 시리아, 터키 등지에서 비단길을 따라 들어 온 악기이다. 아부는 중원의 악기이고 호부는 서역에서 유입된 악기이다. 강거(지금의 사마르칸트)에서 전래된 호선무(胡旋舞)는 율동감이 격렬한 이란풍의 춤인데, 장안의 궁전에서 50여 년 동안이나 유행하였는데, 양

25) 정수일, 『고대문명교류사』, pp.573-592.

26) 콜럼버스는 1492년 신대륙을 발견하였다. 그런데 그 90여 년 전인 1405년, 정화(鄭和)는 명나라 영락제의 명으로 장병 2만 7800명, 배 62척을 이끌고 항해에 나섰다. 그 이후 28년간 7차 원정을 통해 아프리카까지 진출하였다. 정화는 이슬람계의 색목인 후예이다.

27) 당악(唐樂)은 통일 신라 시대에 전래되어 고려로 이어졌고, 이조에 이르러 종묘와 문묘의 제례악이 되었다. 당악은 통일신라를 통해 일본으로도 전래되었다.

〈사진 2-3〉 경주 괘릉의 석상

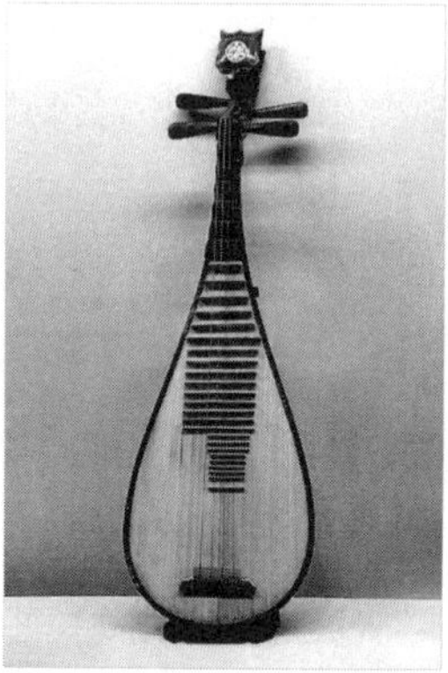

〈사진 2-4〉 비파

귀비는 호선무의 대가였다고 한다.[28] 인도무용을 바탕으로, 호선무를 융합시킨 쿠처 춤도 있었다. 이처럼 서역의 언어와 복식, 음식, 음악, 무용 등이 새로운 바람을 일으키면서 속속 중원으로 밀려들어와 거대한 중국 문화의 바다로 유입된 것이다. 북위의 효문제는 선비족이었으나, 북방의 언어를 사용하지 못하게 하고, 유학을 숭상했다. 성씨를 개조하고 혼인 풍속도 바꿨으며, 균전제를 시행함으로서 북방민족의 중국 문화체계로의 융화를 가속화하였던 것이다. 거란족(요나라)과 만주족(청나라)은 중원으로 진입하기 전부터 이미 한자와 한문을 배우기 시작했으며, 오늘날 소수민족으로 살아가고 있다. 전 세계의 유대인들은 지금까지 오랜 세월, 시나고그 등 종교적 전통과 유대의 문화전통을 유지해 오고 있지만, 북송 시기에 카이펑(開封)으로 이주해 온 유대인들은 완전히 중국문화의 거대한 바다에 융해되어 있다.

---

28) 후자오량, 『중국의 문화지리를 읽는다』(휴머니스트, 2005), p.42.

3) 다양성(커다란 지역 차이)

광활한 중국의 대자연은 천차만별이다. 만년 설산이 있는가 하면, 사막과 대초원이 펼쳐져 있고, 호수와 삼림 등 온갖 지형이 있다.

지역적 개발격차도 심하다. 국제연합개발계획(UNDP)에서 발표한 인류발전지수(Human Development Index)[29]에 따르면, 1997년도 전 세계 174개 국가 및 지역가운데, 상해와 북경은 각각 25위와 27위를 차지하여 선진국 수준에 도달한 것에 비해, 청해 성과 티벳 자치구는 각각 135위와 147위를 기록하여 개도국에 속하는 것으로 나타난다.

남북 문화의 차이는 여러 곳에서 나타난다. 우선 후자오량 교수의 설명을 들어보자.

> 언어의 경우, 남방은 번잡한 반면, 북방은 정제되어 있는 편이다. 문학의 경우, 남방은 초나라 굴원의 ≪이소(離騷)≫의 전통을 대표하는데 비해, 북방은 〈시경〉의 전통을 계승하고 있다. 또한 희곡에서는 남방은 부드럽고 북방은 강인하며, 무술에서도 남방은 주먹을 위주로 하고 북방은 다리를 위주로 한다. 범죄유형에서도 남방에는 사기범이 많고 북방에는 강도범이 많다. 남방의 음식은 섬세한데 비해 북방의 음식은 거친 편이고, 남방 사람들은 단 것을 좋아하는데 비해 북방사람들은 짠 음식을 좋아한다. 또한 남방 불교 선종에서는 성불을 중시하는 돈오설을 수상하는데 비해 북방의 선종에서는 점수설을 주장하여 이른바 '남돈북점(南頓北漸)'이란 용어가 탄생하기도 했다." [30]

---

29) 이 지수에는 인구 예상 평균 수명, 문지해득률, 새학생 비율, 개인의 평균 구매력으로 평가한 국내 총생산 등이 포함되어 있다.

30) 후자오량, 『중국의 문화지리를 읽는다』, p.52.

중국역사위에 수많은 이미지와 의미를 생산하며 흘러가는 황하(黃河)와 양자강! 이 두 강은 연안사람들의 성품에도 영향을 끼쳤다. 황하 이북사람과 절강(浙江), 상해지방 사람들은 확연히 다르다. 황하 이북사람들은 좀처럼 속내를 드러내지 않는다. 무뚝뚝하고 무표정하며 직설적이다. 반면 황하 이남사람들은 계산이 밝고 사교적이며 민첩하다. 그래서인지 절강성과 온주(溫州) 사람들이 동북부로 진출하여 돈을 번 사람이 꽤 많다고 한다.

나는 북경에 살며, 양자강 이남을 여행하였는데, 이때 북방문화와 남방문화의 차이를 느낄 수 있었다.[31] 북방문화는 '눈과 얼음의 문화'라 한다면 남방문화는 '비의 문화'라 할 수 있다. 길림성, 흑룡강성, 몽골지역 등은 겨울이 길다. 연중 5개월 이상 눈이 내린다. 하얼빈의 얼음축제는 긴 역사를 이어왔고, 길림성 장춘시의 "우쑹(霧凇)"은 겨울의 독특한 정취를 자아낸다. 반면 남방은 소리 없이 내리는 가랑비 같다. 그래서 굴원(屈原)같은 비극적 시인, 도연명 같은 전원시인이 등장한다. 북방은 소나무처럼 굳센 형상으로서 사람들도 체격이 굵고 크다. 반면 남방은 대나무처럼 섬세한 문화다. 항주와 소주에서 보듯, 차(茶)밭이 많고 정자와 원림(園林)이 발달하였다. 실크처럼 부드러운 직조도 남방문화에 속한다. 그래서 양자강 중하류 평원은 예부터 '강남의 물고기와 쌀의 고장'이란 아름다운 이름이 붙어 있다(長江中下平原自古以來就有 "江南魚米鄉" 之美名).

한편 북방은 말의 문화요, 남방은 소의 문화다. 북방은 밀을 주로 한 음식인데 반해, 남방은 쌀 음식이 주류다. 북방인은 호마처럼 사람

---

31) 정인화 · 정다훈, 『클릭! 차이나』(씨엘, 2000), 제4부.

들의 성격도 호방하고 호전적인데 비해, 남방인은 소처럼 온순하고 세심한 성격을 지닌다. 중국의 대표적 미인인 서시(西施)도 남방미인이다. 남방의 중심지는 남경이고, 북방의 중심지는 북경이다.

음식도 남방과 북방음식의 차이가 뚜렷하다. "북방에서는 교자(餃子: 물만두)를 먹고, 남방에서는 생선을 먹는다"는 말이 있다. 북방에서는 면(麵) 음식이 발달하였다. 찌고, 삶고, 조리고, 튀기고, 굽고, 지지고, 볶고, 버무리는 등 다양한 방법이 있고, 면 한가지만으로 100가지 음식을 만들어 낸다. 남방은 쌀 음식이 발달하였다. 떡, 쭝쯔(粽子), 탕위엔(湯圓) 등 다양하다. 한편 북방음식은 거칠고 푸짐한 반면, 남방은 세밀하고 정갈하다.

2. 중국인의 저력 읽기

(1) 역사의식

중국 최대 관광지의 하나는 서안의 병마용이다. 진시황의 지하무덤을 지키는 병사들의 위용은 보는 이로 하여금 감탄을 자아내게 한다. 황제의 그 어마어마한 권력이 지하의 궁전을 만들고 그 궁전을 지키는 군단도 만든 것이다. 나는 그러나 중국인의 저력은 병마용이 아니라 시안의 뻬이린(碑林)이라고 생각한다. 중국 전역의 비석을 모아 놓은 이곳이야말로 중국의 저력이 한눈에 보이는 곳이기 때문이다. 1973년 마왕퇴에서 한 묘가 발굴되었는데, 이 무덤에는 중국인들의 지혜가 담긴 서적이 대나무(竹簡)나 비단에 적혀 보존되어 있었다. 오늘날 전해 내려오는 서적과 당시 원본의 차이를 알 수 있는 귀중한 자료들인 것이다. 이 무덤에서 발굴된 백서주역(帛書周易)도 중국의 역사 문화적 저력을 보여주는 자료이다. 이 처럼 돌에, 무덤에조차 자신들의 역사와 문화 그리고 지혜를 담아 전하려는 중국인들의 의지, 이것이 중국인의 저력이 아니고 무엇일까. 다민족국가 중국의 힘은 중국인의 역사의식인 것이다. 중국인의 역사의식을 좀 더 살펴보자. 중국에는 기원 수세기 전에 주(周) 나라의 역사를 기록한 ≪춘추(春秋)≫라는 역사서가 있다. 공자가 기술한 역사서이다. 그래서 후세 사람들은 공자가 산 시대를 춘추시대라고 한다. 또한 위대한 역사가 사마천(司馬遷)의 ≪사기(史記)≫가 있고, ≪후한서≫, ≪자치통감≫등의 역사서가 있다.

중국인은 자신들이 사상이나 문화를 어디에 기록했을까? 처음 거북의 등에 기록한 이래, 이들은 대나무조각에 기록을 했고, 가장 오래 남을 기록으로 돌에다 새겼다. "뻬이린"이 그 대표적 예이다. 마치 이집트인들이 그 거대한 돌기둥에 글자와 그림을 그렸듯이, 수메르인들이 점토판에 쐐기모양의 글을 새겨 후세에 남기려 했듯이, 중국인들은 비석을 세웠다. 그 비석에는 중국인의 자랑 '사서삼경(四書三經)'의 내용도 담겨져 있다. 물론 불경도 기록이 되어 있다.

중국인의 불교에 대한 집념은 3대 석굴(용문석굴, 운강석굴, 돈황석굴)에 잘 나타나있는데, 또 하나 중국인의 저력을 보여주는 자료는 실크로드 요충지에 있는 '돈황석굴'이다. 이곳 '장경동'에서 불교문화뿐만 아니라 중국의 정신적 자료가 그대로 보관되어 있었다. 혜초(惠草)의 ≪왕오천축국전(往五天竺國傳)≫도 이곳에서 발견된 자료이다. 문화유산과 자료를 후손에게 전하려는 중국인의 의지와 노력이 석굴에 나타나 있는 것이다.

(2) 창조성과 상상력

중국은 역사상 두 번의 이민족 지배를 받는다. 몽고족에 의한 원나라와 만주족에 의한 청나라가 그것이다. 그런데 몽고족과 만주족은 중국문화에 결국 동화되고 그들의 문화는 지금 거의 흔적이 없다. 이처럼 민족을 이어온 저력이 역사의식과 더불어 중국의 고급 문화이다. 유교, 도교가 그것이다. 현실주의 철학을 가능케 한 경전이 중국엔 있어왔고, 이 고급문화가 동아시아 전역을 지금까지 지배하여 이른바 유교문화권을 형성하고 있는 것이다.

유교가 인간의 도덕적 품성과 지배자의 윤리를 가르치는 것이라면, 중국인은 창조적인 민족에서 둘째가라면 서럽다. 중국의 4대 발명품은 '종이, 나침반, 화약, 활자'이다. 2008년 북경 올림픽 때 중국인의 반한 감정이 표출되었는데, 그 이유 중 하나가, 한국인이 이 4대 발명품을 한국의 발명품이라고 하기 때문이라는 것이었다. 중국인이 한국인에 대해 느끼는 감정을 우리는 잘 이해해야 하는 좋은 예일 것이다.

또한 중국은 차와 실크의 나라이다. "차이나"는 최초의 통일국가 진(秦)나라에서 생긴 이름이다. 중국어 발음은 "친"이다. "친"이 "치나"로 다시 "차이나"로 변한 것이다. 우리나라 고려왕조에서 고려가 코리아가 이름 붙여진 것과 같은데, 아무튼 실크야말로 동서양을 이어주는 매개역할을 했다. 실크무역을 위해 만들어진 길, 즉 실크로드(쓰초우스루)를 통해 동서양의 문명이 교류되었다고 하는데, 사실 실크로드는 신라까지 연결되어 있었다. 신라불국사의 십자가 석상은 기독교가 신라까지 전해졌음을 말해 주고 있고, 괘릉의 석상은 아라비아 상인들이 신라의 거리를 누볐음을 보여주는 강력한 증거이기도 하다.

중국인은 창조성뿐만 아니라, 풍부한 감수성과 상상력의 민족이기도

하다. 중국인의 감수성은 기원전 수세기전에 공자에 의해 이미 ≪시경(詩經)≫으로 정리되어 졌고, 상상력은 ≪서유기≫, ≪수허전≫, ≪삼국지≫, ≪홍루몽≫등의 소설로 나타났다. 세계 최대의 서적인 ≪영락대전(永樂大典)≫, ≪사고전서(四庫全書)≫ 등이 중국의 문화의 힘으로 남아 있으며, 이밖에 서예, 옷, 건축, 정원예술, 찻잔 등에서 보이는 미학은 여타 민족을 능가한다.

(3) 거대함과 섬세함

중국은 흔히 거대한 국토답게 거대한 축조물로 유명하다. 세계 7대 불가사의의 하나인 만리장성이 그 예이다. 북경의 자금성도 그 규모에 있어 타의 추종을 불허한다. 중국의 유명한 명승지인 "지우짜이꺼우(九寨溝)"에 수십 리길에 이르는 산길 좌우를 모두 '덱크'로 깐 것을 보고, 역시 만리장성의 나라답다고 느꼈다. 북경 올림픽의 건축물, 특히 '냐오차오', '수이리팡' 그리고 '오페라하우스' 등도 중국인의 기상이 보이는 건축물들일 것이다.

흔히 일본인을 축소지향형이라 생각한다. 그런데, 중국인의 섬세함을 따르지는 못한다. 대만 국립박물관의 '감람핵주(橄欖核舟)'는 청나라 진조장(陳祖章)이 조각한 것으로 길이 3.4㎝, 높이 1.6㎝의 호두열매에다 배를 만든 것인데, 그 배 바닥에 소동파의 〈적벽가〉 357자를 새겨 넣었다. 그뿐인가, 상아 조각에다 산수화를 새겨놓은 것이 있는가 하면, 조그맣게 생긴 둥근 필통에는 〈죽림칠현도〉를 새겨놓은 것이 있다. 과연 감탄하지 않을 사람이 있을까!

제 3 장

변화하는 중국, 중국인

1. 개혁개방에 따른 변화

(1) 베이징 덕과 맥도널드

"만리장성을 못 보면 대장부가 아니고,
북경 오리구이를 못 먹어 보면 평생 후회한다"

북경 오리(베이징 덕)는 이처럼 속담에도 회자될 정도로 유명한 음식이다. 북경 장안대로에는 지금도 청나라 시내부터 이어온 130년의 전통을 이어오는 오리구이집이 있다. 그 유명한 샤스핀, 제비집 요리, 곰발바닥 요리 등 천하 일미가 여전히 명맥을 이어오는 북경에, 패스트 푸드 점이 등장한 것은 그리 오래된 일이 아니다. 맥도널드는 내가 방문교수로 가 있던 2000년 당시 북경에만 50개 이상이 있었다. 이 맥도널드는 문선성시를 이룬다. 남녀노소 다 줄을 서서 먹는다. 개혁·

개방으로 중국은 이미 자본주의의 모든 것이 다 들어와 있다. 노래방, 술집, 심지어 매춘업까지 성행하기 시작하였다. 맥도널드와 오리구이, 이것이 개혁·개방으로 변화된 중국의 과거와 현재 그리고 미래를 설명하는 좋은 소재가 되는 것이다.

사회변동도 예측하기 어려울 정도로 빠르게 진행되었다. 중국은 20%의 부유층이 전국 부의 50%를 차지하고 있다. 1994년 국무원 발전연구센터는 전국 민영기업 실태조사를 통해 백만장자가 5천여 명에 달한다고 발표했다. 그런데 1995년 11월 20일 「인민일보」는 1백만 위엔(1억 3천 만원) 이상의 재산가가 1백만 명이 넘었다고 보도했는데, 실제는 그 3배 정도일 것이라 한다.

(2) 개혁개방 이후 생긴 언어들

중국인의 변화는 소비행태도 바꾸어 놓고 있다. 홍콩경제지 신보(信報)에 의하면 중국인의 소비패턴은 의·식 중심에서 주거와 여행 위주로 바뀌고 있다. 중국인의 '3대 필수품'도 당연히 바뀌었다. 1970년대까지의 3대 필수품은 무엇이었을까? "손목시계, 재봉틀, 자전거"이다. 80년대는? "TV, 냉장고, 세탁기"이다. 그렇다면 오늘날은? "자동차, 아파트, 유학"이 중국인의 3대 필수품이다.[32)]

흔히 중국인을 "만만디 민족"이라 부른다. 그러나 개혁·개방으로 더 이상 만만디는 사라졌다. 실용주의적 중국인은 변화하는 세상에 빠르게 적응하였으며, 개혁·개방은 중국인의 성격과 민족성까지도 변화시키고 있다.

---

32) '월드 클릭' 중앙일보, 2005.10.5일자.

언어의 생성을 통해 중국사회의 변화를 살펴보자. 7~80년대에 유행한 말로, "바다에 뛰어 들어 금을 줍는다"는 뜻의 "샤히이푸진(下海捕金)"이란 말이 유행했다. 빈부격차가 벌어지자, 잘사는 사람을 질투하다 눈이 빨개지는 이른바 "홍이엔삥(紅眼病)"도 있었다. 상대적 박탈감이 생긴 것이다. '샤강(下崗)'은 정리해고를, '챠오여으위'는 "오징어를 굽다"라는 뜻인데, 역시 실직을 일컫는 말로, 모두 개혁·개방 이후에 생겨난 말이다. 티에판완(鐵飯碗)은 과거 개혁·개방 이전의 깨지지 않는 철밥 그릇을 일컫는 말이며, 다띠(打的)는 '택시잡다', 저우호우먼(走後門)은 '뒷문 입학'을 지칭하는 말로서 역시 개혁·개방 이후의 사회현상을 보여주는 말들이다. 70년대 불륜의 사랑을 일컫는 말은 간통(通奸), 몰래 사랑하기(偸情), 서방질하기(養漢) 등이었으나, 80년대 개혁·개방 이후 '제3자(第三者)'란 말이 생겨났고, 90년대에는 혼외정사(婚外戀), 바깥짝(外遇)[33] 등이 생겨났다. 대학 캠퍼스에는 "우팅(舞廳: 무도회장)"이 있어 주말이면 학생들이 댄스파티를 한다. 주말이면 북경의 유명대학에는 "따콴(大款: 부자)"들이 여학생을 사귀기 위해 고급 외제차를 타고 몰려온다. 나이 어린 정부를 샤오미(小蜜)라 한다. 샤오미 빵따콴(小蜜 傍大款)이란 말이 생겨났는데, 이는 "돈 많은 남자를 사귀는 젊은 여성"을 의미하는 속어이다. 북경에는 한때 '샤오미 빵따콴'이란 아이스케키가 있었는데, 커다란 아이스케키에 조그미한 아이스케키가 붙어 있는 모양이었다. 물론 당국에서는 이의 판매를 금지시켰다. 중국어 속담에, "배부르고 등 따시면 음탕한 생각하기 마련(飽暖思淫慾)"이란 말이 있는데, 중국은 경제 개혁·개방 이후 이런

33) 중앙일보, 1999.12.15일자(바람난 중국)

속담에 어울리는 현상들이 생겨나기 시작한 것이다.

정보화 시대의 도래와 함께 생겨난 언어들도 숱하다. 인터넷을 후리엔왕(互聯网), 인터넷 카페를 왕바(网吧), 헤커를 흐이커(黑客) 등으로 표현하고 있는 것이 대표적 예이다. 바링허우(八零後), 웨꽝주(月光族), 라이샤오주(賴校族), 셔우지셔우(手機手) 등도 중국 소비계층의 변화를 나타내는 신조어이다.

(3) 결혼으로 본 중국의 변화

중국에서 가장 인기 있는 남성 결혼상대는 누구일까? 신 중국 시대(1949~1978)에는 '해방군' 그리고 '노동자'가 결혼대상 1위였다. 군인은 명예로운 직업이었으며, 제대 후에는 직장이 보장되었다. 노동자의 월급이 의사, 교수 등보다 높았다. 당시 지식인은 "초우라오지우(醜老九)"라 하여, 가장 냄새나는 자들로 취급받았던 것이다. 개혁·개방 이후, 결혼상대 1위는 택시기사, 그리고 여행 가이드였다. 이들은 외국 손님으로 부터 팁으로 외화를 버는 고소득자이기 때문이다. 오늘날 중국사회에서, 무역상, 외국회사 근무자등이 결혼선호도가 가장 높은 직종이 되었다.[34] 한편, 오늘날 중국은 이혼이 급증하고 있다. 이에 따라 가정문제 상담전문가인 혼인가정사(婚姻家庭師)가 등장하였다고 한다.

34) 한국의 경우, 가장 선호하는 신부감 직업 1위는 공무원, 공사 직원이다. 2위는 교사, 3위는 금융직, 그 다음이 약사, 서비스직(승무원, 미용 등)의 순서이다. 가정 선호하는 신랑감 직업 1위는 역시 공무원, 공사 직원이다. 2위는 금융직이고, 3위가 회계사, 변리사, 세무사 그리고 4위가 의사, 5위가 연구원으로 나타나고 있다.

(4) 영화로 본 중국의 변화읽기

영화 '인생(活着)'도, 중국의 근대사를 그린 영화이다. 청말(淸末)에서 중일전쟁, 신 중국건설, 문화대혁명 등을 거치며 살아온 한 인생을 그린 이 영화를 나는 장춘(長春)의 대학생들에게 재밌느냐고 물어 보았다(2005년 9월초 방문 시). 재미없다고 했다. 신세대인 요즘 중국학생들은 문화혁명시기를 이해할 수 없다는 거였다.

북경의 한 음식점은 문화대혁명 당시의 물건들을 인테리어로 사용하여 특색있는 식당을 운영하고 있는데, 중국인들은 이미 문화대혁명을 아득한 과거의 역사로 기억하고 있는 것이다.

(5) "변화한"중국

오늘날 중국은 이미 세계에서 가장 빠르게 성장하고 변화하는 국가가 되었다. 중국 길림성의 장춘시 얘기를 해 보자. 중국의 많은 도시는 우선 매캐한 매연으로 찌들었고, 어지러운 간판과 지저분한 거리는 도시의 풍경이었고, 농촌은 낙후되어 있었다. 그러나 북경은 물론 저 변방의 도시인 장춘시, 길림시 등은 북경 올림픽 이전에, 거의 완전하게 변하여 있었다. 15년 전과는 물론, 불과 4~5년 전과 비교해 완전히 변해있었다. 외형적으로 변한 것을 보면, 다섯 가지가 변해있었다.

첫째는, 건물이 리모델링되었다. 과거 일본의 관동군사령부였던 선눌로 길림성 당위원회 건물은 산뜻한 건물로 바뀌어 있었고, 그 건너편 인민은행도 완전히 때가 벗겨져 있었다. 둘째는, 돌출간판이 없어지고 간판이 일체화되었다. 셋째는, 전신전화선이 모두 지하화되었다. 넷째는, 긴거리 난전을 모두 없앴다. 다섯째는, 갈탄 사용을 하지 않아 매캐한 매연이 사라졌으며, 자동차 매연도 거의 없어 도시 공기가 서울보다도 깨끗하였다. 중국은 동부 연안도시를 중심으로 13개 경제개방특구를 지정하여 경제건설의 전진기지로 삼은 한편, 경제 개방의 문을 점점 늘려갔다. 길림성도 2005년 동북아 투자무역투자박람회를 개최하여 동아시아 기업인들의 투자 무역을 활성화하는 노력을 하는 등 개혁·개방에 박차를 가하고 있다.

2. 2020년 중국의 위상은?

(1) 떠오르는 용, 중국의 가능성

베이징의 올림픽 주경기장, 수많은 고층빌딩, 중국의 실리콘 밸리 중관춘, 번화가 왕푸징, 선리툰 거리의 호화로운 쇼핑몰, 한껏 불을 밝히고 주말 이면 축제 분위기로 들떠 있던 호우하이 주변의 식당과 바(bar), 그리고 김정일 북한 총서기가 방문하여 "천지가 개벽하였다"라고 한 상하이 푸둥, 따리엔, 칭다오 같은 연안개방도시의 변화된 모

〈사진 3-1〉 상해 동방명주

〈사진 3–2〉 위성 신주(神舟)발사장면

습 등 중국의 이러한 모습은 차세대 글로벌 슈퍼 파워로 고속성장하고 있는 중국의 현주소를 상징하기에 충분한 것들이리라.

그런데 중국의 농촌이나 서부지역 "라오바이싱(老百姓: 보통사람들)"의 삶은 그리 밝지 못함을 목격한다면, 중국의 빛과 그림자를 어떻게 설명해야 할지 난감해질 것이다. 농촌의 젊은이들은 길을 잃었고, 중국인들은 도덕적 진공상태에 빠져 있다. 지방정부가 돈벌이를 목적으로 매혈을 조장해 마을 주민 대다수가 에이즈에 걸린 마을, 가족계획이라는 미명하에 8개월된 아기도 죽이는 산부인과 의사, 자신이 세운 식수회사의 물을 팔기 위해 마을의 유일한 샘을 막아버린 지방 공무원에 분노하는 주민들. 이들이 할 수 있는 것은 인내뿐이라고 한다.[35] 공산당이 농민의 봉기로 일어났으면서도 실제로는 농민을 대표할 수 없는 중국사회주의라고 한다면, 중국은 빛과 그림자, 희망과 절망 중

---

35) 랍 기포드, 신금옥 역, 「차이나 로드」(에버리치 홀딩스, 2008), 중국에서 학생과 기자신분으로 20년을 지낸 영국인 저자가 상하이에서 난징–시안–둔황–우루무치 등 중국 312번국도(총 4,825km)를 여행하며 인터뷰하여 쓴 책이다.

도대체 어디에 서 있는 것일까? 중국의 가능성부터 먼저 알아보자.

용(龍)은 중국이나 한국인에겐 상서로운 존재이다. 최고 권력의 상징이기도 하다. 그러나 서양에서 용은 공포, 두려움, 악의 상징이다. 신흥공업국 한국, 대만, 싱가포르, 홍콩을 '네 마리 용(four dragons)'이라 했는데, 이는 서양인의 입장에서 두려움의 표현이기도 한 것이다.

〈표 3-1〉 통계로 본 중국의 강대국화 현주소

※2005년 기준. 국방비는 2004년 기준.

- 국방비 총액 2위 (미국 CIA, 675억 달러 추산)
- 핵 보유국 (비확산연구센터, 핵탄두 400기 추정)
- 유인 우주선 발사 성공 (미국, 구 소련에 이어 세 번째)
- 유엔 안보리 상임이사국 (미 · 러 · 영 · 프와 5강 형성)
- 세계 3위 무역대국 (수출입액 1조1000억 달러)
- GDP 세계 4위 (2조 1000억 달러)
- 외국인직접투자액 세계 1위 (603억 달러)
- 외환보유액 세계 2위 (8189억 달러)
- 철강생산량 세계 1위 (3억 5000만t)

〈출처: 중앙일보, 2006.2.8일자(슈퍼 차이나)〉

그러나 진짜 용은 중국에서 떠오르고 있다. 중국은 2005년 기준 GDP규모 세계 6위였다. 2007년에는 중국은 오늘날 미국과 일본에 이어, GDP규모 세계 4위의 경제대국이 되었다. 세계은행의 '세계발전지수'를 보면, 2007년 기준 국가별 국내총생산은 미국 13조 1639억 달러, 일본 4조 3684억 달러, 독일 2조 8969억 달러, 중국 2조 6447억 달러, 영국 2조 3770억 달러 등으로 중국이 4위이다(한국은 8880억 달러로 13위이다. 미국의 국내총생산은 한국의 15배, 일본은 약 5

배, 중국은 약 3배에 달한다). 1978년 개혁·개방 정책 시행 이후 지난 30년 간 연평균 경제 지난 20년간 중국의 평균 성장률은 9.6%이다. 2007년의 경우, 미국의 5배(미국은 2%)가 넘는 11.2%이다. IMF에 따르면 2008년도에는 중국 10.5%, 미국은 2.8%의 성장을 예상하고 있다. IMF 조사국에 따르면 중국경제는 세계경제 성장의 25%를 기여하고 있다는 것이다. 반면 미국의 세계경제성장 기여도는 20%이다. 중

〈표 3-2〉 세계경제규모 순위

세계 경제규모 순위

2004년		2005년	
순위	국가명	순위	국가명
1	미국	1	미국
2	일본	2	일본
3	독일	3	독일
4	영국	4	영국
5	프랑스	5	프랑스
6	이탈리아	6	중국※
7	중국※	7	이탈리아
8	캐나다	8	캐나다
9	스페인	9	스페인
10	인도※	10	인도※
11	한국	11	브라질※
12	멕시코	12	한국
14	브라질※	13	멕시코
16	러시아※	14	러시아※

〈출처: ※는 브릭스 국가 자료: 통계청 · 한국은행 · IMF〉

국의 경제규모는 미국의 1/4 이지만 2007년 경제성장은 미국의 5.5 배를 웃돌아, 경제성장기여도 면에서 미국을 앞지른다는 것이다.[36]

〈표 3-3〉 중국 외환보유액 추이

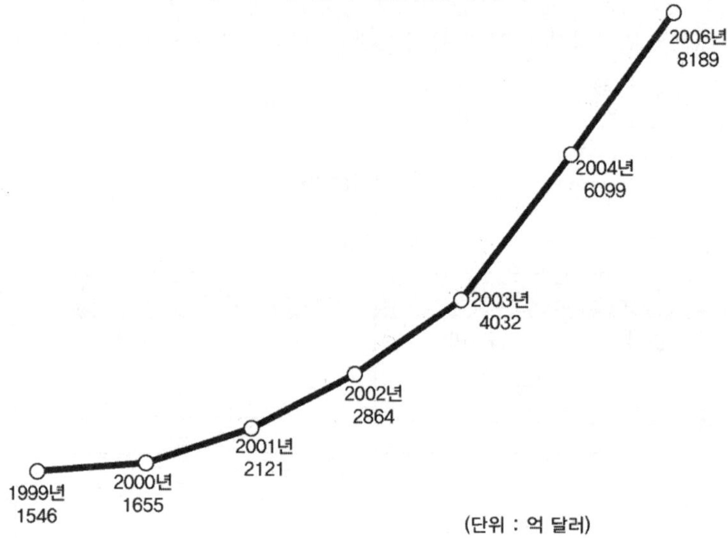

GDP 세계 4위, 무역규모 세계 3위, 외환보유고 2위(8189억불), 외국인 직접투자유치 1위, 안보리상임위국, 핵보유국, 유인우주선 발사국, ECA(동아시아 공동체) 창설, ASEAN+3에서의 주도권, 상하이 협력기구(SOC), 북핵 6자회담 주도국 등 경제, 과학, 군사, 외교력에서 이미 슈퍼 파워가 되어 있는 중국인 것이다. 북경 올림픽을 한(漢), 당(唐) 기상을 이어 중국은 중화민족의 위상을 세계에 드높이는 계기로 삼은 중국, 과연 그 현실과 이상은 어디까지일 것인가! 중국의 현재를

36) 중앙일보, 2007.10.10일자.

좀 더 들여다보자.

중산층은 약 3천만 명으로, 1인당 년 수입은 1만~5만 불이다. 이들은 집과 자가용을 소유하며 해외여행을 간다. 현금 100만 달러 이상 부유층만 30만 명이다.

〈표 3-4〉 주요국 외환보유고(2006년 2월말 기준)

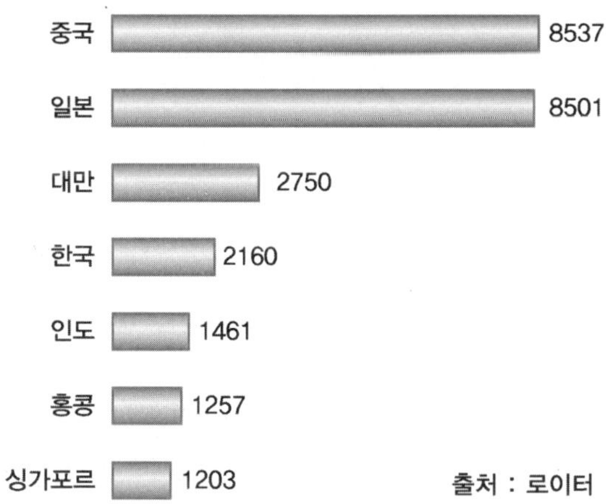

중국은 13억 인구를 바탕으로 세계의 시장역할도 한다. 중국의 휴대전화 가입자는 5억 명을 웃돌아 세계 최대의 휴대전화시장으로 부상했다. 컴퓨터와 자동차 분야는 미국에 이어 세계 2위 시장이 되었다.

중국의 기술수준별 수출비중 추이를 보면, 값싼 중국산은 옛말이 되어가고 있다. 경제성장에 필요한 원유와 철광석 같은 천연자원 수요도 크게 늘고 있다. 인텔 등 세계적 기업들은 중국시장에 연구센터와 공장, 판매망을 설치하는 등 모든 부문에 진출해 있다. 상하이 푸동 지구에 1만 5,000여개의 다국적 기업이 진출해 있다.

〈표 3-5〉 중국의 기술수준별 수출비중추이

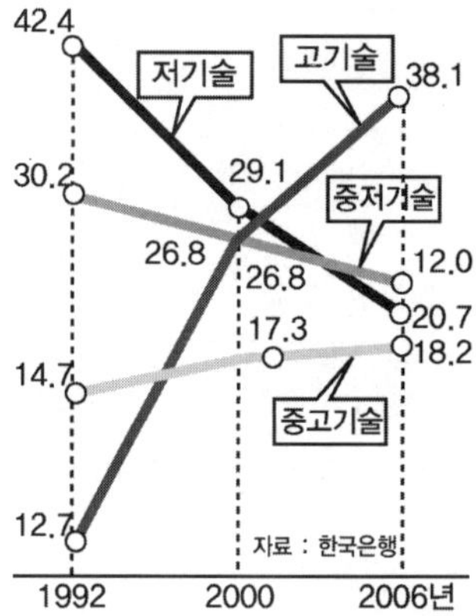

〈표 3-6〉 중국 소득계층 분포 예측

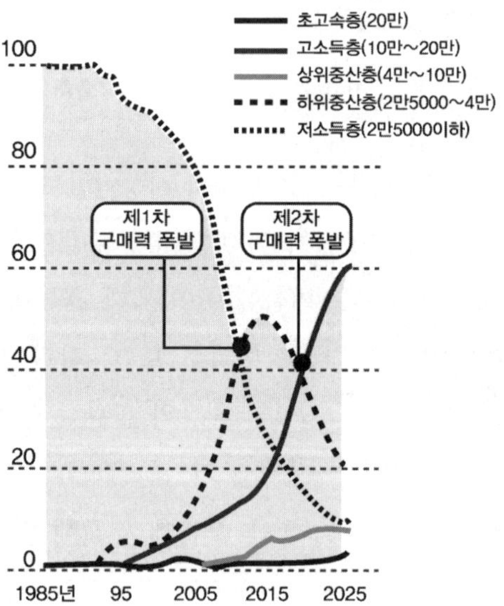

자료 : 맥킨지

〈표 3-7〉 외국인 중국직접투자

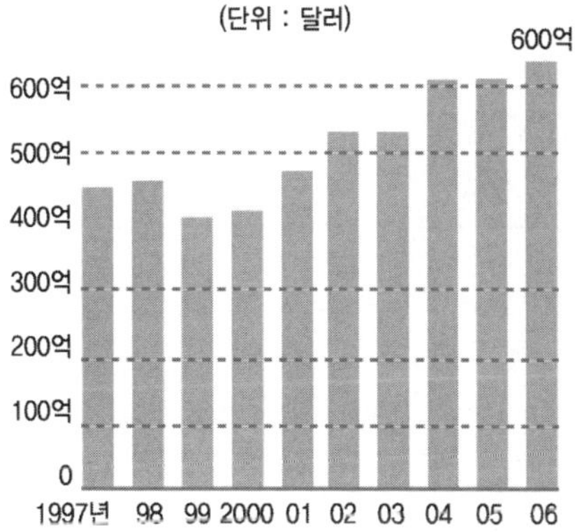

자료 : 중국 상무부

〈표 3-8〉 중국의 대외무역

순위	국 명	2002년 교역액	2003년 9월			
			교역액	수출	수입	수지
	총교역액	6,207.6 (21.8%)	6,062.5 (36.2%)	3,077.0 (32.3%)	2,985.5 (40.5%)	91.5
1	일 본	1,019.0 (16.2%)	959.7 (31.7%)	421.6 (22.8%)	538.1 (39.7%)	−116.5
2	미 국	971.8 (20.8%)	909.7 (29.9%)	659.3 (31.4%)	250.4 (20.1%)	408.9
3	홍 콩	892.0 (23.7%)	613.8 (22.5%)	531.6 (25.9%)	82.2 (4.5%)	449.4
4	대 만	446.4 (38.1%)	413.0 (29.1%)	62.6 (35.0%)	350.4 (28.1%)	−287.8

〈출처: 중국 통계연감 정리〉

〈표 3-8〉 중국의 대외무역 (계속)

순위	국 명	2002년 교역액	2003년 9월			
			교역액	수출	수입	수지
5	한 국	440.7 (22.8%)	442.7 (43.1%)	137.2 (25.4%)	305.5 (52.8%)	−168.3
6	독 일	278.0 (18.2%)	298.3 (49.0%)	121.9 (54.4%)	176.4 (45.4%)	−54.5
7	싱가폴	140.1 (28.4%)	137.4 (38.8%)	62.6 (23.5%)	74.8 (54.9%)	−12.2
8	영 국	113.9 (10.6%)	100.4 (20.4%)	73.6 (27.9%)	26.8 (3.7%)	46.8
9	네덜란드	106.8 (22.3%)	105.5 (40.0%)	90.8 (41.4%)	14.7 (32.1%)	76.1
10	프랑스	83.2 (6.9%)	94.3 (55.5%)	49.6 (67.3%)	44.7 (44.2%)	4.9

〈출처: 중국 통계연감 정리〉

중국의 미래에 대한 예측을 보자. 폴 케네디는 2050년 GDP 중국 44조 5000억, 미국 35조 2000억, 일본 6조 7000억, 인도 27조 8000억으로 예측하고 있다.[37] 2010년엔 자동차 550만대로 세계 두 번째 생산, 판매국이 된다(현대자동차가 2002년 중국에 진출하여 첫해 1000대를 판매하였는데, 2005년에는 23만 3000대를 생산하였다).

중국의 로드맵을 보면, 11차 5개년 계획이 끝나는 2010년 GDP는 지금의 1조 1000억 달러의 두 배이고 2020년에는 다시 그 두 배이며,

37) 세계지식포럼, "한국, 아시아 그리고 세계", 중앙일보, 2005.10.13일자 보도.

2040년에는 미국과 비슷한 규모이다. 미국 중앙정보국 산하 국자정보위원회가 최근(2005년) 공표한 2020년 글로벌 세력지도는 중국과 인도를 19세기 통일독일과 20세기 초 미국의 출현에 견주고 있다. 2020년에 중국의 국민총생산(GNP)은 미국을 제외한 모든 서방국가를 능가하고, 인도의 GNP는 유럽에 육박하거나 능가할 것으로 예견했다. 높은 성장률과 확충일로의 군사력, 하이테크 기술 습득, 거대 인구자산을 바탕으로 경제적, 정치적 강국으로 떠오르고 있다. 세계은행의 전임 중국담당국 부국장이자 파키스탄의 전임 재정부장관인 샤히드 브르키(Shahid Javed Burki)는 2025년에 이르면 중국은 구매력 평가로 환산할 경우 십중팔구 GDP 25조 달러에 도달하게 되어 세계 최대의 경제대국이 될 것이며, 20조 달러의 미국과 약 13조 달러의 인도가 그 뒤를 따를 것이라고 예측한다.[38] 더욱이 중국은 대외부채가 상대적으로 적고(미국과 일본은 각각 약 7조 달러의 부채), 외환보유고도 2005년 말 기준 8189억 달러(일본은 2005년 1월 기준 약 8410억 달러)로 돈방석에 앉아 있는데, 그 외환은 대미 무역흑자로 번 돈이다. 그래서 일본을 재무장시켜 미국 무기 수출의 주요 새 시장 뿐 아니라 '극동의 영국'으로 변모시킨 다음, 북한을 궁지에 몰고 중국을 견제하자는 주장도 나오게 된다.

이미신장한 무역양상의 변화는 EU가 중국의 최대 경제파트너로 부상한 점이다. 중국과 유럽의 협동블럭이 미국과 일본의 협동 블럭에 대결할 가능성도 점쳐진다. 또한 중국은 에너지 확보를 위해 아프리

38) 찰머스 존슨, "미국, 중국과의 대결에 나서다", 〈창작과 비평〉(2005. 여름), 128호, pp.298~324.

카, 중동, 러시아와 에너지 외교를 펼치고 있다. 중국은 2001년 WTO에 가입한 이래, 세계무역에서 영향력을 행사하고 있다. 일례로, 미국에서 팔리는 델 컴퓨터 대부분이 중국에서 만들어지며, 일본 후나이(船井) 전기의 DVD플레이어 역시 마찬가지이다. 후나이는 연간 1천만대에 달하는 DVD플레이어와 텔레비전을 중국에서 미국으로 수출하고, 미국에서는 월마트에서 판매된다. 우리나라의 기업들도 자동차, 컴퓨터, TV 등을 중국에서 생산한다. 유럽, 미국에서 판매되는 신발, 섬유 등 경공업 제품은 대부분 중국산이다. 우리나라에도 중국의 전자제품 기업인 하이얼(海爾)의 냉장고, 에어컨 등이 수입되어 판매되고 있다. 미국수입시장에서의 중국 공산품 비중은 2000년 8.2%에서 2006년 상반기 14.2%로 급등하는 등 미국의 대미 의존도는 급증하고 있다. 중국의 양적 성장을 얕잡아 보는 경향이 있으나, 양적 성장이 본 궤도에 오르면 질적 성장도 필연적으로 뒤따른다고 보는데, 전자, 조선, 자동차에서 우리 나가가 중국을 앞서지만, 앞으로 수년 내 역전될 것이라는 게 전문가들의 지적이다.

저가품 생산기지로 알려진 중국의 수출구조가 빠르게 고도화되고 있다. 저임 노동력을 바탕으로 중간재(반제품, 부품)를 수입 가공해 수출하는 '세계의 조립공장' 역할에서 벗어나 중간재와 최종재를 모두 생산하는 일관 산업형 구조로 바꾸어 보고 정보기술(IT) 등 고기술 제품 수출도 크게 늘어났다. 컴퓨터 정보통신 등 중국의 고기술 제품이 전체 수출에서 차지하는 비중은 2000년 26.8%에서 2006년 38.1%로 늘어난 반면 저기술 제품의 수출비중은 같은 기간 29.1%에서 20.7%로 낮아졌다.

엘리트 공산당원들의 업무추진 능력, 변화에 능동적으로 대응할 태세를 갖춘 지도체제, 자본주의와는 다른 사회주의 시장경제체제가 성장의 원동력으로 작용하고 있는 것으로 보며,[39] "베이징 컨센서스", 즉 중국식 발전 모델이 제시되기도 한다.

(2) 중국의 한계

그렇다면 떠오르는 용, 도약하는 중국의 한계는 무엇인가? 일반적으로 지적되는 것은 양극화, 민주주의, 민족분열 등이다. 양극화는 계층 간, 지역 간의 격차를 말한다. 도농 간의 격차가 극심하다. 이는 국가통합을 저해하고 있다. 개혁·개방 이래 중국은 양극화문제가 심각한 정치사회문제로 대두되었다. 2005년 제16기 5차 중앙위원회 전체회의의 11차 5개년 규획 의결에서도 '선부론(先富論)'을 폐기하고 '균부론(均富論)'을 채택하였다. 2006년 전국인민대표대회의 최대 화두는 '양극화 해소'이다. 경작지 확보 등 '신 농촌건설'에 거액을 투자하며, 부자평등사회를 추구하던 중국이 이제 극심한 양극사회가 된 것이다. 부자에 대한 증오, 홍안병(紅眼病)으로 지칭되는 상대적 박탈감과 당주도의 변혁은 지방도시에서의 폭동으로 나타난다. 중국은 100만 불 이상 부자(富翁)가 100만 명이 넘는다. 지니계수는 1978년 0.18인데 2005년은 0.5이다. 도시민하위 20% 소득이 전체의 2.75%이며, 상위 20%는 4.6%이나.

39) 방민준, 『중국의 용틀임을 보라』(중앙일보, 2006.9.6일자), 오피니언.

〈표 3-9〉 2005년 중국 갑부 순위

순위	이름(나이)	기업명	재산 (억 위안)
1	황광위(36)	펑룬투자	140
2	옌재허(45)	태평양건설	125
3	천톈차오(32)	성다 네트워크	117
4	딩레이(34)	왕이	102
5	쉬룽마오(55)	스마오 그룹	100
6	룽즈젠(63)	중신타이푸	90
7	루관추(59)	완샹그룹	80
8	충칭허우(43)	와하하그룹	65
9	주멍이(46)	허성촹잔	65
10	뤄후이(56)	자신 주식회사	63

〈출처: 중앙일보, 2005. 10.13일자〉

〈표 3-10〉 중국의 도농 소득 격차 추이

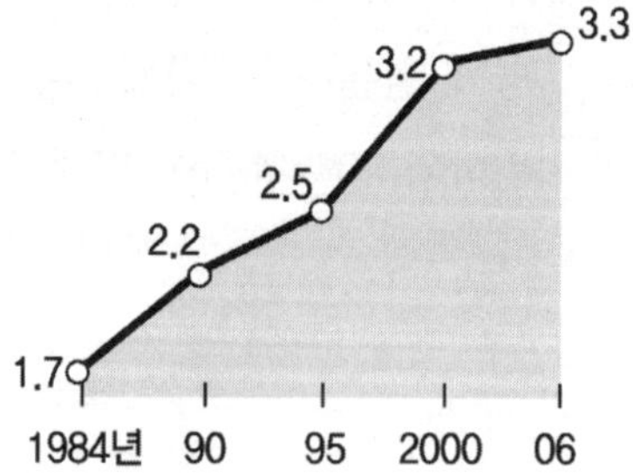

※ 평균 연수입 기준(농촌을 1로 봤을 때 도시의 소득 수준)

〈표 3-11〉 중국 지니계수 추이

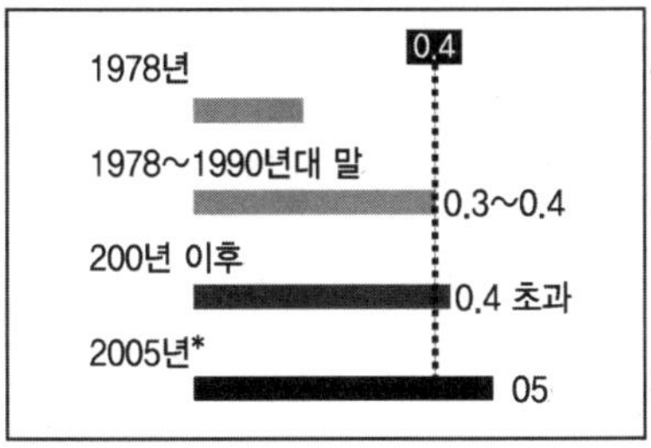

*는 닌카이대학 추정치 〈출처: 중국 언론 종합〉

〈표 3-12〉 중국 농촌-도시 주민의 1인당 연간소득

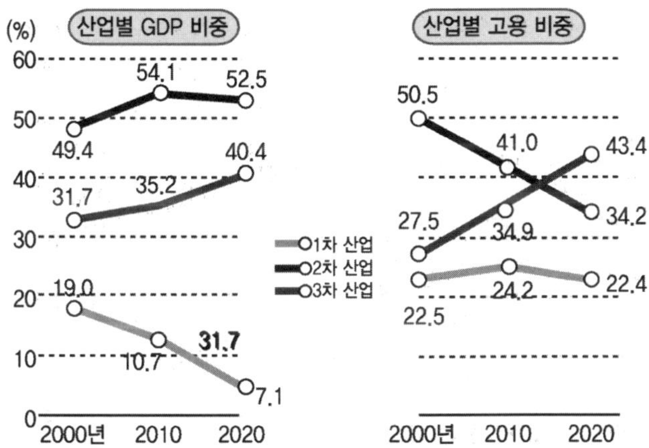

※ 2차 산업은 채굴업·제조업·소비품·중기 투입품·자본품·건축업

〈출처: 중국 국무원 발전연구 중심(2005)〉

2006년 3월 전국인민대표대회에서는 신 농촌건설, 성장방식전환, 지역 간 협력발전, 화해사회개선 등을 내세우고 있으나, 공산당을 대체할 수 없는 사회정치구조라는 것이 중국경제의 한계이다. 공산당 지

배 하에서 꽃피운 경제 성장, 이를 '철골상춘(鐵骨賞春)'이라 한다. 철골에 꽃이 피었다는 뜻일 것이다. 한국의 경우, 정부주도형 경제개발이 성공을 이룩한 경우에 해당한다. 강력한 국가주도가 성장 동력이 될 수 있을 것이다. 중국도 당주도의 개혁·개방을 이루어냈다. 그런데 문제는 '당' 주도의 정치경제가 스스로 '시장'이라고 주장하는 중국의 모순을 일으킨다는 점이다.

'천안문 사건'과 이에 따른 중국의 국무원 총리 자오즈양 죽음에서 보듯, 중국의 민주화는 아시아 민주주의에 발맞추지 못하고 있다. 경제적 동력은 개인의 이윤동기에서 생기며, 정경유착 등은 경제도약의 발목을 잡는다. 정치 민주화와 시장경제가 병행해야 하나, 중국의 경우, 여전히 권위주의적 통치에서 벗어나지 못하고 있는 것이다. 결국 중국의 한계는 민주주의 시장경제를 어떻게 조화시키느냐에 달려있는 것이다. 중국 언론의 자유화, 인터넷 민주주의, 시민단체의 성숙 등이 중국의 미래를 결정하는 바로미터가 될 것이다. 나는 이러한 한계 이외에 몇 가지를 더 지적해 보겠다.

사회주의를 표방하지만 한편에서는 자본주의 사회보다 더 자본주의 형태를 보이고, 돈과 배경만 있으면 안 되는 일이 없는 분위기가 팽배해 있다. 경제지상주의와 무책임한 개인주의가 팽배한 것이다. 자본주의 국가 한국도 1가구 2주택 중과세, 종합부동산세, 개발이익환수제 등을 통해 사유재산을 제한하는데 반해, 중국은 아직 소유권을 제한하지 않는다. 외국인에게는 이중요금을 적용하기도 한다. 자국 대학생의 대학 등록금이 1년에 140달러인데, 외국학생은 3000달러를 받는다. 집값도 외국인에게 더 받는 것을 전혀 부도덕하게 여기지 않는다. 물질주의는 중국이 40.2%, 한국 36.7%, 미국 10%, 일본 18%,

스웨덴 6.4%, 독일 3.0%이다.[40] 현실이익을 지나치게 강조하는 것도 중국의 한계일 것이다. 그렇다면, 도약하는 중국경제의 문제점은 무엇인가?

중국은 개방으로 많은 외자기업이 유치되었는데, 경제성장률 연평균 8~9%도 실제로 외자기업의 성장률을 빼면 반으로 줄어든다는 것이다. 중국의 기술력도 변변치 못하고, 80% 이상의 기술에 대해 로열티를 지급하고 있는 등, 중국경제의 속은 비어있다는 것이다. 경제의 60%를 대외무역, 즉 미국과 일본시장에 주로 의존하는 것도 중국의 약자적 위치를 말해 준다.

〈표 3-13〉 중국 최근 주요 군중항의 사건 일지

날짜	사건
2005.6.11	허베이성 딩저우 징발 토지 보상액 불만 농민 시위
2005.7.28	네이멍구자치구 퉁랴오시 고속도로 건설부지로 토지 징발당한 농민 수천명 시위
2005.12	네이멍구자치구 퉁랴오시 고속도로 건설부지로 토지 징발당한 농민 수천명 시위
2006.11	쓰촨성 광안시 농약 잘못 마신 어린이 "돈 가져와야 위세척 해준다" 늦장 진료로 사망, 항의시위대 경찰과 충돌시민 5명 사망
2006	광저우 바이윈구 교통사고 사망사 가족 항의에 군중 기세, 경찰과 투석선, 경찰 1명 사망

〈출처: 중앙일보, 2007.3.14일자〉

40) 중앙일보, 〈EAI '국민정체성'조사〉, 〈현실이익 중시 가치관〉(중앙일보, 2005.10.14일자)

중국은 3달러의 덫에 걸렸다고도 한다. 저가 생산품을 수출하는데, 1달러에 생산된 상품이 4달러에 수출되고 3달러가 남는다는 것이다. 원가경쟁력에서 기술경쟁력이어야 한다는 것이다. 인건비 및 원자재 상승, 위안화 절상 등은 중국의 수출경쟁력을 약화시키는 요인이다.

결국, 중국 경제는 농민문제, 소득분배의 악화에 따른 체제 불안, 도시 실업, 중산층 문제, 시장개방, 재정 안정성, 석유, 식량, 거시 안정성, 글로벌 불균형 등이 변수로 작용하여 2010 ~ 2020년간의 중국 경제를 결정할 것이다.

이 밖에, 지방도시의 폭동에서 보듯, 사회불안이 심하다. 집단 소요사건[41]은 1993년 8700여건에서 2005년 8만 4천 건으로 늘어났다.

티벳, 신강지역(위구르 자치구) 독립운동도 중국 정부가 해결해야 할 문제로 남아 있다. 중국은 신 중국 건국(1949) 다음 해에 티벳을 무력 점령하였다. 티벳의 정치종교지도자 달라이 라마는 인도 북부 다람살라에 망명정부를 세우고 독립운동을 하고 있는데, 2008년 베이징 올림픽 성화 봉송 과정에서 티벳에서는 독립요구가 다시 표출되었고 중국정부는 이를 유혈 진압하였다. 이때 나는 다음과 같은 생각을 하였다.

> "티벳인이 난동을 부리는 장면이 언론에 중계되고 있다. 그런데, 중국군의 폭력진압은 비춰지지 않고, 티벳인의 평화적인 독립운동은 보이지도 않는다. 중국지도부는 달라이 라마가 폭력을 선동하고 있다고 한다. 과연 그런가? 티벳 독립운동은 텔레비전에서만 보듯 폭력적이고, 달라이

41) '집단소요사건'이란 치안사건=최소한 50명 이상의 군중이 모여 불법으로 정부 건물이나 공무원을 포위하거나 공공재산 또는 대중교통을 파괴하는 등 사회질서를 흔드는 사건을 말한다.

라마는 폭력 선동가인가? 나는 묻는다. 티벳인의 평화로운 얼굴을 본 적이 있는가? 서양인들조차도 깊은 존경을 보내고, 노벨평화상을 받을 만큼 생명평화운동을 벌이는 달라이 라마를 우리는 아는가? 일제하 독립을 외쳐도 일본의 방해로 목소리조차 세계에 전달되지 못한 쓰라린 과거를 떠올려 보자. 그리고 티벳 사태의 본질을 바라보자.

그렇다면, 중국과 티벳은 어떤 관계인가? 56개의 민족으로 이루어진 다민족 국가 중국의 한 소수민족이 티벳족이다. 우리민족(조선족 약 200만 명)도 12억 인구의 일부를 이루며 중국에 산다. 7~8세기 티벳은 강국이었다. 당나라는 문성공주를 티벳 왕 송첸캄포에게 시집을 보내야할 정도였던 것이다. 부침을 거듭한 티벳은 오늘날 정신의 왕국이다. 기원 5세기, 인도북부(지금의 네팔 남부)에서 왕자로 태어난 고타마 싯다르타의 불교가 티벳을 넘어 중국, 한국, 일본 등 동아시아에 전파되었는데, 이 과정에서 티벳 불교는 민속신앙과 결합되어 라마교라는 독특한 불교로 발전하여 왔다. 히브리인들이 유일신 사상을 인류에게 처음 밝힌 것이라면, 인도인들은 "윤회"라는 독특한 사상을 인류에 남겼다. 10세기 파드마 삼바바는 ≪티벳사자의 서(The Tibetian Book for the Dead)≫를 남겼는데, 오늘날 서양의 심리학자인 칼 융 같은 학자도 티벳인의 지혜가 현대과학보다 앞서있음을 밝히고 있을 정도이다. 아직도 서양인들은 "나는 누구인가?"라는 인간의 근원문제에 대한 과학적 대답조차 못하고 있다. 이에 비해, 티벳인들은 이심전심이란 독특한 참선수도방법을 통해 삶과 죽음 등 인류의 근본문제를 수천년에 이어 인류에게 전해주고 있는 것이다.

불교의 기본사상은 자비, 생명 그리고 평화이다. 티벳인은 부처의 가르침에 따르고, 부처의 화신이라고 믿는 달라이 라마(정치, 종교지도자에 대한 명칭, 마치 가톨릭에서 교황이라 부르는 것과 같다)를 중심으로 티벳고원에서 평화로운 영적인 삶을 영위하여 왔다. 그런데 1949년 중화인민공화국의 성립한 다음해인 1950년에 중공군의 무력침공으로 많은 티벳인을 죽인 중국에 병합되고 만다. 그 10년 후, 달라이 라마는 10만 명의 티벳인과 함께 인도 북부(다람살라)에 망명정부를 세우고, 지금껏 티벳의 독립운동을 이끌며, 정신적 리더로서 세계인의 스승이 되고 있다. 그의 독립운동은 불교의 자비에 입각한 "비폭력"운동이다. 티벳 승려가 중국당국에 체포되어 감옥살이를 한 후 풀려나와, "자칫했더라면 중국인을 미워할 뻔 했습니다"라고 달라이 라마에게 고백한 얘기는 유명한 이야기이다. 그런 달라이 라마에 대해 중국지도부는 그가 이번 폭력을 선동했다고 한다. 정신의 왕국국민에게 중국정부는 "정신개조를 해야 한다"라고 한다.

우리나라는 어떤가? 평화주의자 달라이 라마를, 우리나라는 '대국 중국'의 눈치를 보느라, 입국비자조차 내주지 않고 있다. 그러면 왜 중국은 티벳 독립운동을 무력으로 잔인하게 진압하는가? 첫째 이유는, 중국은 개혁·개방 정책을 지난 30년간 지속해 오며 유례없는 경제적 성취를 이룩했지만, 정치 민주주의는 요원한 숙제가 되어 있기 때문이다. 공산당중심의 정치행정체제는 아직도 절대적 권위를 가지고 사회적 가치에 우선하고 사회적 혼돈을 용인하지 않는다. 둘째는, 위구르, 티벳의 독립을 허용하면, 결국 중국은 분열되고 말 것이라는 두려움이 중국지도부를 강경하게 만들고 있다. 동북공정이라는 것도, 조선족이 중국인으로 살아가라는 중국정부의 계산된 프로젝트의 하나인 것이다.

일제 강점기, 우리민족의 독립 요구가 세계에 전달조차 되지 못하는 피지배국의 피눈물 나는 역사를 우리는 경험하였다. 신다는 게 무엇인가? 약소민족, 피지배국 티벳의 평화독립운동에 우리국민들도 성원을 보내야 하지 않을까. 결국 민족의 크기는 영토나 인구나 자본의 크기가 아니라 정신력의 크기에 달려있을 것이다. 약자에 대한 관심과 동참, 그것이 우리민족의 힘이 아닌가!"

3. 세계정치속의 중국

그렇다면, 세계정치에서 중국은 어떤 위치일까? 우선 중국의 아프리카에 대한 영향력에 대한 신문보도를 보자.

> "아프리카의 관문 구실을 하는 남아프리카공화국 요하네스버그 오아르탐보 공항. 보안검색 요원이나 항공사 승무원들은 눈길이 마주치는 동양인에게 '나하오(안녕)', '셰셰(감사)' 등의 중국말 인사를 건네기 일쑤다. 느닷없이 중국인 취급에 한국인이나 일본인은 떨떠름한 표정을 감추지 못한다. 중국의 아프리카 진출이 얼마나 활발한지 잘 보여준다… 요즘 아프리카에서는 '동양인'='중국인'이라는 등식이 굳어져 있다… 아프리카 나라들의 주요 산업기반은 대부분 '중국제'이다… 중국의 아프리카 진출은 1950~60년대부터 시작됐다…"[42]

---

42) 한겨레, 2007.9.28일자(검은 대륙 희망찾기〈7〉)

〈표 3-14〉 한중일 아프리카 외교전 비교

	행사 이름 (설립연도)	아프리카 무상원조 현황
한국	한국 · 아프리카 포럼(2006년)	지금까지 3000만 달러, 2008년까지 1억 달러
중국	중국 · 아프리카 포럼(2003년)	2008년까지 100억 달러 지원
일본	아프리카 개발 회의(1993년)	지금까지 100억 달러, 올 연말까지 연간 지원액 두 배로 늘려

〈출처: 중앙일보, 2007.3.28〉

〈표 3-15〉 아프리카 원유하루생산량(중앙일보, 2003.8.29일자)

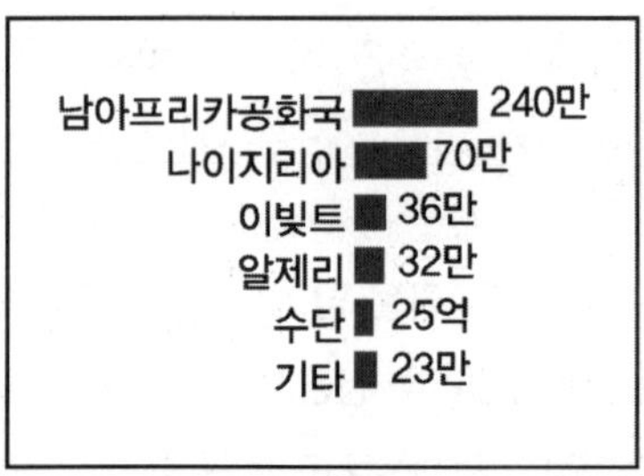

〈출처: 중앙일보, 2007.3.28〉

브레진스키는 '미국제일'을 얘기하며, 중국의 군사력과 경제력, 기술력으로 세계의 지도자역할을 충분히 하고, 중국은 도저히 미국의 상대가 될 수 없다고 단언하였다. 그러나 찰머스 존스는 미국과 중국이 정치, 군사적 대결구도를 놓고 패권경쟁을 벌일 것임을 말하고 있다. 미국은 중국을 견제하기 위해 일본을 재무장시켜 '극동의 영국'으로 변모시킨 다음 대리인으로 내세워 북한을 궁지에 몰고 중국을 견제하는 정책을 추구하고 있다.

한편 중국은 이란, EU,아프리카, 라틴 아메리카, ASEAN간의 관계를 크게 발전시켜 왔으며, 다극체제의 세계를 지향하고 있다. 중남미를 놓고도 중국과 미국은 패권을 다투고 있다.

〈그림 3-1〉 미국과 중국의 중남미 내 대치 구도

〈표 3-16〉 중국-아프리카 국가별 무역 규모

〈2005년 기준, 단위 : 달러〉

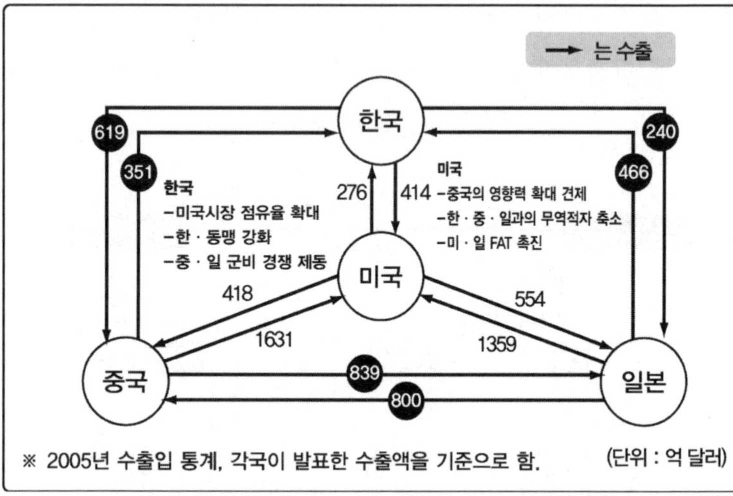

〈출처: 대외경제정책연구원〉

〈그림 3-2〉 한·미·중·일 간의 수출입 규모

타임지의 토니 케이런(Tony Karon)은 "전 세계에 걸쳐 통상 및 전략적 협력의 새로운 유대가 미국주변에서 형성되고 있다. 중국은 APEC에서 지배적인 역할자로서 미국을 대체하기 시작했을 뿐 아니라 라틴 아메리카 최대 경제국들의 주요 무역상대국으로 급부상하고 있다. 프랑스 외교정책 두뇌집단들은 냉전 이후 세계에서 다극성이라는 목표를 오래전부터 촉구해왔다. 다극성이란 이제 단순히 하나의 전략적인 목표가 아니다. 그것은 점차 형체를 드러내고 있는 현실이다…."라고 하며, 팍스 아메리카나에 대한 새로운 세계질서의 형성에서 EU와 중국의 역할이 현실로 나타나고 있음을 지적하고 있다.

〈표 3-17〉 미국과 중국 재래식 군사력 비교

구분	미국	중국
국방비	4393달러	351억 달러
병력	147만 3960명	225만5000명
전차	7620대	8580대
육군헬기	4597대	364대
항공모함	12척	0(1척 건조중)
잠수함	80대	69대
구축함	49척	21척
폭격기	205기	222기
전투기	3952기	1400기

〈출처: 한겨레, 2007.3.21일자〉

동아시아 역학구도에도 근본적인 변화가 일고 있다. 2007년 한미 FTA가 체결되었는데, 한미 FTA 속에는 중국을 견제하고 일본을 자극하는 동시에 한국의 친 중, 친북 노선에 제동을 걸겠다는 미국의 메시지가 숨어있다는 것이다. 한국도 중국의 패권추구와 일본의 군비확장 사이에 낀 샌드위치 처지를 타개해야 했다. 한·중·일 3국의 경쟁, 협력구도는 중국의 영향력 확대, 일본의 군사력 강화, 미-일-호주 동맹체제 강화 등 대결 위주로 흐르고 있는 상황에서 한미 FTA는 한·미 복합동맹(안보+경제)으로 동북아 질서를 유지해 보자는 것이다.

보수주의 세력인 네오콘으로 구성된 미국의 조지 부시행정부는 '악의 축'과의 전쟁으로 세계에서 비판의 대상이 되고 있다. 미국중심주의는 세계 곳곳에서 저항을 받고 있으며, 미국자체 내에서도 비판되고 있다. 한편, 일본은 야스쿠니 신사참배 등이 시사하듯, 그 역사청산의 미급함으로 인해, 동아시아 공동체의 리더로서의 역할에 한계를 보이고 있다. 이제 중국의 세기가 왔고, 그 주변국에서 기적처럼 서있는 한반도는 중국의 도약을 위기에서 기회로 삼는 저력을 다시 보여야할 때이다.

4. 중국과 한국

중국은 2004년 기준, 미국을 제치고 우리나라의 최대 교역국이 되었다. 1986년 7.4억 달러에서 2004년 716.72억 달러이다. 1988년 25억, 1992년 63.78억, 1997년 236.89억, 2002년 411.53억, 2003년 570.18억 달러이다. 2005년에는 1000억 달러를 돌파하였다(한국무역협회 자료). 교역규모가 4년 새 3배 증가한 것이다. 대중 수출 619.9억 불, 수입 385.9억 불로 약 400억불이 흑자이다. 2012년에는 무역액이 2000억 불에 이를 것으로 예측되고 있다.

〈표 3-18〉 한국 주요지표 세계 순위 (자료/통계청)

주요 지표	수치	순위
국내 총생산(GDP), 2005	7,875억 달러	12
1인당 국민 총소득(GNI), 2005	16,291달러	29
수출액, 2005	28,44억 1천 9백만 달러	12

〈출처: 한겨레신문, 2006.3〉

〈표 3-18〉 한국 주요지표 세계 순위 (자료/통계청) (계속)

주요 지표	수치	순위
수입액, 2005	2,612억 3천 8백만 달러	13
무역의존도, 2005	69.3%	9
외환보유액(연말), 2005	2,013억 9천 1백만 달러	4
경제성장률, 2005	4.0%	7
조강 생산량, 2005	4,782톤	5
선박 건조량, 2005	1,023만 7천 CG/T	1
자동차 생산량, 2005	369만 9천 대	5
쌀 생산량, 2005	643만 5천 톤	13
인터넷 이용자수, 2004	인구 100명당 66명	3
인간개발지수, 2005	0.901	28
1차 에너지 총 소비량, 2005	2억 2,460 TOE	10
1인당 에너지 소비량, 2005	4,650.7kg	16
총 인구, 2005	4,849만 7천 명	25

〈출처: 한겨레신문, 2006.3〉

세계의 공장, 싼 가격(China Price)의 중국은 소프트강국 인도는 두 축을 이룬다. 실제로 유럽이나 미국의 백화점, 그리고 우리나라의 물건 중 중국제품이 차지하는 비중이 점점 확대되고 있음을 볼 수 있다. 이렇게 볼 때, 떠오르는 중국은 한국에게 기회라기보다는 위기라는 지적이 더 많다.

〈표 3-19〉 2006년 한국의 좌표(분야별 세계 순위)

국토 · 인구 비해 경제 강하지만		국가 이미지와 국제경험 취약	
•국토 면적	108위	•국가 이미지	108위
•인구	27위	•정북 · 기업 고위층의 국제경험	27위
•경제규모	11위	•외국문화 수용도	11위
•교역규모	12위	•토플 점수	12위
•세계 100대 브랜드 수(3개)	8위	•국제 경쟁력	8위
•50대 기업 수(12개)	12위		

〈출처: 한국무역협회〉

〈표 3-20〉 1992~2005년 대중 교역규모 추이

(단위 : 억 불, %)

구 분	99년	2000년	2001년	2002년	2003년 9월
총 액	226(22.6)	314.1(43.2)	314.9(0.2)	411.5(30.6)	398.6(39.2)
對中수출	137(14.6)	186.1(37.6)	181.9(-1.4)	237.5(30.6)	243.1(48.6)
對中수입	89(36.7)	128.0(62.4)	133.0(3.9)	174.0(30.8)	155.5(26.6)
무역수지	48(-11.0)	58.1(3.5)	48.9(-2.8)	63.5(29.8)	87.6(115.2)

〈출처: 한국 측 통계(무역협회)〉

중국진출 기업은 공식 통계로 2만 개가 넘는다. 한국토지공사가 칭다오에 공장 부지를 만들어 국내 기업에 분양하였으며, 따리엔 등에도 한국 기업이 진출해 있다. 2005년 대중국투자는 290억 달러로, 중국의 최대 투자국이 되었다.

〈표 3-21〉 양국 교역액 추이

(단위 : 억불, %)

구 분	99년	2000년	2001년	2002년	2003년 9월
총 액	250.4(17.7)	345.0(37.8)	359.1(4.1)	440.7(22.8)	442.7(43.1)
對韓수출	78.1(24.9)	112.9(44.6)	125.2(10.9)	155.0(23.8)	137.2(25.4)
對韓수입	172.3(14.7)	232.3(34.7)	233.9(0.8)	285.7(22.2)	305.5(52.8)
무역수지	−94.2(8)	−119(20.1)	−108.7(−8.6)	−130.7(20.2)	−168.3

〈출처: 중국측 통계(해관)〉

〈표 3-22〉 대 중국 10대 수출품목의 변화

1992		2001	
품목명	비중(%)	품목명	비중(%)
철강제품	30.2	석유화학제품	18.3
석유화학제품	17.3	광물성 원료	9.2
직물	10.1	전자부품	8.9
가죽 및 모피제품	5.4	직물	8.8
섬유원료	4.9	산업용 전자부품	7.9
산업기계	4.1	철강제품	7.6
제지원료 및 종이제품	3.4	가죽 및 모피제품	3.7
광물성 원료	3.1	가전용 전자제품	3.7
전자부품	2.6	산업기기	3.4
정밀화학 제품	2.1	정밀화학제품	3.2
계	83.2	계	74.7

〈출처 : KOTIS 한국관세청 통계기준〉

〈표 3-23〉 우리나라의 대 중국 투자 추이

년도/구분	허가기준		실행기준	
	건수	투자액	건수	투자액
1991	112	84,722	69	42,469
1992	269	221,386	170	141,127
1993	631	623,201	381	264,182
1994	1,065	821,008	841	633,084
1995	884	1,242,920	747	838,267
1996	925	1,952,518	734	888,472
1997	750	910,227	628	716,191
1998	316	895,435	257	677,441
1999	552	470,943	454	337,207
2000	895	694,731	751	378,660
2001	1068	885,054	990	466,144
누계	7,441	8,722,799	5,943	5,109,996

〈출처: 한국수출입은행〉

인적 교류를 보면, 1993년 중국 방문 한국인은 11만에서 2004년에는 234만 명이다. 1997년 58만, 1998년 48만, 2001년 129만, 2002년 172만, 2003년 157만, 중국에 간 유학생은 4만 3000여명으로 각국 유학생 중 최대이다. 2006년 중국정부가 주관하는 시험인 한어수평고시(HSK) 응시생은 16만 2000명인데 이중 한국응시생이 9만 9000여명으로 절대 다수를 차지한다.

해마다 중국을 찾은 한국인은 2007년 현재 400만 명이 넘으며, 중국에 상주하는 한국인도 70만 명을 넘었다. 2010년께는 100만 명을 넘을 전망이다. 한중 항공노선은 왕래항공편이 매주 800 여회로 중국

과 다른 국가를 연결하는 국제노선 중 가장 많다.[43)]

한국 방문 중국인은 1993년 10만에서 2004년 63만이다. (1997년 21만, 1998년 21만, 2001년 48만, 2002년 54만, 2003년 51만)(한국관광공사 자료)

〈표 3-24〉 한중인적 교류

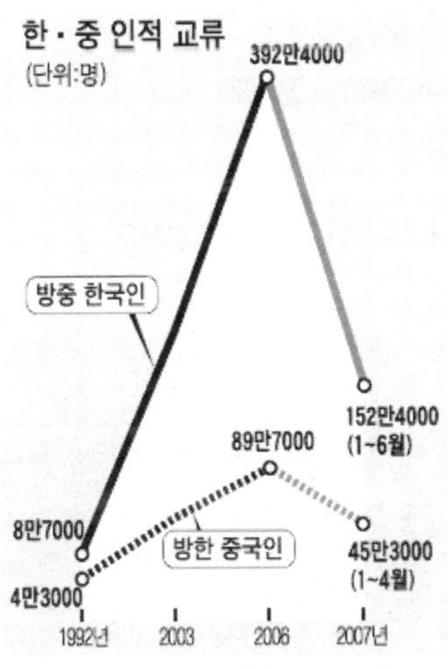

〈출처: 외교통상부〉

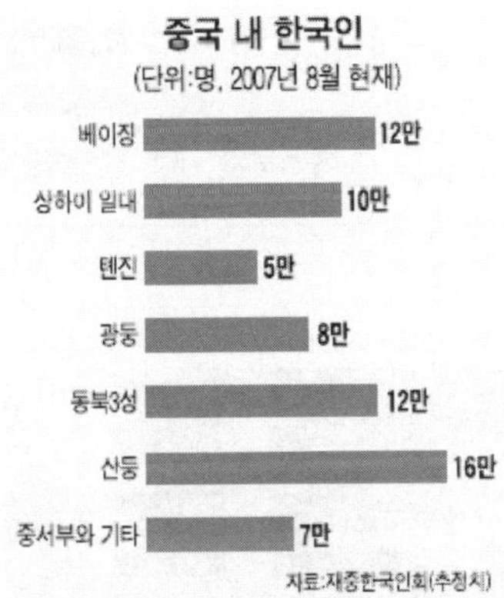

〈출처: 재주한국인회(추정치)〉

교육인적자원부 통계에 따르면 한국에 온 중국유학생은 2만 80명으로 전체 외국인 학생 3만 2557명의 61.7%이다. 2001년 3221명이던 중국유학생은 2006년 1만 9160명으로 5년 만에 여섯 배 가까이 증가했다. 한국은 중국학생에게 있어, 미국 다음으로 선호하는 나라이다.

---

43) 중앙일보, 2007.8.22일자(가까워진 이웃 중국〈상〉)

〈표 3-25〉 중국내 한국인

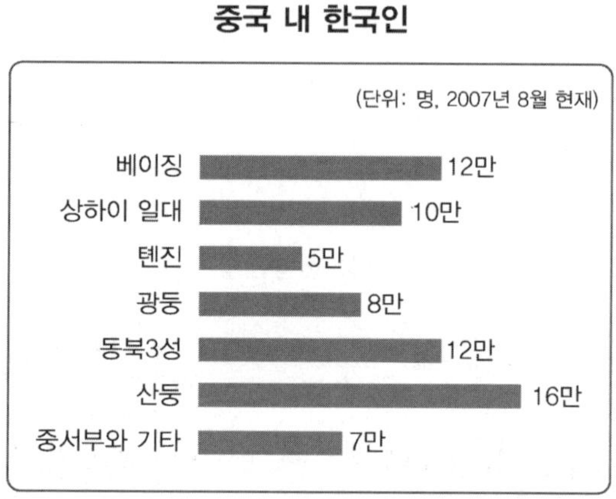

〈출처: 재 중한국인회(추정치)〉

〈사진 3-3〉 중국의 코리아타운, 우따오커우

그렇다면, 중국과 북한은 어떠한가? 중국과 북한은 혈맹으로 전통적인 우호관계를 유지해 왔다. 그런데, 북한은 중국과 달리, 개혁·개방이 아니라"우리식 사회주의"를 고수하여 왔다. 자급자족의 경제가 북한의 경제방식인데, 그럼에도 불구하고 북한은 중국이 대주는 석유에 생존을 기대고 있다. 북한은 중국으로부터의 원조이외에 생필품 등을 중국에 의존해 오고 있다. 북한이 경제적으로 점차 잠식되면서 결국 중국의 동북 제4성으로 편입되는 것이 아니냐는 우려도 나온다.

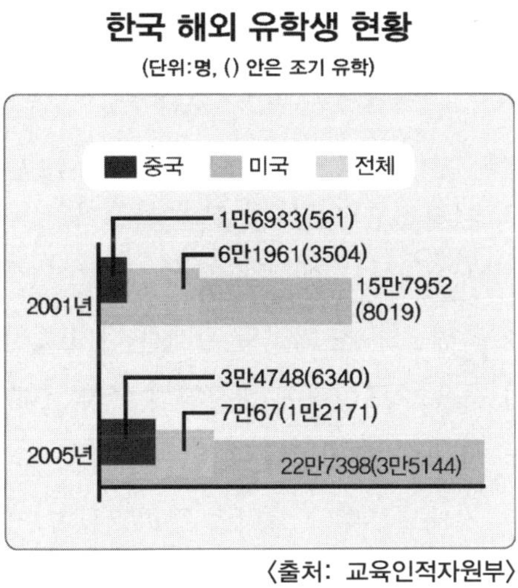

〈그림 3-4〉 한국 해외 유학생 현황

공산국가 중국은 우리나라에겐 금단의 땅이었다. 그 죽의 장벽이 걷히고 교류가 이루어진 계기는 무엇일까? 동구의 변혁과 공산주의 이데올로기의 몰락일 것이다. 그런데, 우리나라와 중국의 접촉이 시작된 것은 1983년 5월이다. 이 해, 중국 민항기가 납치된 뒤 한국에 불시착한 것을 계기로 중국과의 접촉이 시작되었다. 한중 수교 비사에 따르면, 85년 중국 어뢰정 사건이 수교의 다리가 되었다고 한다. "1985년 3월 중국 어뢰정 한 대가 서해로 표류하자 한국정부가 사고 함정과 인원을 모두 중국으로 돌려보낸 일이 있습니다. 이 사건이 벌어진 뒤 얼마 있다가, 당시 중국 최고 지도자 덩샤오핑이 재미 중국계

학자를 전두환 대통령에게 '감사하다'는 메시지를 보냈습니다. 이를 계기로 한중 양국 지도자 사이의 접촉이 활발하게 벌어졌습니다. 결정적 계기는 1990년 베이징에서 열린 아시안게임 때 한국정부가 지원을 아끼지 않은 일입니다. 이 때문에 북한 문제로 고민하던 중국 지도부가 한국과의 수교를 결정했다고 볼 수 있습니다."(김한규, 한중우호교류협회회장의 말)44)

민항기와 어뢰정 사건으로 한중수교의 물꼬가 트고, 1986년 아시안 게임, 1988년 서울 올림픽에 중국선수단 참가, 1990년 베이징 아시안대회 참가를 통해 스포츠 외교로 관계를 다지고, 1990년 10월 쌍방 무역대표부가 서울과 베이징에 개설된데 이어, 1992년 8월에 한중수교가 정식으로 이루어 진 것이다.

한국과 중국은 경제교류뿐만 아니라 문화교류가 이루어지고 있다. 이른바 漢流와 韓流가 동시에 흐르고 있다. 중국 CCTV에서는 〈사랑이 뭐길래(1997)〉란 연속극이 인기를 끈 이래 〈겨울 연가〉, 〈여름향기〉, 〈대장금〉, 〈인어 아가씨〉 등이 중국인의 안방에 방영되고 있다. 중국내 한국 드라마의 방영수를 보면, 1993년 1편에서 2002년엔 67편, 그리고 2003~2004년엔 359편이다. 수교 다음해인 1993년에 MBC드라마 〈질투〉가 방영되었는데, 이는 인식정도에 그쳤다. 97년 7월에 CC-TV(1)에서 〈사랑이 뭐길래(愛情是什麽)〉가 방영되고 10월에 재방송되었다. 한류는 먼저 청소년들에게서 왔다. HOT, 안재욱, 베이비복스 등 연예인의 의상이 청소년들의 유행이 되고, 한국어 붐도 일고 있다. 〈겨울연가〉는 화이트 칼라계층과 주부층에서 인기를 끌었

44) 중앙일보, 2007.8.25일자(한중수교 비사)

다. 〈대장금〉을 보면 쓴 명, 청시기에 잘 쓰여진 백화소설을 읽는 느낌이라고 한다. 북경의 한국음식점이 약 340여개 있는데, 물론 주인은 한국인이 아니다. 〈태극기 휘날리며〉의 관객 수는 중국 영화가 1년 동안 동원한 관객의 총량과 맞먹는다. 이러한 한류 팬을 중국에서는 '한미(韓迷)' 또는 '합한족(合韓族)'이라 부른다. 이들은 왜 한국대중문화에 열광하는 걸까? 1978년 개혁·개방 중국은 세 차례의 문화충격을 받는다. 첫 번째는 서방과 일본에서, 두 번째는 홍콩과 대만에서, 세 번째는 한국에서 왔다. 여러 분석이 가능하겠지만, 이들은 한국문화속의 진솔한 생활모습, 진한 인정과 세태, 그리고 소박한 감정표현에 감동하며, 인륜과 가족을 강조하는 유교문화 속에서 이들의 향수를 되찾으려는 것이다. 물론 항한류 또는 혐한류의 물결 또한 존재한다. 한류의 '문화일방주의'에 대한 배척의식과 중국문화의 원류성과 우월성을 강조하는 '문화본위주의'가 항한류의 내용이다. 북경올림픽에서 나타난 반 한류 현상이 그 한 예이다.

오늘날, 중국에는 하루 약 5만 명의 한국인이 입국한다. 북경 '우다오커우(五道口)'에는 중국어 연수를 나온 한국인의 코리아타운이 형성되어 있다. 장춘에만 약 2천명의 유학생이 있다. 한국과 중국, 그것은 역사적으로, 지리적으로 불가분의 관계에 있다. 경쟁과 협력을 통해 한국과 중국의 동반 혜택을 이끌어 내는 것이 21세기 두 나라의 과제이기도 하다. 그렇다면, 한중 관계의 최대 걸림돌은 무엇일까? 2008년에 중국의 국제, 한반도 전문가 38명을 대상으로 조사한 결과, '역사문제'가 58%로 가장 높았다. 2004년 조사에서는 '한미동맹'이 가장 많았다. 두 번째 걸림돌은 한미동맹, 세 번째가 북한(북핵 포함)이었다.

‘중국은 한반도를 중국 세력판도의 일보로 보는가’ 라는 질문에는 26%가 ‘그렇다’고 응답했는데, 이는 2004년의 45%에서 크게 줄어든 수치이다.45)

〈표 3-26〉 한 · 중 관계의 가장 큰 장애물(단위:%)

	1위	2위	3위
2004년	한 · 미 동맹 39	북한(북핵 포함) 26	무역 역조 16
2007년	역사 문제 58	한 · 미 동맹 24	북한(북핵 포함) 8

동아시아 국가의 공동체를 만들어 내는 것도 한국과 중국의 과제이다. 문제는, 중국이 ‘동북공정’같은 정책을 포기해야 동양은 하나라고 말할 수 있다는 것이다. 중국 정부는 동이족 문화를 자신들의 역사로 편입하려는 동북공정 외에도 하상주(夏商周) 시대를 역사화하려는 단대공정(斷大工程: 1996~2000), 삼황오제 이전 시대까지 역사화하려는 탐원공정(探源工程: 2003~)을 펼치고 있다. 중국은 대국임에도 불구하고 영토분열과 외침의 피해의식이 강한 나라이다. 우리나라는 외침의 역사에도 불구하고 외침을 중국인만큼 두려워하지 않는다. 평화를 만들어 경제번영을 이루는 구조를 동아시아에서 구축해야 하며, 그것은 역사를 정리하고 새로운 시대로 향할 것에 대한 동아시아 국가의 동의를 전제로 한다. 적대적 감정, 자국중심의 안보정책은 한국과 중국은 물론 동아시아공동체 형성에 방해물이 된다. 적대적 감정의 철회, 그

45) 중앙일보, 2008.5.9일자(차이나 워치)

것이 공동번영의 첫 번째 길이기도 할 것이다. 울트라 슈퍼 차이나와 초라한 차이나! 빛과 그림자가 공존하는 나라 중국! 희망과 절망의 중국은 어디로 향할 것인가? 희망의 가능성은 무엇인가? 그 대답은 앞장에서 살펴본 중국인의 저력, 그리고 중국의 오랜 역사와 정신적 자산을 현실에 적용하는 것이리라. 이제 다음 장에서, 그런 중국인의 지혜가 무엇인지 알아보자.

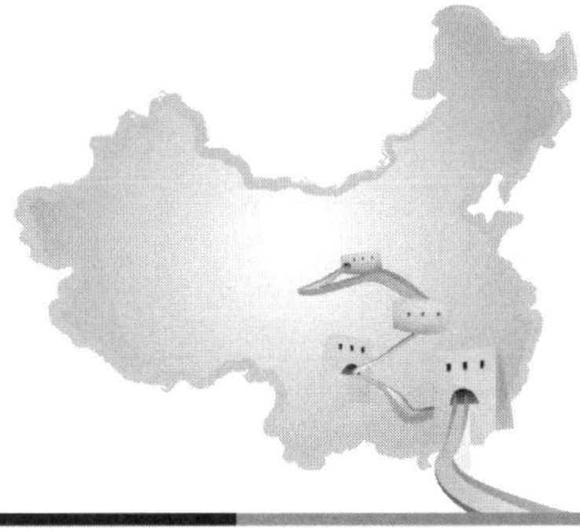

도 약 하 는 중 국 |제 2 부|

중국인의 지혜

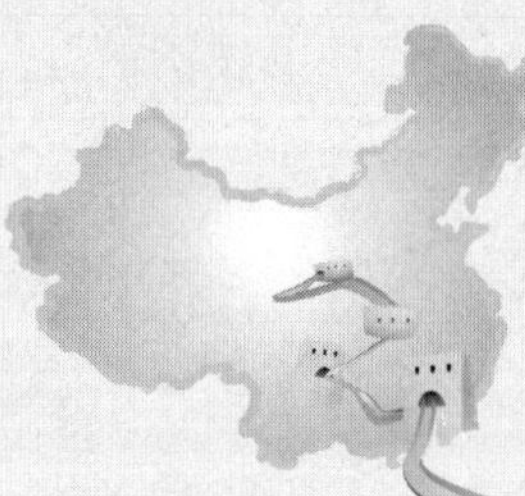

도 약 하 는 중 국 |제2부|

중국인의 지혜

제 4 장

중국 고전속의 지혜

1. 사마천의 『사기(史記)』

(1) 천도(天道)는 있는가?

중국최대의 고전은 무엇일까? 나는 사마천(기원전 145~87?) ≪사기≫를 중국최대의 걸작으로 꼽는데 주저하지 않는다. 선진(先秦) 시대 산문을 집대성해 계승, 발전시켰을 뿐만 아니라 인간의 활동을 중심으로 역대 왕조의 성쇠와 중대한 사건의 전개과정을 서술함으로써, 광활한 사회생활 면면을 펼쳐 보이고 있기 때문이다.

한나라 무제 때 태사령을 지낸 사마천은 죄수를 누눈하다가 임금의 노여움을 사서, 궁형이란 치욕을 당한 후, 감옥에서 그 좌절을 딛고 역사서 ≪사기≫를 저술한 것 자체가 극적인 사건이 아닐 수 없다. 왜 사마천은 궁형을 받았는가? 한(漢) 장수 이릉(李陵)이 적군에 투항하는 사건이 발생한다. 무제는 이릉을 벌하려 하자, 사마천은 이릉을 옹호하고 나선다. “5천의 군사로 8만의 흉노족에 대항하는 것은 무리다.

이릉을 벌할 것이 아니라, 구원군을 보내지 않은 이경리(李慶利)를 벌해야 한다"는 주장을 펼친 것이다. 이에 한 무제는 격노하게 된다. 이경리는 한 무제 애첩의 오라버니였기 때문이다. 단지 죄수를 두둔한 죄로, 애첩의 오라버니를 벌하라고 한 죄로, 사마천은 궁형이라는 치욕적인 형벌을 받은 것이다. 과연 '하늘의 의지(天道)는 있는 것인가?' 요즘 말로 하면, '정의는 존재하는가?' 사마천은 천도의 부재를 한스러워 하며, 그러나 좌절하지 않고 감옥에서 불후의 명작을 집필한 것이다.

≪사기≫는 〈본기〉 12편, 〈세가〉 30편, 〈열전〉 70편 등 모두 130편으로 되어 있다. 인간의 삶의 드라마가 사마천의 독특한 예술적 장인정신과 깊은 문학적 솜씨로 발휘되어 있다. '공자세가' 등을 통해 공자의 생애를 알 수 있고, '자객열전' 등을 통해, 당시 정치적 상황을 알게 된다. 그러므로 중국인의 지혜는 사마천의 이 역사서에 담겨있다고 해도 과언이 아닐 것이다. 이제 ≪사기≫ 속의 에피소드를 발췌하여 중국인의 지혜를 알아보자. 왜 오늘날까지 중국인의 사상이 보편성을 지닌 것인지도 생각해 볼 자료들을 제시해 본다.

(2) 강남의 귤이 회수이북에 심으면 탱자가 된다

제나라의 명재상 안영은 중원의 패자 초나라에 사신으로 갔다. 초나라의 영왕은 안영에게 모욕을 주어, 초나라의 위엄을 떨치려 하였다. 안영이 초나라에 도착하여 성문으로 들어가려 하자, 관리들은 "재상께서는 이 개구멍으로 들어가십시오"라고 하였다. 왜소한 체구를 빗대어 문지기를 비웃자, 안영은 웃으며 말했다. "이것은 개가 출입하는 문이지 사람이 출입하는 문이 아닙니다. 개 나라에 사신으로 온 사람은 개문으로 출입해야 하고, 사람나라에 사신으로 온 사람은 사람문으로 출입해야 하는데, 설마 초나라가 개나라는 아니겠지요?"

영왕도 어쩔 수 없이 성문을 열어줄 수 밖에 없었다. 영왕은 이것으로 그치지 않았다. "제나라에는 인재가 그토록 없는가. 어찌하여 그대와 같이 작은 사람을 초나라의 사신으로 보냈는가?" 안영은 대답했다. "대왕마마, 저희 제나라에는 사람들이 많습니다. 수도 임치는 인구가 백만이나 되는데, 사람들이 한꺼번에 숨을 내쉬면 그 입김으로 구름을 만들 수 있고, 사람들이 한꺼번에 땀을 흘려 그 땀을 훔치면 마치 비가 오는 듯하며, 행인들이 끊임없이 지나다녀 어깨를 부딪치지 않고서는 오갈 수가 없을 정도입니다. 그러니 어찌 인재가 없을 수 있겠습니까. 다만 저희 나라에는 한 가지 규칙이 있습니다. 사신을 파견할 때에 현자는 현명한 나라에 파견하고, 불현자는 현명하지 못한 나라에 파견하며, 대인은 대국에 파견하고, 소인은 소국에 파견합니다. 저는 무능하고 부덕하면서 또한 가장 현명치 못하기 때문에 초나라로 파견될 수밖에 없었느니, 대왕께서는 이를 양해해 주시기 바랍니다."

영왕은 할 말이 없었다. 잠시 후 안영을 반격할 수 있는 절호의 찬스가 왔다. 마침 죄수 한명을 포승줄로 묶어 압송하고 있는데, 이를 본 영왕이 무사에게 물었다.

"그 죄수는 무슨 죄를 지었느냐?"

"남의 물건을 훔쳤습니다."

"어느 나라 사람인가?"

"제나라 사람입니다."

이 말을 들은 영왕이 의기양양해졌다. 왕은 안영을 바라보며 빈정

대며 말하였다. "제나라 사람들은 모두 물건을 훔치는 버릇이 있소?"

안영은 어떻게 이 곤경을 벗어났는가? 안영은 이렇게 말했다.

"소신이 듣기에 귤을 회수(淮水) 이남에 심으면 그것은 귤이 되고 달콤하기 이를 데 없지만 만약 그것을 회수 이북에 심으면 탱자가 되어 떫고 써서 먹을 수 없게 됩니다. 바로 기후, 풍토 때문입니다. 지금의 죄수는 제나라에 있을 때는 도적이 아니라 양민이었는데, 어찌하여 초나라에 온 후에는 도적이 되었겠습니까? 이는 초나라가 그를 이렇게 변하도록 만든 것입니다. 제나라 사람이 초나라에 있는 것은 마치 귤이 회수 이북에 있는 것과 같으니, 이것이 제나라와 무슨 관계가 있단 말이십니까."

(3) 의기양양(意氣揚揚)

사마천은 안영에 대해, "만일 안자가 살아있다면 나는 안자의 마부가 되는 일도 부끄러워하지 않을 만큼 흠모하고 있다"라고 했는데, 마부와 관련한 일화를 사마천은 기록하고 있다.

안영에게 한 마부가 있었다. 어느 날 안영이 마차를 타고 외출하려는데 때마침 마부의 아내가 문틈으로 남편의 거동을 엿보게 되었다. 자신의 남편인 마부가 수레 위에 큰 차양을 씌우더니 마차의 앞자리에 앉아서 채찍질하는 흉내를 내며 매우 만족스러워하는 것이 아닌가(意氣揚揚 甚自得也). 그날 밤 남편이 돌아오자 마부의 처는 남편에게 선언하였다.

"당신과는 살지 못하겠습니다. 그러니 이혼해 주십시오."

청천벽력 같은 선언에 마부가 물었다.

"아니 갑자기 무슨 말이오?"

"당신의 직책이 무엇입니까?"

"그야 재상의 마부가 아니겠소?"

"재상이 아닌 것만은 분명하군요."

"그게 무슨 뜻이요?"

"재상께선 키가 6자도 안 되지만 일국의 재상이란 지위에 계십니다. 제가 그 분의 외출하시는 모습을 살펴보니 천하의 제후들도 두려워하는 분인데도 나랏일 걱정 때문인지 깊은 수심에 잠긴 듯하였고, 몹시 겸손한 모습으로 수레 위에 오르셨습니다."

여전히 영문을 모르는 마부가 아내에게 말을 재촉하자 아내는 다음과 같이 말했다.

"그러한데도 당신은 키가 8자가 되면서도 재상이 아닌 마부인일 따름인데 겸손치 못하시니 그토록 못난 남편을 어찌 지아비로 모시고 살 수 있겠습니까?"

아내의 말을 들은 마부는 뉘우치며 말하였다.

"내가 잘못했소, 앞으로는 분수에 맞게 겸손해 지겠소."

이후 마부는 늘 겸손한 태도를 갖게 되었다. 마부의 태도가 변한 것을 이상하게 여긴 안영이 묻자 마부는 사실대로 고백하였다. 전후사정을 들은 안영은 고개를 끄덕이며 말하였다. "그대가 자신의 잘못을 뉘우칠 줄도 알고 분수에 맞게 겸손할 줄도 아는 만큼 훌륭한 사람이므로 그대를 대부로 천거할까 한다."

(4) 문경지교(刎頸之交)

친구간의 아름다운 우정을 대표하는 말은 '관포지교'일 것이다. 관중과 포숙아 두 사람의 우정이 후세사람들의 귀감이 되는데, 조나라의 린샹루(藺相如)와 렌푸어(廉頗) 장군의 얘기도 현대인에게 많은 시사를 던지는 이야기이다.

린샹루가 재상이 되자, 렌푸어 장군은 "나는 전쟁에서 공을 세운 장군이고, 린샹루는 외국에 대사 한 게 전부인데, 입만 믿고 말할 뿐인데 지금 나보다 높게 되었다. 그를 보면 모욕을 주어야지"라고 말하였다. 이 말을 전해들은 린샹루는 그를 회피했다. 하루는 문을 나서자 렌푸어 장군의 수레가 보였다. 리엔푸오 재상은 골목에 숨었다. 부하들이 "당신은 재상인데 왜 숨느냐?"라고 하자, 린샹루는 이렇게 말했다.

"나는 최고관리이고 렌푸어 장군은 최고 무관이다. 둘이 합치지 않으면 국가는 망한다. 내가 호랑이 같은 진나라에서도 죽음을 두려워하지 않고, 우리나라의 보물(벽옥)을 지켜냈는데, 렌푸어 장군이 무서워 피하겠느냐. 둘이 힘을 합쳐야, 진나라를 막아낼 수 있기에 나는 렌푸어 장군의 모욕을 견디며 그를 피하는 것이다."

이 말을 전해들은 렌푸어 장군은 웃통을 벗고, 몽둥이를 메고, 재상의 집을 찾아가 꿇어 안아 울며, "나는 초라한 사람입니다. 국가를 잊고 승상에게 죄를 지었으니 죽여 주십시오"라고 하자, 린샹루도 꿇어 같이 울며, 둘은 친구가 되었다.

나는 린샹루가 훌륭한 재상이지만, 렌푸어가 더 훌륭한 인간이라고 생각한다. 인간은 자신의 잘못을 인정하지 못하는 원초적 죄성이 있는데, 렌푸어는 상대 앞에 무릎을 꿇고 용서를 비는 것 아닌가. 문경지교를 보면, 다음과 같은 중국 속담이 자연스럽게 떠오른다.

"길이 멀어야 말의 힘을 알게 되고, 오래 사귀어 봐야 그 사람을 알 수 있다."(路遙知馬力, 人久知人心)

(5) 효제(孝悌)

공자가 제나라로 향하던 중, 한 사람이 슬피 우는데, 이유를 물으니, "제게는 살아감에 있어 세 가지 실책이 있었습니다" 저는 젊어서는 학문을 좋아하여 온 천하를 돌아다니다가 귀에 돌아와 보니, 저의 부모님이 돌아가셨으니, 이것이 첫 번째 실책입니다. 장성한 뒤에는 제나라의 임금을 섬겼는데 임금이 교만하고 사치하여 어진 선비들을 놓침으로써 신하로서의 절조를 완수하지 못하였으니, 이것이 둘째 실책입니다. 또한 나는 친구들을 돈후하게 사귀었으나 지금은 모두 떨어져 나갔으니, 이것이 세 번째 실책인 것입니다" 이 사람의 이름은 구오자인데, 다음과 같은 유명한 말을 남겼다.

"나무가 고요하고자 하나, 바람이 가만 두질 않고, 자식이 부모를 봉양하려 하나, 부모는 기다려 주지 않는다"(樹欲靜而風不止, 子欲養而親不待)

주희(주자)도 후학들에게 후회를 남기지 않도록 "열 가지 후회 목록"을 남겨 경계하였다. 그 열 가지 후회 중 하나가 "부모가 돌아가신 후에 후회하게 되는 것(不孝父母死後悔)"이라 하여, 역시 효제(孝悌)를 중시하고 있다.

(6) 신상필벌(信賞必罰)

2000여 년 전, 상앙(商鞅)은 진(秦)나라의 재상이 된 첫날 이런 공고를 붙였다. “동문의 나무를 서문에 옮기는 자에게 은 천 냥을 준다” 백성들은 이를 믿지 않았고 아무도 이 쉬운 일을 하지 않았다. 다음날도 상앙은 서문에서 기다리고 있었는데, 한 청년이 나무를 서문에 옮겨 왔다. 이에 상앙은 즉시 은 천 냥을 주었다. 이후 백성들은 법령을 준수하게 되었다. 어느 날, 태자가 법을 어겼다. 상앙은 태자를 즉시 처벌했다. 그러자 백성들이 모두 신복하게 되고, 마침내 진나라는 강국이 되었다.

이와 비슷한 얘기가 ≪손자병법≫으로 유명한 손무(孫武)에게서도 보인다. 손무는 오왕 합려에게 발탁된다. 오왕은 손자병법 13편중 하나를 시범보이도록 요구했다. 이에 손무는 왕의 미녀 180명을 선발하여 훈련을 시켰다. 180명을 두 부대로 나누고, 왕의 총비를 대장으로 임명하였다. “앞!”하면 가슴을 보고, “좌!”하면 왼손, “우!”하면 오른손을, “뒤!”하면 뒤를 돌아보라는 훈련이었다. 미녀들은 손무의 명령에 웃으며 복종하지 않았다. 손무는 다시 한 번 설명을 하고 명령을 내렸다. 그래도 미녀들은 웃으며 말을 듣지 않았다. 이제 책임자 처벌을 하였는데, 그 처벌이란 부대의 대장, 즉 왕의 총비의 목을 베는 것이었다. 왕이 용서해 줄 것을 바랐으나 손무는 왕의 총비를 처형했다. 그리고는 그 다음 서열의 총비를 대장으로 삼아 훈련하였다. 이에 부대는 손무의 훈련에 착실히 임하였다.

2. 중국의 역사고사

(1) 주지육림(酒池肉林)

하(夏) 나라의 우(禹) 임금은 홍수를 잘 다스리고 천하를 구주(九州)로 나눈다. 하나라는 농업과 목축업으로 4백여 년간 지속되었다고 기록되어 있다(古本竹書紀年에 471년간). 하의 마지막 왕이 걸(桀)이다. 걸은 백성을 동원하여 궁전과 누각을 증축하고 포악무도한 정치를 하였다. 밤낮으로 술판을 벌이고 정사를 돌보지 않았다. '팜므 파탈'인 애첩 말희(妺喜)의 청에 따라 신하의 만류에도 불구하고, 술로 연못을 채우고 안주로 숲을 이루는 이른바"주지육림" 공사를 벌인다. 결국 상(商)의 탕(湯) 임금왕에 의해 멸망한다.

(2) 포락지형(炮烙之刑)

商(상: 商, 은: 殷)은 진정한 역사시대이다. 상나라의 옛 유적지, 왕릉, 문자 등 고고학적 탐사로 발견되고 갑골문이 발견되어, 상나라를 최초의 왕조시대로 본다. 문자로 역사기록은 상나라가 최초이다. 탕 임금은 명조(鳴條)에서 하나라 주력군을 격파한 후, 우 임금 때 만들었다는 천자의 상징인 구정(九鼎)을 상나라의 도읍인 박(亳)으로 옮겨 지정힌을 칭긴힌다. 후에 수도를 빅에시 은(殷)으로 옮기는데, 이곳이 갑골문이 발견된 은허(殷墟)이다(하남성 안양현 소둔촌에 위치).

은의 마지막 왕이 주(紂)왕이다. 이 역시 달기(妲己)라는 미녀에 의해 망국의 운명을 맞는다. 주왕은 달기의 요구에 따라, 둥근 쇠를 불에 달구고, 그 위에 기름을 부어, 죄수들이 그 위를 걸어가게 한다. 미끄러워 떨어지는 죄수는 불에 타 죽는다. 이러한 형벌을 포락지형이라 한다. 포락지형을 즐긴 미녀가 달기인 것이다. 주(紂)는 충언하는 왕자 비간(比干)에게 "성인의 심장에는 일곱 개의 구멍이 있다는데 네 심장도 그런지 보자"며 심장을 찢어 죽인다. 주나라 군대에 패하자 녹대(鹿臺)에 올라가 불을 지르고 그 속에 뛰어들어 최후를 마친다.

(3) 복수난수(覆水難收)

강태공은 어려서 책을 좋아하였다. 결혼하여서도 집안일을 돌보지 않는다. 이에 아내는 달아나고 만다. 자신을 알아주는 사람이 나타나 자신의 능력을 발휘할 날을 기다리며, 위수에서 낚시나 하며 세월을 보내던 강태공은 은나라를 멸하고 주나라를 창건한 무왕을 돕는다. 그 공으로 무왕에게서 제(齊)땅을 봉토로 받고 제후로 부임도중 초라하고 늙은 여인을 만난다. 알고 보니 그는 달아난 아내였다. 그 여인이 다시 아내로 맞아 달라 간청한다. 강태공은 "물을 떠오라"하고 시키는데, 물을 떠오자 그 물을 땅에 붙고는 다시 주어담아 보라 한다. 여인이 주어담지 못하자, "한번 버려진 물은 다시 담기 어렵다"라고 하며 그 자리를 떠난다. 이를 복수난수라 한다.

(4) 삼악발 삼토포

무왕의 동생이 단(旦)인데 이 분이 주공(周公)으로 공자가 꿈에서도 그리워하는 분이다. 무왕의 아들 성왕이 어려서 등극하자 주공이 7년간 섭정하며, 주나라 기틀을 다진다. 예악제도를 완성하는 등, 주공의 업적에 대해 후대의 공자는 서주의 문물 칭송하며 꿈에서도 주공 그리워한다. 주공은 겸손하기로 유명하였다. 목욕하다가도 머리카락을 세 차례 움켜쥐고 나오고 밥먹다가고 손님이 오면 세 차례나 뱉고 나가 만났다고 한다. 이를 '삼악발 삼토포'라 한다.

성왕, 강왕의 흥성시기를 거처 유왕에 이르러 주나라는 혼란에 빠진다. 유왕은 미녀 포사에 빠져 태자를 폐하고 포사의 아들인 백복을 태자로 삼는다. 그녀의 웃는 모습을 보려고 비단을 찢는 소리를 내게 하기도 하고, 자주 봉화를 올려 제후와 병사를 모이게 하였다. 그런데 실제로 반란군(신후족과 견융족)이 쳐들어왔을 때 봉화가 올라가도 구원하러 오는 자가 없었다고 한다.

(5) 부하 아낀 장왕

초(楚) 나라 장왕이 연회를 열고 있었다. 그때 바람에 등불이 꺼져 사방이 깜깜해졌다. 어디선가 "악!"하는 궁녀의 소리가 들렸다. 궁녀는 임금에게 외쳤다. "어둠을 틈타 누군가 내 몸을 더듬기에 갓끈을 낚아채 왔습니다. 불을 밝혀 범인을 잡아 주십시오" 그러자 초왕은 다음과 같이 말했다. "경들은 모두 갓끈을 떼어 버리시오!"모든 신하들이 어둠속에서 갓끈을 떼어 버렸다. 이렇게 하여, 초왕은 신하를 위기에서 구해 주었다.

그 후 진나라와 치열한 전투가 벌어졌는데, 한 장수가 큰 공을 세웠고, 이로 인해 초나라가 승리를 거누었다. 초왕은 이 신하에게 상을 내렸다. 그러나 이 신하는 상을 사양했다. 그러면서, 초왕에게 "대왕마마, 저는 그날 밤 저를 구해준 왕을 위해 목숨을 바쳐 싸웠을 뿐, 상을 받을 만하지 못합니다"라고 한 것이다

(6) 어부지리

조나라가 연나라를 공격하려 하였다. 연은 소대를 조나라 혜왕에게 보내 왕을 설득했다. "조나라에 오는 길에 보니, 큰 조개와 도요새가 서로 싸우는데, 조개는 도요새의 부리를 물고 놓지 않고 있었습니다. 이때 지나가던 어부가 이 조개와 도요새를 집어 가 버렸습니다. 연과 조가 싸우면 진이 집어 삼킬 것입니다" 이리하여 조나라는 연나라 공격을 포기하였다.

(7) 동병상련(同病相憐)

초나라 오자서(伍子胥)는 간신 비무기의 모함으로 나라를 떠나, 오나라 합려에게 갔다. 초나라 백비도 오자서를 믿고 오나라로 건너가 대부가 되었다. 어느 날 피리가 "백비는 눈이 매 같고 걸음은 범 같이 잔인한 상이다"라고 말했다. 이에 오자서는 "그는 나와 같은 한을 지녔습니다"라고 하며 백비를 두둔하였다. 즉 동병상련, 동우상구(同病相憐, 同憂相救)라 하며 백비를 옹호하였다. 그러나 결국 백비는 월(越)에 매수되어, 계략으로 오왕 부차로 하여금 오자서를 자결케 한다. 은혜를 원수로 갚고만 것이다.

(8) 와신상담(臥薪嘗膽)

땔 나무위에서 잠을 자며 쓸개를 맛본다는 뜻. 원수를 갚기 위해 고난을 참고 견딤을 비유하는 말.

'원수가 외나무다리에서 만났다'는 속담과 같이 숙적끼리 만나는 것을 흔히 '오나라와 월나라가 같은 배를 탔다', 즉 '오월동주(吳越同舟)'

라고 한다. 이처럼 오와 월은 원수국가이다. 중국의 명승지 항주에 가면, 지금도 월왕전(越王殿)이란 누각이 있고, 이곳에 와신상담에 관한 고사가 당시의 그림과 함께 벽화로 그려져서 후세에게 교훈을 남기고 있다. 그 스토리는 다음과 같다.

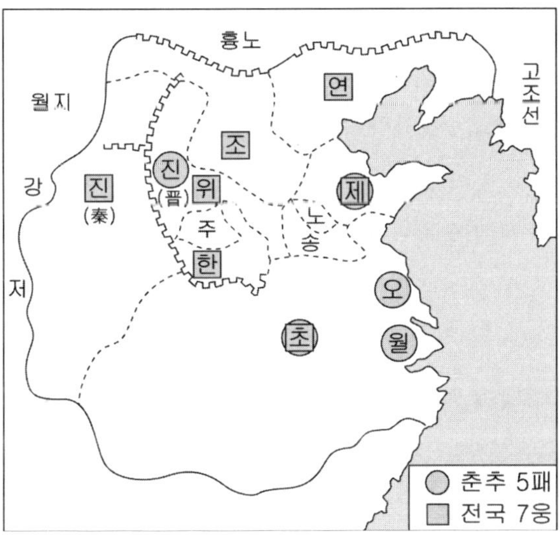

〈그림 4-1〉 춘추오패, 전국칠웅도

오나라 합려는 월왕 구천의 공격을 받아 죽는다. 합려가 죽은 후 부차가 오왕이 된다. 부차는 아버지의 원수, 월왕 구천을 공격하여 포로로 잡아 온다. 월왕 구천은 오왕 부차의 마부가 되어 3년의 수모를 당한다. 월왕 구천은 인분을 먹는 등 스스로 미친 척하며, 오나라의 경계심을 푼 후, 석방되어 고국 월나라로 돌아온다. 구천은 그 후, 치욕을 잊지 않기 위해 장작더미위에서 잠자고(臥薪), 쓸개를 씹으며(嘗膽), 복수를 꿈꾼다. 미인계를 써서 오왕을 향락에 빠지게 하고, 마침내 구천은 오나라를 공격하여 복수에 성공한다. 이처럼 복수의 일념으로 험한 삶을 사는 것을 '와신상담(臥薪嘗膽)'이라 한다.[46] '월왕의 구천검' 모형을 강릉시는 자매도시인 형주시로부터 기증받아 시청에 전시하여 놓고 있다.

(9) 경국지색(傾國之色)

'오월동주'란 우리나라의 '원수는 외나무다리에서 만난다'라는 속담과 비슷하다. 원수끼리 한 배를 탄 것이다. 중국 역사에서 가장 치열한 라이벌중 하나가 오나라와 월나라이다. 오늘날 항주 주변에 위치했던 춘추전국 시대의 나라들이다. 오나라가 월왕 구천에게 패배하는 데에는 미인계가 숨어 있었다. 월왕 구천은 전국에서 미인을 선발하여 특수 훈련을 시켜 오나라에 침투시킨다. 미인에 반한 오왕 부차는 정사를 잊고 향락에 빠진다. 이 미녀가 서시(西施)이다. 오자서의 만류에도 불구하고 월왕은 서시에 빠져, 마침내 나라를 잃고 만다. 이처럼 뛰어난 미인을 '경국지색(傾國之色)'이라 한다. 천하일색 양귀비도 경국지색이다.

---

46) 夫差志復讐, 朝夕臥新中,
出入使人乎日: "夫差! 而 忘越人之殺而父牙?"

[十八史略]

吳旣赦越, 越王句踐反國, 乃苦身焦思, 置膽於坐, 坐臥卽仰膽, 飮食亦賞膽也. 日: "女忘會稽之牙?"

[史記,越王句踐世家]

중국 서안의 관광명소 화청지(華淸池)를 찾는 사람들은 당나라 현종과 경국지색 양귀비의 향락과 일탈을 상기해 보게 된다. 오늘날의 "팜프 파탈"인 것이다. 〈十八史略〉에 의하면 이러한 미인계의 예로 앞에서 소개한 하(夏)나라 걸(桀) 왕의 말희(妹喜), 은(殷)나라 달기(妲己)가 있다.

오늘날 여성들은 유명 연예인 사진을 들고 성형외과를 찾아 그 사진처럼 예쁘게 성형해 달라고 한다. 미인을 닮고자 하는 여성의 욕망은 예나 지금이나 마찬가진데, 당시 여성들은 서시(西施)를 닮고자 했다. 서시의 행동거지까지도 닮으려 했는데, 서시는 심장이 약하여 늘 심장을 움켜쥐고 미간을 찌푸렸는데(捧心而矉), 그 모습이 또한 매력으로 비쳤던 것이다. 서시봉심(西施捧心)이 미녀의 표준이 되었던 것이다. 그래서 이러한 서시를 따라한 추녀가 있었다. 추녀가 더 추악하게 되는 것도 모르고 남을 따라하는 이러한 추녀를 서시에 빗대어 동시(東施)라 부르고, 이러한 모습을 '동시효빈(東施效矉)'이라 한다. 추녀가 얼굴을 찌푸린 모습을 상상해 보라!

오늘날 중국인들은 "제눈에 안경이다"에 해당하는 우리 속담과 같은 뜻으로, "연인의 눈에는 서시가 떠오른다(情人眼里出西施)"라 표현한다. 여하튼, "영웅은 미인관문을 넘기 힘들다(自古英雄難過美人關)"란 말이 전해질 정도로 미인에 약한 것이 남성이다.

(10) 토사구팽(兔死狗烹)

그렇다면, 서시는 오나라가 망한 후 어찌 되었을까? 그를 총애하던 오왕 합려는 자결을 하고, 오나라를 멸망시킨 장본인 서시의 심정은 어떤 것이었을까? 알 길이 없다. 북경에서 서시에 관한 TV 연속극을 보았는데, 이 연속극에서는 서시가 벼랑에서 뛰어 내려 생을 마감하고 있었다. 그러나 월왕 구천을 도운 신하 범여(范蠡)가 데리고 지금의 무석(武錫)으로 간 것으로 오월지방에 전해지고 있다.

철천지 원수를 되갚은 월왕 구천은 그 후 정치를 잘 하였을까? 역사는 참으로 아이러니하다. 구천은 원수를 갚은 후 자신을 위해 헌신한 신하 문종(文種)을 죽인다. 쓰임이 다한 후 없애 버리는 이러한 인간의 모습, 이를 "토끼사냥이 끝나면 토끼사냥에 쓰였던 개를 삶아 먹는다", 즉 '토사구팽(兎死狗烹)'이라 한다.

사실, 월왕의 충성스런 신하 범여는 월왕으로부터 나라 반을 주겠다는 말을 듣고도 월왕을 떠났다. "나라 반을 나에게 주지 말고 나를 은퇴하게 하여 주십시오"라고 했던 것이다. 그리고 문종에게도 충고를 하였다. "옛말에 이르길, 새를 잡으면 활은 벽장에 넣어 둔다고 하지… 토끼를 잡으면, 개는 구워먹는 것이라네. 지금 적이 사라지고, 큰 공도 이미 이루었으니, 현자가 처할 곳이 없지. 하물며, 월왕의 얼굴을 보게나, 목은 기이하게 길고, 입은 또한 검어서 새처럼 쪼아 먹을 것 같지 않은가. 이것이 곧 너에게 환난이 되는 것이니. 너와 더불어 즐거움을 함께할 상이 아니네. 그러니 자네는 하루 빨리 월왕을 떠나는 게 좋을 걸세…"[47]라고.

(11) 조고의 사슴

"폐하, 훌륭한 말이지요? 폐하께 드리는 선물입니다." 사슴을 가지고 와 이것은 말이라고 말하나, 조정의 그 누구도 그것은 말이 아니라 사슴이라고 말하지 못한다. 이런 막강한 세력을 가진 사람이 환관 조

47) 蔡豊安, ≪中國人的智慧≫(臺灣, 智强書局, 民國64년), p.195.

고이다. 조고는 진시황의 환관이었다. 진시황 사후, 황제의 유언을 조작한다. "호해를 태자로 책봉하고, 태자 부소는 부친을 비방하며 불효하니 자결하라"고 했다는 것이다. 이렇게 하여 조고의 조작으로 후계자를 세우는데, 그가 진 2세이다. 조고는 진시황의 재상 이사와 공모하여 황제의 유언을 조작하고 실권을 틀어쥔 것이다. 조고는 자신의 실권을 과시하기 위해 사슴을 말이라 하여도 아무도 이의를 제기하지 못하는 것을 만천하에 보여주려 한 것이다. 이러한 현상을 '조고의 사슴'이라 한다.

조정은 사치와 향락에 빠지게 되는데, 이사는 조고가 모반을 꾀한다고 상소하나, 진 2세는 이를 믿지 않는다. 조고가 이번엔 이사의 아들 이유가 모반한다고 상소하자, 진 2세는 이사를 참형한다. 진나라는 법가가 주도한 나라로서 형법이 엄격하였는데, 이사는 자기가 만든 형벌인 허리를 자르는 형벌을 받아 죽게 된 것이다.

조고의 세상이 되자 조고는 진 2세를 죽이고 첫째 왕자 부소의 아들 자영을 왕으로 추대한다. 왕이 된 자영은 침전으로 조고를 유인하여 살해한다.

이러한 혼란기에 농민반란이 일어나는데, 기원전 207년, 유방이 함양으로 진군하고, 재위 46일 만에 자영은 옥새를 바친다. 뒤이어 항우가 자영을 살해하고 아방궁을 불태운다. 환관이 득세하고, 법 만능주의가 판치던 중국 최초의 왕조는 30년도 못가 망하고 만 것이다.

(12) 분서갱유(焚書坑儒)

이사는 법가출신으로 진나라 재상이었다. 진시황의 통일 후 법률과 제도를 정비하고 통치의 기틀을 잡은 재상이다. 그러나 이사는 동문수학을 한 한비자를 질시하여 진시황으로 하여금 한비자를 죽이게 만드는 비정한 인물이다. 그는 엄격한 형벌도 만들었는데, 허리를 자르는 형벌을 만들었다. 이사는 바로 자기가 만든 이 허리를 자르는 형벌을 받고 죽는 운명을 맞는다.

진시황은 법가를 숭상하고 유학을 멀리한 군주이다. 그의 재상 이사는 어느 날, 곳간의 쥐가 더 공격적임을 보았다. 그래서 '노동도 안 하고 무위도식하는 무리'인 곳간의 쥐 같은 존재라고 여겨지는 유생 460명을 생매장하고, 유학관련 책을 불태워 버렸다. 즉 학문을 탄압한 것이다. 그러나 이러한 분서갱유에도 불구하고 진시황에 대한 저항은 더욱 커지고, 3차례 암살 시도가 있었다. 결국 진나라는 통일 후 겨우 30여 년을 버티다 멸망한다.

(13) 우공이산(愚公移山)

임어당은 중국인이 유가적 전통뿐만 아니라 도가적 지혜를 동시에 지닌 민족이라고 자랑하고 있다. 도가적 지혜란 '우장(愚長)의 미학', 즉 어리석지만 멀리 내다보는 지혜를 말한다. 중국인의 우장의 지혜를 가장 잘 반영하는 고사가 우공이산의 고사이다.

우공은 집 앞의 산이 통행에 불편하여, 가족들을 동원하여 산을 옮기려든다. 이에 지수(智叟)라는 사람은 우공을 비웃는다. 우공은 이에 대해 "내가 이 산을 못다 옮기면 내 자식들이 옮길 것이고, 내 자식들이 다 옮기지 못하면 그 다음 손자들이 옮길 것이니, 언젠가 이 산을 옮길 것이다"라고 하며 산을 옮기는 작업을 멈추지 않았다.

(14) 새옹지마(塞翁之馬)

중국인의 지혜를 잘 나타내는 고사의 하나가 '새옹지마 안지화복(塞翁之馬 安知禍福)'이다. 변방에서 요새 지키는 노인에게 말이 있었는데, 어느 날 이 말이 달아나 버렸다. 변방에서 교통수단으로서의 말이 달아나니 얼마나 근심스럽겠는가. 사람들이 노인을 위로하자, 노인은 "뭐 할 수 없지요. 이것 때문에 또 좋은 일이 생길 줄 누가 알겠습니까"라며 무덤덤해 하였다. 그런데 어느 날 이 말은 잘생긴 호마 한 마리와 함께 다시 요새로 돌아왔다. 졸지에 재산이 두 배로 늘어난 것이다. 사람들이 축하하자, 노인은 역시 무덤덤하게 말했다. "이 말 때문에 또 불행이 닥칠지 모르죠." 그러던 어느 날 노인의 아들이 말을 타다 떨어져 크게 다쳤다. 다리병신이 된 것이다. 사람들은 위로하였으나, 노인은 역시 개의치 않았다. 변방이라 전쟁이 빈발하던 곳인데, 이 요새에도 전쟁이 일어났다. 젊은이들은 전쟁에 모두 징발되었으나, 노인의 아들은 군 입대를 면제받아서 살아남을 수 있었다.

이처럼 길흉화복은 단기적 사건으로는 알 수 없으며 행불행은 모두 상내적이라는 사실을 잘 보여주는 고사가 '새옹지마'이다. 그래서 사람들은 "인생은 새옹지마(塞翁之馬)"라고 하며 불행을 극복한다. "하늘은 절대로 사람의 길을 끊지 않는다(天無絕人之路)"란 속담도 중국인의 생사관, 화복관을 잘 보여주는 말일 것이다.

(15) 자객 형가(刺客 荊軻)

위나라 형가는 천하를 주유하며 호걸들과 사귀다가 연나라에 들어갔다. 연나라의 협사 전광(田光)은 형가의 인물됨을 알아보고 자신의 집에 머물게 하면서 우대한다. 그때 마침 연나라 태자 단(丹)이 진(秦)나라에서 인질로 있다 도망쳐왔다. 태자 단은 진왕 영정(진시황)에 대한 복수를 위해 천하의 용사를 모았다. 태자 단은 전광을 불러 자문을 구하자, 전광은 자신은 이미 노쇠하여 도움이 못되니 형가를 추천한다고 했다. 전광은 집으로 돌아와 형가에게 태자 단을 도와주라는 말을 하고 (비밀을 지키기 위해) 스스로 목숨을 끊는다. 태자가 그에게 비밀을 지켜달라고 한 것이 자기를 믿지 못하여 한 말이라고 여긴 전광은 죽음으로써 태자와의 약속을 지킨 것이다. 태자 단의 모든 호의를 받은 형가는 진왕에게 접근할 기회를 찾는다. 이때 진나라 장수 번어기(樊於期)가 진왕에게 죄를 짓고 연나라로 도망 와 태자 단에게 의존하고 있었다. 진왕은 번어기의 구족을 멸하고 그의 목에 수천금의 현상을 걸었다. 형가는 번어기의 목과 연나라 옥토인 독항(督亢)을 바친다는 지도가 있으면 진왕에게 접근할 수 있다고 태자 단에게 말한다. 태자 단은 의지할 곳 없는 번어기를 차마 죽일 수 없다고 말한다. 형가는 직접 번어기를 찾아가 말했다. "장군의 머리를 얻어서 진왕에게 바치면 진왕은 반드시 신을 접견할 것입니다. 그때 신이 왼손으로 소매를 잡고 오른 손으로 가슴을 찌르겠습니다. 그러면 장군의 원수를 갚고 연나라의 치욕을 씻을 수 있을 것입니다." 이 말을 들은 번어기는 자신이 꿈에도 그리던 일이라 하면서 즉석에서 칼을 뽑아 자신의 목을 베었다. 길을 떠나는 형가는 다음과 같은 비장한 시를 남긴다.

바람은 스산하고	風蕭蕭兮
역수는 차구나	易水寒
장사 한번 가면	壯士一去兮
다시돌아오지 못하리	不復還

진왕의 접견 허락을 받은 형가는 번어기의 머리를 확인하고, 비수가 들어있는 지도를 바친다. 이때 형가는 재빨리 왼손으로 진왕의 소매를 잡고, 오른 손으로 비수를 잡아 진왕의 가슴을 찔렀다. 깜짝 놀란 진왕이 자리에서 일어나는 바람에 진왕의 옷소매만 자르고 정확히 찌르지 못했다.

형가는 당대의 호걸로서 진왕과는 개인적인 원한이 없었지만, 연나라 태자 단을 위해 기꺼이 목숨을 바친 것이다. 자기를 진정 알아주는 사람을 위해 기꺼이 목숨을 던지는 중국의 전통적인 협객으로 평가되고 있다. 그래서"여자는 자신을 사랑하는 사람을 위해 화장을 하고, 남자는 자신을 알아주는 사람을 위해 목숨을 바친다(女爲悅己者容, 士爲知己者死)"라 했던가!

제 5 장

공자의 생각, 노자의 지혜

유럽문명이 그리스 문명(헬레니즘)과 기독교 문명(헤브라이즘), 두 기둥을 축으로 하듯, 중국은 유교와 도교가 상호 보완작용을 하며, 중국인의 삶을 지배해오고 있다. 인류 역사에서 독특한 사상을 제시한 민족은 유대인과 인도인일 것이다. 유대인은 모든 민족이 다신을 믿던 고대사회에서 유일신사상을 제시한 독특한 민족이다. 인도인은 어떤가? 인생은 전생, 현생, 내생으로 이루어지며, 환생하는 존재라는 윤회사상을 인류에 제시한 민족이다. 중국인은 인류에게 어떤 사상적 공헌을 하였는가? 중국인은 유일신이나 환생 같은 독특한 사상을 인류에 제시하지는 않았으나, 현세에서의 합리적 삶의 원리인 유교사상과 자연주의에 기반을 둔 도교사상을 지켜 온 민족이다. 2500여 년 전 공자에 의해 제시된 유교는 주변국으로 퍼져 나가, 오늘날까지도 동아시아인의 삶을 지배하고 있다. 유교는 한(漢) 나라의 통치이념이었으며, 송대 이래 신유학으로 발전해 왔다. 한국은 율곡, 퇴계가 유학을 한국화시켰다. 김영평 교수와의 공저 『유교문화의 두 모습』에서 밝힌 것처럼, 한국과 중국은 유교라는 같은 뿌리이지만, 다른 문화를 형성했다는 게 내 생각인데, 이 글에서는 그 유교의 원형이 무엇인지를 설명해 보기로 한다. 먼저 유교에 대한 독자들의 쉬운 접근을 위해, 당시 여고 1학년이었던 내 딸(정다훈)과 공자의 고향에서 나눈 대화를 소개한다(『클릭! 차이나』).

1. 공자의 고향, 취푸(曲埠)에서의 대화

딸 | 아버지, 여기가 규문각이에요. 무슨 그림들이 죽 붙어 있어요.

아버지 | 공자의 일생을 그림과 글로 나타낸 방이구나.

딸 | 몇 가지만 읽어봐 주세요, 아버지.

아버지 | 그러마. 너도 몇 달 후면 중국어를 익혀 이 글들을 읽을 수 있겠지? 저기 그림은 어떤 여자가 울고 있는 그림이구나. 공자와 그의 제자들이 옆에 있고…. 음, 내용은 이런 거구나.

공자가 제자를 보내, 울고 있은 여자에게 그 연유를 물어 보니, 할아버지가 호랑이에게 물려 죽고, 또 남편과 자식도 호랑이에게 물려 죽어서 서럽게 울고 있나는 거였다. 그래서 그렇다면 왜 다른 곳으로 이사를 가지 않느냐고 묻자, '다른 곳에 가봤자, 그곳은 백성들을 괴롭히니 차라리 여기 있는 것이 더 낫다'라는 대답이었다. 이 말을 들은 공자는 '학정이 호랑이보다 더 무섭다'라고 말했다.

딸 | 아버지, 공자가 살던 시대는 포악한 정치의 시대였나 보죠?

아버지 | 공자가 살던 시대는 춘추시대이지. 춘추시대란 무엇이지?

딸 | 학교에서 배운 실력을 동원해 볼께요. 춘추시대는 제자백가(諸子百家)의 시대로 많은 사상가들이 배출된 시대이고, 또 청동기가 일반 백성의 농기구에까지 사용되어 농경생활이 달라진 시기라 배웠어요.

아버지 | 춘추시대는 주나라가 유명무실해지며 그 제후국들이 각각 세력을 떨치던 시대이지. 공자는 이런 시대에 이곳 산동성의 노(魯)나라, 즉 이곳 취푸에서 태어났지. 공자는 주나라의 정치를 이상으로 보았다. 주나라는 포악한 정치를 펴던 은나라를 멸하고 주나라 무왕이 문치를 펼치던 시대란다. 특히 주나라는 주공(周公)이 큰 역할을 했지. 왕의 자리를 차지할 수 있는 위치인데도 왕을 해치지 않고 왕을 도와 통치를 잘한 것이다. 세조가 단종의 왕위를 찬탈한 것과 대조적인 것이지. 그런 주공을 공자는 꿈에서 자주 뵐 정도로 주나라의 통치를 사모한 거란다. 그런데 주나라는 봉건제를 실시했음을 너도 알고 있지? 그런 봉건 제후들이 주나라의 힘이 약해지자 각기 세력을 떨치며 백성들을 괴롭히는 나라들이 생기는 거지. 공자는 이런 제후국을 돌며 자신의 생각과 이상을 제후들에게 설명하지만 제후들은 공자를 등용하지 않았단다.

딸 | 왜 등용하지 않았을까요?

아버지 | 공자는 덕치, 인치, 예치 등을 주장했는데, 그런 생각들이 제후들에게 먹혀들어가지 않은 거지. 공자의 제자인 맹자의 시대는 전국시대였는데, 이런 시대에는 무력제일주의가 팽배했을테니, 공자나 맹자의 정치원리가 먹혀들어가지 않은 거지. 맹자가 제나라의 선왕을 만나서 한 대화를 잠깐 소개해 볼까?

"노인(맹자를 가르침)께서는 우리나라에 이렇게 오셨으니, 우리나라에 어떤 이득이 있을 것입니까"하고 제선왕이 묻자, 맹자는 "어찌하여 이득만 생각하십니까. 의(義)와 인(仁)도 있습니다"

아버지 | 이 말은 아버지가 아주 어려서부터 할아버지한테서 들은 얘기이지. 할아버지는 한학(漢學)을 숭상하신 분이거든. 어려서 들은 얘기는 세월이 흘러도 잘 안 잊어버리는 거란다.

딸 | 아버지, 그럼, 공자의 생각의 핵심은 무엇인가요?

아버지 | 하하, 학교에서 무어라고 배웠냐?

딸 | 음, 인의예지신….

▪ 공자의 생각

아버지 | 그래 맞았다. 인간다움의 기본은 바로 인의예지를 아는 것이본 것이다. 측은하게 여기는 마음, 옳은 것과 그른 것을 가리는 마음, 수치심을 아는 마음, 그리고 사리판단을 하는 마음이 인의예지의 시작이라고 했다. 그리고 공자는 인간사이의 올바

른 관계를 생각했는데, 그것이 '3강 5륜'이라는 거다. 3강 5륜, 학교에서 배웠지?

딸 | 사군이충….

아버지 | 하하, 그건 신라 화랑들의 '세속5계'이고… 임금과 신하는 의리가 있어야 하고, 남편과 부인은 구별이 있어야 하고, 친구사이에는 신의가 있어야 하며, 어른과 아이는 순서가 있어야 한다 등등의 내용이지.

딸 | 군자란 무엇을 말하는데요?

아버지 | 인의예지신, 이런 것을 기본으로 하여, 젠틀맨이 되는 것을 말한다. 군자의 반대는 소인인데, 공자는 군자와 소인의 차이를 보여주는 예로서, "소인은 같이 어울리면서도 화합하지 못하지만, 군자는 같이 어울리며 화합하되 소인과 같아지지 않는다" 라고 말했지. 군자의 덕 즉 인의예지를 갖춘 임금이나 관리가 통치를 할 때 백성은 편해진다는 것이지. 그러나 당시 여러 제후국들이 경쟁하는 상태에서 인의예지에 의한 덕치, 예치보다는 당장의 이득이나 힘에 의한 통치가 횡행한 것이고 그런 정치를 공자는 바로 잡아보고자 한 것이지. 이런 공자의 생각과 사상이 담긴 책이 바로 ≪논어(論語)≫란다.

딸 | 그럼 ≪논어≫는 공자가 쓴 책인가요?

아버지 | 노우! 공자의 제자들이 스승 공자의 언행을 기록한 것이 논어란다. ≪성서≫도 예수가 직접 쓴 것이 아니고 예수의 제자들이 기록한 책이지. 소크라테스의 사상도 그의 제자 플라톤이

≪향연≫ 등과 같이 대화록으로 쓴 것이 아니더냐? 다훈, 그런데 논어의 첫머리가 무어라고 했지? 학교 한문시간에 배웠을 거라 생각되는데.

딸 | 학이시습지 불역열호아! 배우고 때때로 익히면 또한 즐겁지 아니한가!

아버지 | 베리 굳! 공부하는 즐거움이 가장 큰 즐거움이지. 안다는 것, 그것은 큰 즐거움이지. 너희들은 애석하게도 외우는 공부를 하느라 공부의 즐거움을 모르는 거지…. 공자는 자신의 생각을 한마디로 "충서(忠恕)"라고 했다. 조선시대이후 우리나라의 유학자들이 공자의 '충서'를 전혀 잘못 해석하여, 임금에게 충성하는 것만 강조하였다. 그러나 그 충성이란 정통성이 있을 때만 의미가 있는 것임을 빼버린 것이지. 공자는 '도(道)'요즘말로 하면 민주주의가 실현되는 경우에만 예의를 찾으라고 했고 또 맹자는 '폭악한 군주', 말로 하면 불의한 정권은 퇴출시켜야 한다고 했지. 그러니까 공자의 '충서(忠恕)'은 '성실성', '관용성'이란 뜻이다. 영어의 신세리티(sincerity) 그리고 톨로런스(tolerence)로 번역해야 하는 말이지.

딸 | 준용도 공자의 핵심사상이겠죠?

아버지 | 말해 무삼하리요….

■ 공자의 꿈, 대동사회

딸 | 아버지, 저기 다른 그림 하나 더 설명해 주세요.

아버지 | 어떤 그림을 볼까… 음, 이 그림의 설명을 보자. 제자 자공(子貢)이 벼슬을 얻어 공자에게 작별인사를 할 때 공자가 자공에게 해준 말이다.

열심히 일하고 근신하며 하늘의 뜻에 따라 일하고 현인을 선택하며 능력있는 자를 임명하고 먼저 가르친 다음에 벌을 내리며 공로를 탐하지 말아라. 관리가 되어서는 공평해야 하며, 재물에 대해 청렴해야 한다. 이 두 가지를 잘 지켜야 한다. 남의 말은 좋은 말만 하며, 타인을 헐뜯는 말을 하지 말아라. 군자는 어디에서나 조심스러워야 하느니라.

딸 | 이런 말들이 다 ≪논어≫에 기록된 것들인가요?

아버지 | "뚜이!(맞아!)"

딸 | 아버지, 나도 유명해지면 '다훈경'을 만들겠어요…

아버지 | 아무도 안 사볼걸!! 공자처럼 '만세사표'가 되는 것이 어디 쉬우냐?

딸 | 만세사표란 무엇인가요?

아버지 | 후세사람들의 표본이요 스승이란 뜻이지.

딸 | 공자는 정치는 안했나요?

아버지 | 벼슬을 하기는 했지. 그러나 높은 벼슬을 한 것은 아니고 지금의 변관 같은 벼슬을 했다.

딸 | 공정한 법집행을 했겠네요?

아버지 | 그랬겠지?

딸 | 아버지, 공자의 유교를 종교라고 할 수 있나요?

아버지 | 으휴, 어려운 질문이구나. 그것은 어떤 관점에서 보느냐에 따라 다르다. 기독교처럼 어떤 절대 신을 숭배하거나, 불교처럼 인간 스스로가 부처의 경지로 나아가서 해탈하는 것을 종교로 본다면 유교는 종교라기보다는 생활철학이라고 해야 할 것이다. 왜냐하면 유교에서는 공자를 신으로 모시는 것은 아니거든. 그러나 공자는 '인간이란 무엇을 해야 하며, 무엇을 해서는 안 되는가 하는 윤리와 실천적 행위의 체계를 세운 분'이지. 만약 종교를 윤리적 삶과 실천적 이상을 추구하는 것으로 본다면 유교도 종교의 일종이라고 볼 수 있지 않을까? 무언가 근본적이고 궁극적인 것을 공자도 추구했고, 그 궁극적인 것 중 현실세계에서 펼쳐 보는 이상이 바로 '대동(大同) 사회'였거든.

딸 | 대동 사회요?

아버지 | 그래. 대동사회란 더불어 사는 사회, 사회적 약자가 우대받는 사회라는 의미이다. 소강(小康) 사회는 한 집안이 걱정 없이 사는 사회인데 말하자면, 자기 자식만 잘 먹이고 공부시키는 사회가 소강사회이지. 공자는 이런 소강을 넘어 대동 사회를

만드는 규범과 방법을 제시하였는데, 그것이 정치를 밝게 하는 군주와 신하(관료)의 역할이라고 본 거다.

■ **제자를 가르친 곳 행단(杏亶)**

딸 | 아버지, 다른 곳을 둘러보아요.

아버지 | 그래. 저기 '행단(杏壇)'이 보이지? 행단은 무엇을 하는 곳이냐?

딸 | 공자가 제자들을 가르치던 곳이라고 하옵니다~.

아버지 | 공자의 제자 중 네가 아는 사람을 대 보아라.

딸 | 아까 규문각에서 본 자공, 자로, 안연, 안회 그리고 공자의 최고의 수제자 정다훈!

아버지 | 너도 여기서 공부할래? 공자는 그 유명한 '주유천하'를 하며 제후들에게 자신의 이상을 말했으나 받아들이지 않자, 고향 이곳 취푸로 돌아와서 제자들을 가르치지. 사마천의 『사기』 열전 〈공자 열전〉에 보면 공자의 제자가 3천여 명이었다고 한다. 역시 중국인의 과장이 섞인 말이겠지만 말이다. 네가 지금 말한 자공, 자로, 안회, 자사, 안연, 증자 등은 모두 유명한 제자들이지. 자사(子思)는 공자의 손자인데 ≪중용≫을 그리고 증자는 ≪대학≫을 썼지.

딸 | 그럼 맹자는 공자의 제자가 아닌가요?

아버지 | 공자에게 직접 배운 것이 아니라 공자의 학문을 익힌 거지. 그래서 공자의 생각을 더욱 구체화시킨 분이 맹자란다. 공자는 춘추시대 사람이지만 맹자는 전국시대 사람이거든. 공자의 생각을 좀 더 정책화한 분이 맹자란다. 이문영 선생님에 의하면 공자는 문과대학 교수이고 맹자는 정경대학 교수라고 하신다.

딸 | 이문영 선생님이 쓴 책이 『논어·맹자와 행정학』이지요?

아버지 | 한국 행정학계 행정 철학 분야에서 기념비적인 대작이라 할 수 있는 책이다. 너도 대학에 가면 읽어 보거라. 지금 북경대에서 이 책을 중국어로 번역하고 있지….

■ 대성전

딸 | 아버지, 여기가 대성전이에요. 규모가 어마어마하게 커요. 여행 안내서에 의하면 북경의 자금성, 태산의 대묘 그리고 이 대성전이 중국의 3대 궁전 건축물이라고 했어요. 그러니까 공묘를 마치 임금의 궁전 같은 개념으로 지은 것 같아요. 정말 공자에 대한 중국인들의 존경심이 대단해요. 대성전을 떠받치고 있는 열 개의 용조가 기둥(龍柱)을 보아요. 용은 황제의 장식품인데 이곳 대성전에 이 조각이 있는 것은 대단한 의미를 지니는 것 같아요.

아버지 | 대성전 안의 공자상과 그 옆의 제자상이 보이니?

딸 | 네, 보여요. 그런데 이 상들은 문화대혁명 때 파괴되었다고 했어요. 아마 그 후 다시 복원시킨건가 봐요. 이곳 대성전뿐만

아니라, 황제들이 하사한 돌비석도 문화대혁명 때 잘려진 것을 다시 붙인 흔적이 선명히 남아있었어요. 그런데 아버지, 왜 문화혁명 때 홍위병들이 공묘를 파괴한 거죠?

■ 공자와 마오쩌둥

아버지 | 음, 공산주의 혁명 후 중국은 유교를 배격하게 된다. 유교는 봉건주의와 자본주의를 부추기는 사상이라는 거지.

딸 | 봉건주의란 무엇인가요?

아버지 | 봉건주의란 계급주의를 의미한 거지. 금융가, 재력가, 지주 등 유산계급이 근로자, 농민 등 무산계급을 착취하는 사회구조를 봉건주의의 한 형태로 본 거지.

딸 | 그럼 공자는 그런 계급을 정당화한 분인가요?

아버지 | 공자는 주나라 황실의 권위와 정통성을 인정하고 여러 제후들이 평화롭게 사는 것을 의미있게 본 거란다. 그리고 3강 5륜을 통해 사회질서를 유지하는 길을 제시했지. 그런데 임금과 신하, 지배자와 피지배자. 남성과 여성, 어른과 아이 등 사회관계에서의 질서를 마오쩌둥은 지배와 복종의 관계로 본거지. 특히 여성에 대한 남성의 억압은 봉건주의의 대표이지. '삼종지도(三從之道)', '재가금지' 등등이 여성을 억압한 대표적인 예이지.

딸 | '삼종지도'란 어려선 아버지를 따르고, 결혼 후엔 남편을 따르고, 그 다음엔 아들을 따른다는 거지요? 우리나라는 더했잖아요?

아버지 | 우리는 어려서 남녀가 같이 있지도 못하게 했지. 중국도 그랬단다. ≪홍루몽≫이란 소설을 아니?

딸 | 모르겠어요.

아버지 | 청나라 말엽에 조설근이 쓴 유명한 소설이지. 중국인 치고 이 소설을 모르는 사람이 없지. 마치 '춘향전'을 모르는 한국인이 없듯이 말이다. 이 소설은 여성이 자유로운 삶을 추구하지 못하고 중국의 유교적 전통에 의해 속박 받는 비극적 여성을 그린 거란다. 그러니까 여성 해방을 그린 것이지. 그러니까 ≪홍루몽≫은 반(反) 봉건주의 소설인 거지.

딸 | 그럼 마오쩌둥은 여성 해방을 주장한 건가요? 그런 맥락에서 공자를 비판한 건가요?

아버지 | 마오쩌둥은 문화대혁명 당시 '비림비공(批林批孔)'이라는 대중운동을 일으켰지.

딸 | '비공'은 공자를 비판한다는 걸텐데, '비림'은 무엇이지요?

아버지 | 임표를 비판한다는 거다. 임표는 당시 마오쩌둥의 후계자였다. 그런데 나중에 자본주의의 길을 걷는 사람들(주자파)로 비판받게 되지. 그러한 비판의 근거로 공자의 봉건사상을 다시 상기시키고 공자와 주자파에 대한 비판을 대대적으로 전개한

거란다. 이곳 곡부의 공자사당도 바로 문화혁명당시 수많은 '홍위병'들이 공자 비판의 일환으로 파괴시킨 것이란다.

딸 | 공자 뿐만 아니라 불교, 기독교 등 종교도 큰 곤욕을 치렀음을 불교사원, 북경의 천주교당, 교회당 등에서 볼 수 있었어요.

아버지 | 종교는 현실을 도피하는 것이라고 비판한 거지. 원래 마르크스는 종교를 아편이라고 하지 않았니?

딸 | 아버지. 그런데 우리나라도 유명한 유학자들이 많이 있잖아요? 이황, 이율곡 등 우리나라를 대표하는 학자들도 다 성리학을 공부한 건가요?

아버지 | 그렇단다. 성리학은 애석하게도 너무 이론에만 치우치고 또 엄격한 윤리를 강조한 나머지 인간의 삶을 경직화시키는 부작용을 일으키기도 했지. 사실 우리나라의 유교는 중국보다도 더 교조화된 유교란다.

딸 | 아버지, 학교에서는 이기일원론, 이기이원론 등이 우리나라 유교의 중요 학설이라고 배웠어요. 그런 것이 다 이곳 취푸에서 태어난 공자의 생각을 이어나가는 것들인가요?

아버지 | 그렇다고 볼 수 있지. 그런데 아버지는 공자의 생각이나 사상이 우리나라에 들어와서 많이 변질되었다고 생각한단다. 그것은 통치자들이 공자를 왜곡해서 통치에 이용한 것이지. 가령 "군사부 일체(君師父一體)", 즉 임금과 스승과 부친은 같은 몸으로서 임금을 부모같이 섬겨야 한다는 이 말은 공자가 한 적이 없는 말인데도 우리나라에는 이것이 일반적인 말이 되어

있거든. 마치 예수의 가르침과는 전혀 다르게 예수를 얘기하는 것과 같지.

딸 | 공자와 마오쩌둥, 과연 중국에 누가 더 큰 영향을 미쳤으며 앞으로 누가 더 영향을 미칠까?

아버지 | 글쎄 말이다. 2500여 년 간 영향을 미쳐온 공자, 그리고 지난 50년간 현대 중국에 절대적 영향을 미쳐온 마오쩌둥, 과연 앞으로 누구의 생각이 더 큰 영향을 미칠까?

딸 | 아버지, 공자의 무덤을 참배하러 가는 길에 노점상들이 죽 늘어서 있어요. 이들이 관광객을 상대로 파는 물건 가운데, 마오쩌둥의 대형 초상화가 많이 있어요. '비림비공'으로 공자의 사당을 파괴시킨 마오쩌둥의 대형 초상화가, 그것도 공자의 무덤을 참배하는 관광객들을 향해 팔리고 있는 이 모순을 어떻게 설명해야 하지요?

아버지 | 공자와 마오쩌둥, 바로 그 모순이 오늘날 중국인들이 해결하기 위해 안간힘을 쓰고 있는 모순이기도 하단다. 개혁·개방 이후에도 여전히 중국은 해결해야 할 문제가 많거든. 그러니까 공자와 마오쩌둥은 적대적 모순관계이면서 어느 순간 평화적 모순관계로 변해있는 거란다. 10년, 20년 후 우리가 이 공자의 고향을 다시 찾았을 때에도 저 마오쩌둥의 대형 초상화가 관광 상품으로 여전히 등장하고 있을까? 우리 그때 다시 한 번 확인해 보도록 하자꾸나….

2. 공자의 생각

공자는 인간의 궁극적 행복을 '수기치인(修己治人)', '극기복례(克己復礼)'에서 찾았다. 수기치인이란 자신의 도덕적 품성을 기르고 나서 타인을 돕는 것을 말한다. 극기복례도 이기적이고 파괴적인 본성을 극복하고 사회적 규범을 되찾아 조화로운 삶을 살자는 것이다. 이처럼 유교는 자기 개선을 문제해결의 선결요건으로 본 것이다. 즉 인간 내면의 도덕적 질서를 중시했다. 그래서 "혼자 있을 때 신중 하라(慎其独)"고 했다. 그 바탕에는 인간의 선한 품성에 대한 믿음이 있다. 인간을 인의 예지의 품격을 지닌 도덕적 인간으로 보았다. 이기적·파괴적 본능을 극복하고 이타적·협동적 인간의 품성을 회복하는 것에서 개인과 사회의 행복이 찾아진다고 본 것이다.

공자는 인간행위의 윤리적 기준을 인(仁)이란 개념으로 설명하였으며, 사회구성 원리와 통치의 원리로 덕치(德治)를 제시하였다. 그리고 자연과 우주의 법칙을 천명(天命)으로 설명하고 있다. 개인윤리인 인이 사회구성 원리인 덕치, 정명, 화 그리고 자연법칙인 천명(天命)과 결합하여 통치되는 왕도정치 혹은 대동 사회를 이상적 통치로 보았다.

인을 근거로 한 인간관으로 공자는 수양에 의한 도덕적 인간, 즉 君子의 인격완성을 추구하였다. 공자는 인간을 '희노애구애오욕(喜怒愛懼愛惡慾)' 등 칠정(七情)을 지닌 존재로 가정하였는데, 이것이 인의예지신(仁义禮智信)에 의해 조절되며, 교육에 의해 이러한 품성은 계발할 수 있다고 본다. 공자는 "仁은 人이다"라고 하여, 품격을 지닌 존재로의 도덕적 진보를 전제한 인간관, 즉 수기치인(修己治人)을 제시하였다. 이러한 도덕적 품성의 군자가 관료제의 담당자가 되어 경세제민

(经世济民)을 실천해낼 것을 주장하였다. 이러한 경국제민(经国济民)의 통치원리에 의해 다스려 지는 정치를 덕치(德治)라 불렀다. 사회조직도 음양오행의 자연철학을 바탕으로 조화와 상생의 원리를 도입하였으며, 인간관계는 삼강오륜의 실천원리에 의해 작동되도록 하였다. 공자에게 있어 통치란 경세제민뿐만 아니라, 사회기강과 풍속 확립, 그리고 더불어 사는 사회형성이라는 가치창출을 위한 계도자로서의 행정조직을 꿈꾸었다. 즉, 수신제가치국평천하(修身齐家治国平天下)라는 개인윤리와 사회윤리의 완성을 통해 평등하고 평화로운 세계질서인 대동사회를 향한 세계관을 지녔던 것이다.

김영평 교수와의 공저 『유교문화의 두 모습』에서 우리는 한국과 중국의 유교문화가 같은 뿌리, 다른 문화임을 한·중 공무원 대상의 실증조사를 통해 규명하였는데, 이하에서는 이 책의 내용 일부를 그대로 전재하여 보았다.

(1) 유교의 인간관[48]

1) 仁은 人이다

인(仁)은 휴머니즘이다. 인간에 대한 사랑이 인이다.[49] 유교의 휴머니즘은 신이 아니라 인간, 그 인간의 진실성에 기본을 둔 휴머니즘이다. 인간은 옳고 그름을 인식할 수 있는 내면적 질서의식을 지닌 존재

48) 김영평·정인화, 『유교문화의 두 모습』(아연출판부, 2004) 제3장의 내용 일부를 전재하였다.

49) 樊遲問仁, 子曰: 愛人也. 〈顔淵 편〉

이며, 타인의 고통에 동참할 수 있는 실천적이고 적극적인 존재로 본다. 인간의 한 가운데에는 인(仁)이 있기 때문이다.

공자가 말하는 인은 무엇일까? 그것은 무감각하지 않은 인간을 말한다. 중국어에서 인은 껍질이 까진 상태를 말한다. 살구 씨를 행인(杏仁)이라 한다. 인이란 그러므로 마음이 딱딱하지 않은 상태를 말한다. 측은함을 느낄 수 있는 능력, 이것이 바로 인의 시작이다(惻隱之心, 仁之端). 남의 불행을 그냥 두고 보지 못하는 것(不忍人之心)이 바로 인이다. 그러므로 인이란 타인의 고통, 심지어 동물의 고통에도 안타까움을 느끼는 인간의 본질적 능력을 말한다. '사람에 의한 사람을 통한' 사랑이란 점에서 불교의 자비, 기독교의 사랑과 본질적으로 구분된다. 이러한 인은 평범한 사람이 자신의 도덕적 품성을 닦아 사람을 사랑하는 것이고, 이러한 인의 실천적 행위가 인의 기본인 효제(孝悌)이며, 이 효제가 가족 밖으로 확대될 때 충서(忠恕)이다. 충은 '내 몸과 마음을 다하는 것'이고 서는 '내 마음을 미루어 이해하는 것'이다.[50] 이처럼 인은 사람중심의 사상으로서, 나, 가족, 그리고 사회가 하나로 연결되는 통합개념이다.[51]

공자와 맹자 당시 인간은 이러한 선한 심성을 잃어버리고 대결과 갈등 속에 무질서한 삶을 사는 존재였다. 그러므로 공자는 문제해결의 출발을 인간성 회복에서 찾았다. 자신의 노력과 수양을 통해 선한 존재로서의 본성(仁)을 회복하고 다시 질서를 찾아가는 것(克己復礼), 이것이 편협한 소이익 중심의 인간(小人)에서 훌륭한 사람(君子)으로 진

---

50) 송복, 『동양적 가치란 무엇인가: 논어의 세계』(생각의 나무, 1999), pp. 23~102.

51) 吾道一以贯之..忠恕而矣, 〈里仁 편〉

화하는 존재로 본 것이다.[52] 또한 군자는 천명을 알고 이를 두려워하는 사로서, 예(禮)의 총합직 실행자이다. 즉, 군자는 인의 구체적 실천사항인 효(孝) · 제(悌) · 의(义)를 실천하는 자이다.

2) 현세적 합리주의

형이상학이나 신의 세계가 아니라 오로지 인간의 세계에서 인간이 어떻게 수기치인하며 현실 문제를 해결해 나가야 하는가에 관심을 둔 유교는 그러므로 현실주의와 합리성을 추구한 사상이다. 공자의 합리주의 정신을 가장 잘 나타내는 말로 흔히 인용되는 글은, "공자는 기괴한 사건이나 어지러운 신들에 대해 얘기하지 않았다(子不言怪事亂神)"이다. 기원전 5세기 사람인 공자는 신비주의와 샤머니즘을 배격한 것이다. 그리고 이성적 질서에 의해 현실적인 삶의 중요성을 설파하였다. 공자는 기복신앙을 배격하였으며, 인간이 도덕적일 때 복은 부여되는 것이라는 천명을 따랐다. 오늘날 불합리한 것으로 보는 제사도 공자에게 있어서는 형식으로서의 제사가 아니라, 부모에 대한 애통함과 존경의 표시로서의 제사였다.[53]

---

52) (克己復礼为仁, 一日克己復礼, 天下归仁焉), 〈안연편〉

53) 어느 날 재여가 또 공자에게 물었다. "사부님, 부모를 위한 삼년상(三年丧)은 너무 깁니다. 군자가 3년 동안이나 상을 치르느라고 예나 음악을 익히지 못하면 예악이 바로 설 수 없습니다. 묵은 곡식이 떨어지고 새 곡식이 익는 것도 일년입니다. 그리고 마찰하여 불씨를 하나 얻는 나무도 일 년 한 차례로 끝납니다. 자연의 이치가 이러하므로 부모의 상을 일 년으로 고치는 것이 좋을 줄 압니다." 공자가 대답했다. "그래 부모가 돌아가신 지 3년도 지나기 전에 쌀밥을 먹고 비단옷을 입는다면 너는 그때 마음이 편할 것 같으냐?" "네, 저는 별로 마음이 편치 않을 것 같지는 않습니다." "그렇다

이처럼 유교에서 제사는 효의 연장일 뿐이지, 내세를 중시하거나 귀신을 섬기는 것과는 거리가 멀다. 유교는 오로지 옳고 그름을 따져 현세에서 오직 사람답고자 했으며, 이성과 합리성이 통하는 도덕적 사회의 완성을 목표로 한다. 예와 인은 공자의 이상이다. 이 이상과 원칙을 정치현실이나 일상생활에서 실현시키기 위해서는 반드시 정확한 사고(思考)의 준칙이 있어야 하는데, 이 준칙이 중용이다.[54] 유교의 합리성은 중용(中庸)에 잘 나타나 있다. 중용이란 한 마디로 갈등을 조화로 이끄는 원리이며, 절제를 통해 허례허식을 극복해 보자는 것이다. 부(富)에 대한 공자의 중용적 생각이 그 한 예이다.

재산에 대한 공자의 생각도 합리주의적 성격을 보여준다. 영리하고 사교에도 능하며 벼슬을 하면서 돈을 많이 모은 제자 자공(子贡)의 치부(治富)에 대하여 이렇게 말한다. "자공은 하늘의 명에 살지 않고 애써 재산을 늘렸다. 그러나 그의 생각이 도리어 맞기 때문에 재산도 불의한 것은 아니었지만, 안회처럼 도를 즐기는 것보다는 못하다"라고 하였다.

한번은 자공이 공자에게 이렇게 물었다. "가난하면서도 남에게 아첨하지 않고, 넉넉하면서도 교만하지 않는 사람은 어떤 인물입니까?"

공자가 대답하였다. "그것도 좋지만 가난하여도 도를 즐길 줄 알고, 넉넉하여도 예를 좋아하는 사람만 못 하느니라"라고 하였다. 공자는

면 좋을대로 해 보아라. 군자는 부모상을 당하면 맛있는 음식을 먹어도 맛이 없고 좋은 음악을 들어도 즐거운 줄 모르며, 좋은 집에서 살아도 편안한 줄 모르기 때문에 3년 상을 입는 법이다"라고 하여 3년 상의 목적이 실질에 있지 형식에 있는 것이 아님을 말하였다.

54) 송복규 외, 『중국학개론』(동양문고, 1998), p.262.

청빈과 안빈낙도를 말했지만, "내가 돈을 벌 수 있다면, 말을 몰아서라도 벌겠다"라고 할 만큼, 합리적인 치부를 이상으로 삼았다. 그리고 "지나친 것은 미치지 못하는 것과 다를 바가 없다"라고 하여 중용의 도를 내세웠는데, 이 또한 공자의 합리주의를 잘 나타내는 것이다.

공자는 넘치지도 모자라지도 않는 청부(淸富)를 통해 문화적 존재로서의 삶에 필요한 예악을 추구하였다. 음악을 즐기는 삶, 예술적 삶을 중시한 것이다.

(2) 유교의 철학관

공자의 철학관은 플라톤의 형이상학과는 다르다. 시간과 공간을 초월한 저 세계에 비물질적 존재가 있다 고 보는 형이상학과는 달리, 공자는 우주가 움직이는 질서와 법칙을 찾았다. 그것은 유가사상의 뿌리인 ≪논어≫를 일이관지(一以貫之)하고 있는 천명(天命) 사상이며 중국의 전통 사상인 음양오행 사상이다. 우주의 운행원리는 갈등과 상극이 아니라 조화와 상생으로 이루어진다는 것이다. 이것이 하늘이며 이러한 우주의 원리에 따라 살라는 정언명법적 법칙이 천명이다. 이 천명에 따라 인간사회의 조화와 상생을 유지하는 원리로 삼강오륜을 제시하였다. 그러므로 "자연의 법칙", 그리고 "자연과 인간의 질서"는 천명과 음양오행으로, 인간과 인간의 도덕적질서는 이러한 천명과 음양오행의 질서를 근본으로 하는 3강 5륜 으로 파악하였다. 공자는 우주와 자연의 보편적 질서를 천(天)이라 하였던 것이다.

(3) 유교의 사회관

유교의 사회관도 그 중심은 인(仁)이다. 인의 기본인 효제와, 이러한 가족애·육친애를 기본으로 하는 인의 사회적 확대인 충서(忠恕)를 통해 사회적인 인을 실현하려한다. 즉, 자기가 속한 집단에서 온 몸을 받쳐 지성껏 일하는 것, 그리고 내가 원하지 않는 것은 남에게 행하지 않는 것(己所不欲, 勿施於人)[55]이 인의 사회적 실천이다.

공자의 유교란 인간의 행동 특히 지배계층의 도덕적 품성인 인의(仁义)를 계발하여, 인간과 사회의 계층 간 질서를 조화롭게 유지하려는 사회철학이다. 그 질서의 기준은 예(禮)이다. 그러므로 예란 단순한 규칙이 아니라 법률적 기능을 하는 불문율적인 사회규범이었다. 공자는 계층 간의 무질서와 혼돈을 극복하고 사회의 순리적 작동을 가능케 하는 요인으로서 정신노동자와 육체노동자로 사회적 분업과 상호 존중적 위계질서를 가능케 하는 덕치(德治)를 강조하였다. 덕치란 도덕적 품성을 지닌 존재의 원형인 군자에 의한 통치와 육체노동을 책임진 백성에 의한 생산이라는 노동 분업 형태를 이상적으로 본 사회조직 및 통치원리인 것이다. "법령으로 이끌고 형벌로 백성을 일체화하면 백성들은 법망을 벗어나려고만 하고 부끄러움이 없다. 그러나 덕으로 이끌고 예로서 일체화시키면 부끄러움을 느끼고 또한 선하게 된다"라고 하였다. 그러므로 덕치는 서구의 법치주의와 대조를 이룬다. 서구사회는 지도자의 뛰어난 능력을 요구하는 반면, 유교에서는 덕을 지닌 지도자를 요구한다.

---

55) 己所不欲, 勿施於人, 〈안연 편〉

덕치는 바람직한 질서를 분별할 수 있는 인의예지(仁义禮智)란 덕목과, 관과 민의 갈등구조를 화해로 이끌 수 있는 성실성과 관용성인 충서(忠恕)에 의해 가능하게 된다고 보았다. 질서회복은 바로 통치자 자신의 도덕성을 회복하는 데에서 찾았던 것이다. 군자로 표현되는 도덕적 통치자는 '격물치지정의정심(格物致知诚意正心)'의 적극적, 분석적 사물분석방법과 도덕적 자기성찰을 통해 '수진제가치국평천하(修身齐家治国平天下)'의 단계로 상승발전하게 된다고 보았다. 이렇게 될 때 사회는 치자와 피치자간, 강자와 약자간의 상호불신과 원망이 사라지고, 조화와 평등이 보장되는 대동사회가 이루어질 것이라고 본 것이다.

(4) 유교의 현대적 해석[56]

유교를 현대적으로 해석함에 있어, 적용범위를 인간과 인간관계, 인간과 사회관계, 인간과 자연관계, 국가와 시민관계, 경제와 정부관계 등 다섯 가지로 보자.

적용 범위	유교적 실천원리	현대적 해석
인간과 인간관계	인의, 삼강오륜	이타성, 선의지
인간과 사회관계	화와 예	화=자기희생, 덕=불문율
인간과 자연관계	천명, 음양오행	정통성, 순리
국가와 시민관계	덕	포용력, 영향력, 리더십
경제와 정부관계	대동	더불어 사는 사회, 경제공동체

56) 김영평 · 정인화, 앞의 책, p.23 참조

유교의 핵심 사상을 인의, 삼강오륜, 화와 예, 천명과 음양오행, 덕 그리고 대동으로 정리했다. 그렇다면 이 유교핵심 개념에 해당하는 현대어는 무엇일까? 인의는 '이타성' 또는 '선의지', 화는 '자기희생', 예는 '불문율', 천명은 '정통성' 또는 '순리', 덕은 '포용성' 또는 '영향력', 대동은 '더불어 사는 사회' 또는 '블록경제공동체' 등으로 해석할 수 있을 것 같다.

중국은 문화대혁명 때 유교 뿐만 아니라 유교문명도 파괴하였다. 최근 들어 유교복원이 이루어지고 있고, 북경 올림픽 개막식에 공자의 제사들 행진이 있었고, "화(和)"라는 유교핵심 개념이 메인 스타디움 한 가운데 퍼포먼스로 제시되기도 하였다. 유교우리나라에서 유교는 조선시대 이래 성리학위주로 발달되어 왔다. 그러나 원시 유교, 그러니까 공자 당시의 공자의 생각이 무엇이었는지, 그 시대 현상 속에서 연구하는 작업이 필요하며, 그러한 본래적인 공자의 생각이 현대사회에서 어떤 개념인지를 규명하는 작업이 필요하다.

3. 노자의 역설

노자는 ≪도덕경≫이라는 시편 같은 책에서, 역설의 철학을 제시하고 무위자연에 인간의 궁극적 행복이 있음을 시적으로 보여주고 있다. 억지로 꾸미지 않은 삶, 물처럼 유약하지만 모든 것을 포용하는 삶, 절대적 가치나 지식을 따르지 않는 삶 등을 행복의 핵심으로 보았다.

(1) 억지로 애쓰지 말라: 무위자연(無爲自然)

무위(无为)는 아무 것도 하지 않는다는 뜻이 아니다. 자연스럽지 못한 일을 하지 말라는 것이다. "학의 다리가 길다고 자르지 말고, 오리다리가 짧다고 억지로 늘리지 말라"는 장자의 비유에서 보듯, 자연의 법칙에 어긋나는 행위를 하지 말라는 뜻이다. 사람도 각자의 취향과 성격에 맞는 행복관이 있는 것인데, 이를 억지로 평준화시키는 것이 불행의 원인이 된다. "저 동해바닷가에 갈매기가 있는데, 이 갈매기를 꽃가마에 모셔다가 좋은 옷을 입히고 좋은 음식을 대접하였다. 그런데 이 갈매기는 얼마 가지 못해 죽어 버리고 말았다." 왜 그런가? 인간의 기준으로 갈매기를 대하면 이것이 유위적이고 부자연스러운 행위이기에 불행해 진다는 것이다.

(2) 평화로운 삶의 조건: 도상무명(道常無名)

그러면 노자가 말하는 도(道)란 무엇인가? 도덕경의 첫 머리에 유명한 말, "도를 도라고 말하면 영원한 도가 아니고 이름을 이름이라고 하면 영원한 이름이 아니다(道可道非常道, 名可名非常名)"에서 밝히듯, 노자가 지향하는 도는 진실 불변의 도이고 언어로 풀이된 도는 단지 말에 불과하다. 영원한 도는 본래 명칭과 형상이 끊어져 말로 도달할 수 없는 자리이다. 그래서 "명칭이 끊어진 자리가 천지의 시작이고 이름이 있는 자리는 만물의 어머니다. 그러므로 일상생활에 있어서 무(無)로써 그 묘함을 보려 하고 늘 유(有)를 가지고 그 가장자리를 보고자 한다"라고 하여, 무에서 유가 나왔음을 밝힌다. 그러면서 노자는 도를 통나무에 비유한다. "도는 항상 그러해서 무어라 일컬을 수 없다. 도는 질박하여 쓸모가 극히 미미하지만 천하가 감히 거느리자 못한다. 왕이 만일 도를 지니면 만물이 저절로 따르고 천지가 화합하여 감로수를 내리고 백성은 명령하지 않아도 저절로 다스려지게 된다. 통나무가 비로소 깎여짐에 어떤 이름이 부여되니 만들어진 그릇은 그 용도에 따라 이미 명칭이 있게 된다. 명칭이 또 다른 명칭을 낳기를 그칠 줄 알아야 되는데 멈출 줄 알면 위태롭지 않은 법이다. 비유컨대 도가 천하에 있는 것은 모든 하천과 골짜기의 물이 강과 바다로 몰리는 격이다"라고 했다.

(3) 물처럼 살아라: 상선약수(上善若水)

약한 것이 강한 것을 이길 수 있을까? 그렇다 물이 그 답이다. 노자는 "최상의 선은 물과 같다. 물의 훌륭한 점은 만물을 이롭게 하면서도 더불어 다투지 않으며 뭇사람이 싫어하는 바에 거처함에 있다. 그러므로 물은 도에 가깝다(上善若水, 水善利万物而不争, 处众人之所恶, 故几於道矣)"라고 하며, 물같이 살라고 한다. 스스로 겸허하여 남과 다투지 않는 덕은 최상의 선으로 물의 성질과 같다고 비유한 것이다. 만물의 자연스런 흐름처럼 세상 사람들이 살아야 하는데, 그 자연스러움의 대표적 현상이 물이다. 인간도 물같이 살아야 한다는 것이다. 물은 가장 부드러운 존재이다. 그러나 그 부드러움 속에 강함을 이기는 역설이 담겨있다. 그래서 노자는 "유약함은 강함을 이기기 마련이다(柔弱胜刚强)", "천하에서 지극히 부드러운 것이 천하의 가장 견고한 것을 마음대로 부리며 형상이 없는 것은 틈새 없는 데까지도 들어간다(天下至柔,驰骋天下之坚, 无有入无间)"라고 했다. "천하에 물보다 부드럽고 약한 게 없지만 강한 것을 꺾는 데는 이보다 나은 게 없으니, 물은 가볍지 않기 때문이다. 따라서 부드러움이 강함을 이기고 약한 것이 센 것을 이기는 줄은 누구나 알지만 어느 누구도 행하지 못한다(天下莫柔弱於水, 而攻坚强者, 莫之能先, 以其无以易之也, 故柔之胜刚, 弱之胜强, 天下莫不知, 莫能行)".

노자는 좀 어리석게 보이는 삶이 미덕이라고도 한다. "강과 바다로 온갖 골짜기의 물이 몰리는 것은 참으로 아래에 자리하기 때문에 거뜬히 온갖 골짜기의 물을 다스리는 것이다. 따라서 성인이 백성 위에 서려면 반드시 말을 겸허하게 해야 하고 백성보다 앞서고자 하면 모름지기 몸을 뒤로 해야 한다(江海所以能为百谷王者, 以其善下之, 故能为百谷王, 是以圣人欲上民, 必以言下之, 欲先民, 必以身後之)"라 하여 낮은 곳에 머무르며 어느 누구와도 시비하지 않는 삶의 미덕을 강조하였다.

(4) 세상만사는 상대적이다

중국 최고의 미인은 서시(西施)이다. 그런데 서시가 호수에 나타나면 물고기들은 도망친다. 제 눈에 안경이라 했듯이, 미의 기준은 시대와 개인의 기호에 따라 다르다. 미추는 인간의 감정이 투영되어 나타나는 상대적인 가치일 뿐이다. 선악도 마찬가지이다. 선악은 서로 상반되지만 그 간격이 얼마나 될까. 처음에는 털끝 정도의 차이였으나 결국에는 천리나 벌어진다. 그래서 노자는 "사람들은 아름다운 것이 아름다운 줄로만 알지만 이는 추아한 것이고, 누구나 착한 것이 착한 줄로만 알지만 이는 착한 것이 아니다. 따라서 있음과 없음은 서로를 낳아주고 쉬움과 어려움은 서로를 이루어주며 길고 짧음은 상대를 드러내주고 높고 낮음은 서로를 다하게 하며 음과 소리는 서로 화답하고 앞과 뒤는 서로를 뒤따른다. 이에 따라 만물이 생성되더라도 꺼리지 않으며, 만유를 낳았으되 자기의 소유로 삼지 않고, 일을 성취했더라도 자기 능력을 뽐내지 않고, 공로가 이루어져도 그 자리에 머물지 않는 것이다(天下, 皆知美之为美, 斯恶已, 皆知善之为 善, 斯不善已, 故有无相生, 难易相成, 长短相形, 高下相倾, 音声相和, 前後常随…万物作焉而不辞, 生而不有, 为而不恃, 成功而不居)"라고 했다.

흔히 중국인들은 현실 사회에서는 공자의 생각을 바탕으로 살고 일단 현실에서 물러났을 때에는 노자의 삶에 충실해진다고 한다. 치열한 현실을 살 때 뿐만 아니라, 유유자적한 삶에도 필요한 사상을 중국인들은 지니고 있는 것이다. 현실과 이상, 그 어느 하나에 치중하지 않고 조화를 이루며 오랜 역사를 이어 온 중국인의 삶의 바탕에는 바로 이 공자와 노자가 균형 있게 위치해 있음을 알아야 한다.

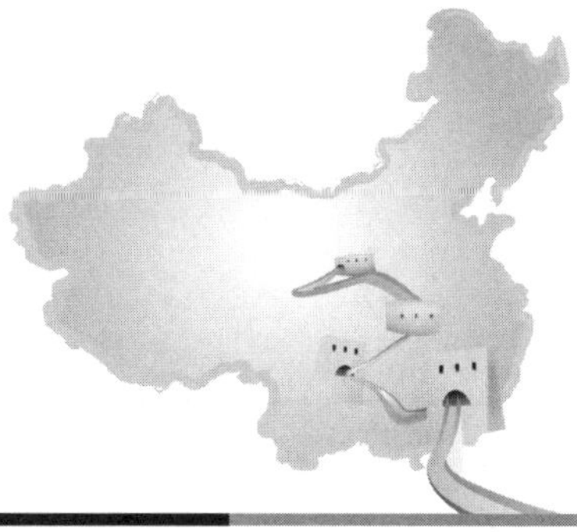

도 약 하 는 중 국 |제3부|

중국의 문화예술

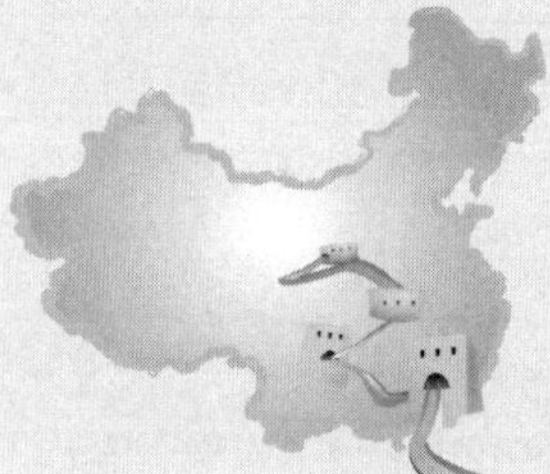

도 약 하 는 중 국 |제3부|

중국의 문화예술

제 6 장

중국의 시문학

1. 남소북풍

중국의 대지는 문학·예술의 무대이다. 중국의 문학·예술은 그 연원이 깊고 색채가 다양하며 그 범위가 망망대해처럼 끝없이 아득하다. 일부 문학·예술 형식은 특정한 지역에서 탄생하여 선명한 지역적 특징을 나타낸다. 중국은 남북의 문풍이 다르다. 중국문학사의 첫 장을 여는 ≪시경(詩經)≫과 ≪초사(楚辭)≫는 각각 북방의 리얼리즘과 남방의 로맨티시즘을 대표한다. 2000년이 넘는 중국문학사에서 북방과 남방은 그 지리적 환경과 결합된 독특한 문학 스타일을 형성하여 서로 갈마들면서 문학사를 구성해 왔다. 이러한 현상은 북조 시대와 남조 시대를 거쳐 북송과 남송 문학의 대조로 이어져 왔다. 예컨대 당나라의 두보와 이백은 각각 북방의 리얼리즘과 남방의 로맨티시즘 문학이 최고조에 이르렀을 때 나온 천재였다. 상사상 유익인 남방의 문풍은 ≪초사≫의 전통을 계승하여 청려하면서도 낭만적인 기질을 나타낸다. 한편 북방은 ≪시경≫의 전통을 계승하여 질박하면서도 현실적인 기풍을 보인다.[57] 중국이 통일되기 이전의 문학, 즉 선진(先秦) 문학은 '남소북풍(南騷北風)'이라는 말로 표현할 수 있다. 남소는 남방의 굴원이 쓴 ≪초사(楚辭)≫의 〈이소(離騷)〉편을 말하고, 북풍은 황하강 유역을 중심으로 유행했던 ≪시경(詩經)≫의 〈북풍(北風)〉편을 말한다.

(1) 초사(楚辭)

중국인들이 가장 사랑하는 시인은 누구일까? 전국시대 초(楚) 나라의 정치가요 시인인 취위엔(屈原)이다. 먼저, 시인 굴원(屈原)과 그의 작품 〈이소(離騷)〉에 대해 알아보자.

중국인이라면 누구나 당시 한편쯤은 읊을 줄 아는데, 굴원의 시 〈이소〉의 한 구절도 아주 감정을 넣어 읊는다. "루~만만기시우~위엔시, 우~장 상샤얼~치우수오(路慢慢其修遠兮, 吾將上下而求索)"하고 리듬을 타고 읊조리는데, "길은 아득히 멀고도 멀지만, 나는 이 길을 따라 내 길을 찾아 가련다"라는 뜻이다. 아득히 멀고도 먼 길, 그것은 애국심으로 가득한 우수의 시인이 남들이 아부와 아세로 편안하게 가는 길이 아니라, 직언과 충언으로 인한 모함으로, 모든 고난을 무릅쓰고 가야 하는 외로운 길이다. 이러한 시인의 정서가 2300여 년이 지난 오늘날까지도 중국인의 심성에 그대로 이어져 오고 있는 것이다.

진나라의 흉계를 알고 있었던 굴원은 '친제진공(親齊攻秦)', 즉 제나라와 동맹을 맺고 진나라를 공격하자는 정책을 폈으나, 굴원은 주변의 참소를 입고 끝내 회왕의 노여움을 사서 쫓겨나고 만다. 굴원은 회왕

57) 후자오량, 『중국의 문화지리를 읽는다』(서울: 휴머니스트, 2004), p.212.

이 마음을 돌이키고 사리를 분별하여 국사를 바로 보고 자신을 불러주기를 고대한다.

不撫壯而棄穢兮	불무장이기예혜
何不改此度	하불개차도
乘騏驥以馳騁兮	승기기이치빙혜
來吾道夫先路	내오도부선로

젊을 때 악을 버리지 않고
어이하여 이 아니 고치실까
준마타고 달리시면
자 나는 그 앞길 인도하리[58]

나라가 기우는 침통함속에서 방관만 하고 있을 수 없었던 굴원은, 요순, 걸주 등의 선례로부터 고대국가의 흥망성쇠를 치세의 본보기로 삼을 것을 뼈저리게 외쳐본다.

湯禹儼而祗敬兮	탕우엄이지경혜
周論道而莫差	주논도이막차
擧賢而授能兮	거현이수능혜
循繩墨而不頗	순승묵이불파

58) 번역은 · 하정옥 편저, 『중국고전한시인선5, 屈原』(태종출판사, 1978)

탕왕과 우왕 존엄하고 존경스러우며
주나라는 도리 헤아려 잘못 없고
현인 천거하고 유능한 사람 자리주어
법도 따라 치우침이 없었어라

하지만, 간신배와 현실 안주자들에게 들릴 리 없다. 굴원은 청(淸)과 탁(濁)을 함께 포용할 수 있는 사람이 아니었다. 그렇다면, 그는 자신만이 옳다고 여기는 독단적, 교조적인 인물이었을까? 그렇지는 않은 것 같다. 그는 분명, 사람마다 선호가 다르고, 선악판단이 다르다는 것을 안다. 그럼에도 불구하고 그는 사지가 갈기갈기 찢어지는 형벌을 받더라도 그는 변치 않으리라고 한다. 심지어 그의 누님도 굴원의 곧은 성격을 탓하며, 굽히고 살라고 하지만, 옳고 그른 것을 판별하는 자신이 세상과 타협하고 편하게 살지는 않을 것을 거듭 다짐하고 있다.

民生各有所樂兮	민생각유소요혜
余獨好修以爲常	여독호수이위상
誰體解吾猶未變兮	수체해오유미변혜
豈余心之可懲	기여심지가징

사람의 삶 제마다 좋아하는 것 있는데
나 홀로 착함이 좋아 법도 삼고
몸이 찢겨도 나는 변함없으리
어찌 내 마음 두려움 있으랴.

이 구절은 마치 이방원의 회유 앞에 당당히 자신의 길을 밝히는 포은 정몽주의 '단심가'를 생각나게 한다.

이 몸이 죽고 죽어 일백 번 고쳐죽어
백골이 진토 되어 넋이라도 있고 없고
임 향한 일편단심 가실 줄 있으랴

굴원이 모함을 받아 방출되고 나자, 진나라는 외교사절 장의(張儀)를 초나라에 보내어 뇌물과 감언이설로 어리석은 회왕을 꾀어 제나라와의 국교를 끊도록 만들었다. 결국 회왕은 아들 자란의 말을 듣고 진나라에 갔다가 영영 돌아오지 못하고 만다. 왕위는 회왕의 장자 경양왕이 잇는다. 이때의 상황을 ≪사기≫는 다음과 같이 기록하고 있다.

초나라 백성들은 자린이 회왕을 진나라에 가라고 권하여 돌아오지 못하게 한 것을 탓했다. 굴원은 자란을 미워하고 비록 방축되었지만 초나라를 걱정하고 회왕을 그리워하며 다시 조정에 돌아가고 싶은 마음을 하루도 가져보지 않은 날이 없었다

회왕을 그리워하는 굴원의 마음은 그의 또 다른 시 〈사미인(思美人)〉에서도 그려지고 있다. 일부분을 감상해 보자.

思美人兮　　사미인혜
擥涕而竚眙　　남체이저치
媒絕路阻兮　　매절로조혜

言不可結而詒	언불가결이이
蹇蹇之煩寃兮	건건지번원혜
陷滯而不發	함체이불발
申旦以舒中情兮	신단이서중정혜
志沈菀而莫達	지침울이막달

임 그리워
눈물을 닦고 우두커니 서서 바라봐도
중매조차 끊기고 길이 막혀
말을 맺어 전할 수 없어라
충직한 맘 번민스러워라
울적해 풀 길 없고
날 밝도록 속마음 피려 해도
마음 침침해 통할 길 없어라

굴원의 〈사미인〉은 송강 정철의 〈사미인곡〉을 생각나게 한다.

이몸 삼기실제 임을 조차 삼기시니
한생연분이며 하늘 모랄 일이런가
나하나 젊어 있고 임하나 날 괴시니
이 마음 이사랑 견줄 데 가히 없다
…

올 저게 비슨 머리 헝크런지 삼년일세

연지분 있네마난 눌 위하야 고이할고…

나라의 기울어져 가는 모양을 바라보며 굴원은 아침엔 목련에 구르는 이슬을 마시고 저녁엔 가을국화 꽃잎을 먹으며 살고 싶음을 읊었다.

朝飮木蘭之墜露兮	조음목란지추로혜
夕餐秋菊之落英	석찬추국지낙영
苟余情其信姱以練要兮	구여정기신과이연요혜
長顑頷亦何傷	장함함역하상

아침엔 목란에 구르는 이슬 마시고

저녁엔 추국의 떨어지는 꽃잎 먹으며

내 마음 진정 곱고 뛰어나기만 하면

오래도록 모습 초췌한들 무엇이 서러우랴

이러한 굴원의 마음도 후세에 동방의 우리나라에까지 이어지는데, 고려 가요에 굴원의 정서가 그대로 투영되어 있다.

살어리 살어리랏다 청산에 살어리랏다.

머루랑 다래랑 먹고 청산에 살어리랏다

굴원은 울분과 비통 속에서, 회왕이 다시 불러주기를 염원하나, 기원전 285년(경양왕 7년), 굴원은 멱라수에 스스로 몸을 던져 고독한 일생을 마감한다.

양자강 중류가 흐르는 중국 무한(武漢)에는 동호(東湖)가 있고, 그 호숫가에 굴원의 기념관이 있어 이곳을 찾는 이들은 굴원의 시 세계에 한번쯤 몰입하게 된다. 중국인들은 음력 5월 5일 단오날이면, "쭝즈(粽子)"라는 음식을 먹고, "룽죠우(龍舟: 용모양의 배)"를 띄워 시합을 벌이는데, 이것은 굴원의 죽음에서 기원한다. 굴원을 사랑한 초나라 백성들은 굴원이 물에 뛰어들어 죽자, 그의 시체를 고기들이 해치지 못하도록 대나무 통에 찹쌀을 넣어 쪄서 강에 던졌는데, 이것이 오늘날 단오음식이 된 "쭝즈"인 것이다. 그리고 굴원의 시체를 찾기 위해 배를 띄웠는데, 이곳이 오늘날 용선시합으로 이어지고 있다.[59)]

굴원의 비극적 삶과 흡사한 염세적인, 그러나 아름다운 시어를 구사한 또 하나의 시인이 있다. 그는 이하(李賀: 790~816)이다. 그는 언제나 헌 자루를 가지고 다니다가 멋진 시구가 떠오르면 써서 그 자루에 놓곤 했다. 집에 돌아와 그 종이를 나란히 놓으며 한편의 시를 짓곤 했다. 그의 시는 장안의 한유 등에게 높이 평가 받았으나, "장안에 사나이 있으나, 이십에 마음 이미 늙었다"는 시구를 남기고 27세의 나이로 작고하였다. 중국 당나라 중기 때의 시인 이하의 〈하남부시십이월악사: 구월〉을 감상해 보자.

---

59) 중국인들은 자기네 문화인 단오제를 한국이 빼앗아 갔다고 하여, 한국에 대한 반감을 보인다. 그러나 우리나라의 단오제, 특히 유네스코 무형문화유산에 등재된 "강릉 단오제"는 그 기원과 축제 방식 등이 중국의 단오제와는 전혀 다르지 않은가! 같은 이름, 다른 문화인 것이다.

이궁(離宮)에 반디가 흩어져 날고, 하늘은 물처럼 맑은데
대나무 누헐고 연못은 차가우며 연꽃은 시들었구나
문고리 달 무늬 장식은 하염없이 빛나는데
동산은 싸늘하고 정원은 황량하며 하늘은 적막하네
날리는 이슬, 정처없는 바람
비취색 비단처럼 빛나는 단풍은 계단마다 가득하네
새벽녘에 계인(鷄人: 궁중에서 날이 밝은 것을 알리는 사람)의 청아한 소리 끝나면
돌우물 아래 오동나무에선 까마귀가 울기 시작하네

국역을 해 놓은 시를 읽어도 시인의 공감각적 시어는 환상적 미감을 유지하고 있지 아니한가! 이하는 안사(安史)의 난이 일어난 직후였던 당시의 암담한 사회현실에, 왕손의 후예였지만 빈한한 가세에 이미 10대 후반에 병약해진 절망감, 세상에 대한 반감과 염세의식에 찌든 사람이었지만, 오히려 자유로운 시혼은 낭만적이고 탐미적인 시를 남겼다.

(2) ≪시경(詩經)≫의 세계

중국에서 가장 오랜 시가(詩歌) 선집이 ≪시경≫이다. 은(殷) 나라에서 춘추시대까지 가요 305편을 공자가 정리한 것이 ≪시경≫이다. 공자는 시경에 대해 한마디로, “생각하는데 사특함이 없다(思無邪)”라고 하였다. 또한 “즐겁되 음란하지 않고 슬프되 감상적이지 않다(樂而不淫, 哀而不傷)”라고 평가하고 있다. ≪시경≫의 내용은 「국풍(國風)」(황

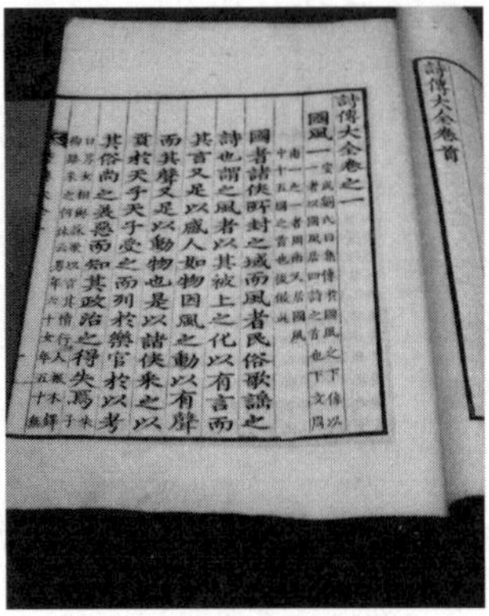

〈사진 6-1〉 시경

〈사진 6-2〉 공자

하 유역지방의 민요), 「아(雅)」(궁중 연회의 노래), 「송(頌)」(제사의 노래)의 3부로 나눠진다. 전부가 무명씨의 작품이다. 연애와 결혼을 소재로 한 민가가 국풍의 가장 많은 분량을 차지하고 있다. 예술성 또한 매우 뛰어나, 애정생활속의 갖가지 모습과 심리가 질박하면서도 진실한 노래로 표현되어 있다.

關關雎鳩, 在河之洲　　관관저구, 재하지주

窈窕淑女, 君子好逑　　요조숙녀, 군자호구

–주남(周南) . 관저(關雎)–

구룩 구룩 물수리는,

황하의 섬 가에서 우는데,

아리따운 아기씨는,

군자의 좋은 짝일세라

蘀兮蘀兮, 風其吹女!　　탁혜탁혜, 풍기취녀
叔兮叔兮, 倡予和女!　　숙혜숙혜, 창어화녀

–정풍(鄭風). 탁혜(蘀兮)

마른 잎 시든 잎이여,
바람이 불어오면 너는 떨어지고 말지니!
뭇 님정네들이여,
그대들 노래하면 나도 화답하리!

이 시들은 모두 당시 민간의 정서를 생동적으로 묘사한 것으로, 질박하면서도 참신한 맛이 넘친다.[60)]

子 衿 (자금)

靑靑子衿　　청정자금
悠悠我心　　유유아심
縱我不往　　종아부왕
子寧不嗣音　　자녕불사음
靑靑子佩　　청청사패
悠悠我思　　유유아사

60) 빙심 · 동내빈 · 전리군 지음, 김태만 등 역, 『그림으로 읽는 중국문학 오천년』(서울: 예담,1993), pp.39~40.

縱我不往	종아부왕
子寧不來	자녕불래
挑兮達兮	요혜달혜
在城闕兮	재성궐혜
一日不見	일일불견
如三月兮	여삼월혜

자 금(당신의 옷차림)

푸르고 푸르러 멋진 당신의 옷차림
그리운 마음에 터질 듯한 우리 마음
설령 우리가 당신에게 가지 못한다 해도
당신은 왜 소식조차 안 주십니까
푸르고 푸르러 멋진 당신의 허리끈
그리운 생각에 터질 듯한 우리 마음
설령 우리가 당신에게 가지 못한다 해도
당신은 왜 빨리 오시지 않습니까
그분이 오셨네, 마침내 이르셨네
지금 성문 앞까지 이르셨네
하루라도 뵙지 못한다면
석 달이나 못 뵈온 듯 하오리다

이 시는 일찍이 동창이었던 학우에게 보내는 시라는 견해, 음탕한 여인의 시라는 견해, 애인을 사무하는 아가씨의 심정을 노래한 시라는 견해, 봄의 신을 맞이하는 아가씨들의 마음을 노래한 것이라는 견해 등 각양각색이다.[61] 그러나 이 시의 내용을 그대로 받아들이자. 그리움의 정을 그대로 솔직하게 나타낸 시로 말이다.

나는 이 시들이 공자에 의해 편집되었다는 점에 주목한다. 공자는 누구인가? 심지어 "혼자 있을 때도 삼가라(愼其獨)"고 한 분이다. 엄격한 가부장제의 상징으로 여겨지는 분이 아닌가. 그런데 이것은 공자의 왜곡된 상이다. 그것은 이조에 들어서, 사대부들의 정치적 목적에 의해 왜곡된 공자의 상일 뿐이다. 고려시대에는 〈시경〉에서 보이는 것 같은 가요들이 많지 않았는가. 〈가시리〉, 〈동동〉 등 남녀간의 감정을 솔직히 표현한 가요들이 모두 〈시경〉의 전통을 이어받은 것들이리라.

나는 시경의 시들을 대하며, 밀레의 그림 〈만종〉을 떠올린다. 밀레는 가장 경건한 모습의 삶을 담은 그림을 그렸다. 〈만종〉, 〈이삭 줍는 사람들〉 등 걸작이 파리 오르세 미술관에서 사람들을 맞이하고 있다. 그런데, 밀레의 명화 옆에는 나체화가 있다. 그것 또한 밀레가 그린 것이다. 성과 속, 모두를 그린 화가였던 것이다. 공자도 밀레처럼, ≪논어≫에서 보이는 군자로서의 삶을 제시했지만, ≪시경≫에 보이는 평범한 사람들의 일상도 매우 중시여긴 사람이라는 것을 알아야 한다고 생각한다.

61) 김희보 편저, 『중국의 명시』(서울: 종로서적, 1984), p.163.

2. 당시(唐詩)

(1) 두보(杜甫)의 시

두보도 불우한 시인이다. 그는 과거시험에 두 차례 낙방하고, 세 차례에 걸쳐 왕에게 표문을 올려 나이 40에 겨우 미관말직을 얻었다. 그래서인지 현실 참여의 좌절에서 비롯된 은둔과 방랑이라는 모순 속에서 평생을 괴롭게 보낸 불우한 인물이다. 시성(詩聖) 두보는 당 현종 개원(開元: 713~741) 때의 모습을 이렇게 회상하고 있다.

憶昔開元全盛日
小邑猶藏萬家室
稻米流脂粟米白
公私倉庫俱豊實

개원전성시대를 회상하노라
작은 마을도 만호의 집이 가득 찼었다.
쌀은 기름지고 좁쌀은 희었고
공사(公私)창고는 모두 가득 찾았노라

두보는 안사의 난을 몸소 겪는데, 천보 15년(756) 6월에 안록산이 이끄는 반란군이 침공하자, 두보는 부인과 자식을 데리고 부주로 피난하였다. 그해 8월에 집을 떠나 북쪽 연주(延州)로 가려 했으나, 반란군에게 포로가 된다. 안사의 난 직후, 두보가 쓴 시가 〈춘망(春望)〉이다.

두보의 대표작 중 하나인 〈춘망〉을 감상하여 보자.

國破山河在
城春草木深
感時花濺淚
恨別鳥驚心
烽火連三月
家書抵萬金
白頭搔更短
渾欲不勝簪

나라는 망했으나 산하는 여전하고
도성에 봄이오니 초목이 우거졌네
시세를 슬퍼하여 꽃에 눈물 뿌리고
이별 한스러워 새소리에 마음마저 놀란다
전란은 석 달이나 계속되니
집안 소식 만금에 값하는 것을.
흰 머리 긁을수록 더욱 짧아져
이제는 비녀도 꽂지 못하겠네[62]

62) 김원중, 『중국문화사』(서울: 을유문화사, 2001), p.192.

이 시 전체에 깔려 있는 우울한 이미지는 시시각각 멸망의 구렁텅이로 치닫고 있는 당 제국의 앞날을 보는 듯하다. 안사의 난은 흥성했던 당나라 사회를 쇠퇴기로 향하게 하는 분수령이 됨으로써, 이러한 사회적 변화는 시가 창작에도 상당한 영향을 끼쳤던 것이다.

사천성(四川省) 성도(成都)에는 두보초당이 있다. 안사의 난 때 포로가 되는 등 온갖 고생을 다 겪은 두보도 당 왕조의 재흥 후에 하급이지만 중앙의 정신(廷臣)인 좌습유 벼슬에 오르기도 했다. 그러나 여러 가지 불우한 일들이 생겨 결국은 처자와 함께 방랑길에 오른다. 그리고 사천성 세력가의 비호를 받아 성도에 자리잡게 되었다. 이 시기에 완화강 강변에 지은 두보의 초가집이 지금은 두보초당이 되었다. 제갈량의 사당인 무후사(武候祠)를 비롯해서, 성도를 찾는 이들의 발걸음이 이어지는 곳이다.

(2) 유교적 삶과 시: 시인 맹교(孟郊)

북경대 부속고등학교 복도에서 나는 맹교의 시 한수를 발견하였다. 문화대혁명을 거치며 유교와 지식인이 박대 받던 중국의 한복판에서 맹교의 시가 중국 고등학생에게 읽혀진다는 사실은 무척 인상적이었다. 〈길 떠나는 자식의 읊조림(遊子吟)〉이라는 제목의 이 오언고시(五言古詩)는 유교의 골격인 효가 느껴지는 시이기 때문이다. "셔이이엔 춘차오신, 빠오드어산춘후이!"중국어의 멜로디를 따라 낭독해 보자.

(遊子吟)

慈母手中線
遊子身上衣
臨行密密縫
意恐遲遲歸
誰言寸草心
報得三春暉

사랑 깊으신 어머니 손에 있는 실,
길 떠나는 아들이 몸에 걸친 옷,
출발할 때에 어머니는 촘촘히 기수시면서
마음으로는 돌아올 날 늦어질까 걱정하셨다
누가 말 하리요, 한 뼘 풀처럼 사랑받고 자란 아들,
봄날 같은 어머니 사랑을 갚을 수 있다고

중국인들의 향학열은 문화대혁명을 겪은 중국인에게도 그대로 남아 있는데, 나는 이런 것이 중국 문화의 힘이라 생각한다. 주희(朱熹)의 '학문을 권장하는 시(勸學詩)'를 보면, 맹교의 어머니가 지닌 교육열과 맹교의 학문이 그대로 중국역사에 이어져오고 있음을 알 수 있다.

少年易老學難成
一寸光陰不可輕

未覺池塘春草夢
階前梧葉已秋聲

소년은 늙기 쉽고 학문이루기는 어렵나니
한순간의 시간도 가벼이 여기지 말 것이라.
연못 봄풀의 꿈도 깨닫지 못했는데
계단 앞 오동나무는 이미 가을소리가 들리거늘

주희의 이 시는 초등학교 시절, 내 아버지가 내게 가르쳐 준 한시이다. 그리고 맹교의 시를 읽으면, 내 어린 시절이 생각난다. 나는 초등학교를 마치고 강릉으로 중학교를 진학하였는데, 어머니는 내 헤어진 양말과 옷을 촘촘히 바느질해 주시곤 했다. 대관령을 넘어 강릉에서 학교를 다닌 내게 또 하나 잊혀지지 않는 시가 있다. 대관령을 넘어 한양 시댁으로 향하며 대관령에서 쓴 신사임당의 시이다.

늙으신 어머니를 고향에 두고
외로이 서울 길로 떠나는 마음
돌아보니 북촌은 아득도 한데
흰 구름만 저문 산을 돌아내리네.

이 시는 대관령 구도로 중턱 사임당 시비에 새겨져 있다. 또 하나 사임당의 사친 시는 역시 한양에서 살며 강릉의 친정어머니를 그리며 쓴 시이다.

千里家山萬疊峰
歸心長在夢魂中
寒松亭畔孤輪月
鏡浦臺前一陣風
沙上白鷗恒聚散
海門漁艇任西東
何時重踏臨瀛路
更着班衣膝下縫

산 첩첩 내 고향 천리련마는
자나 깨나 꿈속에도 돌아가고파
한송정 가에는 외로이 뜬 달
경포대 앞에는 한줄기 바람
갈매기는 모래톱에 헤락 모이락
고깃배는 다다 위로 오고가리니
언제나 강릉 길 다시 밟아가
색동옷 입고 앉아 바느질 할꼬

맹교의 시, 주희의 시, 그리고 신임당의 시와 더불어 생각나는 시는 정다산의 화조도(花鳥圖)에 쓰여진 시이다. 전남 강진에서 오랜 유배 생활을 하며 아내와 자식을 그리는 어버이의 마음은 어떠할까? 정다산은 아내가 시집올 때 해 온 치맛자락에 꽃과 새 그림을 그려 딸에게 보낸다. 이것이 유명한 화조도(花鳥圖)[63]이다.

翩翩飛鳥息我庭梅
有烈其芳惠然其來
爰止爰棲樂爾家屋
華之旣榮有蕡其實

파르르 새가 날아 내 뜰 매화에 앉네
향기 사뭇 진하여 홀연히 찾아 왔네
이제 여기 머물며 너의 집을 삼으렴
만발한 꽃인지라 그 열매도 많단다

200여 년 전, 귀양 간 몸이지만 어버이의 딸을 향한 지극한 정성과 사랑은 변함없이 한 폭의 그림 되어 지금껏 사람들의 마음을 움직이고 있다.

정다산이 두 아들에게 보낸 편지의 주 내용은 자식들이 부지런히 책을 읽어 선비의 마음씨를 가지라는 것이다. "내가 밤낮으로 빌고 원하는 것은 오직 문장(文牂: 둘째 아들)이 열심히 독서하는 일뿐이다. 문장이 능히 선비의 마음씨를 갖게 된다면야 내가 다시 무슨 한이 있겠느냐?"라고 하고 있다. 정다산이 추구한 것은 과거시험이 아니었다. 유학의 정수를 익히는 것이었다. 다산은 대를 이어 공부하는 집안을 기대했다. 다산 자신은 어려서 공부 방향을 알지 못하고 이곳저곳에서 공부를 하다가 얻은 것이 없다고 했다. 그래서 "끝내 과거시험 답안

63) 유홍준의 『나의 문화유산 답사기』에 잘 소개되어 있다. 이 그림은 현재 고려대 박물관에 소장되어 있다. 고려대 삼성 기념관에 가면 감상할 수 있다.

같은 틀을 벗어날 수 없고 조금 괜찮은 것일 지라도 관각체(館閣体)의 기운을 면할 수 없었다"라고 하며, 가문이 망해버린 것 때문에 오히려 과거시험에 집착하지 않고 진정한 학문을 할 수 있으니, 두 아들이 진정으로 책 읽는 일에 온 마음을 기울여 줄 것을 당부하고 있다. 그리하여, 세상을 구했던 책을 읽으라고 했다. "처음에는 경학(經學) 공부를 하여 밑바탕을 다진 후에 옛날의 역사책을 섭렵하여 옛 정치의 득실과 잘 다스려진 이유와 어지러웠던 이유 등 근원을 캐볼 뿐 아니라 또 모름지기 실용의 학문, 즉 실학(實學)에 마음을 두고 옛사람들이 나라를 다스리고 세상을 구했던 글들을 즐겨 읽도록 해야 한다"라고 했으며, 나아가 우리 문학을 아주 배척하고 있음을 경계했다.

정다산은 편지글에서 효와 제(孝悌: 부모에 효도하고 형제간에 우애를 돈독히 하는 것)를 중시했다. 두 아들과 여식이 서로 격려하며 어려운 시기를 극복하기를 바라는 한편, "어버이를 섬기는 일은 그 뜻을 거역하지 않는 것이 가장 중요하다. 여인들은 의복이나 음식, 거처하는 것에 관심이 많으므로 어머니를 섬기는 사람은 사소한 일에 유의해야만 효성스럽게 섬길 수 있다"라고 하며, 홀로 된 어머니를 기쁘게 해 드릴 것을 당부하고 있다.

(3) 사언과 시

중국인은 유치원 전부터 한시나 〈삼자경(三字經)〉을 암송한다. 이백의 시 〈정야사(靜夜思)〉도 어린이들이 노래처럼 암송하는 시이다. "촹치엔 밍위에 꽝, 이스 띠샹 상, 쥐토우 왕 밍위에, 디토우쓰꾸샹"하고 읊는다.

靜夜思

牀前看月光
疑是地上霜
擧頭望山月
低首思故鄕

(정야사)

가을 밤 침상 위에 비치는 달빛을 보고
땅 위에 서리 내렸는가 의심하였네
머리 들어 산에 걸린 달을 바라보고 있노라니
고향 생각이 나서 머리 숙여 망향에 잠긴다

맹호연(孟浩然)의 춘효(春曉)

어려서 들은 이야기는 잘 잊혀지지 않는다. 내가 어려서 아버지에게 들었던 시가 지금까지 기억나는 게 있다. 그 시가 맹호연(孟浩然)의 〈봄 새벽(春曉)〉이다. 중국인의 감성이 짙게 배어 있는 시이다. 감상해 보자.

春眠不覺曉
處處聞啼鳥

夜來風雨聲
花落知多少

봄철의 잠은 언제 새벽이 왔는지도 모른다
여기서도 저기서도 새의 울음소리 들린다
지난밤엔 비바람 소리 들려왔것다
꽃은 얼마나 떨어졌을꼬

(4) 풍자시

당나라 시인 낙천(樂天) 백거이(白居易)는 풍유시인이다. 〈신악부(新樂府)〉 50수를 비롯하여 풍자시를 통해 당시 정치 부패를 비판하는 등 부패나 불의를 두고 보지 못하는 시인이다. 그래서 좌천 등 숱한 좌절을 겪는다. 좌절은 시인의 가슴을 더욱 불태우는 것일까. 백거이는 풍유의 시를 통해 사람들 모두의 행복을 바라며, 생활 속의 행복을 권리로 주장하는 노래인 한적시(閑寂詩) 186수를 자신이 편집한 시집에 수록하였다. 이 한적시는 시집의 2/3을 차지한다.

백낙천의 풍유시의 압권은 〈장한가(長恨歌)〉이다. 당 현종과 '경국지색(傾國之色)' 양귀비의 로맨스를 서정적, 몽환적으로 그린 장편서사시로서, 당시 장안의 문인은 물론 여염집 여성들도 장한가를 읊었다고 한다. 사고로 경국시색은 나라를 기울게 하는 미인을 지칭하는 말이다. 양귀비가 대표적인 경국지색이다. '개원(開元)의 치'라 일컬을 정도로 훌륭한 통치를 한 현종도 양귀비를 만나 파국을 맞게 된다. 그러나 백거이는 당 현종과 양귀비의 사랑을 〈장한가〉를 통해 낭만적으로 그리고 있다.

당 현종이 양귀비를 만난 것은 개원 28년, 서기 740년이다. 당시 양귀비는 당 현종의 열 여덟째 황자 수왕(壽王)의 비였다. 당시 양귀비는 22세, 현종은 54세였다. 백거이는 양귀비의 자태를 이렇게 묘사하고 있다.

迴眸一笑百媚生
六宮粉黛無顔色

눈동자를 돌려 한 번 웃으면 온갖 교태 생겨나
궁녀들이 분이나 연지로 화장한 모습은 빛을 잃었네

황제는 아침 일찍 조정에 나가 장관들과 회견하고 정사를 돌보는 게 의무였지만, 현종은 그 의무를 게을리한다.

春宵苦短日高起
從此君王不早朝

봄날 밤이 짧음을 한하며, 천자는 해가 높이 뜬 뒤에야 일어났고,
그 뒤로 천자는 아침의 정사를 집무하지 않게 되었네

현종은 자신이 여러 악기를 잘 다룰 수 있었고, 양귀비는 비파와 경(磬)에서는 내로라하는 기생들을 무안케 했으며, 서역의 춤도 잘 추었다. 백거이는 이를 다음과 같이 묘사하고 있다.

緩歌慢舞凝絲竹

盡日君王看不足

느릿한 노래와 고요한 춤이 현과 관에 맞추어 연주되고,

진종일 천자는 그 가무를 구경하면서 싫증 낼 줄 몰랐네

당나라의 장안, 지금은 서안(西安)에는 화청지(華淸池)가 있다. 이곳은 온천인데, 양귀비가 목욕한 곳으로 유명하다. 백낙천은 양귀비의 목욕하는 모습을 어떻게 묘사하고 있을까? 그는 이렇게 묘사하고 있다.

春寒賜浴華淸池

溫泉水滑洗凝脂

봄 추위 안 가셔 천자는 그녀에게 화청궁 온천에 들기를 허락하여

온천의 부드러운 물은 윤기 있는 그녀의 몸을 씻었네

화청지는 황제의 별궁이기도 한데, 지금 많은 관광객이 찾은 곳이다. 연못 주변에 전각이 있는데, 그 전각 이름은 "비상전(飛霜殿)"이다. 날아오르는 서리구슬이란 뜻인데, 양귀비도 이런 서리구슬 같은 미인이 아니었을까. 미인의 치마폭에서 황제는 제국을 통치해야 하는 자신의 무거운 책무를 점점 잊어갔다. 외척의 발로를 막고 제국의 중흥을 꾀하며 등극했던 탁월한 군주의 치세는 어두운 그림자가 드리우기 시작했다. 경제적 토대가 무너지고 이와 함께 군사적 질서가 문란해지기 시작했다. 역사책에는 이를 "균전제가 무너지고 부병제(府兵

制)가 흔들렸다"고 표현하고 있다. 중앙의 통제력이 약화되고 변방의 용병 절도사들이 세력을 키우기 시작했는데, 그 중에서도 타타르족 출신의 장수 안록산이 가장 강력하였다. 몸집은 비대하고 배가 씨름선수처럼 나왔다고 전하는데, 하루는 황제가 "이 뱃속에는 대체 무엇이 들었느냐"고 묻자, "임금님을 향한 일편단심 충성심이 들어 있습니다"라고 대답했다고 한다.

그러나 양귀비와 현종의 사랑은 충성을 맹세하고 자신들을 부모라고 불렀던 안록산(安祿山)의 난으로 파탄을 맞는다. 북경을 중심으로 하여 하북 일대의 군정장관인 안록산이 양국충의 폭정을 탓하는 명목으로 반기를 든 것이다. 양국충은 양귀비의 오빠이다. 결국 현종은 장안을 탈출하여 피난처인 사천성 성도(成都)로 향한다. 현종 일행은 비를 맞으며 장안을 탈출하여 그날 밤 금성현에 도착하여 새우잠을 잔다. 그 다음날 금성현을 출발하여 장안 서쪽 50㎞미터 지점인 마외 역에서 비극의 클라이막스가 발생한다. 병사들은 총리대신 양국충을 참살하고, 황제의 거처를 포위한다.

황제의 권위도 더 이상 효력이 없었다. 당시 상황을 대화로 옮겨 보자.[64)]

방위병 사령관인 진현례가 나아와 땅에 엎드렸다.

– 아뢰옵기 황송하오나 귀비의 생명을 제물로 바쳐야 되겠습니다.

– 그는 약한 여자다. 정치상 아무 책임도 없다.

64) 김희보 편저, 『중국의 명시』(서울, 종로서적, 1983), p.102.

– 그러나 폐하, 병사들은 귀비의 오빠를 살해했습니다. 그러니 귀비가 옆에 있으면 불안합니다.

늙은 황제는 역문에서 돌아와 양귀비가 휴식하고 있는 건물 쪽으로 걸어가다가, 문득 작은 오솔길이 있는 것을 보자 그 속에 들어가 지팡이에 기대어 머리를 푹 숙이고 서 있었다. 병사들의 함성소리는 더욱 드높아 가기만 했다.

젊은 시종이 나아와 아뢰었다.
– 폐하, 국가를 위해 결단을 내리소서.

황제는 힘없이 건물 안으로 들어가더니 잠시 뒤 귀비와 함께 나와 귀비를 북쪽 가도로 나 있는 작은 문까지 전송하고 측근인 고역사가 모셔가게 하였다. 거기서 과히 멀지 않은 이름조차 모르는 절간, 그 앞 배나무에 걸려 진 명주천이 양귀비의 목숨을 앗았다. 나이 서른여덟, 현종과 함께 있은 지 열 여섯 해였다.

백거이는 이 상황을 다음과 같이 묘사하고 있다.

花鈿委地無人收
翠翹金雀玉搔頭
君王掩面救不得
回看血淚相和流

그녀의 꽃 비녀는 땅에 버려져 그것을 줍는 이도 없었고
물총새날개깃, 공작모양의 황금 머리장식, 옥비녀도 흩어졌다네
천자는 손으로 얼굴을 가린 채 그녀를 구출해 내지도 못하고
돌아보는 얼굴에는 피와 눈물이 뒤섞여 흐르네

그 후, 안록산의 난은 평정되고 장안은 평온을 되찾는다. 양귀비의 무덤은 어디에 있을까? 지금 서안 근교에 있다. 양귀비가 스스로 목숨을 끊어야 했을 당시, 양귀비의 무덤은 초라했을 것이다. 그러나 지금은 왕릉에 버금가는 규모로 서안 근교에 모셔져 있는데, 아마도 중국인들의 양귀비에 대한 애증이 이 무덤에 함께 묻혀 있는 것은 아닐까.

다시 백거이의 〈장한가〉로 돌아와 보자. 백거이는 양귀비의 죽음에서 장한가를 끝맺지 않는다. 양귀비의 혼백을 불러내, 현종과 양귀비의 사후의 사랑을 노래한다. 공상세계 속에서 양귀비는 어떤 모습일까? 백거이는 이렇게 묘사하고 있다.

玉容寂寞淚欄干
梨花一支春待雨

옥 같은 얼굴에 쓸쓸함 깃들어 눈물 뚝뚝 떨어지니
마치 배꽃 한 가지가 봄비를 맞고 있는 듯하네

그리고 두 사람의 천상의 사랑은 이렇게 이어지고 있다.

在天願作比翼鳥
在地願爲連理枝

하늘에서는 우리 둘이 비익조 되어 날고 지고
땅 위에서는 우리 둘이 연리나무 가지되고 지고

비익조는 암수 한 몸인 새이고, 연리지는 밑둥이 둘이면서 가지가 한데 붙어 있는 나무이다. 장한가의 이 구절은 마치 플라톤이 ≪향연≫에서 제 3의 인종, 즉 남녀가 한 몸인 인간이 있었는데, 제우스가 인간을 시기하여 갈라놓았고, 그래서 남성과 여성은 한 몸이 되기를 그리워한다는 발상과 유사하다.

중국 안휘성의 관광명소 황산(黃山)에는 연리지 나무가 있는데, 이 나무에 장한가의 바로 이 대목을 써놓고 있다. 장한가의 마지막 대목을 읊어보자.

天長地久有時盡
此恨綿綿無絶期

천지는 영원한 것이라고들 하지만 어느 땐가 끝날 날이 오게 마련이나.
그러나 이 슬픈 사랑의 한스러움은 길이길이 다할 날이 없으리라

천장지구(天長地久)는 노자의 ≪도덕경≫에 보이는 말이다. 하늘과 땅은 영원한 것이라는 뜻이다. 이 마지막 두 구절에서 〈장한가〉라는 제목이 왔다. 당시 장안의 기녀들은 “저는 백학사(白學士)의 장한가 전

부를 암송하고 있답니다. 때문에 다른 사람과 같은 수준의 화대(花代)로써는 안되겠습니다"라고 했다고 한다. 낙양 용문석굴 건너편에는 지금도 백거이의 사당이 있어 찾는 이로 하여금 백거이의 시적 재능을 기리고 있다.

(5) 비극의 주인공 왕소군(王昭君)

그런데 중국인이 사랑하는 여성은 경국지색이 아니라, 비극의 주인공 왕소군이다. 그녀는 한나라 원제 때의 궁녀였다. 원제는 궁정 화가에게 궁녀들 초상화를 그리게 하여 그 가운데서 마음에 드는 궁녀를 사랑하였다. 궁녀들은 다투어 뇌물을 바치고 예쁘게 그려달라고 했으나 왕 소군은 아무것도 바치지 않았다. 그래서 절세의 미녀 왕소군은 추녀로 그려졌다.

당시 한나라는 북방 흉노의 위협을 받고 있었는데, 화해의 조건으로 왕녀를 흉노의 왕(單于) 호한야(呼韓邪)에게 바쳐야 했다. 이때 선발된 여인이 왕소군이다. 이별인 사차 나아 온 왕소군을 보고 원제는 크게 후회하였으나 이미 흉노에게 바쳐지는 운명의 여인이었다.

왕소군이 정든 고국산천을 떠나는 슬픈 마음을 달릴 길 없어, 말 위에 앉는 채 비파로 이별곡을 연주하고 있는데, 마침 남쪽으로 날아가던 기러기가 아름다운 비파 소리와 말 위에 앉은 왕소군의 미모를 보느라 날갯짓 하는 것도 잊고 있다가 그만 땅에 떨어져 버렸다고 한다. 여기에서 왕소군을 일러 '낙안(落雁)'이라고 하게 되었다는 것이다.

왕소군이 떠날 때 중원은 봄이었지만, 북쪽 변방은 차가운 바람이 불어 닥쳤다. 후대의 한 시인은 당시의 광경을 음과 같이 읊었다.

胡地無花草

春來不似春

自然衣帶緩

是非爲腰身

오랑캐 땅에는 꽃도 풀도 없으니

봄이 와도 봄같이 않구나.

자연히 옷 띠가 느슨해짐은

날씬한 몸매 드러내지 않음이네

이백도 '왕소군'이란 제목의 시를 남기고 있는데, 여기서는 백거이의 시를 감상해 보자.

滿面胡沙滿鬢風

眉銷殘黛臉銷紅

愁苦辛勤顦顇盡

如今却似畵圖中

얼굴 가득 오랑캐 사막의 먼지 쓰고 머리칼 바람에 휘날리며

눈썹에서는 연필 자욱 지워지고 뺨에 바른 연지도 지워져 버렸다.

슬픔과 괴로움으로 바짝 말라 버리고 말아

지금의 모습은 문제의 그 초상화 그대로가 되고 말았다

왕소군의 무덤은 내몽고 '후흐어하오트어'에 있다. 북경에서 기차로 한 여덟 시간 정도 걸리는 곳이다. 한 여인의 무덤치고는 무척 큰 왕릉 규모이다. 중국인의 왕소군에 대한 사랑이 무덤에 나타나 있는 것일까.

제 7 장

중국의 풍속습관

중국은 넓은 땅에 많은 인구를 포용하고 있는 만큼 지역과 종족에 따라 풍속과 습관이 천차만별일 정도로 큰 차이를 보임은 당연한 일일 것이다. 가장 단순한 분류로써 남방인(南方人)과 북방인(北方人)으로 대별해 볼 때 양자 사이의 차이점은 의식구조나 사고방식의 격차로까지 나타난다. 결혼 풍속을 잠깐 살펴보자.

남방인들은 결혼식보다 장례식을 더 중하게 여기는데 반해 북방인들은 상례(喪禮)보다 혼례(婚禮)를 더 중시합니다. 즉 희사(喜事)를 더 성대하게 치른다는 것입니다.

흔히 북방인들은 자신들의 됨됨을 '띠팡(大方: 대범하고 호방하다)'이라 자평하면서 이재(理財)에 밝은 남방인들을 '샤오치(小氣: 속이 좁다)'라고 놀립니다. 그런가 하면 남방인들은 북방인들을 가리켜 "실속은 없이 허세만 부린다"고 빈축 합니다.

이런 배경에서 본다면 북방에 속하는 단동의 결혼식은 의당 성대할 수밖에 없겠지요. 그런데 제3자가 보기에 그 정도가 과도해 지나치게 낭비

적이 아닌가 하는 느낌이 듭니다. 실제로 결혼을 앞둔 젊은이들의 속내를 들어보면 걱정이 많음을 알 수 있습니다. 체면과 위신을 중시하는 인습과 경제적 현실과의 괴리에서 오는 압박감 때문임은 물론입니다.

결혼식은 아침부터 저녁까지, 아니 밤늦게까지 이어집니다. 그리고 복잡할 정도로 여러 순서를 거치면서 진행됩니다. 그런 만큼 혼인예식을 비롯한 모든 절차는 '주치런(主持人)'이라고 부르는 예식 전문가가 맡아 이끌어 갑니다. '주치런'은 상당히 고액을 지급하고 모셔야 하는 사람입니다. 우리 식의 사회자와 다른 개념으로 하루 내내 이어지는 결혼식의 총연출자라고 보면 될 것입니다.

결혼 행사는 우선 신랑이 자기 집을 나서는 데서부터 시작됩니다. '쭈처(租車: 렌터카)'란 리무진을 타고 신부 집으로 가서 신부를 맞습니다. 그런 다음, 같이 신접살림을 차리기 위해 마련해 놓은 집, '신쟈(新家)'에 들립니다.

나중에 할 얘기지만 결혼식을 모두 마치고 '신쟈'로 돌아와 신방에 들어갈 때는 신부에게만 주어지는 독특한 의식이 있습니다. '진쭈안(金甎)'이라 부르는 금박종이로 싼 벽돌을 밟고 침대로 올라가 큰 자물쇠 위에 앉아야 합니다. '복(福)을 타고 앉는다'는 뜻의 '쭈어푸(坐福)'라는 의식입니다. '부(富)'와 '복'에 대한 희원을 담은 퍼포먼스라고 할까요.

'신쟈'를 나선 리무진은 식장인 호텔로 향합니다. 그 뒤로는 일가 친척들이 탄 세단 행렬이 따라갑니다. 그리고 일행이 호텔에 도착하기에 앞서 요란한 폭음을 울리며 폭죽을 터뜨리기 시작합니다.

호텔 정문에 세운 붉은색 아치엔 두 주인공의 이름을 쓰고 66개의 분홍색 풍선을 매달아 놓습니다. 주인공들의 도착과 함께 66마리의 비둘기를 하늘로 날려 보냅니다. '66'이란 숫자에 맞추는 것은 모든 의식 절차가 순조롭게 이루어지게 해달라는 뜻에서입니다. 즉 '6'이 중국어로는 '류'로 발음되는지라 '흐를 류(流)'와 상통하기 때문입니다.

요즘 들어선 새로운 풍습이 하나 더 생겼다고 합니다. 젊은이들 사이에 한창 유행하는 '나비 날리기'입니다. 88마리의 나비를 예식 도중에 날리는 것입니다. 중국말로 '후디에(蝴蝶)'라 부르는 나비는 중국의 유행가 가사에도 자주 등장할 만큼 환상적인 아름다움의 대명사로 여겨지고 있습니다. 88마리 역시 중국인들이 가장 좋아하는 '8'이라는 숫자에 맞춘 것임은 물론입니다. '8'의 중국어 발음 '파'는 바로 '파차이(發財)'를 연상시키기 때문입니다.

식장 밖에서 한바탕 요란한 식진행사가 치러진 다음 신랑 신부는 함께 손을 잡고 식장 안으로 들어갑니다. 그들 뒤에는 '반랑(伴郎)'과 '반니양(伴娘)'이라고 부르는 들러리가 남녀 각각 두 명씩 따릅니다."

(오마이뉴스, 2006.9.6일자)

이처럼 중국의 결혼 풍속은 다양하다. 티벳에서는 죽은 자를 조각내서 양념을 뿌려 새에게 던져 준다. 이것이 가장 경건한 티벳식 장례인데, 불교적 관점에서 사후에도 자기 몸을 타인을 위해 바치는 것이다. 그런데 중국의 풍속습관은 우리나라와 유사한 점이 많다. 유사점과 차이점에 유의하면서 중국의 풍속습관을 들여다보자.

1. 중국의 명절

중국의 주요 명절을 정리하면 표와 같다.

〈표 7-1〉 중국의 명절

정월 초하루	춘지에(春節)
정월 15일	위엔샤오지에(元宵節)
3월 3일	칭밍지에(淸明節)
5월 5일	딴우지에(端午節)
7월 7일	니우랑즈뉘지에(牛郎織女節)
8월 15일	중추지에(仲秋節)
9월 9일	충양지에(重陽節)

1) 춘지에(春節)

중국은 1949년 신 중국 건설이후, 양력설을 쉰다. 음력설은 '춘지에(春節)'라 하여 민속을 유지한다. 중국인은 춘리엔(春聯: 붉은 종이)에 행운을 기원하는 말을 적은 대령을 붙이고 음력설을 맞이한다. 춘등(春燈)이라 하여 봄맞이 붉은 등을 거리에 걸기도 한다. 춘절에는 사자놀이, 용놀이 춤 등을 즐기며, 폭죽을 터뜨린다. 폭죽놀이도 중국인의 독특한 풍습이다. 결혼식, 명절에 등장하는 폭죽은 벽사(辟邪), 발복(發福)을 하늘에 기원하는 하나의 풍습이다. 중국인은 한 달 월급 써가며 폭죽놀이를 하기도 한다. 중국인은 음력설 명절에 고향을 찾는다.

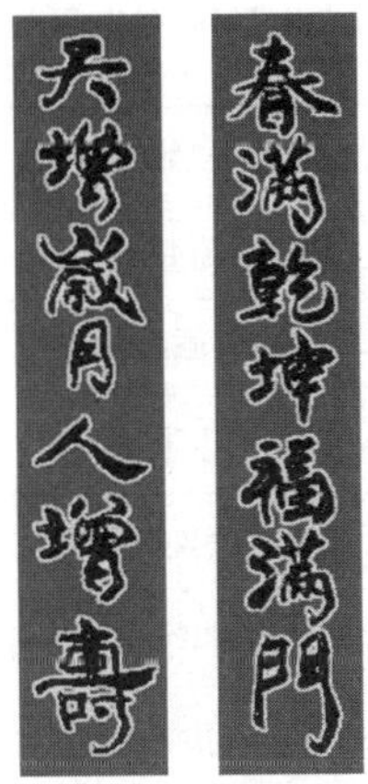

〈사진 7-1〉 춘련

일주일 이상의 휴일이 계속되는 음력설 명절에는 민족의 대이동 기간이기도 하다. 열차를 타려는 귀성객들로 기차역은 발디딜 틈이 없다. 설 연휴기간 1억 5000만 명이 철도를 이용한다고 한다.

춘절에는 붉은 색으로 '복(福)'자를 거꾸로 써 놓는다. 거꾸로 도(倒)와 도달하다의 '도(到)'가 중국어로 '따오'로 발음이 같다. 그래서 '복'자를 거꾸로 써놓고 읽으면, "복이 도달 한다"는 뜻이 된다. 인사말은 "꽁시파차이~(恭喜發財!)" 즉 "돈 많이 버세요"라고 한다. 재신(財神)에게 비는 것이다. "춘지에 하오!(春節好!)"하고 인사하기도 한다. 설날에 북방은 물만두(餃子)를 먹는다. 섣달(음력 12월) 그믐날에는 단원반(團圓飯: 가족이 전부 모여 1년 을 상징하는 12가지 음식을 먹는 것)을 먹는다. 남방은 '니엔까오(年糕)', 즉 설 떡과 생선을 먹는다. 니엔까오는 해마다 삶의 질이 높아진다는 뜻도 된다. 까오(糕)란 발음은 까오(高)와 같기 때문이다. 생선(魚)의 발음은 여유(余)와 같기에 생선을 먹음으로써 해마다 풍족해 짐을 기원하는 의미도 된다.

〈표 7-2〉 중국의 행사일

1월　1일	위엔딴(元旦)
2월 14일	칭런지에(情人節)
3월　8일	푸뉘지에(婦女節)
4월　1일	위런지에(愚人節)
5월　1일	라오뚱지에(勞動節)
5월　4일	칭니엔지에(靑年節)
6월　1일	얼퉁지에(兒童節)
7월　1일	꿍찬당셩르(共産黨生日)
8월　1일	지엔쥔지에(建軍節)
9월 10일	자오스지에(敎師節)
10월　1일	구어칭(國慶)

〈사진 7-2〉 거꾸로 붙인 "복"

중국의 민속에서 붉은 색은 즐거움을 나타내는 부호로 사용된다. 경사스러운 일에는 반드시 붉은 색을 사용해야 한다. 보너스(紅利), 축의금(紅包), 사업의 시작(開門紅), 대성황을 이룸(滿堂紅), 경조사(紅白喜事) 등에 모두 붉을 홍자가 들어간다. 혼인 증서와 사주단자를 중국에서는 홍첩(紅帖)이라고 하고, 아들을 낳으면 붉은 물을 들인 계란(紅蛋)으로 친지를 대접한다. 민간에서는 신혼첫날밤은 붉은 침상과 붉은 이불, 홍등, 붉은 초, 붉은 대련(對聯), 붉은 쌍희자(囍) 등 온통 붉은 색으로 물든다.[65)]

한편, 노란색은 전통적으로 황제의 고귀, 광명, 희망을 상징한다. 그러나 황제의 권위가 붕괴된 오늘날에 와서는 수치, 멸시, 경박의 의미로 사용된다. "이 영화는 상당히 선정적이다(這部電影相當黃)", "장사가 망했다(買賣黃了)", "선정문학(黃色文學)" 등으로 쓰인다.

(2) 위엔샤오지에(元宵節)

〈사진 7-3〉 위엔샤오

음력 대보름인 1월 15일은 '위엔샤오지에'라 한다. 이날은 속백이가 들어 있는 새알식품인 위엔샤오(元宵)를 먹는다. 옛날에는 처마 끝

65) 후자오량, 『중국의 문화지리를 읽는다』(서울: 휴머니스트, 2005), p.202.

에 등불을 달고 남녀가 자유로이 나돌아 다니는 날이다. 등불에는 수수께끼(謎語)를 적어놓고 행인에게 풀어보게 한다.

〈그림 7-1〉 위엔샤오 행락도

(3) 부녀절(婦女節)

3월 8일은 부녀절이다. 여성은 반나절만 근무한다. 중국어에 부모는 "사내아이는 용이 되기를, 여자아이는 봉황이 되기를 바란다(望子成龍, 望女成鳳)"란 말이 있는데, 중국은 여성을 반쪽하늘(半邊天)이라 하여 우대한다.

(4) 단오제

음력 5월 5일은 단오제이다. 그러나 우리나라 단오제와 이름만 같고, 그 유래나 먹는 음식, 즐기는 놀이 등은 전혀 다르다. 한마디로 같은 이름 다른 풍속인 것이다.

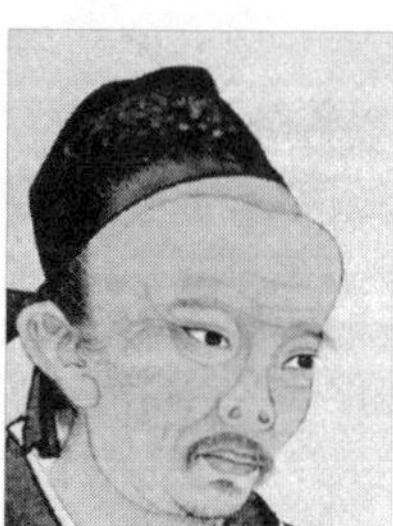

〈그림 7-2〉 굴원

강릉의 단오제는 풍어와 다산을 기원하는 민속제로서, 대관령의 산신을 모시고 굿판을 벌이는 마을 축제이다. 창포에 머리를 감고, 씨름, 그네, 투호 등 민속놀이를 즐긴다. 한편 중국 단오제의 유래는 중국인이 사랑하는 시인 굴원(屈原)의 죽음에서 비롯된다. 굴원은 선비기질로 불의와 타협하지 않고 자신의 주장을 펴다가 모함을 받아, 방랑생활을 하며 임금의 부름을 기다리나, 뜻을 이루지 못한다. 우수의 시인 굴원은 강물에 몸을 던지는데, 사람들은 굴원의 시체를 고기가 먹지 못하도록, 찐 쌀을 강에 던졌다. 그 이후 중국인은 찹쌀에 속을 넣고 대나무 잎으로 덮어 찐 "쫑즈(粽子)"를 먹는 풍습이 생겼고, 또 굴원의 시체를 찾아 배를 띄웠는데, 이것이 지금의 용선경주로 이어지고 있다.

〈사진 7-4〉 용주경선

〈사진 7-5〉 쫑즈

(5) 중추절

음력 8월 15일은 중추절로서 중국인은 "위에빙(月餅)"을 나누어 먹는다. 월병 속은 고기, 계란 등 다양하다. 고급품을 상자에 담아 선물한다. 달에게 제물로 바치고 제물로 바친 후 온 가족이 나누어 먹은 것은 원나라 때 몽고족의 통치하에서 기의군(起義軍)의 비밀서신 등을 전달하는 방법으로 월병에 편지를 넣어 전하던 일에서 유래한다.

〈사진 7-6〉 월병

(6) 연말

연말에는 가족이 모두 둘러앉아 성찬을 즐긴다. 이를 '탄위엔판(團圓飯)'이라 한다. 자정에는 폭죽을 터뜨린다. 북경에는 1994년부터 금지되어있으나, 1999년에서 2000년으로 넘어가는 해 연말에 북경에는 폭죽이 끊이지 않았다. "니엔까오"라 하여, 성찬을 즐긴다. 이날은 가족 친지들이 대체로 외식을 한다. 민속에서는 부엌 신에게 한해의 무사함을 비는 소지를 올린다.

2. 중국 음식

중국에는 "백성들이 먹을 것을 하늘처럼 섬긴다(民以食爲天)"라는 말이 있다. 빈번한 자연재해와 가혹한 정치라는 위협 아래서 중국인은 밥을 먹는다는 것이 일반 백성의 가장 큰 관심사였다. "밥 먹었느냐(니 츠판러)?"가 인사말이다. 집안의 일곱 가지 보물로 여기는 것이 있는데, 장작, 쌀(米), 기름(油), 소금(鹽), 장(醬), 식초(醋), 차(茶) 등 전부 음식물이다. 음식의 제조 과정을 팽조(烹調)라 하는데, 팽은 익히는 것, 조는 여러 가지 맛의 조화를 의미한다. 찜(蒸), 익힘(烹), 삶음(煮), 튀김(炸), 구이(烤), 지짐(烙) 등의 가공방식이 있는데, 관광국이 편찬한 교재에는 조리방법을 42가지로 정리해놓고 있다.

주지하다시피, 중국음식은 프랑스 요리와 함께 세계 양대 음식을 이룬다. 오늘날 북경 등 대도시에서는 음식 먹는 것이 하나의 신분 상징으로도 여겨지는데, '천상의 요리'라 하여 전복 하나에 200미불하는 요리도 있다. 청 황실에서는 상어 지느러미를 매일 먹었다고 하는데, 제비집 등은 최고급 요리이다. 동남아에서 채취하는 제비집은 해안 절벽에서 어렵게 채취하는 식재료이다.

중국의 음식은 청대에 이르러 부흥기를 이루게 된다. 그 대표적 호화음식이 '만한전석(滿漢全席)'이다. 만한전석이란 만주인의 요리와 한인의 요리를 한 자리에 차린 초호화 요리로서 건륭제가 강남의 양주에 행차했을 때 그 지역의 부호가 산해진미를 차려 바친 것이 기원이다.[66]

상어지느러미, 곰발바닥, 낙타의 등, 제비집, 원숭이의 골, 새끼 돼지, 전복, 사슴 코, 사슴생식기, 코끼리 코, 호랑이 고환, 우랑우탄 입술과 골, 물개고기, 오리발, 개구리 난관, 뱀 등 희귀하고 유별난 식재료를 사용한다. 360종 이상의 요리를 준비하여, 사흘에 걸쳐 여섯 차례 코스 요리로 나누어 나온다. 세번째까지는 10가지의 요리와 스프, 밥 류가 나오고, 네번째는 요리 20가지, 다섯 번째는 술안주 20가지, 작은 접시 20가지, 건과 10종류, 생과일 10종류 등이 나온다.

---

66) 김영기 편저, 『역사 속으로 떠나는 배낭여행』(서울: 북코리아, 2005), p.449.

〈표 7-3〉 만한전석의 사팔진

종 류	진귀한 식재료 품목
산팔진(山八珍)	낙타 등, 곰발바닥, 원숭이입술, 표범 태, 물소꼬리, 사슴생식기, 코끼리 코, 호랑이 고환
해팔진(海八珍)	제비집, 상어지느러미, 생선부레, 생선뼈, 전복, 바다표범, 큰 전복, 해삼
금팔진(禽八珍)	붉은 제비, 비룡, 얼룩비둘기, 채작(彩雀), 빨간 머리매, 메추리, 자고, 거위
초팔진(草八珍)	후두(猴頭), 은이(銀耳), 황화채, 운향고(雲香菇), 죽순, 양두균, 여외균

〈출전: 왕인상, 『음식과 중국문화』(인민출판사, 1994), p.24〉

서태후의 전용 요리사가 100명이었다고 한다. 나들이를 할 때도 이들 요리사를 대동했다고 한다. 만한전석은 홍콩에서 먹어 볼 수 있다. 부자라면 말이다. 북경에서 서태후가 먹던 음식의 일단이라도 맛볼 수 있는 곳은, 북경의 명소 이화원(頤和園) 내의 음식점이다. 큰 기대는 하지 않고 먹어보는 것이 좋다. 중국대륙에서 음식으로 가장 유명한 곳은 홍콩일 것이다. 중국속담에,

> "항죠우(杭州)에서 살고, 꽝죠우(廣州)에서 먹고 류죠우(柳州)에서 묻히고 싶다"

라고 하는데, 광동지방인 홍콩에서 이 만한전석을 구경할 수 있다.

중국음식은 지역에 따라 다르다. 현재 공인된 4대 음식 계열은 노채(魯菜: 산동음식), 천채(川菜: 사천 음식), 소채(蘇菜: 소주 음식), 월채(粵菜: 광동음식)이다. 8대 음식은 복건 음식, 절강음식, 호남음식, 안휘 음식이 추가된다. 8대 음식 중 7가지가 남방음식임을 알 수 있다. 4대 음식을 중심으로 편의상 베이징요리(산동요리), 광동요리, 상하이 요리(소주 요리), 쓰촨요리 등 네 가지로 나누어 설명해 보겠다.

(1) 베이징 요리

북경에서는 해마다 세계요리 경연대회가 열린다. 중국음식의 대표적 요리는 '해삼, 전복, 상어지느러미 그리고 제비집'이다. 네 가지 요리를 천상의 음식(four heavenly foods)이라 부른다. 북경의 아야트 식당은 이 네 가지 요리로 유명한데, 전복이 비쌀 때는 하나에 200달러씩 한다. 주로 생일이나 특별한 날 이 요리 집을 찾는다.

북경요리의 대표선수는 '베이징 카오야(北京烤鴨: 구운오리)'일 것이다. 깃털과 내장을 꺼내 껍질과 살 사이에 공기를 집어넣어 부풀어 오르게 한다. 몸 표면에 엿을 발라 햇볕에 조이고 나서, 커다란 화덕에서 장작불에 오랜 시간 표면이 다갈색이 될 때까지 굽는다. "카오야 산츠"라 하여, 오리요리는 사각사각한 맛을 내는 껍질을 먼저 먹고, 살코기 그리고 탕, 이렇게 세 가지를 차례로 먹는다. 얇게 부친 밀가루전병에 파와 중국 장을 얹어서 돌돌 말아 싸서 먹는다. 오리 혀는 특별 요리이다.

북경오리는 독특한 방법으로 사육하는데, 부화한 후 50일 정도 되면 어둡고 좁은 곳에 집어넣어, 강제로 입을 벌리고 먹이를 집어넣어 키운다. 약 한달 반 정도 이렇게 강제 사육을 하면, 두 배 이상 뚱뚱하고 살

집이 좋게 된다. 중국어에 "티엔야쟈오위"란 말이 있다. 티엔야(塡鴨)는 오리에게 강제로 사료를 먹인다는 뜻이고 쟈오위는 교육이란 중국어이다. 이 합성어는 "주입식 교육"을 뜻한다.

> "만리장성을 못 보면 대장부가 아니고
> 북경 오리구이를 못 먹어 보면 평생 후회 한다"

라고 하며, 중국인들은 북경 오리구이를 자랑하는데, 오늘날, 맥도날드가 판을 치는 북경에는 130년의 역사를 지닌 북경오리구이집이 있다. 천안문 광장 부근 장안대로에 위치해 있다. 관광코스의 하나이기도 하다.

추운 기후 탓에 기름기를 풍부하게 사용한 칼로리 높은 음식이 선호되며, 맛도 남방음식에 비해 농후하다. 밥보다 면, 만두 등 밀가루 음식이 주류를 이룬다. 중국의 음식명 중에는 '夏賞荷香', '鴻門宴', '八仙槃', '龍虎鬪', '滿漢全席', '東坡肉' 등과 같이 문학적인 표현이나 역사적 고사와 관련된 요리가 많이 보인다. 이는 다른 나라의 음식명이 주로 재료나 조리법으로 이루어진 비교적 단조로운 방식인 것과 비교해 볼 때 중국인이 음식명에 얼마나 많은 관심과 공을 들이고 있는지를 보여준다.

식생활과 관련된 비유가 어휘 중에 많이 등장한다. "츠츄(질투하다)", "차오여으위(해고당하다)", "츠또우푸(놀리다)", "샤셩판(찜찜하다)", "파라(악랄하다)", "빼이솬(슬프다)" 등이 그렇다.67)

---

67) 공상철 외, 『중국, 중국인 그리고 중국문화』(서울: 다락원, 2001), p.60.

(2) 광동요리

"나는 것 중 비행기, 네발 달린 것 중 책상을 빼고 모든 것을 다 먹는다"는 광동음식을 두고 나온 말이다. "음식은 짱죠우에서"라는 말이 있듯이, 광동요리는 특히 유명한데, 뱀, 고양이, 유충 등 그 악식(惡食)으로도 유명한데, 모든 것이 식재료로 사용된다. 브리짓 바르도가 "한국인은 개고기 먹는 민족이니, 88올림픽을 보이콧해야 한다"라고 하였는데, 중국인에 대해서 브리짓 바르도는 별 말이 없는 게 이상하지 않은가!

광동요리 중 특징적인 것은 "얌차"이다. 조그마한 대나무 바구니에 각종 재료로 만든 조그마한 만두 같은 것을 쪄내는데, 이런 종류의 음식을 수레에 담아서 식당을 돌면, 손님들은 골라서 먹는다. 그리고 음식과 잘 조화를 이루는 차를 같이 마신다.

(3) 상하이 요리

상하이, 난징, 양죠우(楊州), 우시(無錫), 항죠우, 닝보(寧坡) 등 유명한 음식이 줄줄이 있는 지역의 요리이다. 이 지역은 하천, 호수, 바다의 혜택으로 재료가 풍부하기 때문에 요리 또한 다채롭다.

"하늘에는 천당이 있고, 땅에는 쑤죠이와 항죠우가 있다(上有天堂, 下有蘇杭)"라는 말이 있듯이, 서호라는 자연경관을 지닌 항죠우는 중국인이 사랑하는 도시이다. 항죠우의 행정장관을 지낸 소농파는 서호를 중국 최고의 미인 서시(西施)에 비유했는데(欲把西湖比西子, 淡妝濃抹總相宜), 경치가 아름답기로 유명한 항조우 요리는 서시 같은 미인이 먹는 것인양, 조그마한 그릇에 담겨 나온다. 북방요리와는 달리 담백하

음식이 대부분이다. 민물고기를 즐겨 사용한다. 항죠우는 서호에서 잡은 착어와 용정새우요리와, 마늘, 죽순 등과 함께 기름과 술로 끓인 장어 산후(鱔糊) 그리고 "동파육(東坡肉)"이 유명하다. 동파육은 돼지 삼겹살로 삶아서 만든 음식인데, 소동파가 이곳의 행정장관을 지내면서 개발해낸 음식이라 한다. 상하이 음식은 소흥주와 잘 어울린다. 막걸리가 채식 위주의 우리나라 음식에 어울리듯, 포도주 정도의 도수인 소흥주가 담백한 맛의 상하이 음식과 잘 어울리는 것이리라.

상하이는 겨울한철 게가 유명하다. 다리가 짧으며, 살이 통통한 이 게는 담백하기 그지없는 맛이다. 생산시기가 연중 한정되어 있고, 홍콩에서 비싸게 팔리고 있다.

(4) 쓰촨 요리(川菜)

각 지방의 요리를 평가하는 말 가운데, "남쪽은 달고 북쪽은 짜고, 동쪽은 맵고 서쪽은 시다라고 한다. 북방인은 짠 것을 좋아하고 남방인은 단것을 좋아하며, 산동인은 매운 것 그리고 산서인은 신 것을 좋아한다"란 말이 있는데, 사실 중국음식 중 가장 매운 요리는 쓰촨 요리일 것이다.

쓰촨 요리 전문집의 메뉴판을 보면, 수많은 요리 이름 옆에 고추 그림이 있다. 고추 하나는 매운 음식, 고추 둘은 매우 매운 음식이다. 이처럼 쓰촨 요리의 특징은 매운 맛이다. 매운 맛을 좋아하는 우리나라 사람도 고추 둘이 그려진 음식은 먹기 어려울 정도이다. 청두(成都), 충징(重京) 등 양자강 중류 도시를 중심으로 발달한 요리이다. 예부터 중국의 곡창지대로 유명한 쓰촨 분지는 사계절의 산물이 풍부해서 해산물은 없지만 야생식물이나 소채류, 민물고기를 주재료로 많은 요리를 만들어냈다. 유명한 음식의 하나가 "마파두부"이다. 두부와 돼지고기의 된장 볶음인 지아창또우푸(家常豆腐), 돼지고기의 안심살에 고추를 넣어 볶은 후이꾸어로우(회과육) 등이 모두 쓰촨 요리인데, 우리나라 중국집에서 볼 수 있는 음식이기도 하다. 향신료를 듬뿍 사용해서 불에 잘 익히는 조리법이 특징이다.

3. 중국의 술

〈사진 7-7〉 술 조형물

이백(李白)은 〈장진주(將進酒)〉에서, "예로부터 성현들은 다 흔적 없어도, 오직 술 마신 사람만이 그 이름을 남겼다(古來聖賢皆寂寞, 惟有飮者留其名)"라고 하였다. 그래서 "깐뻬이(乾杯)~!"를 외쳤을 것이다. 요즘 말로, "완샷~!" 또는 "위하여~!"일 것이다.

서양인들, 그중 그리스 인들이 처음 마신 술은 포도주이다. 디오니소스가 포도주를 관장하는 신인데, 고대·그리스인들은 이 디오니소스

축제를 벌이며, 먹고 마시는 일을 즐겼다. 그렇다면 중국인들이 처음 마신 술은 무엇일까? 두캉주(杜康酒)의 주인공인 두캉이 술을 처음 빚었다는 전설이 있는데, 이로 미루어 짐작컨대, 약 4,200년의 역사를 지닌 것이 중국술이다. 역사가 오랜 만큼 중국의 술은 다양하다. 술의 계열은 색깔에 따라 크게 백주(白酒), 황주(黃酒) 그리고 홍주(紅酒)가 있다. 백주는 우리나라 소주처럼 흰색의 증류주이다. 색이 흰색이라 백주라 한다. 우리나라 중국집에서 "빼갈(白干兒)"이라고 하는 술도 백주 계열이다. 백주는 고량(高粱), 즉 수수로 만들었다. 그래서 고량주라고도 한다. 장이모우 감독의 영화 〈붉은 수수밭〉의 제목이 훙까오량(紅高粱)이다. 도수가 매우 높아 40~60도에 이른다. 대만은 금문도(金門島)에서 생산되는 진먼까오량(金門高粱)이 유명하다. 대만 가요 중에, 뚱띵(東頂) 우룽차, 딴수이 새우 그리고 진먼 까오량을 자랑하는 노래가사도 있을 정도이다.

〈사진 7-8〉 오량액

〈사진 7-9〉 주귀

〈사진 7-10〉 소흥주

〈사진 7-11〉 마오타이주

중국의 명주는 귀주성 마오타이 마을(茅臺鎭)에서 생산되는 마오타이주가 꼽힌다. 이는 닉슨이 중국을 방문했을 때 그 맛에 반했고, 김일성이 응접실에 비치했다하여 유명한 술이다. 서양의 명주, 발렌타인도 12년산, 30년산이 있듯이, 마오타이는 25년산, 50년산이 가장 귀하다. 마오타이 50년산은 선물용으로 귀하게 쓰인다. 그러나 중국인이 귀하게 여기는 술은 "지우꾸이(酒鬼)"이다. 흙도자기병에 담은 술이며, 지우꾸이는 "술주정뱅이"란 뜻이다. 그리고 "우량이에(五粱液)"란 술도 명주에 속한다.[68] 펀주(汾酒)는 산시성(山西省), 펀양셴(汾陽縣), 싱화춘(杏花村)에서 생산된다. 두목(杜牧)의 시구에 "술집이 어디에 있는가 물으니, 목동이 멀리 행화촌을 가리킨다(借問酒家何處有, 牧童遙指杏花村)"라는 말이 나온다. 당시 펀주가 유행했을 것인데, 펀주는 지금도 중국인들이 즐겨 마시는 대중적인 술이다. 우리나라 사람들의 입맛에 맞는 술은 죽엽청주(竹葉青酒)인데, 이 죽엽청주는 펀주에 10여 가지 한약재를 넣고 대나무 잎 향을 내는 술이다. 황주(黃酒)는 우리의 막걸리처럼, 누룩을 발효시킨 다음 술지게미를 걸러내어 만든 술이다. 색깔이 황색이라 황주라 부른다. 대표적인 황주가 저장성(浙江省)의 소흥에서 나는 샤오싱주(紹興酒)이다. 샤오싱주 중에서 가장 좋은 술이 "여아홍(女兒紅)"인데, 딸이 서너 살 되면 술을 빚어 묻었다가 20년쯤 지나 딸이 시집갈 때 꺼내 손님에게 대접하는 술이라고 해서 붙여진 이름이다. 알코올 도수는 10여 도이며, 숙성년도에 따라 가격이 차이가 난다. 소흥주는 루쉰(盧迅)의 소설 〈공을기(孔乙記)〉에 등장

68) 2003년에 중국 당국이 5성급 호텔 50곳을 조사했더니 고급 백주는 47%가 가짜, 고급 양주는 진짜가 28%밖에 안되었다고 한다.

하는 술로 유명하다. 중국에서 가장 아름다운 도시의 하나인 항조우(杭州) 근교에 소흥이 있다. 루쉰의 고향이다. 이곳엔 루쉰기념관이 있고, 소설 속에 등장하는 함형주점(咸亨酒店)이 지금도 있다. 주인공 "쿵이지(공을기)"가 할일 없이 술을 마시는 곳이 이 함형주점인 것이다. 중국인들은 "술은 지기를 만나면 천 잔도 부족하다 (酒逢知己千盃少)"라고 하며, 술을 마신다. 소흥의 이 함형주점 간판을 보면 재미난 글귀가 있다.

"술은 함형주점을 만나면 천 잔도 부족하다!"(酒逢咸亨千盃少)

중국인들이 즐겨 쓰는 말을 변형시켜, 나그네의 발길을 함형주점에 머무르게 하는 것이다. 황주는 따뜻하게 데워서 마신다. 좀 더 고급스럽게 마시려면, 이 따듯하게 데운 황주가 식지 않도록 뜨거운 물을 넣어 보온시키는 술잔을 사용하여 마신다. 중국에서 가장 유명한 도자기 생산지인 징더전(景德鎭)이다. 징더전 도자기는 얇고 가벼운 것이 특징인데, 경덕진 도자기 가운데, 이렇게 술을 데워 식지 않게 하는 도자기가 생산되고 있다.

우리나라엔 경주의 법주, 안동 소주, 전주의 이강주 등 그 지역 명가의 명주가 있다. 중국에도 공자집안의 전통주인 공부가주(孔府家酒)가 있다. 사천성에는 수정방(水井坊)이란 술이 유명하다.

중국인은 맥주도 많이 마신다. 값도 싸다. 맥주값이 물값보다 더 싸다. 북경의 '옌징피지우(燕京啤酒)'는 한 병에 1위안이고, 생수는 한 병에 2위엔 한다. 그러나 중국에도 비싼 맥주가 있다. '칭다오피지우(靑島啤酒)'는 옌징피지우보다 서너 배 더 비싸다. 청도는 독일의 조차지로서 독일 맥주기술로 만들었다. 청도에는 청도맥주 박물관이 있다.

중국인들은 술 습관이 우리와 다르다. 우리나라는 술잔에 잔이 남아있으면 첨잔을 하지 않는다. 그것은 굉장히 실례이다. 그러나 중국인은 술잔이 조금만 남아있어도 술을 계속 가득 채워준다.

4. 술과 중국 문학

실크로드의 출발지 서안을 출발하여 서역을 향하다 보면, 만리장성의 끝자락 함곡관이 있다. 여기 주천(酒泉)이란 이름의 소도시가 있다. 샘물을 만들어 놓고 이 샘물주위에 시가 적혀 있는데, 그 시가 바로 이백(李白)의 시이다.

天若不愛酒 酒星不在天 地若不愛酒 地應無酒泉
天地旣愛酒 愛酒不愧天 已聞淸比聖 復道濁比賢
聖賢旣已飮 何必求神仙 三盃通大道 一斗合自然
但得酒中趣 勿爲醒者傳

하늘이 만약 술을 사랑하지 않는다면,
하늘에 주성은 없으리
땅이 만약 술을 사랑하지 않는다면,
땅엔 응당 주천이 없으리라
천지가 이미 술을 사랑하였으니,

술을 사랑해도 하늘에 부끄러울 게 없도다
내가 들으니, 청주는 성인에 비겼고,
탁주는 현인에 비겼도다
현과 성을 이미 마셨으니,
하필 신선을 구하리요.
석 잔은 대로로 통하고,
한 말 술은 자연과 합치되는 도다
오직 술 가운데의 멋을 찾을지니,
술 깬 자를 위해선 이를 전하지 말라

앞에서 소개한 이하의 시 가운데, 술 권하는 시, 장진주(將進酒)도 감상해 보자.

琉璃鍾
琥珀濃

小槽酒滴眞珠紅
烹龍炮鳳玉脂泣
羅幃繡幕圍香風

吹龍笛
擊鼉鼓
皓齒歌
細腰舞

況是靑春日將暮

桃花亂落如紅雨

勸君終日酩酊醉

酒不到劉伶墳上土

아름다운 유리잔에

부은 술은 호박색

작은 술그릇에서 떨어지는 진주 같은 술 방울은 빨갛게 빛나고

용과 봉 같은 맛있는 고기 찌고 구우니 옥 같은 기름 흘러 울며,

명주 휘장, 수놓은 방장 안에서 향긋한 바람 불어 일어난다

용의 소리 나는 피리를 불고,

악어가죽의 북을 치며

하얀 이 드러내 노래하는 여자,

가늘고 날씬한 허리의 춤추는 여자

그뿐이랴! 이 봄날은 바야흐로 저물려 하고,

복숭아 꽃송이는 빨간 비가 내리듯 흩어지지 않는가

그대여 온종일 마시고 마셔 꼭지가 돌만큼 취하여 보라

술 아니면 못살던 유영조차 무덤에 술이 따라와 주지는 않았었나니

5. 중국의 차 문화

(1) 차마고도(茶馬古道)[69]

윈난성(云南省) 방웨이에는 1800년 된 차나무가 있다. "까오차수(高茶樹)"라 불리는 이 나무는 높이가 4m이다. 중국인들은 이 나무를 모든 차의 기원으로 여긴다. 윈난성 푸얼시(普洱市)에는 26개 소수민족이 각기 다신(茶神)을 모신다. 매 3월 한이족, 이족은 다신에게 제사를 지낸다. 부랑족의 경우 이들의 조상신 파이란이 2000년 전에 차를 전해주었다고 믿는다. 이처럼 윈난성 푸얼시는 예부터 차의 고장이다. 윈난성의 "마방"들은 말이나 나귀에 차를 싣고 떠났다. 푸얼에서 시작하여 샹그릴라[70]가 있는 히밀라야를 넘어 티벳의 중심지 라사까지 약 5천 km의 길, 그리고 라사에서 다시 인도, 네팔까지 이어진 좁고 험한 길을 '차마고도'라 한다. 이들 마방들은 티벳의 8대 설산의 하나인 메리설산을 넘어 해발 4000m의 초원을 지나 라사로 향했다. 차마고도는 이처럼 실크로드 보다 훨씬 이전에 생긴 동서 교통로인 것이다. 푸얼에서 라사까지는 3개월이 걸린다. 푸얼시에서 출발하여 첫 도착지가 따리(大里)이다.[71] 이처럼 위난성의 차를 말에 싣고 가서 티벳의 말을 교환하였기에 차마고도라 불린 것이다. 한편 반대로 티벳의 마방들은 2000km를 와서 차, 소금 등을 구입해 가기도 한 것이다.

---

69) 2008년 KBS 특집, 3년 기획으로 완성한 〈차마고도〉참조.

70) 이상향으로 알려진 〈샹그릴라〉는 히말라야의 한 지명이다.

71) 윈난성 리장은 유네스코 문화유산에 등록된 곳이다. 교통, 상업중심지였으며, 1950년대까지 마방이 성행했다고 한다.

〈사진 7-12〉 보이차

오늘날 우리 한국인에게 익숙한 차가 '보이차(푸얼차)'인데 바로 운남성 푸얼시가 원산지인 것이다. 푸얼차는 차마고도의 먼 길을 가기위해 차 잎을 돌에 눌러서 부피를 줄여 만든 차이다. 그 차가 자연 상태에서 잘 발효가 되어 독특한 맛을 내게 된 것이다. 150년 전에 황제에게 바쳤던 차가 푸얼차인데, 자금성 지하에 보관되어 오다가, 2007년에 차의 고향 푸얼로 귀향하는 장면이 화제가 되었다. 보이차는 오래 숙성된 것일수록 가치가 높다. 1937년산 보이차는 500g에 10만 달러(80만 위엔, 우리 돈 1억원)이다. 만수용단(萬壽龍團)이란 차는 우리 돈으로 5억을 호가한다고 한다.

그렇다면 티벳인은 왜 차를 마시는 걸까? 그것은 티벳인에게 있어 차는 '생명의 차'이기 때문이다. 야크(티벳의 들소)를 주식으로 하는 이들에겐 비타민이 부족하고 그 부족한 비타민이 차에 있기 때문이다. 차를 "검은 금(黑金子)"이라 불렀을 정도이다. 티벳인이 마시는 차를 '수유차'라 하는데 이는 야크버터를 녹인 물에 탄 차이다. 라마교의 예불에는 이 수유차를 하루 세 번 마시는데, 티벳인들은 야크버터에 차를 타서 하루 50잔 이상 마신다고 한다. 그러면 중국인들은 왜 말이 필요했을까? 북방의 위협 때문이었다. 사천성 야한은 차생산기지이다. 송대에 번성한 이곳은 차마사(茶馬司)를 설치하였다. 말 한필과 차 120근이 교환되었다. 중국인들은 사천성에서 티벳에 공급된 차를 삐엔차(邊茶) 혹은 장차(藏茶)라 하였는데, 오늘날 값싼 차의 대명사이다.

티벳은 7세기 송첸 캄포 시대 가장 번성한 왕국이다. 당은 문성공주(文成公主)를 송첸 캄포 왕에게 시집보내어 화친을 맺었을 정도로 티벳은 당에게 큰 위협이었다. 이 문성공주가 불교와 차를 티벳에 전했다고 한다. 이러한 티벳은 차로 인해 몰락한다. 명나라 때 티벳에 대한 차무역을 금지시키자, 티벳은 명에 복종하게 되었다는 것이다.

중국인들은 한나라 이래 귀족들이 차를 마시기 시작했고, 당나라 시대에 이르러 일반인들도 마시기 시작했다고 한다. 사천성에서도 차가 생산되었는데, 보혜 선사가 사천에서 중원으로 차를 전파했다고 전해진다.

(2) 차 이야기(茶話)

나관중의 ≪삼국지연의≫에 보면, 유비가 어려서 집안의 가보를 내다가 차와 바꾸어 오는 장면이 있다. 우리의 상식으로는 이해가 안가는 대목인데, 중국인에게 있어 좋은 차는 가보와도 바꿀만한 가치가 있는 그 무엇이다. 차는 중국인의 일상이다. 사무실 책상 위에도, 기차 객실에도, 택시를 타도, 운전수 옆에 차병이 놓여 있고, 엘리베이터를 타도 아줌마가 차병을 끼고 있다. 강의하는 교수들은 강의실에 큰 찻잔을 들고 들어온다. 가정에서 손님을 접대할 때 제일 먼저 차를 내오는 것은 상식이다.

중국속담에 "아침에 차를 마시면 하루 종일 위풍당당하고, 정오에 차를 마시면 일하는 것이 즐겁고, 저녁에 차를 마시면 정신이 들고 피로가 가신다"라는 말이 있다.

차에 관한 고전은 육우(陸羽)가 지은 ≪다경(茶經)≫이다. 이 ≪다경≫에 따르면, 중국인은 신농(神農) 시대 부터 차를 마셨다. 한대(漢代)에 차를 재배하고 상품으로 거래하였다고 한다. 이후 당대(唐代)에는 티벳을 거쳐 서양에 전해지기 시작했다고 한다. 영어의 'tea'도 차를 수출하던 샤먼(厦門) 지역의 발음인 'tay'에서 유래되었다고 한다. 인도는 "짜이"라 하고, 터키 등지에서는 '차이'라고 한다. 우리나라에서 차의 고향은 남도이다. 초의선사, 추사 김정희, 정다산 등이 차와 더불어 친교를 다진 분들이다.

차는 발효정도에 따라 종류가 나눠진다. 생차(불발효차), 반발효차, 발효차로 나눈다. 생차는 가열을 통해 발효를 막고 녹색과 찻잎의 성분을 그대로 유지시킨 녹차(綠茶)이다. 룽징차(龍井茶)와 삐레이춘(碧螺春)이 유명하다. 룽징은 그 한자가 '龍井'이기 때문에, 길림성 용정이 그 산지라고 생각하기 쉽다, 그러나 룽징차의 고향은 항죠우이다.

〈사진 7-13〉 우룽차

〈사진 7-14〉 화차-자스민차

반 발효차는 찻잎을 10~65%정도 발효시킨 차이다. 우룽차(烏龍茶)와 화차(花茶), 티에관인(鐵觀音)이 유명하다. 티에관인은 내가 대만유학시절 즐겨 마시던 차이기도 하다. 녹엽홍낭변(綠葉紅囊邊)이라 하여, 찻잎은 녹색이고 잎맥과 테두리만 홍색으로 변한 상태의 차이다. 우룽차는 대만의 "뚱딩(東頂) 우룽차"가 유명하다. 타이완에서는 '금문 고량주', '담수 새우'와 더불어 자랑하는 특산품이다. 그리고 발효차는 찻잎을 85%이상 발효시켜 만든 차로서, 치먼홍차(祈門紅茶)가 대표적이다.[72]

〈사진 7-15〉 백호은침

72) 공상철 외, 『중국 중국인 그리고 중국문화』(서울: 다락원, 2001), pp. 53~54.

차는 색깔에 따라 흑차, 청차, 홍차, 황차, 백차 등으로 나누어지며, 생산지에 따라 운남, 용정, 안계, 아미산, 무이산, 문산 등으로 나뉜다. 또한 차의 특징에 따라 백호, 난귀인, 고정, 동방미인[73] 등으로 나뉜다.

청말에는 중국의 차를 영국에 수출했는데, 영국은 차 수입으로 중국에 유입되는 은을 회수하기 위해 인도의 아편을 중국에 판다. 여기서 발생한 사건이 아편전쟁임은 주지의 사실이다. 지금은 서양인의 음료가 되어 있는 커피도 실은 그 원산지는 사우디 반도의 예멘이다. 터키인들이 처음 커피를 마시기 시작했는데, 오스만 터키가 오스트리아와 전쟁에서 비엔나 근교까지 침투했다가 후퇴하며 커피원두 자루를 남기게 되었는데, 이때 유럽인들이 터키군이 남기고 간 커피를 처음 마시기 시작했다. 유럽 교황은 커피를 '악마의 음료'라 하여 금지시켰으나, 이후 유럽인들이 차와 더불어 가장 애호하는 음료가 되었다. 유럽인들은 아침에 '크로아상'과 커피를 마신다. 크로아상은 오스트리아의 황녀 마리 앙뜨와네트가 프랑스로 시집와서 먹던 초생달 모양의 빵이고, 커피는 오스트리아에 터키군이 전해준 바로 그 커피인 것이다.

1) 차의 고향, 항주

항조우(抗州)는 차의 고향이다. "룽징차"로 유명하다. 여기에 걸맞게 항조우에는 아주 멋진 차(茶) 박물관이 있다. 좌우로 넓게 펼쳐진 차(茶) 밭에 아담하게 자리 잡고 있는 차 박물관은 동화 속에서나 보아오던 그림의 집 같다. 박물관 입구에 보이는 동상은 육우(陸羽)이다.

73) 영국여왕이 마신 차로서, 칭찬을 아끼지 않고 동방미인이라 불렀다고 한다.

차를 좋아하는 사람치고 육우를 모르는 사람은 없다. 육우(陸羽, A.D.728~804년)는 당나라의 차성(茶聖)으로 불리우는 인물이다. 안록산의 난 이후에 차에 대해 연구하면서 저술한 육우의 ≪다경(茶經)≫은 중국의 차 문화를 더욱 발달시켰다. 차 박물관 전문(前文)에는 다음과 같은 글이 씌어져 있다.

> 중국은 차의 원산지로 평화와 우의를 상징하며 세계 민족의 녹색 유대를 다져왔다. 차의 역사는 과학기술의 발전과 함께 발전하였으며 차 마시는 풍속과 차 도구 예술이 매우 이채로운 것이 특징이다. 중국은 염황제 때부터 지금까지 중화 차 문화(中華茶文化)를 이루며 차 대국을 형성해왔다.

사실, 중국이 유럽에 수출한 물품 중에서 비단과 차, 도자기가 빠지는 않은 것을 보면 중국이 차의 대국이란 것은 틀린 말이 아닐 듯 싶다. 차에는 72가지의 독을 해제하는 성분까지 있다고 하니, 단지 음료로서의 역할 뿐 아니라, 약의 효과까지 모두 지니고 있는 셈이다.

타이완도 차의 나라이다. 전국이 차밭이다. 우롱차(烏龍茶)만 300종이 넘는다. 가장 유명한 것은 흔히 4대 명차로 불리는 원산빠오종(文山包種), 둥딩(東頂)우룽, 티에관인(鐵觀音) 그리고 흔히 동방 미인차라 불리는 바이하오(白毫) 우룽차이다. 타이베이 근교인 무자(木柵)에도 차밭이 많다.[74] 2005년엔 차왕(茶王)으로 뽑힌 우룽차 600g이 88만 대만달러(우리돈 2,640만원)에 팔렸다. 차 문화의 뿌리는 중국본토이지

---

74) 타이베이에서 MRT 무자선을 타고 20여분이면 닿는 마오쿵(猫空) 일대는 유명한 관광차밭지역이다.

만 차 산업은 타이완이 한수 위이다.

다기는 어떤 것이 좋을까? 중국 대륙에는 다양한 다기들이 있는데 하나하나가 예술품이다. 다기는 차의 종류와 용도를 따져야 한다. 녹차처럼 발효가 낮은 차는 보온력이 다소 약한 자기류가 좋다. 보온력이 강하면 차의 떫은 맛을 내는 성분이 많이 우러나오기 때문이다. 홍차같이 발효차는 보온력이 강해 뜨거운 물에서 맛과 향이 충분히 우러날 수 있는 사기류가 적합하다. 일본의 차도는 굉장히 엄격한데 반해, 중국은 그다지 엄격하지는 않으나, 분위기는 무척 고상하다. 사천성 청두(成都) 같이 고풍스러운 도시에서 찻집 분위기를 느껴봄이 어떨까. 북경의 명소 중 하나가 '라오서차관(老舍茶館)'이다. 라오서는 중국의 혁명문학가중 하나인데, 이곳에서는 차를 마시며, '얼후'[75]라는 전통악기를 연주하며, 유명한 경극(京劇), 만담 등을 구경할 수 있다.

또한 타이완에 가거든 타이베이에 있는 찻집 쯔텅루(紫籐盧)[76]에 들러 보라. 장제스 총통 집권 이후 얼어붙었던 시대에 민주화 인사들이 모였던 곳이다. 적막하고 아담한 이 찻집은 "비가 오면 운치가 비로소 빛을 발한다"는 다다미방에 앉아 차향을 음미해 보라. 찻집 주인이 내놓은 룽징차는 800년 된 다기에 담겨져 있다. 주인은 따뜻한 물로 데운 차 주전자를 시계방향으로 세 바퀴 휘휘 돌린다. "환영 한다"는 대만식 인사이다.

---

75) 동양의 바이올린이라 불리는 악기이다.

76) 쯔텅루는 1995년 국내 개봉한 영화 '음식남녀'에도 등장한 전통찻집이다. 음식남녀에서 두 주인공은 까다로운 옛 법을 지켜 천천히 차를 우려냈다.

2) 항주의 전설

항주는 월나라 미인 서시(西施)의 고향이다. 남송의 수도로서 남방 문화의 보고이다. 중국인들은 "위에는 천당이 있고, 아래에는 소주와 항주가 있다(上有天堂, 下有蘇抗)"라고 하여 그 빼어난 경치를 자랑한다. 항주는 트레이드 마크인 서호(西湖)가 있는 곳이다. 경포호의 100배도 넘는 호수가 있는데, 이곳 항주의 행정을 담당했던 소동파는 서호를 중국 최고의 미인 서시에 비유하였는데, 차의 고향 항조우에는 "삐레이춘"이란 차에 얽힌 전설이 하나 있다. 수 년전, 내가 가족과 여행하며 들려준 이야기를 그대로 적어 본다.

– '삐레이춘' 차이야기 –

태호(太湖)의 서동정(西洞庭) 산에 "삐레이(碧螺)"라는 아가씨가 살았단다. 총명하고 아름다우며 노래와 춤을 잘 추었는데, 마을 사람 모두가 그녀를 좋아하였지.

어느 해 봄날, 태호에 한 마리 고약한 용이 나타나 태호의 백성들에게 공물을 바치게 하였다. 여기에 더하여 이 악한 용은 삐레이 아가씨를 요구하여 '태호부인'으로 삼으려 한 것이야. 백성들이 용의 요구를 거절하자 용은 풍랑을 일으켜 어선들을 부수어 놓는가 하면 마을의 나무와 가옥을 망가뜨려 놓았다. 마을은 온통 근심과 불안에 휩싸이게 되고….

동동정(東洞庭) 산상에 "아샹(阿祥)"이라는 어부가 있었지. 그는 마음속으로 삐레이 아가씨를 사모하고 있었겠다. 그런데 이 악한 용이 삐레이를 빼앗아 가려는 것이 아닌가. 그가 어찌 가만히 보고만 있을 소냐? 그는 악한 용과 7일을 싸운 끝에 마침내 용을 물리쳐 버렸다. 그러나 그 또한 큰 부상을 입었고….

마을 사람들은 아샹에게 약을 지어 먹이고 했으나 소용이 없었다. 아샹은 마을사람들에게 이렇게 말했다. "나는 이제 살아날 수 없을 겁니다. 죽기 전에 삐레이의 노래를 들을 수 있으면 그것으로 만족하겠습니다"라고…. 그리고 삐레이에 대한 연모의 정을 고백한 거지.

이 얘기를 듣고 감동한 삐레이 아가씨, 어떻게 했을까? 아샹을 자기의 거처로 옮겨 간호하게 된 거지. 그러나 회복될 기미가 보이지 않았다. 걱정에 사로잡힌 삐레이가 하루는 아샹이 용을 죽인 곳에서 조그마한 나무 하나를 발견하게 되지. 삐레이는 이 나무를 자기 집 근처의 산으로 옮기고 부드러운 새닢이 니기를 기다려 나뭇잎을 따다가 차를 만들었겠다…. 이 차를 마신 아샹은 신기하게도 원기를 회복하게 되고…. 이렇게 하여 기적적으로 아샹은 이전처럼 건강하게 된 것이다.

그러나 얘기는 해피 엔딩으로 끝나지 않는다. 아샹의 병간호에 지친 삐레이는 점점 야위어 가고 마침내 세상을 하직하고 말았으니 말이다.

삐레이는 죽기 전에 이렇게 말했지. "아샹, 당신이 건강을 회복한 것이 제 최대의 행복입니다. 내 죽은 후 나를 서동정(西洞庭) 산 위에 묻어주세요. 그래서 그 차나무를 떠나지 않게 해 주세요"라고.

몇 년 후 그 차나무는 점점 무성하지고 마침내 차나무 숲을 이룬 거지. 그 이후 사람들은 이 차를 "삐레이춘"이라 불렀던 것이란다.

아름다움은 시인묵객의 마음을 움식일 뿐 아니라 슬프고 아름다운 전설을 만들어 내는가 보다. 전설하나를 더 소개해 보자.

항저우에는 짧은 다리가 하나 있는데, 그 이름은 '긴 다리(長橋)'이다. 이 다리는 양산부오(梁山泊)와 쥬잉타이(祝英臺)라는 두 연인이 헤어짐을 아쉬워하며 열여덟 번을 서로 배웅한 데에서 생긴 이름이다. 양산박의 연인 축영대는 완고한 집안의 규수였다. 그러나 이의 한계를 극복하고자 남장을 하고 한양으로 공부를 떠난다. 그 곳에서 기숙사 룸메이트인 양산박을 만나 3년 동안 같이 공부한다. 그런데 축영대는 양산박을 사랑하게 된다. 양산박은 그가 여자인줄 까마득하게 모른 채…. 어느 날 축영대는 양산박과 함께 자기 집으로 가게 되었다. 그리고 자기 집에 있는 여동생을 양산박한테 소개해 준다. 그런데 그 여동생이 누구인가? 바로 축영대 자신인 것이다. 여성으로 다시 돌아와 양산박 앞에 선 것이다. 완고하고 집안을 따지는 축영대의 아버지는 이 두 사람의 결혼을 결사반대하게 된다. 양산박은 결국 이룰 수 없는 사랑을 비관하다 죽게 된다. 축영대는 그러나 양산박만을 생각하며 다른 사람과의 결혼을 거부한다. 아버지의 강권에 못이겨 결국 결혼을 하게 되는데, 그 결혼 조건으로, 결혼식 후 양산박의 무덤 앞을 지나가게 해 달라는 거였다. 그렇게 해서 결혼을 하게 된다. 그러나 스토리는 여기서 끝나지 않는다. 결혼식 행렬이 양산박의 무덤에 이르러 축영대는 가마에서 내려 그의 연인 양산박의 무덤 앞에서 통곡한다. 그러자 무덤이 열리며 축영대는 그 무덤 속으로 들어가 버리고 다시 무덤이 닫히는 거였다.

그 후에 그 무덤에서는 두 마리 나비가 날아오른다. 사람들은 그것이 두 사람의 혼령이라는 걸 안다. 그래서 중국 사람들은 연인들을 격려하는 말로, "연인들은 어떻게 해서든 결국 가정을 이루게 된다(情人終成眷屬)"라고 하는데, 그 말은 바로 이 축영대와 양산박의 얘기에서 연유한다. "탄리엔아이(談戀愛: 연애를 하다)"에 빠진 사람들을 보고, "두 마리 나비가 날며 서로를 따른다(胡蝶雙飛, 形影相隨)"라는 말도 이 양산박의 스토리에서 생긴 말이다.

단설잔교에 얽힌 설화도 있다. 〈백사전(白蛇傳)〉이란 민간전설의 이야기이다. 바이수잉(白素英)과 쉬시엔(許仙)의 슬픈 러브스토리이다.

> '허선'이라는 선비가 항쵸우의 서호를 사랑하여, '단설잔교'에서 책을 읽고 있었다. 이 서호에는 900년 된 백사(白蛇)가 살았는데, 허선이 책 읽고 있는 모습에 반해 버린다. 1000년이 되면 용이 되어 하늘로 날아가는 백사인데, 백사는 용이 되기를 포기하고, 여자로 변하여 단설잔교에서 책을 읽고 있는 '허선' 앞에 나타난다. 둘은 이 단설잔교가 주요 데이트 장소가 되고 결국 둘은 결혼을 하게 된다. 인간을 사랑한 백사, 그것이 해피 엔딩으로 끝날 수는 없는 법….
>
> 허선은 어느 날 병이 들게 된다. 그래서 유명한 법사를 찾아가는데, 그 법사 왈, "네 아내는 원래 백사이느니라!"하는 게 아닌가. "그럴 리가 있겠습니까 스님! 말도 아니 되옵니다!"하고 허선이 펄쩍 뛰었다. 법사는 "명절날 네 아내에게 소흥주를 먹여 보거라. 그러면 알게 될 것이니라" 이렇게 말한 거였다. 집에 돌아와 명절을 기다려 허선은 아내에게 술을 권했다. 소흥에서 나는 그 유명한 황주(黃酒)인 소흥주인 것이다.
>
> 그러나 아내는 술을 마시려 하지 않는다. 왜냐하면 그의 아내 백소영은 술을 먹으면 백사의 모습이 나타나니까, 절대로 마실 수 없는 거였다. 아내를 의심한 허선은 계속 강권을 한다. 그래서 하는 수 없이 백소영은 술을 받아 마시고 그 나음은….

쉬시엔(허선)과 바이수잉(백소영)의 슬픈 러브 스토리는 이렇게 서호의 전설로 남아있다.

제 8 장

중국의 종교예술

1. 불교예술

중국은 유교적 전통의 나라이다. 하지만 외래종교인 불교의 유산이 중국전역에 남아있다. 남돈북점(南頓北漸)이란 말이 있는데, 이는 남방에는 총체적, 즉각적 깨달음에 이르는 '돈오'를 내세우는 선종계열의 불교가, 그리고 북방에는 텍스트 독해와 점진적 수련에 의한 깨달음에 이르는 '점수'를 내세우는 교종계열의 불교가 발달하였음을 뜻한다. 유명한 소림사(少林寺)는 중국 선종의 중심지다. 달마선사가 인도에서 배로 중국에 건너와, 소림사에서 벽면 수도를 하고, 선종을 전파한 곳이다. 소림사는 중국 무술의 중심지이기도 한데, 이는 소림사가 당나라 태종(이세민)을 도왔기 때문이다. 소림사에는 지금 당태종이 하사한 비석이 서있다. 그렇다면 스님들은 왜 무술을 익히는 것일까? 스님들은 하루 수 시간씩 참선을 한다. 이때 근육을 풀어 주는 운동을 하게 되고, 이 운동이 소림사의 무술로 발전하게 된 것이다. 소림사에는 스님들이 무술연마 하느라, 바닥의 벽돌이 파여 들어간 자리들이 그대로 남아 있다. 중국 최초의 절은 소림사가 아니라, 낙양의 백마사(白馬寺)이다. 이 백마사에는 와불(臥佛)이 있다. 비스듬히 누워서 미소 띠고 있는 와불은 세상의 모든 집착을 벗어나, 자유자재한 모습임을 느낄 수 있다. 서안(西安)에서 동남쪽 24km 지점에는 흥교사(興教寺)가 있는데, 이곳에도 법당 뒤쪽에 커다란 와불이 있다. 미얀마에서 보내온 높이 30cm 가량의 백옥 좌불상이 있다.

당·위진남북조 시대는 불교의 전성기로서 찬란한 불교문화를 꽃피웠다. 장안의 고승대덕들은 불법을 찾아 천축국(인도)을 여행했으며, 현장법사 같은 분은 귀국하여 장안의 대안사(大雁寺)에서 불경번역에 평생을 매진하였다. 실크로드의 서역남로에 있는 호탄왕국에서는 존경받는 화가들이 사원 벽화를 그렸고, 고창왕국에서는 흙으로 된 불탑들을 쌓았다. 오늘날 실크로드의 중심도시 투루판에 가면 고창왕국의 허물어진 토성 유적과 흙으로 된 불탑을 볼 수 있다.

중국전역에 퍼져 있는 불교예술의 백미는 탑일 것이다. 중국 어느 지방에 가도 높이 쌓아진 탑들이 눈에 들어온다. 대부분 벽돌로 쌓아 올린 이 탑들은 망루의 역할을 동시에 수행하는 것이었다. 그래서 탑 높이가 높아진 것이다. 장안(서안) 시내에 들어서면 가장 눈에 띄는 것이 대안탑(大雁塔)이다. 현장법사가 불법을 구하기 위해 천축국(인도)을 여행하고 돌아와 불경을 번역한 곳이 대안사인데, 이곳의 대안탑은 장안 시내 어디에서도 보인다. 현장법사는 ≪대당서역기≫란 여행기를 남긴 분이다. 손오공으로 유명한 소설이 ≪서유기(西遊記)≫인데, 이는 현장법사가 서역길을 따라 천축국에서 불법을 구해오기 위해 온갖 험난한 여행을 하는 과정을 소재로 한 소설이다.

티벳 불교인 라마사원의 탑은 독특하다. 흰색의 원뿔형 탑이다. 북경 시내 '북해(北海)'에 있는 흰색 원뿔 탑도 라마교의 탑이다. 원래 불교의 발상지 인도의 탑(스투파)은 흙으로 된 원뿔형이다. 인도의 스투파가 중국에 들어와 탑의 모양이 되었는데, 그러므로 라마사원의 탑은 인도의 스투파에 가깝다.

〈사진 8-1〉 포탈라궁

티벳의 라사에는 티벳 불교의 지도자 달라이라마의 왕궁 "포달라궁"이 산기슭에 높이 솟아 히말라야 설산을 배경으로 장관을 이루고 있다. 흰색과 자주색이 조화로운 이 포달라 궁에는 수십 만개의 부처가 모셔져 있고, 궁 안에는 불교도들이 바친 야크버터로 만든 양초 냄새가 배어 있다. 티벳인들은 이 라사의 포달라 궁을 향하여 오체투지를 한다. 티벳은 라마불교의 예술이 곳곳에 남아있다. 사원 지붕을 장식하는 황금빛 법륜은 티벳의 푸른 하늘을 배경으로 아름다움의 극치를 이루고 있다. 또한 티벳인 들은 곳곳에 황금빛 원통을 만들어놓고 오고 가며 이 황금빛 원통을 굴리며 불경을 외운다.

오늘날 티벳의 불교는 형식화되어있다. 1950년 중국이 티벳을 점령하였고, 1959년 달라이 라마는 10만 명을 이끌고 인도 서북부 다람살라에 망명정부를 수립하였다. 문화대혁명 때 사원과 불탑 등 불교문물이 파괴된 흔적이 티벳의 수도 라사 곳곳에 남아 있다. 티벳에서 아버지와 딸이 나눈 대화를 인용해본다.[77]

딸 | 와우! 하늘이 이렇게 바로 내 머리에 있다니! 아버지, 하늘이 정말 가까이 있어요.

아버지 | 그렇지? 아버지가 지금껏 살면서 한 번도 보지 못했던 짙은 남색의 하늘이다. 그 하늘에 떠있는 구름색깔도 아주 흰 색이었고… 공기도 참 너무나 맑구나. 아주 좋은 첫 느낌!

딸 | 저 멀리 설산(雪山)도 진짜 멋진데요?

아버지 | 양떼와 야크(들소)의 풀을 뜯는 광경도 좋지 않니? 아버지가 티벳에서 느낀 첫 감정은 '평온함'이야. 아무 것도 없는, 그저 하늘과 강과 나무와 짐승들만 있는 그런 곳에서 느끼는 평온함!.

딸 | 이곳까지는 아주 먼 길이었어요. 세계의 지붕이라는 히말라야에 와있으니 말이에요. '라사'는 해발 3700m쯤이래요. 아버지, 어지럽지 않나요? 산소가 부족하다는데…

아버지 | 좀 그런 것 같다. 넌 괜찮니?

77) 정인화·정다훈, 앞의 책.

딸 | 문제 없습니당! 산소결핍증을 느끼는 것은 남자, 살찐 사람 그리고 여자 순서거든요. 산소가 많이 부족한 곳에서는 물을 많이 마시래요. 아버지, 왜 산소결핍증에 물을 마셔야 할까요?

아버지 | 글쎄올씨다….

딸 | 에이~ '아버님'도…물은 "H_2O"로 되어 있잖아요. 그 속에 산소가….

아버지 | 아하… 그렇군! 화학에는 무지한 아버지로소이다….

딸 | 하하, 그건 저도 마찬가지입니당~ 나도 화학은 영…. 아버지를 닮아서? 그런데 아버지, 아버지는 왜 티벳에 그렇게 오고 싶어 했어요?

아버지 | 티벳 승려가 된 프랑스 과학자 마티유와 세계적인 철학자 인 프랑수와의 대화록 『승려와 철학자』를 읽은 덕분이지. 이들은 부자지간이거든. 너와 내가 부녀지간이고 이 티벳에서 대화를 나누고 있으니 우리도 멋진 책을 하나 쓸 수 있지 않겠니?

딸 | 소설가 박완서 씨가 티벳이 좋다고 해서 또 여길 와보고 싶었다면서요?

아버지 | 음, 신문에서 잠깐 기사를 보았거든. 정확히는 기억이 안나는데, 아마 티벳은 사람 사는 원형이 남아있는 곳이라 했던 것 같아. 그래서 한번 와보고 싶었던 거지. 그리고 지금까지 아버지가 생각해 온 종교, 신앙에 대해 정리해보고 싶었어. 기독교와 불교의 핵심을 이해해 보고 싶은 거지. 공자, 불타, 예수 등

에 관한 비교는 프랑스 철학자 하이데거 등이 쓴 책들이 있는데, 읽어 보아도 핵심이 잡히지 않아 불만이었다.

딸 | 티벳에서는 무얼 볼 건가요?

아버지 | 여행 안내서를 보면 티벳의 상징 포탈라 궁, 대소사 등이 소개되어 있지? 그리고 티벳 고원의 호수를 배경으로 한 아름다운 설산 등이 매력으로 다가오더구나. 그러나 아버지는 어떤 곳을 여행할 때 세 가지 기준을 가지고 그곳을 본다. 무엇이겠니?

딸 | 글쎄요···. 먼저 사람 사는 모습?

아버지 | 그렇지. 첫째는 사람이다. 그곳의 사람들은 어떤 생각과 문화 전통을 가지고 살아가고 있는가 하는 것을 본다. 둘째는 그곳의 사람들이 어떤 역사와 문명을 지니고 사는가를 본다. 역사는 주로 그곳 박물관을 통해서 보게 되고, 문명은 건축의 아름다움이라든가 도시의 생김새, 그리고 누리고 사는 물질문명 등이다. 이것을 인문(人文) 자원이라 할 수 있다. 그리고 셋째는 그곳의 자연이다. 생태 등 자연환경이 얼마나 잘 유지되며 삶의 질을 누리고 사는가를 본다. 그러니까, '사람, 인문, 자연'이 세 가지가 아버지가 여행하면서 관찰하는 포인트이고 또 비교기준이기도 하지.

딸 | 티벳은 어때요?

아버지 | 티벳도 결국 이 세 가지 기준으로 보아야겠지. 우선 자연에서 나는 높은 점수를 주지 않을 수 없다. 우리가 중국에서 본 자연 중 가장 좋은 곳은 백두산에서 연변간의 고원지대, 그리고 내몽고 초원이 아니었니. 그 두 곳과도 다른 자연을 지닌 곳이 티벳인 것임에는 틀림없지? 그리고 이곳 사람들의 사는 모습은 초라하게 보이지만, 그러나 이들 티벳족에겐 뭔가 다른 점이 있다. 의상이 그렇고 손으로 조그만 쇠붙이에 줄이 달린 것을 돌리는 것(praying wheel) - 아마도 염주를 굴리듯 무언가 기원하는 거겠지 - 그리고 초라한 집이지만 나무에 깃발 같은 것을 매달아 무언가 신앙을 지니고 사는 모습이 다르지 않니? 저 깃발에는 불경이 빼곡하게 적혀 있지.

아버지가 이 티벳 라사에서 보고자 하는 것은 이곳 사람들의 불교관이다. 아까 공항에서 라사로 오는 버스에서 아버지 옆자리에 탄 사람 있었지? 라사에서 20년째 사는 한족(漢族)이라고 하더구나. 이 사람은 차가 시내에 가까이 오자, 두 손을 모아 합장을 하며 기도를 올리더구나. 초라한 행색이었지만, 나는 침착함과 다정함을 분명히 느낄 수 있었다. 그리고 우리 호텔(여관이겠지)의 청소하는 티벳족 아주머니는 어떻든?

딸 | 정말 친절했어요. 무언가 알지 못할 따스함 같은 게 느껴졌거든요.

아버지 | 한쪽 눈이 좀 이상해 뵈고 또 다리도 좀 저는 것 같은데 우리를 보면 잘 웃지? 그리고 이상하게 어떤 평온감이 이 아주머니에게 있음을 아버지도 느낀다.

딸 | 내일 포달라 궁을 보면서 이곳 사람들의 종교생활에 대해 알아보도록 해요 아버지. 첫날은 쉬어야 한데요….

아버지 | 그러자. 머리가 좀 어지럽다. 좋은 호텔엔 반드시 산소호흡기가 있다는데 우리 여관엔 있을 리가 없겠지…. 네 말처럼 물을 많이 마시자. 텔레비전에서 맨날 선전해대는 "와하하" 생수 한 병 사오너라.

딸 | 아버지, 이왕이면 제가 좋아하는 홍콩배우 '여명'이 광고하는 '로버스트' 물을 먹는 것이 어때요? ^ ^

아버지 | 하오더(좋지)!

불교예술에서 부처상을 빠트릴 수는 없다. 북경에서 기차로 여덟 시간 정도의 거리에 있는 대동(大同)에 있는 '운강 석굴'에는 간다라의 미술양식으로 채색된 엄청난 규모의 부처들이 있고, 낙양의 '용문석굴'에는 서로 다른 기원을 지닌 수만 개의 돌부처가 석굴에 모셔지고 있었다. 한편 실크로드의 요충지 투루판의 '막고굴'에는 부처는 물론, 벽화가 그려져 있어, 불교문화와 예술연구에 귀중한 장소가 되고 있다. 내가 여행하며 현지에서 읽은 책『돈황의 역사와 문화』에서 몇 구절을 인용해 본다.

> 청나라의 퇴역군인 한 사람이 이 곳 석굴(막고굴)에 거주하며 사람들에게 운수풀이나 해주며 살고 있었다. 왕도사는 어느 날 사람을 시켜 굴을 청소하였다. 청소하던 사람이 일을 마치고 잠시 쉬며 담배한대를 피우다 잠시 벽에 올려놓았는데, 벽의 틈새를 통해 담배 연기가 이상하게 흩이

지는 것이 아닌가! 벽을 두드려 보니 분명 벽 속은 비어 있는 소리가 들렸다. 벽 틈을 헤집어 보니 또 다른 석굴이 있었던 것이다. 이것이 그 유명한 '장경동(藏經洞)'이다. 그런데 이 석굴에는 4만여 권의 책이 있었으며 책 이외에 여러 그림, 문서 등이 보관되어 있었다. 비록 우매한 왕도사이지만, 이것이 꽤 중요한 문서이라 생각하여 당시 감숙성(甘肅省)에 보고하고 이 물건들을 감숙성으로 옮겨야 한다고 건의하였다. 이런 보고를 받은 청나라 관리는 운반비가 없다는 말로 이 물건들을 옮기지 않았고, 대신 당시 발견된 곳에 그대로 보관해 두라는 말만 하였다.

돈황 석굴에서 발견된 이런 물건에 관심을 두는 중국인은 별로 없었다. 당시 청나라는 의화단 사건으로 인해 유럽 8개국 연합국이 북경까지 쳐들어 와서 약탈을 자행하던 어지러운 시절이었다. 그러니 이 잊혀진 돈황의 석굴에서 발견된 물건에 관심을 두는 사람이 누가 있었으랴…. 그런데 이런 얘기는 서양인의 귀에 들어가고야 말았다. 1907년에 영국의 지리학자 스타인이 왕도사에게 몇 푼의 사례금을 주고 이 보물들을 가져갔다. 영국의 국립박물관에 있는 돈황의 보물들이 바로 그것이다. 그 다음해엔 프랑스의 동양학자 펠리오가 역시 왕도사에게 몇 푼의 돈을 주고 마음대로 골라 갔다. 펠리오는 언어의 천재로서 중국어, 범어 등에 통달하였는데, 4만여 권의 책 중에서 영국의 스타인이 미처 알아보지 못한 귀중한 책과 예술품들을 가져갔다. 이 책들은 지금 프랑스의 국립도서관에 보관되어 있고 예술품은 0년에는 일본인 탐험대가 또 돈황의 보물들을 약탈해 갔고, 1914년에는 영국의 스타인이 다시 와서 또 보물들을 영국으로 가져갔다. 그뿐이 아니다. 러시아 페테르부르크의 유명한 에르미타슈 박물관에도 이 돈황의 보물이 있고 미국의 하버드 대학 박물관에도 이곳 석굴의 불상(시주하는 보살상)이 가 있다.

〈사진 8-2〉 막고굴

막고굴 장경동 속에는 세계 4대 여행기의 하나인 혜초의 ≪왕오천축국진≫이 있었다. 20세기 초, 프랑스의 페리오가 막고굴의 보물을 구하여, 분석한 결과 ≪왕오천축국전≫은 신라에서 온 혜초의 여행기임을 밝혀낸 것이다.[78] 혜초는 17살에 당나라로 건너가, 천축국을 여행한 후 돌아와, 장안에서 50여 년을 살았다. 만년에는 오대산에 들어가 입적하였다.

서안 외곽 저우즈현 진펀 댐 기슭의 선유사에는 '신라국 고승 혜초 기념기'가 있다. 7~9세기 수나라 당나라 시대에는 명랑, 자장, 의상, 원측, 도륜, 도증, 승장, 혜각 등 걸출한 승려들이 건너갔다. 현장을 도와 법상종을 개창한 원측, 황룡사 구층탑을 세운 자장, 해동 화엄종을 일으킨 의상 등의 활약상은 익히 알려진 바이다. 해상왕 장보고도 당시 당나라에서 활약한 인물인데, 산동지방에 신라방, 신라소 등이 있을 정도로 많은 신라인이 중국에서 활약하였다.

타클라마칸 사막 남쪽으로 연결되는 서역북로에 자리 잡고 있었던 호탄왕국의 유적에서 최근 '서역의 모나리자'라 불리는 벽화가 발견되

78) 정수일 역주, 『혜초의 왕오천축국전』(학고재, 2004)

었는데, 이 벽화는 당시 호탄왕국 화가들의 독특한 화풍인 '굴철화법'으로 그린 것으로서, 부처를 신비한 미소를 띤 여성으로 그리고 있다. 지금도 서역의 유적들은 발굴을 기다리고 있다. 호탄왕국의 화가들은 장안으로 진출하여 장안의 사원 벽화를 그렸다고 한다. 티벳에서의 대화를 더 인용해 본다.

딸 | 그런데 아버지, 왜 이렇게 많은 불상을 만들죠?

아버지 | 불심의 표현이겠지.

딸 | 불교는 내면의 세계의 평화를 추구하잖아요? 그런데 왜 이렇게 외형적인 부처상이나 그림 등이 많은지 모르겠어요.

아버지 | 아버지도 처음엔 그렇게 생각했지. 꼭 슈바이처처럼 생겨 우리가 '슈바이처 아저씨'라 부르는 저 미국 아저씨가 불상을 굉장히 자세히 보고 있지 않니?

딸 | 인도에서 2년 공부했대요. 그래서 가이드가 '엉터리' 영어로 하면 아무도 못 알아듣는데 이 슈바이처 아저씨는 잘 알아듣던데요? ^^ 원래 미국인이라서 그런가?

아버지 | 그래. 저 불교도 미국인에게 물어봤지. 부처는 마음속에 있는 걸 텐데 왜 이렇게 불상을 세워놓고 그 불상을 숭배하는가라고 물었었지.

딸 | 그랬더니요?

■ 불교적 기쁨의 표현인 불상

아버지 | 내면의 세계에서 부처를 향하는 마음이 밖으로 표현되어 나온 것이 불상이라고 하더구나. 불상을 만들며 그 사람의 부처를 향한 마음이 얼마나 간절했겠느냐는 거지. 그림도 마찬가지로 내면의 세계의 표출이라는 거야.

딸 | 맞아요, 슈바이처 아저씨의 아들도 비슷한 말을 했어요. 불상 자체의 아름다움보다는 그걸 만든 사람의 순수함과 깨끗한 마음이 더욱 소중한 것 같다고요. 저는 용문석굴을 볼 때 굉장히 좋았어요. 그런데 라마사원의 불상들은 눈에도 막 화장을 해 놓고 현란한 색깔을 칠한 것은 좀 싫어요.

아버지 | 일본의 절에는 거의 채색이 없어. 아버지도 이렇게 복잡한 색깔들은 어지럽구나.

딸 | 세라사의 수도승들이 추구하는 것은 무엇일까요?

아버지 | 참선을 통해 진리를 깨우치려는 거겠지.

■ 보이지 않는 세계를 어떻게 아는가?

딸 | 내 친구들은 보이지 않는 것은 믿을 수 없다고 해요. 특히, 불교도인 애들은 기독교인 애들과의 논쟁에서 늘 그래요. 어떻게 눈에 보이지도 않는데 하나님을 믿느냐는 거죠. 아, 참! 학교에서 종교는 인간이 불완전한 존재이기 때문에 만들어진 것이라고도 배웠는데…. 갑자기 생각났다!

아버지 | 그렇게 배웠냐? 그것은 실용주의적 종교관이다. 인간의 필요에 의해 종교가 있다는 것이지. 그러나 그건 전혀 그렇지 않다. 신이란 존재는 인간이 두려워하거나 하지 않거나 또는 인간이 신을 필요로 하거나 필요로 하지 않거나와는 전혀 무관하게 존재하거나 존재하지 않거나 둘 중의 하나인 거다. 그리고 신의 존재는 증명의 대상도 아니다. 가령 '신이 존재한다는 것이 증명된 바가 없다. 그러므로 신은 존재하지 않는다'라는 명제가 있다고 해보자. 이는 틀린 명제이다. 왜냐 하면 똑같은 이치로 '신이 존재하지 않는다'는 것이 증명된 바가 없다. 그러므로 '신은 존재한다' 는 명제도 동시에 가능하기 때문이지. 보이지 않는다고 존재하지 않는 것은 아니야. 이것은 금방 실험을 통해 알 수 있다. 다훈, 이 세라사의 불탑을 보아라. 보이느냐?

딸 | 네, 보이지요.

아버지 | 눈을 감아 보아라. 무엇이 보이느냐?

딸 | 지금 장난 하는감유? 당연히 아무것도 안보이지요.

아버지 | 저 불탑은 네가 보거나 보지 않거나 간에 존재하고 있질 않니? 보이지 않는 세계를 철학에서는 '형이상학'이라고 하는데, 석가모니야 말로 보이지 않는 세계를 꿰뚫어본 깨달은 자인 것이다. 마음의 눈으로 보는 것이지. 이것을 '혜안(慧眼)'이라고 한다. 그러니 보이지 않는 세상을 볼 수 있는 것은 육신의 눈이 아니라 마음의 눈인 것이다. 그래서 예수도 어린이

같은 맑은 마음의 눈을 지녀야 천국을 볼 수 있다고 한거다.

딸 | 석가모니가 본 우주의 질서 가운데 하나가 윤회(輪廻)인가요?

아버지 | 그렇지. 아버지도 윤회가 있다고 생각한다.

딸 | 저도 전생은 있을 것 같아요. 후생? 후생은 잘 모르겠다… ^^ 기독교에선 불상을 우상숭배라 하죠?

아버지 | 불교를 우상숭배라고 배척한다면 그것은 진정한 기독교가 아닐거야. 우리가 용문석굴에서 본 100,000여 개의 석불, 그리고 부다라 궁에서 본 200,000여 개의 불상이 모두 불교도들의 자비의 마음의 외적 표현에 불과한 거라고 보아야 하지 않겠니?

■ 서양과 동양의 만남은?

딸 | 아버지와의 얘기 언제나 재밌는데요? 아버지, 질문 하나 더! 서구인들과 동양인의 사상의 차이는 무얼까요?

아버지 | 서양은 기독교 문명이, 그리고 동양은 불교와 유교문명이 있다. 기독교는 자본주의와 결합하여 자본주의 윤리를 발전시켰지. 그리고 개인주의, 자유주의, 민주주의 등의 체제를 통해 교육, 의료, 보건 등 국민이 받아야 할 서비스를 제공하였지. 반면 동양은 가족주의(familism)와 유교적 사회질서에 의해 서양과는 다른 삶의 모습을 나타내게 되었다. 그런데 오늘날 서구인들이 불교에 심취하게 되는 이유는 서구적 삶이 기독교적 삶의 원형에서 멀어지고 또 자본주의나 과학기술주의가 인

간의 궁극적 행복을 가져다주지 못하고 인간의 텅 빈 가슴을 채울 수 없기 때문일 것이다. 말하자면 '하이 라이프'가 그리운 거지.

딸 | 그럼 도대체 서양은 동양을, 동양은 서양을 바라보는 이 모순을 어떻게 설명해야 하는 거지요?

아버지 | '중용'에서 찾아야 한다.

딸 | 중용?

아버지 | 그래. 극과 극을 배제하는 것이지. 가령, 탐욕도 가난도 모두 극복해야 하는 것이지. 그런 의미에서 아버지는 이 수도승들의 생활과 일반인의 평범한 삶이 하나가 되는 중용의 길을 그 해법으로 제시할 수 있을 것 같다. 그렇다면 이러한 삶의 양식을 제시한 분이 동양에는 아주 일찍 있었지. 누구겠니?

딸 | ????

아버지 | 바로 공자(孔子) 할아버지란다. 우리 옆에 2,500년이나 함께 있어 그 고마움을 모르고 지낸 공자의 생각 말이다. 마치 공기는 늘 있는 것이라 그 중요성을 모르는데, 이곳 티벳에서야 그 중요성을 안 것처럼, 공자의 생각을 이곳 티벳에서 다시 발견한 것이란다.

딸 | 그것이 아버지가 티벳에서 찾은 것인가요?

아버지 | 그렇다고도 볼 수 있겠지…. 그런데 다훈, 저기 온화하고 뭔가 도인풍이 감도는 수도승 한 분이 오고 있다. 저 분과 사진 한 장 찍지 그러니.

딸 | 같이 찍자고 하면 찍을까?

아버지 | 아버지가 말해 주마. 자, 도사 같은 포즈를 취해 보렴!

딸 | 호잇~! ^^

2. 이슬람 예술

서역과의 무역로인 실크로드가 막히며, 실크로드의 불교문화도 잊혀지고 만다. 그러나 이슬람의 동진으로 중국 서역 신강지구는 이슬람을 받아들여, 이슬람 문화(회교문화)가 이어진다. 이슬람은 우상숭배를 극히 경계하는 종교로서, 형상을 만들지 않는다. 그래서 이슬람 사원인 모스크만이 서역에서 볼 수 있는 건축물이다.

사실, 고구려의 후예 고선지 장군은 당나라 장수로서 서역을 개척한다. 그러니 지금의 키르기스탄인 탈라스에서 동진하던 이슬람 세력과의 전투에서 패배하게 되고 서진을 멈추게 된다. 동진하던 이슬람 세력은 지금의 신장지구 위구르 족을 이슬람화하게 된다. 신장지구의 건축물 등은 모두 이슬람 문화권에 속한다. 신장 지구 위구르 족 사는 곳을 여행하며 쓴 다훈이의 글을 소개한다.[79]

---

79) 정다훈, 『지금, 중국이라 하셨나요??!』(씨엘, 2000)

불교, 기독교, 유교는 많은 들어봤어도, 이슬람교라고 하면 왠지 생소하게 느껴지는 것이 사실이다. 이슬람교는 저쪽 중동지방에 가야만 볼 수 있을 거라고 생각했으니까. 그런 이슬람교의 사원을 신장에서 보게될 줄 누가 상상이나 했을까? 신장의 위구르 족들이 이슬람교를 신봉한다는 사실은 알고 있었지만, 직접 이슬람 사원을 본 것은 처음이었다. 이슬람 사원(淸眞寺)이 어디 있느냐고 물어보니, 위구르 족 사원과 회교 족 사원 중 어떤 사원을 묻는 거냐고 되묻는다. 그래서 위구르 족 이슬람 사원이 어디 있냐고 또 물었더니, 사원이 한 두 개가 아닌데 어느 쪽의 사원을 묻는 것이냐고 또 다시 반문한다. 대체 몇 개의 사원이 있다는 건지…. 생각 끝에 자전거 택시를 타고, 투루판에서 가장 큰 이슬람 사원으로 가기로 했다. 자전거 택시 기사 아저씨한테, 위구르 족이냐고 물었더니, 회족이란다. 가만히 보니, 위구르 족과 얼굴 생김새가 또 다르게 생겼다. 눈이 좀 더 작고, 머리 결이 더 까맣다. 시내에서 얼마 떨어지지 않는 곳에 이슬람사원은 자리 잡고 있었다. 자전거 택시에서 내려서 보니 각 지붕마다 달려있는 초생달 모양의 마크가 눈에 띈다. 대체 저 초생달은 뭘 상징하는 걸까? 사원 안은 어떻게 생겼을까 궁금하여 들어가려고 했더니, 가는 날이 장날이라고 문이 잠겨 있다. 입장료를 안 받는다고 해서 이리 좋아할 일이 아니군. 결국 몇 분 이슬람 사원 앞에서 기다리다가 바로 앞에 있는 또 다른 이슬람 사원으로 발길을 돌렸다. 바로 맞은편에 또 다른 사원이 있었는데, 커다란 돔형의 지붕양식이, 약간 차이가 있었지만 지붕 위에 높이 솟은 초생달 모양만은 좀 전에 본 것과 똑같다. 안이 조용한 걸로 봐서 아직 예배가 시작되지 않는 모양이다. 사원 안에 있는 관사가 있어, 그 곳에 살고 있는 한 아주머니께 여쭤보니, 오후 2시 30분부터 예배가 시작이란다. 아직 시작하려면 3시간은 더 남았다. 사원 안은 별다른 것이 없고, 그냥 바닥에 쭉 카펫만 깔려있는 것이 전부였다. 사원 안 뿐만 아니라, 문 밖까지도 카펫이 깔려 있었는데, 아마도 본당에 인원이 너무 많아 들어오지 못하는 사람들 위해서 마련해놓은 것 같았다. 이슬람교의 예식을 꼭 한번 보고 싶었지만, 어쩔 수 없이 아쉬움을 뒤로한 채, 사원을 나올 수 밖에 없었다. 가기 전에, 나도 기도를 드리고 가야지.

"오! 알라신이시여! 소와 양을 불쌍히 여기소서. 그들에게도 축복을…"

(이슬람교들은 돼지고기는 먹지 않는다고 하는데, 그래서 인지 시내 곳곳에 "칭전(淸眞)" 이라고 쓰인 식당이 많이 눈에 띄었다. "칭전" 은 돼지고기를 사용하지 않는 식당을 의미한다.)

■ "情"은 오리온 말고, 투루판에도 있다네: 위구르 족과 함께

오후 4시가 넘었는데도 더위는 그칠 줄 모른다. 하루 종일 내리쬐는 태양이 마냥 야속하기만 하다. 역시 사막이 다르긴 다르지.

"원먼 취 푸타오위엔 바(我們 去 葡陶園: 포도원으로 갑시다.)"라는 기사 아저씨의 말에 당연히 귀가 번쩍 뜨일 수밖에…. 물론, 아직 팥알만 한 5월의 포도야 볼 세 없겠지만, 더위를 피할 수 있다는 게 어딘가! 그거 하나만으로 신이 난다. 그런데 뜻밖에도 위구르 족들의 집을 구경할 수 있는 기회까지 생겼다. 이런 걸 두고 일석이조(一石二鳥), 일거양득(一擧兩得)이라 했던가! 물가에서 좀 쉬려고 했는데, 한 위구르 족 아이가 뽕나무 열매를 들고 와서는 좀 먹어보란다. 한 바구니에 5원이라는데, 같이 여행중인 독일인 언니, Kala가 흔쾌히 한 바구니를 사는 바람에 덩달아 나도 난생 처음 뽕나무 열매를 먹어봤다. 1, 2원에도 아까워하던 서양 언니들인데, 군말 없이 이렇게 못생긴 열매에 5원을 투자하다니! 그런데 이거 맛이 장난이 아니다. 생긴 건 꼭 번데기 같은데, 이렇게 맛있는 것도 있구나. 나중에 들은 사실이지만 Kala 언니네가 옛날에 누에를 길렀었단다. 그럼 그렇지. 어쨌든, 그 아이로 인해서, 포도원 왔다가 뽕나무 열매도 먹고, 그 아이의 집까지 가보게 됐으니, 나로썬 정말 행운인 셈이다. 위구르 족들은 많이 봤어도, 직접 그들이 사는 집에 가본 건 정말 처음이었다.

한집에 꽤 여러 명이 살고 있었는데, 모두들 인상이 선하고 순진해 보인다. 선뜻 자기네들 방까지 보여준다. 아궁이에 불을 떼는 것과 방에 온돌이 있는 것이 우리나라의 집을 바로 연상시킨다. 위구르 족들과 사진도 한 장 찍고, 차도 얻어 마시고, 뽕나무 열매도 실컷 먹고…. 정말 돌아가기가 싫어진다. 언니들은 사진 찍기에 여념이 없다. 하기사, 이런 기회가 흔한 건 아닐 테니까. 우리는 한참을 그 곳에 머물러 있다가, 각자 숙소로 돌아갔다. 집은 점점 멀어지는데 밝게 웃는 그들의 모습은 자꾸만 더 가까이 다가온다.

"레흐멧(감사합니다)"
"헤드호쉬(안녕히 계세요)"

역시 이런 게 사람간의 정이겠지….

외국인도 따뜻하게 맞아준 위구르 족 사람들과 뽕나무 꼬마(뽕나무 열매를 팔길래 붙인 이름)에게 감사한다. 그리고 마지막으로 내게 멋진 경험을 선사해준, 투루판에게 감사한다.

3. 기독교와 유교 건축물

중국에는 외래종교로서 기독교도 전래되었다. 중국전역에서 기독교의 흔적을 찾기는 쉽지 않다. 북경에는 천주교회당인 남당(南堂)이 옛 건물 그대로 남아있는 정도이다. 이미 당나라 시대에 기독교(景教)가 유행했었는데, 그 비석이 서안의 비림(碑林)에 있다. 그러나 기독교가 중국에 본격 전파된 것은 제수이트 파의 선교사 마테오 리치 이후이다. 중국의 청나라 시대에 해당한다. 마테오 리치는 서양신부로서, 중국의 유학사상 속에서 기독교 사상을 찾아내고 중국인에게 기독교를 전파한 분이다. ≪천주실의≫는 중국의 유학자와 마테오 리치가 토론하는 내용으로 중국어로 쓰여 진 책이다. 마테오 리치는 청나라 황제의 비석을 하사받았는데, 그 비석은 지금 북경의 북경행정학원 마당에 가면 볼 수 있다(북경행정학원은 북경시 공산당위원회 자리였다).

〈사진 8 3〉 북경 남당성당

〈사진 8-4〉 마테오리치 무덤

유학의 발상지는 산동성 곡부(曲埠)이다. 공자사당은 왕이나 사용하는 용트림의 기둥이 떠받치고 있는데, 이는 중국인들의 공자에 대한 존경이 정도를 나타내는 것이다. 공자사당은 문화대혁명 때 홍위병들에 의해 파괴되었다가 개혁·개방 이후 다시 복원되고 있다.

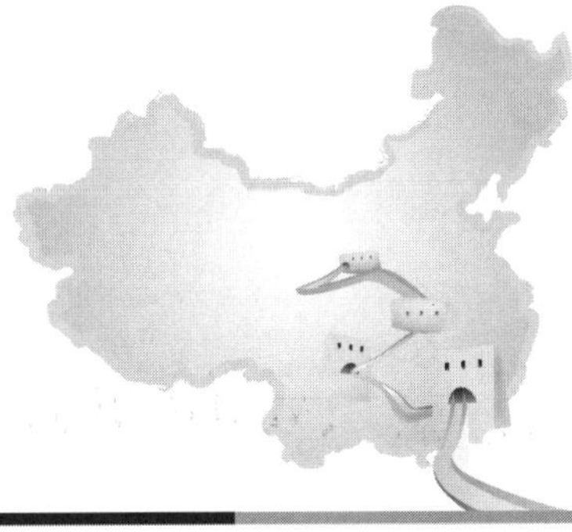

도 약 하 는 중 국 |제4부|

중국이 걸어온 길

도 약 하 는 중 국 |제4부|

중국이 걸어온 길

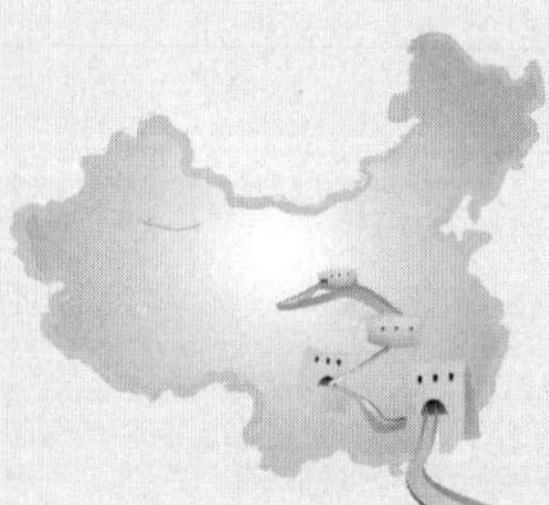

제 9 장

아편전쟁 전후의 중국

1. 중국 역대 통일왕조

〈표 9-1〉 역대통일왕조 도표

중국 역대 통일 왕조

진(秦, BC221~206) →
- 최초 통일국가
- 사상 · 도량형 · 문자통일
- 분서갱유 · 장성 축조
- 연좌제 · 가혹한 형벌

한(漢, BC206~AD220) →
- 유교 통치이념 구축
- 중농정책 · 군현제 · 관료제 확립
- 흉노정벌 · 실크로드 개척
- 소금 · 철 전매제 시행

당(唐, 618~907) →
- 과거제 통한 관료선발제
- 동 · 서 문화 융합
- 정복지의 자치권 인정
- 동아시아 한자 문화권 완성

송(宋, 960~1279) →
- 상공업 크게 발달
- 강남 도시 문화 번성
- 서민 문화 융성
- 문치주의

원(元, 1271~1368) →
- 정복전 통한 세계제국 건설
- 민족 차별 정책
- 전통문화의 쇠퇴

명(明, 1368~1644) →
- 전제 군주제 운용
- 지방 귀족 철저 지배
- 소극적 대외 교류
- 남의 왜구로 쇠약

청(淸, 1644~1911)
- 중국 역사상 최대 영토
- 태평천국 · 백련교 반란
- 서구 열강에 굴복

〈출처: 중앙일보, 2008.7.11일자〉

중국 네티즌들이 평가하는 중국 역대왕조를 보자. '강력한 한(强漢), 번성한 당(盛唐), 부강한 송(富宋), 강직한 명(硬明), 야만적인 원(蠻元), 비굴한 청(奴清)… ' 최초의 통일제국인 진나라에 대해서는 '웅장한 진(雄秦), 폭정의 진(暴秦)'[80] 으로 평가가 엇갈린다.

한 고조 유방의 문경지치(文景之治: BC 180~141)를 이어 제위에 오른 무제(武帝)는 실크로드 개척 등 영토 확장 정책을 통해 광대역의 제국을 건설하였다. 강성한 국력, 찬란한 문화, 발달된 과학기술을 자랑하는 성당(盛唐)의 정관지치(貞觀之治)는 중국 역사상 가장 화려했던 개방적이고 국제적인 문명의 제국이었다. 송 왕조는 상·공업을 중시해 인쇄업 등 각종 제조업이 발달하여 국부를 창출했고, 명왕 조는 개국 후 엄격한 법치를 시행했다. 조공제도에 입각해 중화제국의 틀을 다졌다. 명은 사방을 오랑캐로 규정하는 등 자존자립의 국가였다. 강직한 국가였으나, 대외교류에는 소극적이었다. 송과 명은 제한적인 제국이다. 나름대로 치세를 이룩했지만, 전자는 문인정치에 골몰해 동북방의 금에 굴욕을 당했고, 후자는 만리장성을 재구축하고(지금 북경의 만리장성은 명나라시대의 축조물이다), 정화(鄭和)에 의한 동남아, 아프리카 항해를 더 이상 허락하지 않고 바다를 닫는 '해금(海禁)' 정책을 취했다.

중국인에게 있어, 원과 청은 이민족의 지배시기이다. 몽고족은 유목민족이지만 강력한 군사력과 민중학살, 민족차별정책으로 중원을

---

80) 서안의 '병마용'은 진시황릉의 지하군단이다. 진시황은 불로초를 구하는 등 불사를 추구하였고 사후의 세계도 "병마용"이란 유적지에서 보듯 현실 그대로를 옮겨 놓았다. 그러나 중국통일, 도량형 통일 등의 업적에도 불구하고, 분서갱유에서 보듯 그의 반유교적 통치로 인해 중국인들은 자신들을 진나라 후손으로 자리매김하지 않고 한(漢)나라의 후손으로 자부하고 있다.

지배했다. 이렇다할 문화의 창조없는 원나라는 결국 한인의 지구전을 감당치 못하였다. 만주족이 세운 청조의 민족정책은 융화정책이었으나, 한족들은 만주족 통치자 앞에서 노예라 부르는 처지가 되었다. 반청사장이 팽배했고, 청나라 후기에는 국력이 쇠퇴해 서구 열강의 식민지로 전락했다. 청 왕조 때 지금의 영토를 확립했음에도 불구하고, 지금 중국인들의 의식에 있어 청조는 비굴한 왕조인 것이다. 영광과 굴욕의 역사를 지닌 중국, 그 중국인들은 굴절과 오욕을 어떻게 떨쳐버리고, 천안문 광장에서 오성홍기 앞에 감격의 눈물을 흘리고 있는 것인가? 이제 슬슬 발걸음을 천안문으로 옮겨 가 보자.

2. 천안문 2층에 올라 중국을 보다

'오싱훙기(五星紅旗)'가 휘날리는 천안문 광장에는 인민대회당과 역사박물관, 마오쩌둥기념관 등이 서 있다. 자금성으로 들어가는 문의 하나인 천안문에는 마오쩌둥의 대형 초상화가 걸린 천안문이 있다. 왼쪽에는 "쭝화런민꽁허구어완수이!(中華人民共和國萬歲)!' 그리고 오른쪽에는 '스지에런민따퇀지에완수이!(世界人民大團結萬歲!)'의 대형현판이 걸려 있다. 천안문 2층에 올라가 보자. 천안문 2층에는 벽에 대형 그림이 그려져있다. 1949년 10월 1일, 마오쩌둥 주석의 그 카랑카랑한 목소리로 "중화런민꽁허구어 청리러!(中華人民共和國成立了!)"하고 선포하는 그림이다. 그 옆에는 쑹칭링(宋慶齡), 조우언라이(周恩來), 류사오치(劉少奇), 주더(朱德) 그리고 덩샤오핑(鄧小平)이 서있다. 재미난 것은 가뜩이나 작은 덩샤오핑이 제일 뒤에 그려져 있다는 것이다.[81)]

중국의 현대사를 움직인 영웅들의 이 그림 앞에서 중국인들은 무슨 생각을 할까?

〈사진 9-1〉 천안문

〈사진 9-2〉 중국 청룡백일기와 오성홍기

천안문에서 보면, 중국 역사의 영욕이 보인다. 천안문은 도도한 역사의 흐름 속에서 중국의 슬픔과 영광을 묵묵히 지켜본 역사의 증인이다. 아편전쟁의 패배로 영국과 베이징에서 불평등 조약을 맺을 때에도, 캉유웨이, 량 치차오 등이 변법운동을 펼칠 때도, 1911년 신해혁

81) 정인화·정다훈, 『클릭! 차이나』(씨엘, 2000), p.181.

명 후, 위안스카이 등 군벌세력이 남경의 쑨원과 대립할 때도, 1919년 5월 패권국가 일본의 무리한 요구와 청도반환을 요구하는 학생, 시민의 시위도, 그 후 1976년과 1989년의 시위에도 천안문은 그 자리에 있었다.

이런 역사의 흐름에서 중국인들의 가슴에 영원히 남을 영광을 본 것은 언제일까? 1949년 10월 1일, 중화인민공화국의 성립을 선포하는 천안문 광장에서일 것이다. 우선 중국의 국가를 보자.[82)]

起來! 不願作 奴隷的人們!
把我們的血肉築成我們的長城
中華民族到了最危險的時候
每個人們迫着出發最後的吼聲
起來! 起來! 起來!
我們萬衆一心, 冒着敵人的砲火

前進! 冒前進! 着敵人的砲火
前進! 前進! 前進! 進!

일어나라! 노예 되기 원치 않는 사람들이여!
우리의 피와 살로 새로운 장성을 쌓아가자
지금 중화민족은 가장 위급한 상태

82) 1935년, 네얼(聶耳)이 곡을 만들고 톈한(田漢)이 가사를 붙인 것이다. 당시 일본의 침략과 국민당 정권에 대항하는 중국 홍군의 모습이 그려진다.

모든 사람은 최후의 외침으로
일어나라! 일어나라! 일어나라!
우리 모두 한마음으로 적의 포화를 물리치고
전진하자! 적의 포화를 물리치고
전진! 전진! 전진! 전진!

애국가 치고는 지나치게 전투적이지 아니한가? 그렇다. 중국의 애국가는 대장정을 거치며 국민당과 싸우고 일본제국주의와 싸워 이긴 공산당 홍군(紅軍)의 의용군행진곡인 것이다.[83]

노예란 무엇인가? 항일, 반 국민당 운동이 바로 공산당 홍군의 전투였다. 일본제국주의에 의한 노예, 자본주의적 경제체제에 의한 노동자 농민의 노예상태 등으로부터의 해방, 이것이 공산당 홍군의 기치였다.

붉은 색 바탕에 황색 별이 다섯 개 그려져진 오성홍기는 무엇을 상징하는 것일까? 홍색은 '혁명', 황색은 '광명', 큰 별은 '공산당', 작은 별 4개는 각각 노동자, 농민, 도시소자산계급 그리고 민족자산계급을 상징한다. 자, 이제 천안문 광장에서 중국의 과거를 되돌아보자. 중국의 역사는 분열과 통일, 그리고 외침으로 얼룩진 역사인데, 이러한 중국역사에서 볼 때 약 반세기전 천안문 광장에서의 신 중국 성립 선포는 중국인의 자존을 지켜낸 역사의 시작이다.

---

83) 중국 국가는 프랑스 국가와도 흡사하다. 프랑스 대혁명기의 군가인 '라 마르세예즈'는"무기를 들어라, 시민들이여. 너희의 군대를 만들어라. 나아가자. 나아가자, 더러운 피를 물처럼 흐르게 하자"이다.

삼황오제(三皇五帝)의 신화시대가 있으나, 중국의 역사는 은(殷)나라에서 시작된다. 공자가 숭상한 주(周) 나라가 분열되면서 춘추전국시대에 접어들고, 그 혼란을 진(秦)이 통일한다. 역대 최초의 통일왕조인 것이다. 진은 불과 30여 년의 통일국가를 유지한 후 붕괴되고, 한(漢)제국이 형성된다. 위진 남북조를 거쳐 우리나라 역사와도 깊은 관련이 있는 수나라 그리고 5호16국 시대를 지나 당(唐)이라는 국제화된 제국을 형성한다. 송으로 이어지는 중국에는 이민족 몽골 국가인 원(元)이라는 초대형국가가 들어선다. 원은 북경을 수도로 하였으나, 칭기즈칸은 초원을 떠나지 않았다. 허나, "오랑캐를 쫓아내고 중화를 회복하자"는 주원장(명 태조)은 원을 북으로 몰아내고, 남경에 명(明)나라를 세움으로써 한족의 위상을 다시 드높인다. 이때가 1368년으로 한반도는 조선이 건국되기 직전이다. 명은 영락제때 북경으로 천도하여 오늘날 자금성을 세우고 천단(天壇)을 쌓았다. 문화적 자부심의 대국 명은 이자성의 난을 핑계로 만리장성을 넘어온 이민족 만주족에게 나라를 내주고 만다. 청제국은 오늘날 중국의 영토를 확보하나, 서구 열강의 세력을 막아내지 못하고 아편전쟁을 전후하여 영토와 주권을 서구와 일본 등 강대국에 헌납하는 상태가 된다. 태평천국의 꿈을 펼치려는 홍수전의 반청운동이 실패로 돌아갔으나, 결국, 청나라는 민족융합정책에도 불구하고, 손문 등이 이끄는 끈질긴 반민족 운동에 의해 붕괴되며, 신해혁명을 통해 한족 중심의 국민당에 의해 중화민국이 수립된다. 20세기 초 사상의 혼돈기를 통해 공산당이 결성되면서, 국민당과 공산당은 쟁패를 벌이게 된다. 그러나 북경을 지배하던 청나라 군벌세력과의 투쟁, 그리고 일본의 한반도 병합에 이은 대륙 침탈로 국민당과 공산당은 협력과 대결을 이어오다가, 결국 공산당의 대륙 석권으로 신 중국 건국을 위한 공산당의 대장정은 끝난다. 1949년 10월 1일, 신중국은 이렇게 역대 중국 왕조에서 보듯, 마오쩌둥이란 위대한 혁명가에 의해 새로운 통일을 가져오게 된 것이다.

우리나라는 외국의 침략을 많이 받아 온 민족이다. 평균 7년에 한 번씩 전쟁이나 난을 겪었다고도 한다. 그 외침은 주로 북방, 즉 중국으로부터이다. 그래서 우리는, 중국인은 외부로부터의 침략을 두려워할 리가 없다고 생각한다. 그러나 실제로 중국인을 만나보면, 이들은 외침을 두려워하고 있음을 발견하게 된다. 우리나라와는 달리 중국은, 이른바 오랑캐로부터의 위협과 침략을 받아왔고, 서구열강의 침략과 약탈을 받아온 민족이며, 특히 중국내부의 분열과 갈등은 곧 중국민족에게 전쟁의 역사이기도 했다. 내분에 의한 분열과 통일의 순환, 내분과 외침에 대한 저항과 방어, 이런 역사를 거치며 중국인의 내면세계에도 외침에 대한 공포감이 생긴 것이다. 만리장성이 상징적으로 보여주듯, 북방 흉노의 침략, 몽골, 만주족에 의한 지배, 서구 열강의 침탈 등은 중국인의 가슴에 사무치는 굴욕감을 주었던 것이다. 우리나라가 일제 36년간의 강점을 당하였으나, 중국은 만주족으로부터만 250여 년의 지배를 받았던 것이다.

물론 그리스는 오스만 터키의 지배를 400여 년이나 받아왔었다. 사실 우리민족은 그 오랜 역사에서 비교적 자주권을 유지할 수 있었던 기적 같은 역사를 지닌 민족이다. 이렇게 볼 때, 중국은 우리나라보다 더 많은 내분과 외침속의 역사를 살아왔던 것이다.

흔히 생각하는 것처럼 중국은 패권주의, 권위주의적 자존심이 너무나 높은, 이른바 중화사상(中華思想)에 빠져 있는 것으로 말하나, 이것은 중국의 역사를 모르고 하는 말이다.

> "어떤 사람은 중국인이 패권주의와 권위주의적 정치, 그리고 외래의 간섭을 거부하는 것은 중국인의 민족적 자존심이 너무 강하기 때문이라고 말한다. 하지만 그들은 이런 자존심이 5000년 빛나는 역사와 문화에서 비롯되며, 동시에 침략 받고 약탈당해 뼈에 사무치는 민족의 굴욕사에서 비롯된다는 것을 모른다…. 오직 중국 공산주의자들만이 우리 민족을 치욕에서 자존으로, 가난에서 부강으로 끌고 나갔음을 알 수 있다."

덩샤오핑의 딸 덩룽(鄧榕)이 쓴 『나의 아버지 덩샤오핑』의 한 부분이다. ≪삼국지연의≫에 보면, "분열이 오래되면 반드시 통일시대가 오고, 통일시대가 오래 지속되면 분열시대가 오기 마련이나(分久必合, 合久必分)"라는 말이 나온다. 중국의 역사는 한마디로 영웅들이 대륙의 드넓은 중원에서 펼친 한편의 대서사시이다. 이제 중국의 근대사를 구분짓는 역사적 사건인 아편전쟁 전후의 시대로 거슬러 올라가 보자.

3. 청나라

(1) 청의 영광과 몰락

중국은 태평성대인 명나라 시대를 이민족인 만수족에게 넘겨준다.

중국의 동북지역에서 발흥한 만주족은 여진족의 후예로 명나라 신종(神宗) 때 청 태조 누르하치가 후금(後金)을 건국하고 명나라를 공략하기 시작한다. 그러나 누르하치는 전투에서 부상을 입고 사망하고, 그의 아들 황타이지(皇太極: 청 태종)가 지금의 심양(沈陽)에서 군수 중앙집권제를 확립한 후, 먼저 조선과 몽고를 제압한 후 적극적으로 명나라를 침략한다.[84] 조선 인종 때 황타이지는 삼전도에서 인조의 항복을 받고, 삼전도비를 세운 것은 우리 역사의 치욕으로 기록되고 있는 사실이다. 삼학사 김상헌이 잡혀 간 곳, 소현세자의 세자비 그리고 봉림대군이 볼모로 잡혀 있던 곳도 바로 만주 청나라의 본거지인 심양의 황궁이다. 당시 상황을 신병주 교수의 글을 통해 좀 더 자세히 알아보자. 신병주의 글, "소현세자의 죽음, 북학(北學) 대신 북벌(北伐)로"를 인용해 본다.[85]

> 1637년 삼전도 굴욕의 항복의 상징으로 인질로 끌려갔던 소현세자. 이제 인조의 뒤를 이어 왕위계승을 눈앞에 두고 있었던 세자가 9년 만의 인질 생활을 끝내고 귀국한 지 두 달 만에 의문의 죽음을 당한다. 세자의 죽음은 단순한 개인의 죽음을 뛰어 넘어 북학의 싹이 그대로 잘렸다는 점에서 조선 역사의 전개 과정에서 중요한 의미를 띠고 있다.
>
> 소현세자의 죽음에 대해서는 국가의 공식 기록인 실록의 기록에서조차 의문투성이였음을 시사하는 대목이 많다.
>
> "소현세자의 졸곡제(卒哭祭)를 행하였다. 전날 세자가 심양에 있을 때 집을 지어 단확(丹: 고운 빛깔의 빨간 흙)을 발라 단장하고, 또 포로로 잡혀 간 사람들을 모집하여 땅을 경작해서 곡식을 쌓아 두고는 그것으로 진기한 물품과 무역을 하느라 관소(館所)의 문이 마치 시장과 같았으므

84) 조선은 임진왜란이 끝나가고 광해군이 집권한다. 광해군의 지혜로운 외교전략으로, 청나라의 침입을 피해갔으나, 인조반정으로 인조가 임금이 되고, 조선은 명에 은혜를 갚아야 한다는 세력에 의해 친명반청정책을 표방하자, 청의 침략을 받게 되고, 남한산성에 피해 있던 인조는 추운 겨울, 버선발로 나아와 삼전도에서 굴욕의 항복을 한다.

85) 다산연구소, 제100호(2008.7.23)

로, 왕이 그 사실을 듣고 불만스러워 하였다…. 세자는 본국으로 돌아온 지 얼마 안되어 병을 얻었고 병이 난 지 수일 만에 죽었는데, 온 몸이 전부 검은 빛이었고 이목구비의 일곱 구멍에서는 모두 붉은 피가 나오므로 검은 천으로 그 얼굴 반쪽만 덮어 놓았으나, 곁에 있는 사람도 그 얼굴빛을 분별할 수 없어서 마치 약물에 중독이 되어 죽은 사람과 같았다."
(≪인조 실록≫, 인조 23년 6월 27일)

위의 기록에서는 소현세자가 청의 심양에 있을 당시 청나라 사람들과 무역을 한 것을 못마땅하게 생각했다는 것과 귀국 후 곧바로 죽은 사실을 기록함으로써 세자의 죽음과 인조가 결코 무관하지 않음을 암시하고 있다. 실제 인조는 세자의 장례도 서둘러 마쳤고, 가장 중요한 후계 문제에 있어서도 특별한 결정을 내린다.

소현세자에게는 세 아들이 있었지만 나이가 어리다는 이유로, 인조는 둘째 아들인 봉림대군(후의 효종)을 후계자로 지목하였다. 사도세자를 죽인 영조조차도 왕위는 사도세자의 아들인 정조에게 물려준 것만 보아도 인조의 조처는 파격적임이 분명하다. 소현세자는 왜 의문의 죽음을 당한 것일까? 그 비밀의 열쇠는 소현세자가 보낸 심양에서의 9년 간의 생활에서 그 단서가 찾아진다.

1636년 12월의 병자호란과 이어진 1637년 1월 삼전도에서의 굴욕은 이후 조선후기 정국 전개에 커다란 영향을 미쳤다. 먼저 인조의 두 아들인 소현세자와 봉림대군이 인질로 심양에 끌려가고 남녀노소를 포함한 수많은 전쟁포로들이 청으로 잡혀갔다. 이제까지 오랑캐라고 인식하였던 청나라에 최고의 치욕을 당했다는 데서 자존심은 여지없이 내려앉았다.

그러나 현실을 냉정히 인식할 것을 주장하는 사람들도 나타났다. 즉 청나라를 과거의 야만국으로만 볼 것이 아니라 정치, 문화의 강국임을 현실적으로 인정하고 이러한 바탕 위에서 국제관계를 유지해야 한다는 입장이었다. 이런 논의의 중심에 소현세자가 있었다. 차기 대권주자인 왕세자가 이처럼 전향적인 생각을 하였던 것은 무척이나 주목된다.

부왕 인조의 치욕적인 항복의식을 직접 목격했던 소현세자는 초기에는 반청 감정을 강하게 표시하였다. 그러나 심양 생활을 통하여 소현세자는 청나라의 놀라운 발전에 큰 자극을 받았다. 중국 대륙을 통일한 후 신생 대국으로 거침없이 뻗어가던 청나라의 군사적인 측면과 함께 문화대국으로 성장해가는 잠재력을 읽을 수 있었다.

당시 청나라는 아담 샬과 같은 선교사를 통하여 천주교 뿐만 아니라 화포, 망원경과 같은 서양의 근대 과학기술을 적극 수용하고 있었다. 소현세자는 아담 샬과의 만남을 통해 조선에도 서구 과학문명이 필요함을 절감하였으며, 서구 문명 수용에 개방적인 청나라와도 우호적인 관계를 유지하였다. 소현세자는 아담 샬을 통해 천주교를 접할 수 있는 기회도 가지면서 조선은 변화해야 한다는 생각을 굳혀가고 있었다. 소현세자가 귀국하면서 화포와 천리경 등을 가져온 것도 이러한 의식을 실천하고자 하는 의지에서였다.

1644년 명나라를 멸망시키면서 중원을 완전히 장악한 청나라는 이제 소현세자의 귀국을 허락했다. 1645년 9년 만의 오랜 인질 생활을 끝내고 조선에 돌아왔을 때 세자의 귀국을 환영하는 사람은 거의 없었다. 장성한 세자는 이제 인조의 아들이 아니라 차기 국왕 후보였고 세자가 왕이 되면 인조와 서인 정권이 내세우는 숭명반청(崇明反淸) 이념이 퇴색될 것을 우려했기 때문이다. 조정의 관료들 대부분은 청나라를 현실의 군사대국, 문화대국으로 보지 않고 여전히 오랑캐로 인식하는 분위기였고, 따라서 청의 과학기술 수용에 적극적이었던 세자는 경계의 대상이 될 수 밖에 없었다.

소현세자가 죽은 후 왕의 자리는 아들이 아닌 동생인 봉림대군에게 넘어갔다. 인조와 소현세자가 갈등의 골은 인조가 소현세자 가족들마저 불신하는 상황을 초래하였다. 야사의 기록에는 '소현세자가 청나라의 물건을 가져와 인조에게 내놓자 인조가 벼루를 던져 세자가 죽었다' 고 할 정도로 이들 부자는 돌이킬 수 없는 사이가 되고 말았다.

소현세자는 청의 문물 수용에 깊은 관심을 보였고, 자신이 왕위에 오르면 이러한 부분을 적극 실천할 움직임을 보이고 있었다. 그와 함께 심양에 갔던 부인 강 씨는 이곳에서 많은 재물을 모으는 등 나름대로 새 시대에 눈뜬 세자빈의 모습을 보였다. 그러나 귀국 후 소현세자가 의문의 죽음을 당하고 그녀의 아들이 왕이 되지 못한 현실에 부딪히자 세자빈 강 씨는 인조에게 저항했다. 머리를 풀어헤치고 인조의 침실로 달려가 하소연을 늘어놓으며 통곡하는가 하면, 맏며느리로서 국왕에게 올리는 조석 문안도 한때 중지해 버렸다. 분노한 인조는 강 씨를 유폐시켰고 궁중에서 한발 짝도 움직이지 못하게 하였다. 갈등의 끝은 세자빈의 죽음으로 이어졌다. 어느 날 인조의 수라상에 오른 전복에 독이 든 사실이 발견되었다. 강빈은 결국 인조의 독살을 사주했다는 혐의를 받고 약을 받고 생을 마감하였다. 제주도로 유배를 간 소현세자의 세 아들 중 두 명도 풍토병에 걸려 사망하는 등 소현세자 일가는 그야말로 참혹한 화를 당했다.

심양에서 청의 신문물을 보며 북학의 기운을 조선에 심으려했던 소현세자와 강빈의 죽음, 그리고 봉림대군이 효종으로 즉위한 역사, 이것은 조선의 역사에서 중요한 전기를 갖는다. 병자호란 이후 조선은 사상적으로 북벌과 북학의 갈림길에 선 시기였다. 그 갈림길에서 북학 의지가 컸던 소현세자가 의문의 죽음을 당하고 봉림대군이 즉위하면서 청을 물리쳐야 한다는 '북벌(北伐)'이 국시(國是)로 자리를 잡게 되었다.

소현세자가 심양의 인질 생활 속에서 습득하고 추구했던 새로운 과학 기술과 문명의 수용, 바로 그 북학(北學)의 꿈은 그의 죽음과 함께 묻혀 버리고 말았다. 그 후 박지원, 박제가, 홍대용 등 소위 '북학파'들이 조선 사상계의 중심에 다시 등장하기까지에는 100여 년의 시간이 더 걸렸다.

1636년 황타이지는 황제라 칭하고 이름을 대청(大淸)이라 한다. 1642년 청나라는 산해관(山海關) 밖의 모든 땅을 손아귀에 넣는다. 청 세조가 즉위한 후, 1644년 이자성(李自成)의 반란군이 북경을 함락한다. 청나라는 산해관을 힘들이지 않고 돌파하는데, 이자성에게 항복한 산해관의 수장 오삼계(吳三桂)가 이자성의 부장에게 애첩을 빼앗기고, 배신하여 청나라 군사에게 관문을 열어 주었기 때문이다. 청나라는 오삼계를 앞세워 중원으로 진격하여 이자성을 패퇴시키고 북경을 점거한다. 그 이자성이 쳐들어가던 자금성을 청나라 군사가 들어가니, 명나라 마지막 황제(신종)는 자금성 뒷문 쪽의 경산(景山)에 올라가 목매어 자결함으로써 명조는 막을 내린다. 그 후 1681년 강희(康熙) 황제(재위 1661~1722)는 오삼계 일파를 소탕하며 중국의 통치권을 장악한다.

청나라는 강희, 옹정, 건륭황제에 이르는 130여 년 동안 청나라의 전성기를 누린다. 강희제는 러시아를 막고, 티벳과 몽골을 억눌렀다. 재위기간 농업생산과 황무지 개간을 장려하고 황하의 치리에 성공해 수재를 줄이는 등 업적을 세워 청나라의 전성기를 이룬다. 옹정 건륭 황제 때에는 타이완, 신장, 시장(티벳)을 복속시킨다. 중국인들이 드라마에 종종 등장시키는 향비(香妃)의 전설도 건륭황제가 신장을 복속시키면서 생긴 스토리이다. 청은 원나라의 한족억압정책의 실정을 거울삼아, 회유와 억압을 병행하는 정책을 실시하였다. 과거제도를 통해 예전의 벼슬아치나 지식인도 관리로 삼는다. 한족친화정책에도 불구하고 청나라에서 반청복명(反淸複明) 운동이 일어나기도 하였다. 1796년 백련교(白蓮教)의 난이 일어난다. 백련교는 원나라 반대 세력이었으나 청 중기에 반청조직으로 바뀐다. 변발과 의복을 강요하였지만, 사대부를 중용하고 한족의 문화유산인 학술을 종합하는 한편, 국가 재정과 제도를 충실히 하고 백성들의 고통을 덜어 주는 문화학술사업 등 융화정책을 펼쳐 한족의 저항을 막았다. 그럼에도 불구하고 만주족은 중화문화에 흡수될 수밖에 없었다. ≪강희자전≫, ≪사고전서≫ 등은 만주족이 중국민족문화에 압도되어 동화된 예이다.

청나라는 18세기 중엽부터 중국 남부의 광저우(廣州) 하나만 개항하였다. 중국인들의 특권상인 조합인 공행(公行)을 두어 무역을 통제하였는데, 차, 도자기, 비단 등이 주요 수출품목이다. 18세기 중반 들어 영국은 중국이 광저우 하나만 개항한데 대해 불만을 표출하기 시작하였다.

청 베이징에는 당시 마테오 리치, 아담 샬 등 선교사들이 활동하였으며, 베르사이유 궁전을 본 따 원명원을 지었다(후에 영·프랑스 연합군대에 의해 불탄다). 17~18세기 유럽 궁전엔 중국풍이 유행하기도 하였다. 볼테르는 중국 유교의 도덕적 권위를 이상으로 내세우기도 하였다.

(2) 아편 전쟁

한편 건륭황제 이후, 청나라는 정치가 부패하면서 민란이 일어난다. 아편밀수 등에 의한 재정곤란과 서구 열강의 침략으로 쇠퇴의 길을 걷는다. 아편 전쟁, 이는 산업혁명으로 원료조달과 해외 판매 시장개척을 해야 하는 서구 열강이 아프리카, 아시아 식민지화 과정에서 생긴 필연적 전쟁이다. 청은 아편전쟁을 통해 그 허약성과 허구성을 만방에 노출하면서 몰락의 길을 걷는다.

영국은 스페인 무적함대를 물리친 후, 해상권을 장악한다. 인도에 동인도회사를 세워 자본주의적 진출의 거점을 삼았다. 중국으로부터 차, 도자기, 비단 등을 수입하고 영국산 모직물과 인도산 면직물을 수출하였다. 그런데 영국은 은을 수입 대금으로 지불함으로써, 무역 적자를 면치 못하게 되었다. 이러한 편무역 해소를 위해 영국이 착안한 것은, 인도에서 재배한 아편의 수출이었다. 18~19세기에 중국의 아편수입은 실로 엄청나게 증가했다. 1729~1800년 사이 아편 수입량은 20배 들었고, 19세기 초에는 중독자가 10만 명에 이른다. 당시 인구 3억에 달한 중국에서 이 수치는 중국 사회와 국가를 붕괴시킬 정도는 아니었다. 그러나 1818년에 값싸고 강력한 효과를 내는 파트나(Patna) 아편이 개발되면서, 대표적인 아편 브랜드가 되었다. 1839년 중국의 수입량은 이미 천만 명 중독자가 사용할 양이었고, 20세기 초에는 4천만 명의 중독자가 생겼다. 1836년 인도의 아편수출은 이 나라 전체 수출액 가운데 1/3을 차지할 정도였다. 이해 중국의 아편 수입액은 1,800만 달러로서 아편 무역연구자인 트로키에 의하면 이는 "단일 품목 교역 중 19세기에 가장 큰 것"이었다.[86] 인도는 중국과 다른 아시아 국가와의 교역에서 4,500만 파운드라는 거액의 흑자를 기록하였고, 영국에 대해서 6천만 파운드의 적자를 기록하였다. 인도는 중국에서 돈을 끌어온 다음 여기에 자신의 돈을 더 해서 영국에 바쳤던 셈이다. 이때 가장 중요한 구실을 했던 상품이 바로 아편이었던 것이다. 중국내 아편은 빈민층에게 확산되고, 마침내 농촌경제 파탄과 구매력 상실을 가져왔고, 관료와 병사의 아편은 국가의 기능을 마비시킬 지경이었다. 은의 유출이 커짐에 따라 은값이 오르게 되고, 은으로 조세를 납부해야 하는 농민들의 부담이 커져 조세미납사태가 일어나고, 재정궁핍이 초래되었다.

그렇다면, 이러한 내부문제와 서구열강 서진에 청나라는 어떻게 대응하였는가? 다섯 가지로 설명이 가능하다. 첫째, 임칙서를 통해 청을 수

---

86) 주경철, 『문명과 바다』, 한겨레 특집편.

호하려 한다. 둘째, 홍수전은 태평천국의 난을 통해 청나라의 전복을 시도한다. 셋째, 청나라 관료를 중심으로 서양의 무기체제 도입 등을 통해 서구 동점을 막으려 한다. 넷째, 신지식인인 강유위, 양계초 등을 중심으로 입헌군주국을 세우려 한다. 다섯째, 손문, 루쉰 등의 반청혁명 그리고 마오쩌둥 등에 의한 공산혁명이 그것이다.

임칙서(林則徐)를 통한 청의 대응을 간략히 살펴보자. 청의 도광제는 흠차대신 임칙서를 광주에 파견하여, 아편의 밀수를 막고 청나라를 서구 자본의 침탈에서 막으려 한다. 1839년 3월, 광저우에 도착한 임칙서는 아편관련자의 처벌과 외국 상관을 무력봉쇄하고 아편을 몰수, 파기했다. 영국 상인은 마카오로 철수하게 되고, 9월에는 압박 해제를 요구하는 영국 엘리엇의 함대와 중국해군 사이에 첫 충돌이 일어났다. 영국 정부는 10월에 개전을 결정하고, 1840년 2월 조지 엘리엇을 전권대표로, 브레머를 사령관으로 하는 원정군을 파견하였다. 영국의회는 4월에 전쟁을 승인하고, 중국 해안지방을 대대적으로 공격하여 승리하였다.

청나라는 물론 중국인의 정신적 지주인 중화사상의 몰락을 알리는 아편전쟁(1840)으로, 아시아의 종이 호랑이는 힘 한번 제대로 쓰지 못하고 영국에 패해, 남경조약이라는 불평등 조약을 맺고 홍콩을 영국에 할양한다.[87] 불평등 조약이란 1) 홍콩 할양, 2) 광저우, 샤먼, 푸저우, 닝푸, 샹하이 개항, 개항장에 영국 영사 설치, 3) 배상금 지불(2,100만 달러), 4) 공행상인만 무역에 참여하는 제도 폐기, 5) 관세협

87) 1999년 홍콩은 영국으로부터 중국에 반환된다. 이날 중국인들의 환희는 역시 천안문광장에 모인 군중들의 얼굴에 역력히 나타나고 있다.

의, 6) 양국관리간의 대등한 문서왕복 등이다.

이를 기화로 청나라는 미국, 포르투갈, 스페인, 스웨덴, 러시아 등과도 불평등 조약을 맺는다. 영사 치외법권, 조계제도 등의 조약이 체결된 것이다. 영국은 제2차 아편전쟁을 일으킨다. 1856년 광동수군이 애로우 호를 수색하자 영국군은 광저우를 공격한 것이다. 같은 해 프랑스 선교사를 처형하자. 영·불 연합군이 공격해 온다. 1857년 12월 광동성이 함락되고 총독은 포로로 잡힌다. 영·프·미·러시아 연합군은 북상하여 텐진에서 북경을 위협하여 텐진조약(1858)을 체결한다. 텐진조약의 내용은 1) 외국 공사의 베이징 주재, 2) 양쯔강 유역과 북부 및 기타 지역의 10개 항 개항, 3) 여행, 통상, 포교의 자유, 4) 영사재판권 확대, 5) 양쯔 강 및 각 통상 항으로 군함 진입권, 6) 전쟁 배상금 지급 등이다.

외국인의 수도 입성을 꺼린 청나라가 텐진조약 규정에 있는 베이징 대신 샹하이에서 비준서를 고환하려 하자, 영국, 프랑스 연합군은 1860년 베이징을 함락하고, 베이징 조약을 맺는다. 원명원(圓明園)이 이때 약탈된다. 함풍(咸豊) 황제는 열하로 피난가고, 공친왕이 북경조약을 맺는다. 중국은 텐진을 개항하고, 천주교 재산을 반환한다.

그러면 당시 서유럽은 어떠하였기에, 중국을 이렇게 갈라먹었을까? 아편전쟁 전후 유럽의 상황이 어떠한지를 알아볼 필요가 있다.

4. 아편전쟁 전후 세계의 정황

니담이 쓴 『중국의 과학』에 보면, 중국은 17세기까지 세계의 과학기술 강국이었다. 9세기전반까지 국가체계도 없던 유럽이 어떻게 당시 세계의 일류국가 중국을 침탈하는 힘을 지니게 된 것일까? 유럽의 상황을 먼저 알아보자.

(1) 최초의 유럽

로마제국은 476년, 야만족인 게르만족에 의해 멸망한다. 로마제국은 부패하였고, 결국 투르크 족에 쫓긴 게르만 족이 서진하며, 로마제국이 붕괴된다. 게르만 족은 기독교를 받아들인다. 그리고 8세기에 프랑스 투르에서, 북아프리카와 스페인을 점령하고 유럽으로 침투하는 이슬람세력을 저지시켰다. 즉, 프랑크 왕국의 기병대는 732년에 왕국에 대한 아랍인들의 침공을 저지할 수 있었다(투르 전투의 승리). 그 결과, 메롤링거 가문으로 부터 왕권을 빼앗고 교황의 은총이 내려졌다. 이때부터 카롤링거 왕조가 시작된다. 이 가문의 영웅인 샤를마뉴가 오랫동안 통치와 전투 수행하며 북방 세계의 게르만 종족을 통합, 개혁, 순화, 기독교화 한다. 이미 사라진 고대 로마제국의 한계를 벗어나 샤를마뉴 그늘 아래서 새로운 문화, 즉 최초의 유럽이 싹트게 되었다.

(2) 이슬람과 기독교

한편 유럽은 8세기 말 새로운 유럽을 만든 샤를마뉴 대제 이래, 중세를 거치며, 지리상의 발견, 문예부흥(12~15세기), 종교개혁(16~17세기), 계몽시대(17~18세기)를 거쳐, 산업혁명에 성공한다. 와트의 증기기관 발명을 기반으로 약 300년간의 정신적 고뇌의 기간을 거쳐 산업화한 것이다.

16세기까지 세계의 패권은 오스만 터키가 쥐고 있었다. 오스만 터키는 1492년에 동로마 수도 콘스탄티노플을 함락시키고, 과거 로마의 영토보다 광대한 지역을 이슬람화시키며 대제국을 형성한다. 이때 세계는 동양의 터키 이슬람과 유럽의 기독교 제국(신성로마제국)이 대치하는 형국이었다.

오스만 터키제국의 형성을 간단히 살펴보자. 터키는 북방민족인 투르크족이 서진하여 세운 나라이다. 중앙아시아 석권한 흉노족은 당시 중국의 세계화 선생이었다. 4세기경 흉노는 훈이란 이름으로 유럽사회에 이름 떨치는데, 이 흉노족의 서진으로 게르만족이 대이동하게 되고, 결국 로마제국의 붕괴로 이어진 것이다.

흉노의 역사를 이은 터키족은 우리 역사책에 등장하는 돌궐족이다. 이들은 중국과 대등한 역사를 지녔으며, 한(漢)나라 때 중국에 큰 위협이었고, 만리장성을 쌓게 한 원인이었다. 이들은 하늘을 숭상하는 민족이며, 고구려와도 밀접한 연결이 있었다. 돌궐의 역사는 위구르가 이어받고, 그 일파가 서진하여 11세기 셀주크 터키를 형성한다. 셀주크 터키족은 중앙아시아 트랜속사니아에 자리하였다가, 지중해까지 진출한다. 1071년 경 비잔틴 제국 몰아내고 지금의 아나톨리아 반도에 정착한다(터키를 관통하는 대상로와 아나톨리아 전 지역에 산재한 대상숙소인 카라반사라이는 그 시대 유물이다). 셀주크 터키는 몽골에 멸망하나, 그 후 오스만 제국을 건설하고 500년간 유럽을 호령한다. 동로마제국인 기독교 국가의 수도 비잔틴을 이스탄불로 바꾸며, 이슬람의 영광을 드러낸다.

이슬람의 영광 오스만 터키는 레판토 해전에서 스페인에게 패한다.

터키제국의 영광은 1571년 레판토 해전을 시점으로 쇠퇴하고 스페인이 지중해의 패권을 장악한다. 그러면, 스페인은 어떤 나라인가? 15세기 말, 포르투갈과 스페인은 항로개척에 앞장서고, 인도와 아메리카 항로를 개척한다. 대서양 무역이 시작된 것이다. 이슬람 세력을 스페인 땅에서 완전히 축출한 이사벨라, 페르디난데스 국왕은 콜럼버스를 후원하여 아메리카를 발견한 것이다. 스페인은 인도양에서 향료무역을 장악하고 남미 아즈텍과 잉카를 정복한다. 마젤란이 세계를 일주했는데, 그 목적은 향료구입이었다. 마젤란은 필리핀 세부에서 원주민 라푸라푸 장군에게 죽었는데, 그의 사후 얼마 남지 않은 항해인들이 싣고 귀국한 향료가격이 마젤란의 전체 항해비용을 만회하였다고 한다. 유럽은 인도와 중국의 향료, 면직물, 비단, 도자기, 차에 매료되어있었던 것이다.

유럽인은 아프리카에 총, 면직물 그리고 유럽의 공업제품을 주고 아프리카의 노예를 사다가, 아메리카, 카리브 해에 사탕수수, 목화, 커피를 재배하게 하였다. 이를 삼각무역이라 한다. 영국의 리버풀, 맨체스타는 산업혁명으로 면직물을 대량생산한 곳이다.

포르투갈은 바다의 왕자라 불리는 엔리케 왕자가 바다를 열었다. 이슬람 상인을 거치지 않고 직접 인도에 가서 향료를 사오겠다는 것이다. 16세기 중반, 포르투갈인은 중국과 일본에까지 진출하였는데, 임진왜란 때 일본이 사용한 조총도 포르투갈인이 전해준 것이다.

레판토 해전 승리(1571)의 의미는 크다. 위기에 처한 가톨릭의 승리였던 것이다. 당시 루터와 칼빈의 종교개혁 이후 신 교파, 특히 칼빈파가 성장으로 가톨릭이 곤경에 빠진다. 프랑스는 '위그노 전쟁'으로 내란을 벌이고, 엘리자베스 1세의 영국교회는 국가교회(성공회)로 바뀌어 로마교회에서 이탈한다(교황 피우스 5세에 파문 당한다). 이러한 때에, 가톨릭 지도국을 자처한 스페인은 지중해 제해권을 놓고 다투던 이슬람제국 터키와 일전 불사하여 승리한 것이다. ≪돈키호테≫를 쓴 세르반테스도 이 레판토해전에 참전한 용사로서, 후일 이 전쟁이 ≪돈키호테≫집필의 모티브가 되었다. 세르반테스는 이때의 승리 장면을 "과거나 현재의 사람들이 보았고 미래의 사람들도 보고 싶어 할지도 모르는 가장 고귀한 순간"이라 묘사하고 있다. 교황 피우스 5세 및 동지중해 지역 진출하여 교역활동중인 베네치아와 신성동맹을 결성하여 터키로부터 키프로스를 뺏는 등 서전을 승리하였는데, 터키는 코린트 만의 레판토에 함대 결집, 반격하였다. 이때 베네치아 해군은 당시 터키군의 화약고였던 파르테논신전에 포격을 가하여, 지금 파르테논 신전의 모습을 남기게 된 것이다. 레판토 해전은 1578년 휴전 체결한다.

(3) 스페인과 영국

먼저 두각을 나타낸 것은 스페인(에스파냐)이었다. 펠리페 2세(재위 1556~1598)는 라틴아메리카에서 대규모 은광을 개발하여 막대한 수입을 올리고, 또한 가톨릭의 수호자로 자처하며 유럽의 각종 전쟁에 개입하였다. 그러나 군사비 증대로 재정이 어려워졌으며, 스페인은 쇠퇴의 길을 걷는다. 1566년에는 에스파냐 지배하에 있던 네덜란드의 칼뱅파는 해군에 투자하여 힘을 키운 후, 독립운동을 벌인다. 엄격한 구교, 과중한 세금, 해운업의 제한, 총독지배 등으로 신음하던 네덜란드는 독립(1643)하며, 스페인 대신 중계무역, 해운업을 키운다. 독립 당시 네덜란드는 유럽 상선의 3/4을 소유하였다. 네덜란드는 암스테르담에 최초로 증권거래서를 만든 나라로서 상업국가로 발전해 나갔다. 1602년 동인도회사를 세우고 영국에 앞서 넓은 식민지 가지는 상업국가로 성장한 것이다. 하멜은 이때 일본 나가사키 상무관으로 향하다가 우리나라에 표류하게 된 것이다.

스페인 쇠퇴의 두 번째 이유는, 스페인이 멕시코 은광으로 국내산업 발전시키지 않은 점이다. 국가주도의 중개무역을 하여 막대한 돈을 버는 스페인은 자국 산업에 무관심한 것이었다. 셋째로 스페인은 구교중심으로 신교를 박해하였다. 산업자본가도 박해하여 이들이 망명함으로써 자본이 유출된 것이다. 신교인 칼빈주의는 "열심히 일하고 절약하여 모은 재산은 신의 은총"이라는 경제윤리를 발전시켰던 것과 대조된다. 영국 프로테스탄트, 네덜란드 고이젠, 프랑스 위그노 등 16, 17세기 청교도들의 국가는 번성의 길을 걸었던 것이다.

스페인의 결정적 쇠퇴는 1588년 무적함대(Armada)가 엘리자베스 1세[88)]의 영국함대에 패배하면서부터이다. 프로테스탄트의 신풍이라

88) 엘리자베스 1세는 "대영제국에는 해질 날이 없다"는 빅토리아 여왕시대를 열었다. 아버지 헨리 8세에서 여왕까지 시대인 약 100년간은 결혼파동, 종교개혁, 대숙청, 피의 보복, 전쟁 등 파란만장한 시기이다. 아버지 헨리 8세는 여섯 명의 아내 중 두 명을 참수하였다(앤 블린과 캐서린 하워드). 첫 부인인 스페인 왕녀 '아라곤의 캐서린'과는 이혼하였다. 이 이혼을 위해 영국은 성공회가 되고 국왕이 교회수장이 된다. 둘째 왕비 앤 블린이 여왕의 어머니인데, "1000일의 앤"이란 영화에서 보듯 비극의 주인공이다. 아마도 장희빈의 비극에 비교될 수 있지 않을까…. 헨리 8세는 장남 에드워드 4세를 왕위계승자로 삼았다. 신하들은 이혼녀 캐서린의 딸 메리가 왕위 계승할 것이 두려워(가톨릭인 어머니의 복수를 위해 성공회교도를 탄압할 것이므로) 헨리 8세의 유언을 무시하고 헨리 8세가 가장 신임했던 신하의 딸인 제인 그레이를 계승자로 바꾸어 놓았다. 에드워드 4세가 16세의 나이로 죽자 제인 그레인이 영국 최초의 여왕으로 등극한다. 그러나 왕실의 핏줄이 아닌 탓에 제인은 9일 만에 폐위되고 런던탑에서 참수된다. 뒤이어 메리가 즉위, 가톨릭을 탄압한 세력을 무자비하게 살육해 피의 메리, 즉 '블러드 메리'란 별명을 얻었다. 5년간 재위한 메리 여왕을 이어 왕이 된 이가 엘리자베스 1세이다. 셰익스피어, 베이컨, 드레이크로 대표되는 화려한 엘

불리는 자연의 도움을 받아 영국이 스페인에 승리한 것이다.

17세기 영국, 프랑스, 네덜란드 인은 아메리카로 진출하였고, 카리브 해에서 에스파냐의 지배권을 빼앗았다. 이때 영국은 보스톤과 뉴욕을 식민지로 삼았다. 17세기 말 이후 네덜란드를 밀어낸 영국이 새로 해군을 키운 프랑스와 다투어 영국이 승리하였다. 영국은 엘리자베스 1세(재위 1558~ 1603)가 네덜란드의 독립을 지원하였다. 이에 분노한 에스파냐는 무적함대를 동원하였으나, 영국에 패하고 만다(1588). 영국은 북아메리카, 인도해안에 식민지를 건설하고 항해조례를 반포하는데, 이는 영국과 식민지간 무역에 외국배를 금지한다는 조례이다.

이후 영국은 17세기 이후부터 대서양 시대를 연다. 팍스 브리태니카시대인 것이다. 섬나라의 이점을 활용, 개척정신과 탁월한 문화 창조력으로 세계의 중심국이 된다. 서구 자본주의의 첫 주자 영국은 활로를 아프리카와 아시아에서 찾는다. 그 대상지가 인도, 중국 등이었으며, 이러한 서세동진에서 발생한 전쟁이 아편전쟁인 것이다.

중국은 영국에 차를 수출하고 막대한 은을 벌어들이며 영국은 무역적자를 겪는다. 이에 영국은 인도의 아편을 중국에 수출하고 은을 다시 환수한다. 아편 밀매 등으로 중국의 재정과 백성의 삶이 파괴되자, 청나라 정부는 임칙서를 파견하여, 아편선을 불태운다. 이 전쟁이 1840년의 제1차 아편전쟁인 것이다. 이 전쟁에서 패한 중국은 남경조약이란 불평등조약을 맺고, 서양제국의 침탈에 내맡기게 된 것이다.

리자베스 시대를 연 것이다. 이원복, 〈세계사 산책 68〉, 중앙일보 연재물.

제 10 장

중국 사회주의의 건설을 위한 투쟁

1. 근대화와 국민국가 형성

아편전쟁(1840), 그것은 중화주의의 미몽에 잠겨있던 중국인을 자각시킨 역사의 전환점이었다. 세계의 중심국으로서의 중국, 중화사상으로 그 세력을 만천하에 떨치던 중국이 아편전쟁을 통해 종이호랑이였음이 판명된 것이다. 중국인은 이에 전통사회 속에서의 흑면지를 떨치고 일어나 근대화와 민족국가 형성을 위해 양자강처럼 긴 역사의 격랑을 헤쳐 나가야 했다. 중국이 근대화로 나아가는 전환점은 바로 아편전쟁이다. 아편전쟁은 세계의 중심이라 생각되던 중화사상이 무너지고, 문호를 개방하지 않을 수 없는 계기가 되었다.

중국은 두 번의 이민족 지배를 받는다. 몽고족에 의한 원나라가 그 첫번째이다. 그러나 주원장은 원나라의 통치를 물리치고 명을 세움으로서, 한족의 자존심을 회복하고 한나라, 당나라 이래 한족의 문화를 꽃피운다. 그러나 중국은 동북지방에서 발호한 이민족 만수족이 세운 청나라에 의해 또다시 이민족의 지배를 받는다. 청나라는 강희, 옹정, 건륭 황제를 거쳐 강대한 제국을 건설한다. 그러나 폐쇄적 중화사상은 세계 사조에 편승하지 못한 채, 19세기에 시작된 서양 자본주의 국가의 침략을 당하게 된다.

(1) 태평천국의 난

아편전쟁 이후, 중국의 한계를 인식한 중국은 민족국가 건설을 시도한다. 국민국가로의 움직임은 아편전쟁 이후 반제, 반봉건의 기치를 내세운 태평천국의 난(1853~64)[89]을 통해 분출되었다. 이러한 반청운동은 양자강주변에서 시작된다. 억압과 착취에 반항하는 홍슈취엔(洪秀全)이 주도하는 농민혁명운동인 태평천국(太平天國)의 난이 일어난 것이다. 홍수전은 남경을 점령하여 수도로 삼는다. 홍수전은 꿈에 예수의 계시를 받고 기독교적 이상 국가를 꿈꾼다. "농사짓는 사람은 자신의 땅이 있어야 한다"는 원칙하에 토지를 농민에게 나누어 주며 평등사회를 지향한다. 그러나 태평천국은 증국번, 이홍장 등의 의용군과 외국군에 의해 좌절되고 만다. 태평천국의 난으로 청나라가 통치권을 상실하자 영국과 프랑스 연합군은 1856년에 제2차 아편전쟁을 일으키고 북경조약이라는 또 다른 불평등 조약을 체결한다. 남경여행에서 다훈이가 쓴 다음 글을 통해 태평천국의 난을 좀 더 생생하게

89) 멸만흥한(滅滿興漢)의 기치 하에, 유교와 기독교의 사상을 접목하여 이상 국가 건설을 꾀하였다. 토지균등분배, 빈부차등철폐, 남녀평등 등의 사상이 담겨있으며, 마오쩌둥은 사회주의 혁명이 바로 태평천국운동 정신의 완성으로 본다. 태평천국 운동의 유적지가 태평천국의 수도였던 남경에 남아 있다. 정인화·정다훈, 『클릭! 차이나』(서울: 씨엘), 2000.

이해해 보자.

"난징(남경: 南京)은 삼국시대 오나라의 손권이 도읍을 정한 이래로 10개의 역대 왕조가 자리 잡았던 곳이다. 특히, 아편전쟁 후의 난징조약 체결지, 태평천국 봉기의 중심지, 중화민국 임시정부의 수도 그리고 일본군의 난징 대학살, 국민당과 공산당의 남경협상 등으로 널리 알려진 곳이다. 역사의 화려함과 아픔을 모두 지니고 있는 도시이기에 지금의 모습이 무척이나 궁금했다(사람도 아픈 만큼 성숙한다고 하지 않는가!).

북경에서 12시간을 내리 달려, 남경에 도착했다. 기차역에서 내려 처음 접한 남경의 모습은 중국의 다른 어느 도시와 별로 다르지 않았다. 예전 같았으면, "어이구, 정말 더럽네"라고 생각했을텐데 이젠 중국에 익숙해졌다는 걸까?

"뭐, 이 정도면 살만 하구만" 남경을 처음 접하고 내가 내뱉은 말이다. '살만 하구만'의 정도는 자신이 사는 환경에 따른 상대적인 느낌인가보다. 이런 저런 생각으로 남경을 두리번거리고 있는 동안, 아버지가 먼저 말씀하셨다.

"다훈아, 태평천국운동의 중심지가 남경인걸 알고 있지? 남경에 중국 유일한 태평천국운동 자료가 남아있는 역사박물관이 있다고 하는구나. 먼저 그곳에 가보자." 결국, 내가 가장 먼저 보게 될 남경의 모습은 '태평천국운동의 중심지'로서의 남경의 모습인 셈이었다. 태평천국운동을 알려면 우선은 그 배경을 알아야겠지. 태평천국운동은 19세기 이후의 청나라의 사회적 부패가 더욱 가속화되는 시기에 나타난 개혁운동이다. 아편 전쟁의 패배로 청조의 위신이 훼손되어 한족의 만주족에 대한 반감이 더욱 높아졌다. 그럼에도 청조는 전쟁 비용과 배상금 지불을 위하여 더 한층 농민을 착취하였다. 이 운동의 총지휘자는 광둥 출신의 홍수전(洪秀全)이다. 1850년 홍수전은 태평천국 건설의 꿈을 펼치는 운동을 일으켰다. 역사에서 태평천국의 난이라 부르는 혁명운동이다. 태평천국의 난을 일으킨 사람들의 생각은 무엇이었을까? 이들이 내세운 태평천국(太平天國)의 이념은 크리스트교와 유교사상을 융합한 것이었다. 유교사상은 그렇다 하더라도 크리스트교까지 중심사상에 포함된다니, 어찌 보면 신기하다 못해 경이로울 정도다. 중학교 사회시간에 선생님께 들은 바로는 이들 태평천국 군이 주장한 남녀평등사상이 바로 이 크리스트교의 사상에 영향을 받은 것이라고 한다. 나중에 알게된 사실이지만, 태평천국운동의 지휘자인 홍수전 자신이 기독교인이었다고 하니, 가장 큰 원인은 바로 여기에 있는 게 아닌가 싶다. 태평천국운동에서 주장한 또 하나의 큰 개념은 바로 토지의 균등분배에 있다. 그들이 주장한 천조 전무제(天朝 田畝制)의 기본틀이 토지균등분배였기에 이 운동은 지방의 신사층(향신층)과 농민의 호응을 얻어 강남일대를 장악하고 마침내 1853년 남징을 점령, 지금 내가 서 있는 이 첨원(瞻園)에 총 지휘부를 두고 남경을 천경(天京)이라 부르며 세력을 북으로 확대해 나간 것이다. 이 운동초기에는 청조가 애로호 사건이 겹쳐(후에 애로호 사건은 영국과 프랑스가 제2차 아편전쟁을 일으키는 원인이 된다) 궁지에 몰려있었을 뿐 아니라, 크리스트교 사상을 표방하였으므로 서양의 동조를 얻었다. 그러나 후기 지도층의 부패와 내분, 배타적이고 파괴적인 행동으로 내외의 지지를 잃게 된다. 결국 청나라 조정의 증국번(曾國藩), 이홍장(李鴻章)이 거느린 의용군과 외국군의 협력으로 난징을 탈환하여 14년간 계속된 운동은 1964년 끝내 실패하고 만다. 마치 우리나라의 동학혁명이 관군과 일본군의 진압으로 실패하고 말았듯이….

내가 서 있는 태평천국의 역사박물관을 묘사해 보자. 한적한 남경 시내, 더 구체적으로는 신지에커우(新街口)의 중화먼(中華門)에 자리잡고 있는 태평천국운동 역사박물관은 외관상으로는 그리 크지 않은 자그만 규모의 소규모 박물관이다. 건물의 모습 또한 소박한 중국전통의 기와양식의 지붕만이 눈에 띌 뿐, 그 밖에는 그다지 특이할 만한 건축 조각도 없었으니까. 입구에서 가장 먼저 눈에 뜨인 것은 태평천국운동의 지도자 홍수전의 브론즈 흉상이었다. 머리에 두른 태평천국운동의 두건, 굵은 눈썹, 날카로운 눈매, 오뚝한 콧날, 꾹 다문 입술이 그야말로 한눈에 이 사람이 태평천국운동의 지도자 '홍수전'이라고 말하고 있다. 박물관 내부의 천장에 매달려있는 태평천국 깃발은 그 크기에서부터 놀라지만, 무엇보다 당시의 태평천국군과 청나라 군사들의 치열한 혈투를 생각하게 하기에 더욱 위압감을 느끼게 된다(참고로 깃발의 크기가 교실에 걸린 태극기의 15배정도)이다. 이런 깃발 3개가 천장에 걸려있다고 생각해 보라! 태평천국군의 진군도를 비롯한, 당시에 쓰였던 포, 사진 자료 등 당시의 모습을 보며, 나는 지금 1850년부터 1864년의 격동기의 중국을 보고 있는 듯한 상상에 잠기게 된다. 이런 자료들을 돌아보면서 난 이전부터 생각해왔던 것 – 개인 생활 변화의 대표가 여행이라면, 좀 더 큰 범위에서 변화의 대표는 무엇이라고 할 수 있을까란 것이었다(여기서 말하는 큰 범위는 변화의 영향력 범위가 개인에게까지 크게 미침을 의미한다). 개인이 변화를 시도해서 변화하는 것이 아니라, 주변의 영향으로 개인까지 변화하는 것, 그것이 바로 '혁명'이 아닐까. 태평천국운동 역사박물관을 보면서 내가 느낀 것 두 가지는 태평천국운동은 단순한 권력을 향한 난이 아닌, 이념 추구의 혁명이었다는 것, 그리고 혁명은 더 큰 변화의 물결이라는 것이다. 이들이 자신들의 이념에 충실하며, 청나라 군사와의 최후의 일전에서 단 한 사람도 항복하는 사람 없이 끝까지 싸우다 죽어갔다는 것, 이런 사실들이 후세 사람들에게 '혁명'으로 남을 수 있는 근본이 아닐까…. 고등학교 1학년 사회시간이 생각난다. 프랑스의 바스티유 감옥을 습격한 사건을 루이 16세가 신하에게 "혁명인가, 난인가"라고 묻는 것에서 신하는 분명하게 "혁명입니다"라고 대답했다. 혁명과 난의 차이를 분명히 말하기는 힘들다. 그때 사회선생님께서는 혁명과 난의 구분은 그 결과가 모두에게 유익한 것인지 여부와 다수의 지지를 받은 것인가 아닌가로 결정한다고 하셨다. 우리가 4·19, 5·18을 난이나 쿠데타가 아닌 혁명으로 분류하는 것도 바로 이런 점에 근거한 것이라고 예를 들어주셨다. 중학교 사회교과서에는 태평천국운동은 혁명이 아닌 난으로 분류되어있다. 그런데 나는 태평천국운동을 난이나, 혁명으로 분류하는 것은 보는 관점에 따라 다르다고 생각한다. 청조의 입장에서 보면 태평천국은 난일 것이고, 태평천국군의 입장에서는 혁명일테니 말이다.

"다훈아, 빨리 이리로 와라. 여기 중요한 게 있는데?"

혁명과 난의 차이로 한참을 고민하고 있는 나를 깨운 것은 또 아버지였다.

"뭔데요?"

"연필이랑 종이 꺼내서 적거라. 여기 쑨원(孫文)의 사진이 있다. 태평천국의 난 자료전시실에 쑨원의 사진이 있다는 게 재미있지 않니?"

"그러네요. 무슨 뜻으로 이 사람 사진이 있죠?"

"옆에 이런 말이 적혀있구나. 홍수전, 캉유웨이, 이엔푸(嚴復), 손중산(孫中山)은 중국 공산당이 나오기 이전에 서방에 대해 진리를 추구했던 인물들을 대표한다. 손중산은 청 왕조를 타도한 후 민주혁명에서 '제2의 홍수전(洪秀全 第二)'이라고 칭한바가 있다."

"그렇다면 손중산은 태평천국운동을 지지했다는 건데요? 자신을 '제2의 홍수전'이라고 칭했을 정도면 말이예요. 손중산이 이렇게까지 말했고, 태평천국운동 역사박물관까지 있는 걸 보면 중국인에게 태평천국운동은 좋은 역사로 기록되었음이 틀림없어요."

아버지의 말은 다시 이어졌다. "그렇단다. 아편전쟁으로 중국인들은 자신들이 얼마나 허약한 존재인지를 깨닫게 되었지. 그리고 자신들의 이상을 태평천국의 난을 통해 펼치려 했으나 실패했지. 그러나 그들이 꿈꾸던 이상은 약 100여년 후 신중국의 건설로 완성되었다는 것이 역사가들의 평가란다. 태평천국의 난 이후 백여 년 동안 중국인들은 양무운동, 변법자강, 의화단사건, 신해혁명, 중일전쟁, 국공 내전 등을 거치며 결국 태평천국의 이념이 녹아 스며들어 있는 신 중국을 건설한 것이란다."

중국인들에게 난이 아닌 혁명이 한국교과서에는 난으로 적혀있다는 사실이 정말 재미있었다. 보는 사람의 관점에 따라 같은 일이 이렇게도 변할 수 있고, 저렇게도 변할 수 있다니. 유물전시를 거의 훑어보고 나가는데 눈에 들어온 것은, 앞에서 말했던 '천조전무제도'에 관한 설명과 태평천국운동에 대한 평가였다.

有田同耕, 有飯同食

有衣同찬 ,有錢同使

無處不均勻

無人不飽暖也

밭이 있으면 같이 경작하고, 밥이 있으면 같이 먹고,

옷이 있으면 같이 입고, 돈이 있으면 같이 쓰고,

곳곳이 균등하니,

누구나 배부르고 따뜻하지 않지 않겠는가!

위의 글은 태평천국이 반포한 농민 혁명 강령의 일부로, 태평천국 운동은 정치상 평등, 경제상의 균등을 제시한 혁명이었음을 나타내고 있지 않은가!

태평천국 역사박물관을 나오는 길에, 나는 다시 한 번 박물관을 둘러보았다. 처음 들어가는 입구에서 그렇게 작게 보이던 박물관이 크게 느껴짐은, 그것은 '혁명'이란 단어가 낯설지 않고, 위대하다고 느껴졌기 때문이 아닐까. 그저 딱딱하고 무섭게만 느껴졌던(어릴 때부터 들어온 공산당 혁명이란 단어의 영향이 커서이기도 하지만) 그 말이 친숙하게 느껴짐, 그 원천은 바로 태평천국군들의 진실한 마음을 이 곳에서 느꼈기 때문이라고 확신한다.

그리고 혁명은 더 큰 변화의 갈망이다. 변화의 포르테가 여행이라면 크레센도는 혁명이 아니겠는가!

(2) 청일전쟁

1894년 청일전쟁(중일 갑오전쟁)으로 패한 청나라는 일본과 마관(馬關) 조약이란 굴욕적 조약을 맺고 요동반도와 대만을 넘겨준다. 그리고 조선에서의 종주권도 일본에게 넘어가게 되고, 조선은 일본의 지배하에 놓이게 된다. 아편전쟁 이래 대외 전쟁에 패배함에 따라, 중국은 불평등 조약을 체결하고 문호를 개방하여, 영토를 서양 열국에 할양하게 된다. 영국의 동인도회사와 청의 '공행' 간에 행해진 무역에서 청나라는 영국에 차, 비단, 도자기 등을 수출하며 수출대금인 은이 중국에 유입된다. 영국은 무역역조 해소를 위해 인도에 상품을 팔고 아편을 수출대금으로 받고, 이를 다시 중국에 파는 삼각무역을 한다. 여기에서 중국은 아편수입으로 은이 다시 영국에 유출되고 백성은 아편의 폐해에 찌들게 된다. 청나라 정부는 임칙서를 파견하여 홍콩 앞바다의 아편 선을 불태우고, 이에 영국은 중국과 전쟁을 벌인다. 이것이 제1차 아편전쟁이었다. 이 전쟁에서의 패배로 중국은 난징조약으로, 홍콩 할양, 광저우 등 5개항 개항, 외국에 치외법권과 최혜국 대우를 하는 불평등 조약을 체결하게 된다.

이러한 제1차 아편전쟁(1840 ~ 1842)과 제2차 아편전쟁(1856 ~ 1860)[90] 결과 중국은 각각 홍콩과 구룡 반도를 영국에 빼앗긴다. 제2차 아편전쟁에 편승한 러시아와 체결한 아이훈조약(1858)으로 흑룡강

---

90) 청나라가 태평천국운동으로 어려움을 겪는 틈을 타, 영국은 1856년 광저우에서 애로호 습격 사건을 구실로 프랑스와 연합하여 베이징을 점령한다. 이것이 제 2차 아편전쟁이다. 그 결과 베이징 조약을 통해 구룡반도의 영국할양, 외국사신의 베이징 주재, 크리스트교 포교인정, 외국인 국내여행, 텐진항 개항 등을 허가하게 된다.

이북을, 베이징조약(1860)으로 연해주를 할양한다.

청일전쟁(1894~1895)의 패배로 일본은 타이완을 양도받은데 이어, 독일은 칭다오(靑島)를, 러시아는 여순, 대련을, 영국은 웨이하이, 구룡반도 신계를 그리고 프랑스는 광저우만을 조차지로 할양받으며. 개항 도시에서 거주 지역을 설정하여 행정, 경찰권을 갖는 이른바 조계지를 상해, 천진, 한커우, 광저우, 샤먼 등에서 승인받는다.

(3) 양무운동

〈사진 10-1〉 서태후

홍수전이 주도하는 태평천국 군을 토벌한 청나라의 한족관료들은 근대적 무기나 기계의 도입에 의해 후진성을 극복하고 근대화된 부강한 중국을 만들어 열강의 압력에 대항하고자 하였다. 이홍장, 장지동 등의 양무운동(洋務運動)이 그것이다. 중국의 전통적 실체의 바탕위에 서양의 과학기술을 받아들여 청나라를 중흥시키자는 이른바 중체서용론(中體西用論)에 따라 중국은 정치사회의 안정을 되찾는다. 이를 동치중흥이라 한다.(1862) 그러나 청일전쟁에서 청이 패함에 따라 이 개혁운동은 수포로 돌아간다. 서태후(西太后)는 해군력 증강비용을 전용하여 북경에 대형 호수를 만들고 이화원이라는 여름 별장을 짓는다. 청의 패배는 청나라의 부패와 깊이 관련되어 있었던 것이다. 서태후는 이화원에 칩거하며, 원세개 등 군벌들을 조정하며 청 왕조의 지속을 도모한다. 어린 황제를 남기고 서태후는 결국 사망하는데, 신해혁명에 의해 어린 황제는 황위를 잃게 되고, 북경은 군벌들의 세상이 되어 남경, 광저우의 혁명세력과 전쟁을 벌이게 된다. 혁명의 주도자인 쑨원(孫文)은 위안스카이(袁世凱)에게 대총통의 자리를 양보하고 통일을 도모하기도 하지만, 북벌 중 사망하고 만다.

(4) 변법자강운동

〈그림 10-1〉 강유위

중화사상을 버리고 열강의 위협 속에서 새로운 길을 모색하는 지식인 중심의 운동이 일어난다. 강유위, 양계초 등은 근대적인 입헌군주제로의 변혁을 꾀하는 변법운동을 벌인다. 부국책, 서구의 선진과학 문명과 정치제도 도입을 내용으로 하는 이 운동은 원세개, 서태후 수구 세력에 의해 좌절되고, 그 계획은 100일 만에 실패로 돌아가고 만다. 그래서 백일유신이라고도 한다. 이 변법운동은 청조를 모체로 한 채 국민국가로서의 중국으로 변신하려는 것이었다.

1900년대 신지식인은 아시아적 사회진화론에 심취하며, 약육강식, 적자생존의 현실에서 강권주의를 표방하게 된다. 유신파인 강유위, 양계초 등은 이같은 사회진화론에 입각하여, 서구의 선진과학 문명과 정치제도 도입을 내용으로 하는 변법유신운동을 벌였던 것이다. 현장감을 높이기 위해, 칭다오(靑島)의 캉유웨이의 고택이 있는 청도에서의 대화를 인용해 본다.[91]

---

91) 정인화 · 정다훈, 『클릭!차이나』(씨엘, 2000)

딸 | 청도는 맥주로 유명하죠? 어제 저녁 게 요리 먹으며 보니까, 청도 맥주병에 'since 1903'이라고 씌어져 있었어요. 국제 맥주제가 매년 청도에서 열리는데 그때도 볼 만하겠어요. 캉유웨이 무덤을 찾으러 가는 길에 본 동해중로(東海中路) 해안의 주택가는 정말 여기가 중국인가 할 정도에요. 동생 다영이도 놀랬나 봐요. 미국의 주택이 멋있다고 말하던 다영이가 보고 놀랄 정도이니 말이에요.

■ 개방도시 청도

아버지 | 청도는 개방도시이거든. 그래서 외국자본이 많이 투자되는 곳이란다. 우리나라의 기업도 청도에 많이 진출해 있지. 어제 우연히 여자 택시기사의 택시를 탔지 않니? 그 좀 수다스러운 택시기사 아줌마가 그러지 않던. 산동성의 성도인 지난(濟南)에는 한국의 의류를 전문으로 파는 큰 가게가 있고 또 한국 화장품이 인기가 있다고 말이다. 이곳 청도의 번화가 중산로(中山路)에서도 한국 해산물 전문 가게를 보았었지? 청도와 같은 개방도시인 대련(大連)에는 일본인의 투자가 가장 많은 곳이란다.

딸 | 그런데 아버지, 캉유웨이 무덤은 못 찾았지만 캉유웨이 고택은 다시 찾아봐야 해요?

아버지 | 어제 뱅뱅 맴돌며 못 찾았었는데, 오늘은 캉유웨이의 무덤을 찾아갔다가 결국 못 찾고 말았구나. 중국의 택시 기사들은 어

디를 아느냐고 물으면 무조건 안다고 해 놓고는 손님을 태우는데, 이 청도의 택시 기사도 마찬가지다. 결국 택시비만 날렸지. 이곳 산동성의 중국어는 사투리가 심해 아버지가 잘 알아듣기도 쉽지 않다. 그러나 오늘은 소어산(小魚山) 공원 근처에서 찾아내자.

■ **캉유웨이 고택을 찾아서**

딸 | 캉유웨이 고택가는 길에 대한 아무런 방향 표시도 없는 걸 보면 중국인들은 캉유웨이에 대해 잘 모르는가 봐요. 그러나 찾아서 다행이에요.

아버지 | 다행히 친절한 택시기사를 만나 찾아 왔다만, 캉유웨이의 고택은 너무나 허술하게 보존되고 있구나. 2층 양옥인데 너무 허술하지? 바다가 가까운 이곳 '복산지로(福山支路 5번지)'를 찾기가 그렇게 힘들었네. 저기 할아버지 한 분이 나오시는데 물어보자.

딸 | 할아버지가 꼭 김구 선생처럼 생겼어요.

아버지 | 그런데 다훈, 이제 너의 역사 실력을 말해 보거라. 캉유웨이의 무술변법이란 무엇이지?

딸 | 서구식 의회 제도를 도입하자는 거라고 배웠어요.

아버지 | 그래, 맞았다. 캉유웨이와 더불어 알아야 할 사람이 양계초이다. 양계초는 천재적인 소년이었는데, 캉유웨이를 만나 감

복을 하고 캉유웨이의 제자가 된 거지. 그래서 양계초는 청나라가 부흥하는 길은 입헌군주제를 도입하는 거라고 주장하는 거지.

딸 | 그러나 아버지, 캉유웨이의 무술변법 등 중국의 모든 개혁이 실패하고 단지 신해혁명만 성공했다고 배웠어요.

아버지 | 무술변법 이전에 중국에는 양무운동이 있었지. 아편전쟁에서의 패배로 중국인은 자기네가 천하의 중심이 아님을 자각하게 된 것이다. 그래서 서양의 제국주의에 대한 반대와 청나라 만주족의 타도를 내세우며 홍수전이 태평천국의 난을 일으킨 거지. 그러나 태평천국의 난도 실패로 돌아갔는데, 이 태평천국의 난 이후, 중국은 '동치중흥(同治中興)' 시기에 '자강(自强)'을 부르짖게 된다. 서양의 군사 기술 도입과 군수 산업을 강화하자는 거지. 이를 '양무운동(洋務運動)'이라 부른다. 태평천국의 난을 평정한 증국번(曾國藩), 이홍장 등이 주도한 운동인데, 청일전쟁에서의 패배로 이 운동은 실패로 돌아가지.

딸 | 그렇다면 양무운동과 무술 변법개혁 그리고 신해혁명은 어떻게 다른 건가요?

아버지 | 음, 우선 양무운동과 무술변법은 모두 청나라 조정의 주도에 의한 개혁운동이다. 특히 무술변법은 서양의 정치제도 특히 입헌군주제의 도입을 주장하는 것이 그 특징이란다. 그러나 손문(孫文)이 주도한 신해혁명은 청나라를 유지해온 만주족의 타도와 공화제의 건립을 내세우는 것이 결정적인 차이이

지. 청나라를 타도한 신해혁명은 이곳 중국에서는 성공한 혁명으로 평가받지 못한다. 왜냐하면 북쪽에는 여전히 군벌세력이 버티고 있어서 원세개(袁世凱) 등이 대총통에 오르는 등 군벌 세력이 여전히 막강하게 버티었기 때문이지. 그리고 단기서 등 군벌과 외세를 등에 업은 구 정치세력이 북쪽에 버티고 있어서 손문의 신해혁명은 미완의 혁명으로 끝나게 되는 것이다. 그리고 무엇보다도 농민, 노동자등 민중들의 삶이 개선되지 못하고, 서구 열강의 침략을 막지 못하였기 때문에 결국 실패한 부르주아 혁명이라고 평가되는 거란다.

딸 | 그렇다면 아버지, 왜 개혁은 성공하기 어려운 것이죠?

아버지 | 매우 중요한 질문을 다훈이가 하였구나. 사실 중국 역사상, 송나라 때의 유명한 왕안석의 신법(新法) 등 개혁가들이 많았지. 그러나 실패하고 만다. 그 이유는 여러 가지겠지만, 우선 기존의 이익을 누리는 세력의 저항 때문에 실패하는 경우가 대부분이다. 개혁은 기족 세력의 기득권 포기를 의미하기 때문이지. 가령 토지개혁의 경우 개혁으로 손해를 보는 세력들이 결국 개혁에 동조를 하지 않고 저항하게 되는 거지. 그래서 개혁은 혁명보다도 더 힘든 거라고 한단다.

딸 | 캉유웨이의 무술 변법운동, 그리고 양무운동 등이 다 실패한 것도 그런 이유인가요?

아버지 | 그렇다고 보아야 한다. 캉유웨이는 학자였다. 캉유웨이는 아편전쟁에서의 패배나 청일전쟁에서의 패배가 총이나 군함 등

의 무기가 서양에 뒤떨어졌기 때문이 아니라 누적된 정치의 부패에 그 원인이 있다고 본 것이다. 그래서 캉유웨이는 과거 시험 보러 북경에 올라온 선비들을 설득하여 서명을 받아 이른바 〈공거상서(公車上書)〉라는 상소문을 올렸지. 그러나 받아들여지지 않았단다. 그 후 '만국공보(萬國公報)'를 창간(1985)하여 서양신문을 번역하여 싣고 또 자연과학지식을 소개하였지. 유명한 양계초가 편집을 맡았단다. 또한 북경강학회(北京强學會) 등을 조직하여 활동하였지.

딸 | 청나라 조정은 왜 이들의 상소를 받아들이지 않은 건가요?

아버지 | 캉유웨나 양계초 등이 벼슬이 없었기 때문이지. 상소는 관직이 없는 선비들의 것이라는 이유에서였다. 그러나 캉유웨이는 그 후 개혁, 즉 변법(變法)을 주장하는 상소를 여러 차례 올렸지. 그러나 받아들여지지 않았다. 그러다가, 광서제가 서태후의 영향력에서 벗어나 있는 동안 광서제는 캉유웨이의 변법을 시행하였지. 캉유웨이의 주장은 헌법, 군회, 철도, 학교, 군사 등 30여 년 전의 일본의 근대화 모델을 따르자는 것이었다. 광서제는 변법파의 담사동(潭嗣同) 등을 등용하여 개혁을 추진하게 된단다.

딸 | 그러나 결국 실패하였지요?

아버지 | 그렇단다. 서태후는 청일전쟁의 패배 후 이화원에 은거하였으나, 조정에 대한 영향력은 여전하였지. 서태후의 반변법을 저지하기 위해 신식 군대를 끌어들여 쿠데타를 일으키고 서태후

를 유폐시키려 하였지. 그러나 당시 신식 군대의 총 보스라고 할 원세개가 서태후 편에 서는 바람에 쿠데타는 실패하고 캉유웨이, 양계초 등은 일본으로 망명하게 된단다.

딸 | 마치 우리나라 구한말의 개혁세력인 김옥균 등이 구세력의 저항으로 일본으로 망명하는 것과 비슷하네요.

아버지 | 그렇단다. 김옥균이 일본에서 개혁을 꿈꾸다가 자객의 손에 의해 죽는 것과는 달리 캉유웨이는 일본에서 돌아와 만년을 이곳 청도에서 산 것이 다른 점이지. 캉유웨이는 중국의 개혁 사상가로서 큰 발자취를 남겼다. 아마 우리나라의 선각자인 유대치 선생 같은 분이라고 할 수 있겠지. 그러나 유대치 선생은 중인계급으로 사회적 신분상의 제약이 있었던데 반해 캉유웨이는 유명한 학자요, 서예가이면서 화가이기도 하였다. 이 할아버지의 얘기인즉 캉유웨이의 고택에는 캉유웨이의 서화 등이 많이 있었다고 하지 않던?

딸 | 그럼 왜 캉유웨이 같은 선각자이자 개혁 사상가를 지금 중국정부는 이렇게 박대하는 건가요? 캉유웨이의 고택도 1994년이 되어서야 보존 건물로 지정하고, 또 이 고택의 방향표시조차도 안 해 놓는 걸 보면 캉유웨이를 박대한다고도 볼 수 있잖아요?

아버지 | 그것은 캉유웨이가 온건개혁론자였기 때문이다. 그리고 외래 민족인 청나라 만주족의 타도를 주장한 것이 아니라, 청나라 자세의 노력에 의한 개혁을 주장했기 때문이지. 그리고 신해혁명 이후 청나라 부흥을 수상하기도 하였지. 공산주의는 원

래 사회적 모순을 혁명으로 타도하는 것이지, 점진적인 개혁이나 타협적인 변화를 거부하는 거지. 그러니 캉유웨이의 개혁사상은 공산주의 사상과는 그 방법에서 맞지 않는 거고, 그런 캉유웨이를 공산정권에서 내세울 수 없는 거지. 그러나 루쉰(魯迅) 같은 혁명가는 청도와 아무런 연고도 없는 데도 '루쉰 공원'에 그의 조각상까지 세워놓고 있질 않니?

딸 | 음, 조금은 알 것 같아요. 그런데 아버지, 청도는 독일의 조차지였다가 일본의 점령지가 되었어요. 왜 그렇게 된 거죠?

아버지 | 서구 열강이 아편전쟁 이후 청나라를 괴롭히며 이곳저곳 땅 뺏기를 했었지? 그때 독일은 이곳 청도를 차지한 거지. 그러다가 독일이 제1차 대전을 일으키지? 1914년에 말이다. 그리고 독일이 패하게 되지? 그게 1918년이고…. 제1차 세계 대전 후 전승국들이 모여 전후 대책을 논의한 회의가 무엇이지, 다훈?

딸 | 파리 강화회의요.

아버지 | 그래. 일본은 프랑스 베르사이유 강화회의(1919)에서 독일 식민지인 청도를 일본이 이어받는 외교적 성과를 거둔다. 산동 지역에서 독일이 차지하고 있던 광산 및 철도, 그리고 이곳 청도 군사기지 등이 일본으로 넘어가게 된단다. 중국 측의 요구는 무시된 거지. 그리고 일본은 오히려 중국 측에 '21개 조항'의 요구를 한다. 사실 중국은 전승국으로서 이 파리 강화회의에 참여했는데도 그런 결과를 낳은 거지. 그래서 청도에는 일본군이 주둔하게 된 거란다.

■ TV탑에서 본 '5·4운동'

딸 | 중산 공원 꼭대기의 "텔레비전 탑"에 전시된 5·4 운동관련 사진에서 보니까, 일본군들이 청도에 진주하면서 부녀자들을 죽인 사진이 있었어요. 그리고 5·4운동 당시 북경, 상해 등지에서 일본에 대해 "청도 반환"을 요구하는 데모사진도 여러 장 보였구요.

아버지 | 그래 중요한 사진들이었지. 5·4운동은 중국이 근대에서 현대로 넘어가는 역사적 사건이란다. 당시 중국의 지식인인 이대조, 채원배, 호적 등이 이 운동의 지지자들이었고 마오쩌둥(毛澤東). 저우언라이 등도 5·4운동에서 활약한 인물들이란다.

딸 | 5·4운동은 우리나라 3·1운동의 영향을 받았다고 배웠어요.

아버지 | 그러나 우리나라의 3·1운동이 직접적인 영향을 준 것은 아니다. 당시 윌슨 미국 대통령의 민족 자결주의 등이 식민지 상태의 나라에 영향을 미친 것이고, 중국은 이미 태평천국의 난, 의화단 사건 등을 통해 반식민지, 반봉건 운동의 역사를 가졌었다. 그런 맥락 속에서 5·4운동이 가능했던 것이지.

딸 | 5·4운동은 어떻게 해서 일어난 건가요?

아버지 | 아까 독일의 패망으로 제1차 세계대전이 끝났다고 했지? 그 후의 전승국 회담이 파리강화회담이고…. 이때 일본은 파리강화회의 이후 중국에 "21개 조항"을 요구하게 된다고 했지? 중국대표는 이 조약에 서명한 것이지. 이 소식이 전해지자 북

경의 대학생들이 맨 먼저 거리에 나가 항의를 한 것이다. 북경대, 청화대 등의 학생들과 지식인들이 나서자 상인들도 동조하여 철시를 하는 등 데모가 전국으로 확대된 거지. 군중들은 당시 이 불평등 조약에 서명한 친일파 관리들의 집에 불을 지르는 등 반일 운동을 대대적으로 전개한 거다. 5·4 운동당시 '청도반환'을 함께 요구한 거지. 한마디로 5·4운동은 열강에 항거한 애국적 저항운동이었지. 신해혁명의 불완전한 성공은 중국인들로 하여금 서양의 민주주의(데모크라시의 첫 음을 따서 '德' 선생이라 한다)와 과학(사이언스의 첫 발음 '사이'를 따서 '塞' 선생이라 하지)의 중요성을 다시 일깨운다. 그러나 열강의 제국주의적 야욕 속에 중국인은 결국 민주주의가 아니라 공산주의를 받아들이게 되는 것이고. 5·4운동이야 말로 공산당을 창당하여 오늘날 신 중국을 이룩하는 먼 원인으로 작용한 것이란다.

딸 | 그래서 결국 청도는 5·4운동을 통해 반환 받은 건가요?

아버지 | 5·4운동으로 당시 집권세력이었던 안복파(安福派)는 친일파를 해임하는 선에서 마무리지었다. 그리고 워싱턴 회담에서 청도를 반환받게 되는 거란다. '텔레비전 탑'에서 본 사진 가운데, 청도를 철수하는 일본군의 사진이 있지 않던?

딸 | 네, 보았어요.

아버지 | 그런 역사적 상처를 지닌 청도의 오늘날의 모습은 활기차고 또 개혁·개방의 전진기지로서의 면모가 뚜렷하게 보이지 않

니? 페르시아 대제국의 멸망을 서술한 역사가 헤로도토스는 이렇게 말했단다.

민족의 역사에는 세 단계가 있다.
처음에 성공하고, 그러면 곧 거드름을 피우고
다른 민족을 압제하게 되며, 그리고는 마침내 몰락한다.

그런데 일본은 2차 대전 후 패전의 쓰라림을 딛고 다시 일어난 무서운 민족 아니냐? 전쟁을 일으키고 타민족을 괴롭히는 것은 나쁜 것이지만, 약육강식의 논리가 아직도 국제사회에서는 여전히 유효함을 분명히 인식할 수 있어야 한단다.

딸 | 역사시간에 배운 캉유웨이를 이곳 청도에서 생각할 수 있으리라고는 상상을 못했어요. 이런 것이 여행의 즐거움이겠죠? 이래저래 청도는 기억에 남는 도시일 수 밖에 없는 것 같아요. 아버지 이제 멋진 도시 청도를 이별해야 하겠죠? 그런 의미에서 우리 청도맥주 마시러 가요. 어제 밤 호텔 바에서 맥주 마시기 좋은 분위기라며 전화가 왔었어요.

아버지 | 그러자. 엄마와 동생 다영이도 내일이면 한국으로 가는데, 오늘 밤을 멋지게 보내야지. 이왕이면 저 오페라 하우스 같은 해상궁전에서 마시면 어떨까?

딸 | “팅 하오!” “워먼 쩌우바(우리 내려가요!)”

(5) 의화단 운동

1900년, 열강 물리치자는 애국애족운동이 산동성에서 일어난다. 의화단(義和團)이 그것인데, 이 운동은 8개국 연합군에 진압당한다. 북경을 점령한 영국, 프랑스 등 유럽의 8개 연합군은 원명원을 파괴시키는 등 약탈을 벌인다. 이 사건은 서양인들에 의해 소설이나 영화의 소재가 되기도 한다.

(6) 신해혁명

이에 반해, 청조의 타도에 의한 민족국가 수립을 꿈꾸는 혁명운동이 일어났다. 쑨원(孫文)은 흥중회(興中會) 등을 조직하여 반청운동을 전개하고, 루쉰 등 중국의 지식인은 아편과 유교적 폐해에 젖어있는 중국인민들에게 계몽의식과 민족의식을 불어넣는다. 결국 1911년, 무한에서의 봉기로 시작된 신해혁명에 의해 청조는 무너지고, 손문은 혁명조직을 이어 국민당을 창건하고 남경에 중국최초의 공화 정부를 수립한다. 그러나 북방에는 여전히 원세개 등 군벌세력이 있어 북경정부를 장악하여, 민족국가의 형성은 지연된다. 만주족 왕조는 무너지고 대신 중화민국이 들어섰지만, 오래지 않아 공화주의 역시 별반 나을 것이 없게 되었다. 공화주의의 장점인 헌법, 내각, 의회, 지방자치 같은 개념이 매력적으로 보였지만, 부정적 결과가 적지 않게 드러났다. 이 틈에 1915년 임시총통 위안스카이는 스스로를 황제라 칭하고 왕정복고를 시도한다. 신해혁명은 반쪽 혁명이었던 것이다.

그렇다면 신해혁명에 사상적 기반을 준 사람은 손문 이외에 누구일까? 중국혁명에 정신적 영향을 미친 지식인중 문학가 루쉰(盧迅)을 빼놓을 수 없다. 그의 고향이 절강성 샤오싱(소흥)이다. 항주에서 동쪽으로 60km 지점에 자리 잡고 있다. ≪아Q정전≫, ≪광인일기≫ 등으로 너무나 유명한 루쉰! 본명이 주수인(周樹人)이었다는 루쉰은 원래 일본에서 의학을 공부하던 유학생이었다. 그런 그가 왜 의학을 접고, 문학의 길로 접어든 걸까? 사실, 루쉰이 일본에서 유학하던 시절, 그의 스승인 등야(藤野) 선생은 각별한 정으로 루쉰을 보살펴 주었다고 한다. 소흥의 루쉰 기념관 내에 전시된 일본스승과 루쉰의 동상은 이것을 증명해주고 있었다. 그렇게 많은 보살핌을 스승에게 많이 받은 루쉰이 문학으로 길을 바꾼 가장 큰 동기는 일본유학 당시, 학교에서 보여준 한 편의 기록영화였다. 영화는 러·일 전생 당시 러시아의 앞잡이 역할을 했던 중국인이 일본인에게 폭행당하는 내용을 중심으로, '무매하고 무식한 중국인'의 모습을 담고 있었다. 같이 보던 일본학생들은 영화가 끝난 후, 모두 "만세!"라고 외쳤다. 루쉰의 분노는 어떠했을까? 그의 분노는 무지한 중국인을 깨우쳐야 한다는 신념으로 변했다. 생각 끝에 내린 결론은 문학이었다. 그 길로 일본에서의 의학공부를 포기하고 다시 중국으로 돌아왔다. 그의 혁명 문학은 이렇게 시작된 것이다. 루쉰은 1930년 '좌익작가연맹'을 결성하고 여기서 주도적인 역할을 한다. 그런데 한 가지 이상한 사실은 이렇게 혁명에 앞장선 루쉰이 왜 공산당에는 가입하지 않았나 하는 것이다. 그는 이대조, 신독수(陳獨秀) 등 공산주의를 처음 받아들이고 이를 연구한 학자들과 많은 교류를 갖지만, 공산당에는 가입하지 않는다. 내 생각이지만, 조직에 얽매이지 않고 자유롭고 싶어하는 그의 기질 때문이 아닐까…. 원래 예술가들은 무언가의 속박 당하는 것을 싫어한다고 하지 않는가…. 소흥의 루쉰 기념관[92]에서 쓴 다훈이의 글을 이어가 본다.

"기념관 내부를 유심히 살피고 있는데 한 사진이 눈에 들어왔다. 마오쩌둥 사진! 아니, 천안문도 아니고, 마오쩌둥 사진이 왠 말인가! 아버지에게 물어 볼 수 밖에…."

"아버지, 마오쩌둥이 앉아서 책을 읽고 있는데, 여기 저 사진이 왜 붙어있죠?"

"어디 보자. 연안에서 국민당과 공산당이 마지막 혈전을 벌였다는 건 알고 있지? 이 사진은 연안의 공산당 본부에서 마오쩌둥이 루쉰의 책을 읽고 있는 모습이라고 한다."

"참, 별 사진이 다 있네요. 루쉰의 영향이 정말 대단 했었나 봐요."

루쉰의 영향이 대단했다는 말은 비단, 마오쩌둥 사진에서만 찾을 수 있는 것은 아니었다. 루쉰은 추근, 채원배와 같은 지식인들과도 교류를 가졌다(추근은 청 말의 여성 혁명가이고, 채원배는 5·4운동 당시 북경대 총장으로 학생들의 운동에 적극 지지를 했던 사람 중의 하나다). 번역된 ≪루쉰전집≫의 수 만해도 기네스북에 오를 정도로 어마어마한 양이었다.

루쉰의 생가라고 생각하고 들어간 곳이 너무 큰 집이어서 처음에는 정말 놀랐다. 주방의 크기가 거실만하게 큰 집이였으니…. 가난한 농민의 생활에 관심이 많았던 루쉰이기에, 당연히 집도 작고 소박할 것

---

92) 루쉰(魯迅)은 혁명문학의 거성이다. 중국사회주의 문학의 아버지 루쉰(1881~1936)은 중국 소설 100년사에서 최고로 꼽힌 작품인 첫 창작집 ≪납함≫인데 이 창작집에 〈아Q정전〉이 수록되어 있다. 〈낙타샹즈(駱駝祥子〉의 라오스어(老舍), 〈한밤중(子夜)〉의 마오둔(矛盾), 〈집(家)〉, 〈추운밤(寒夜)〉의 바진(巴金) 등이 혁명문학의 별들이다. 중앙일보, 21세기 중국문화지도 17, 2008.3.14일자 참조.

이라고 생각했던 것이다. 한참 이외라는 생각으로 두리번거리고 있는데, 낯설지 않은 글자가 눈에 들어왔다. "조고가(祖古家)" – 꽈이부드어(怪不得: 어쩐지)! 그 집은 루쉰 생가가 아니라, 루쉰의 할아버지 댁이었던 것이다. 루쉰의 할아버지는 청나라의 벼슬을 지낸 분으로 비교적 풍족하고 여유로운 생활을 했다고 한다. 이미 집의 모습과 정경이 그것을 증명해주고 있었다. 루쉰의 집은 이 조부모 저택의 앞 건물이었다. 물론 할아버지 댁만큼 크지는 않았지만, 그래도 비교적 넓고 좋은 집이었다. 특히나 백초원(白草園)이란 이름의 루쉰 집 정원은 상당히 인상에 남았다. 루쉰의 집을 보고 있으려니, 문득 톨스토이와 도스토예프스키가 생각났다. 집까지 팔아서 가난한 사람에게 나누어주고 검소하고 소박하게 살았던 톨스토이와 번 돈을 노름으로 날리고 방탕한 생활을 하는 속에서도 ≪죄와 벌≫, ≪카라마조프의 형제들≫, ≪백치≫ 등 불후의 명작을 남긴 도스토예프스키말이다. 그렇다면 루쉰은 과연 뭐라고 표현할 수가 있을까? 분명한 사실은, 이들 셋의 생활모습은 비록 다르지만 이들은 분명 위대한 문학가로 평가되고 있으며, 그들이 쓴 책은 영원히 이 세상에서 없어지지 않고 독자들에게 읽혀질 거라는 것이다.

2. 국민당과 공산당[93]

신해혁명이 있은 후, 약 3년 후에 발발한 제1차 세계대전은 중국의 국제환경을 바꾸어 놓았다. 전쟁으로 유럽열강은 피폐해졌고, 패전국 독일은 중국에서의 이권을 상실하였다. 러시아의 사회주의 혁명(1917)으로 소련이 탄생했으며, 소련은 중국에 대해 이권을 스스로 포기한다는 카라한(Karakhan) 선언을 하였다. 그러나 일본은 제1차 세계대전이 시작된 이듬해에 중국에 '21개조(청도 등 구독일 권익을 넘겨받을 것, 여순 대련 조차기한을 99년간 연장하는 것, 일본인을 정치, 재정, 군사 고문으로 하는 것, 경찰을 중일 공동으로 움직이는 것 등)'라는 부당한 요구를 하여 중국인을 크게 자극하였다.

(1) 신문화운동

위안스카이 황조는 걸음마를 시도하기도 전에 넘어지고 말았고, 이후 군벌시대가 도래하면서 온 중국은 군사적 영향에 따라 몇 개 지역으로 분할되었다. 10년이 채 안 되는 동안 중국은 서너 개 국가 정치체제를 실험해 보았지만, 어느 것도 제대로 기능하지 못하였다. 그 결과 신문화운동이 지식인 계층에서 싹트게 되었다. 이들이 생각하기에 중국의 문제는 정부문제가 아니라 인민의 문제였고 중국에 필요한 것은 정치체제 변화가 아니라 문화적 본질의 변화였다. 중국은 1910년

---

93) 오쿠무라 사토시(奧村 哲), 박선영 역, 『새롭게 쓴 중국 현대사』(소나무, 2001)가 중국이 전통사회에서 국민국가로 전환하는 과정에서 국공합작과 갈등, 일본의 침략속의 중국 사회의 변화 그리고 중국식 사회주의를 잘 설명하고 있다.

대 후반 이후 진독수(陳獨秀), 호적(胡適) 등을 중심으로 '민주와 과학(德先生과 塞先牛)'을 슬로건으로 하는 '신문화운동'이 전개되었다. 이 운동을 통해 유교 비판, 구어문학운동이 전개되고 마르크스주의도 소개되었다. 계몽운동인 신문화운동은 1919년 5·4운동을 통해 민족주의로 발전한다.

1918년 당시 북경대 도서관장 이대조는 마르크스 연구회를 조직하여 활동하였다. 당시 마오쩌둥은 북경대 양창제 교수에게 사사 받으며, 북경대 사서로 취직하여 진독수, 이대조 등과 교류하며 공산주의를 받아 들였다. 마오쩌둥은 이때 만난 스승 양창제의 딸 양카이후이와 결혼하게 되나, 국공내전에서 양카이후이는 국민당 군대에 잡혀 처형당한다.[94]

(2) 5·4 운동

5·4시위는 베이징의 군벌정부가 일본과 맺은 비밀협약 때문에 촉발된 민중운동이다. 일본이 군벌의 권위지원 대가로 제1차 세계대전 일어나기 이전 독일이 산동성 청도에서 누렸던 특권 모두를 물려받는다는 내용이 중국민중에 알려지면서, 북경대 학생들 중심의 반일본, 반군벌 운동이 전개된 것이다. 학생, 상인, 일반시민들은 천안문 광장에 모여 들었고, 마오쩌둥도 이때 천안문 광장의 현장에 있었다.

파리강화회의에서 중국이 요구하는 '21개조 요구에 대한 파기'가 거부되자 중국인의 분노가 폭발한 것이다. 먼저 학생들은 청도반환 등을

94) 마오쩌둥의 소년 시대부터 혁명의 일대기를 그린 책으로는, S. 슈람, 김동식 역, 『마오쩌둥』(두레, 1979)이 있다.

내걸고 데모를 벌였으며, 상인들은 철시하고, 분노한 시민들은 북경의 군벌정부 관료를 습격하였다. 오늘날 칭다오 텔레비전 탑에는 당시 일본군이 칭다오를 진입하는 사진, 일본군에 저항하는 중국백성의 사진 등이 전시되어있다. 한편 손문은 5·4운동에 힘입어 중국혁명당을 중국 국민당으로 만들었다. 민족, 민권, 민생주의 등 '3민주의'를 표방하며, 국민당은 코민테른의 원조도 받아들였다.

(3) 공산당 창당

한편 마오쩌둥 등은 1921년 상해에서 공산당을 비밀리에 결성하였다. 제1차 전당대회에 참가한 사람은 모두 13명이었다. 당서기는 진독수가 선출되었다. 57명의 당원으로 시작한 공산당이 그 후 30여 년 만에 중국의 주도세력이 될 줄을 상상할 수 있었을까.95)

〈사진 10-2〉 창당멤버 모택동, 이대교

95) 중국의 현대사를 사회 경제적 관점에서 분석한 명저는 장 세노, 신영준 역, 『중국현대사; 1911~1949』(서울: 까치, 1982)가 있다. 장 세노는 마오쩌둥의 혁명을 인민해방의 관점에서 긍정적으로 서술하고 있다. 이와는 반대로 일본학자 사토시는 마오쩌둥의 사회주의 건설을 장개석의 민주주의 건설을 방해하고 마오쩌둥 개인의 절대권력 추구로 보며, 공산당은 자력에

(4) 제1차 국공합작(1924~1927)

마오쩌둥은 레닌의 제국주의론과 '반식민지론'을 표방하고, 신민주주의론, 노동자 계급의 지도 등을 내세우며 공산주의를 중국적 상황에서 재해석하며 세력을 펼쳐나갔다. 1921년에서 1927년의 6년 동안 제3인터내셔널(코민테른)의 지시와 통제를 받고 있었다.

국민당과 공산당간의 최초의 연합은 1922년 5월 항주 서호에서 개최된 중국공산당 제2차 당 대회에서였다. 코민테른의 극동지역 부장 마링(Maring)의 합작권유를 받았다. 약세에 놓여있는 공산당의 당원이 개인 신분으로 국민당에 입당하여 조직 침투하여 성장할 수 있다는 설득이었다. 마오쩌둥은 국민당 집행위원으로 선출된다. 국민당을 이끈 쑨원은 1)중국 공산당과 연합, 2)중국을 자국과 동등하게 대우하는 나라와 동맹, 3)노동자 계급 기본권 보장 등의 원칙을 내세웠었고, 마오쩌둥 등 공산당 간부들은 국민당 간부를 맡기도 하였다. 그러나 국공합작을 성공시킨 쑨원은 직접 북벌에 나섰으나, 사망하고(1925), 후계자 장제스(蔣介石)가 국민당을 이끈다.

1925년 초, 점점 커가던 남쪽 혁명세력의 압력에 눌려있던 북부 군벌정권은 소위 '기독교 장군'인 펑위샹(馮玉祥)이 '유교장군'인 '우페이푸(吳佩孚)를 베이징에서 몰아내기 위해 쿠데타를 일으키면서 무너져 내렸다. 그러나 새로이 불붙은 권력투쟁으로 펑위샹과 만주군벌 장쭤린(張作霖) 사이에 내전이 일어났고 1926년 펑위샹은 결국 퇴각하여

의해서가 아니라, 일본의 대륙침략 등 외적 환경에 의하여 희생한 것으로 새롭게 해석하고 있다. 사토시, 바선영 역, 『새롭게 쓴 중국현대사』(서울: 소나무, 2001)를 참조할 것. 서진영, 『중국혁명사』(한울, 2007)/우노 시게이끼, 김정화 역, 『중국공산당사』(일월서각, 1984) 등도 참조할 것.

소련으로 갔다. 장제스는 북경을 장악하고 국공합작을 깨고 공산당 분쇄에 나선다. 장쭤린은 일본의 만주사변 당시 만주에서 열차 폭발로 사망하고, 그의 아들 장쉐량(張學良), 훗날 그의 상관 장제스를 감금하는 서안사변을 일으키는 주인공이 된다.

(5) 상해 쿠데타

손문의 사후, 장제스(장개석)의 상해 쿠데타(1927)로 공산당은 큰 타격을 입는다. 장제스는 국민당 좌파세력의 위협을 받고 있었으며, 남경에 국민당 정부를 세우고 얼마 안가 국민당좌파가 주도하는 무한(武漢) 정부가 공산주의자들에 의해 수립되었다. 이때 스탈린은 코민테른 대표를 통해 통일연합전선을 새로운 혁명세력으로 전환시키기 위해 공산당으로 하여금 지주들과 군벌들을 타도하도록 지시하였다. 결과는 국민당정부군에 의해 체포된 공산주의자들의 집단처형이었다. 이를 상해 쿠데타라 한다. 그 후 국민당은 모두 6차례의 공산당토벌작전을 벌인다.

공산당은 1927년 8·1일 난창(南昌)에서 무력반란을 일으키고, 무한에서 개최된 중국공산당 비상대책회의에서 무력반동으로 국민당에 복수할 것을 결의한다. 난창봉기, 추수봉기 모두 실패한 공산당은 마오쩌둥의 지도하에 정강산(井崗山)에 집결한다. 공산당은 정강산부터 3가지 규칙을 만들었다. 첫째, 명령에 즉각 복종한다. 둘째, 가난한 농민의 어떤 것도 몰수하지 않는다. 셋째. 지주몰수재산은 소비에트 정부에 전달하고 처분한다.

(6) 강서 소비에트

마오쩌둥은 강서성의 루이진(瑞金)에 대피하여 홍군(紅軍)을 조직하고 농촌지역인 강서 소비에트를 세웠다(1931). 즉 공산주의 지역을 건설하였다. 농촌에서의 혁명근거지를 건설할 것을 맨 처음 주장한 것은 강서 소비에트 지도자인 마오쩌둥이었다.

정강산(井崗山)서 고군분투할 때 국민당 장군 주더(朱德)가 군대를 이끌고 홍군에 합류한다. 주더는 지금도 천안문 2층에 다른 혁명동지들과 나란히 그 그림이 걸려있다.

(7) 대장정

〈사진 10-3〉 대장정

국민당은 5차에 걸쳐 공산당 게릴라 기지에 대한 공격을 강화하고 대대적인 군사작전을 통해 공산당의 게릴라 기지를 완전 포위했다. 장제스는 1933년 11월에 제5차 포위 토벌전을 벌인다. 코민테른 특사 오토 브라운과 보구의 지휘 하에 전개된 전투에서 공산당은 패하고, 1934년 10월 강서 소비에트를 버리고 서쪽으로 도주한다. 공산당 홍군은 국민당 포위망을 뚫고 15만 명 정도의 남은 병력을 이끌고 만리장성이 있는 북서쪽으로 이동하게 되는데, 장장 1,2000㎞미터에 이르는 그 유명한 대장정(大長征)을 통해 이엔안(延安)[96]에 이르러 은거를 마련하였다(1935). 이 장정에는 저우언라이(周殷來), 주더(朱德), 펑

96) 연안(이엔안)은 혁명의 성지로서, 이곳 사람들은 자긍심이 대단히 높다.

더화이 그리고 덩샤오핑(鄧小平)이 참가하였는데, 이들은 후에 중국을 주도하는 인물들이다. 반자민 양의 표현에 의하면 이때까지만 해도 덩샤오핑은 귀염둥이였다. 그런 덩샤오핑은 신 중국 건국 후 마오쩌둥과의 갈등을 겪으며, 결국 개혁·개방을 이끈 중국의 총설계사가 된다.[97]

장정도중인 1935년 1월 귀주성의 준의(遵義)에서 공산당 정치국 회의가 개최되었다. 제5차 전투에서의 경험과 교훈을 평가한 이 회의는 결과적으로 당시 지도권을 잡고 있던 브라운 및 보구와 마오쩌둥이 대표하는 반대파 사이의 치열한 권력투쟁의 장이었다. 덩샤오핑 평전을 쓴 벤자민 양은 이때의 상황을 이렇게 묘사해 놓고 있다.

"자신의 실책에 대해 온갖 변명을 유창하게 들어 놓은 보구, 스스로의 잘못을 우아하게 인정하는 저우언라이, 그런 그들을 빈정대며 공격하는 마오쩌둥, 한 모퉁이에서 조용히 줄담배 피고 있던 브라운을 겨냥해 반기를 들고 나서는 주더나 펑더화이…"[98]

여기서 마오쩌둥은 실질적인 정치군사적 지도자로서 최고 권력을 장악한다. 마오쩌둥은 게릴라 전술을 구사한 인물이다. 유격전의 4기자 구호는, 1) 적진아퇴(敵進我退), 2) 적지아우(敵止我扰), 3) 적피아격(敵避我擊), 4) 적퇴아진(敵退我進)이다. 홍군의 군율은 엄격하였다. 그래서 농민의 절대적 지지를 받았다. 에드가 스노우는 종군기자로, 당

---

97) 벤저민 양, 『덩샤오핑 평전』(황금가지, 1997)

98) 덩샤오핑은 저우언라이의 지칠 줄 모르는 노력, 세심한 조직력, 산사적 행동, 온화한 성격, 상관에 대한 담담한 복종, 부하에 대한 따듯한 배려에 찬탄한다. 그러나 위압적이고 권위적인 마오쩌둥의 성격에 경도된다. 벤저민 양, 앞의 책, p.125.

시 출입이 어려운 홍구(紅區)에 서방기자로 처음 들어가 마오쩌둥 등과 인터뷰 하는 등, 공산당을 세상에 알렸다. 에드가 스노우의 부인 님 웨일즈도 이때 이엔안에서 활약한 서방기자이다. 님 웨일즈는 『아리랑의 노래(Song of Arirang)』란 책을 남겼다.[99] 에드가 스노우는 『중국의 붉은 별(Red Star Over China)』이란 책으로 당시 공산당의 사정을 서방에 알렸다.[100] 홍구의 상황이 잘 기록되어 있는 책이다.[101] 그의 무덤은 북경대 미명호(未名湖)에 있다. "중국인의 친구"란 묘비명이 이곳을 찾는 이로 하여금 감회에 젖게 한다.

대장정을 거쳐, 그의 사랑하는 부인 양카이 후이를 잃은 슬픔과 신중국 건설의 기쁨이 녹아나는 시를 마오쩌둥은 남기고 있다. 이제 대장정을 마치고 서북 변방에서 역대 왕조의 건국자와 자신을 비교하며 신 중국 건설을 꿈꾼 마오쩌둥의 시 한수를 읽어 보자.

---

99) 님 웨일즈는 종군기자로 중국에서 활동중이던 에드가 스노우를 만나 그와 결혼한 풍운의 여인이다. 그녀는 1937년에 연안에서 우연히 김산(金山: 1905~1938)을 만난 감동과 그의 이야기를 『아리랑의 노래(Song of Arirang)』란 책으로 1941년 미국에서 출판한다. 김산은 가명인데, 장지락으로 알려져 있다. 김산은 1930년 11월 광저우 봉기 3주년 기념행사 준비회의에 참가하러 가는 길에 베이징에서 국민당 경찰에 검거된 후, 일본 경찰에 넘겨져 40일 동안 혹독한 고문을당한 끝에 이듬해 무죄로 석방된다. 이 무죄 석방을 이유로 김산은 '변절자'라는 오해를 받고 8년 뒤 숙청과 죽음을 맞는다. 1970년대 이후 일본어판 번역서가 지식인늘 사이에 입소문을 타기 시작했고, 1984년 동녘출판사에서 『아리랑』을 출간했다.

100) 에드가 스노우는 1949년 중국 혁명이 성공한 뒤 중국 땅에 미국 언론인으로는 처음으로 들어가 마오쩌둥과 저우언라이 등 옛날 친구들을 다시 만난다. 리처드 닉슨의 중국 방문을 뒤에서 주선했다. 그는 닉슨이 중국을 방문하기 불과 엿새 전에 중국에서 눈을 감는다.

101) 에드가 스노우, 신홍범 역, 『중국의 붉은 별』(두레. 1985)

눈(雪)

북국의 풍광
천리 사방이 얼음에 잠겼고,
만리가 눈의 소용돌이,
장성(長城)의 안팎은
오직 광활한 백색
황하의 세찬 물결은
끝이 막막하다
산맥은 은빛 뱀처럼 춤추고
구릉은 밀랍 색 코끼리처럼 치달리며
하늘과 그 높이를 다툰다
날씨 좋은 날, 대지는
흰 옷에 붉은 장식 달아
황홀함을 더한다
강산의 풍요로운 아름다움에
헤아릴 수 없는 영웅들이 머리를 숙였다
그러나 어찌하랴! 진시황과 한무제는
글의 아취 못 미치고
당태종과 송태조는
시심이 부족하며,
일대천교(一代天驕) 징기스칸은

독수리 사냥밖에 몰라 큰 활만 당겼었네
모든 것이 흘러갔으니!
진정한 풍류인물은
이 시대만 볼 수 있네

내가 북경대 방문교수로 있던 당시, 북경대 미명호에서 그리고 천안문 광장에서, 마오쩌둥에 관하여 내 딸과 나눈 대화를 인용해 본다.

딸 | 그런데 아비지, 마오쩌둥은 어떤 사람이죠?

아버지 | 마오쩌둥은 시골 출신이지. 장사(長沙) 사범학교를 다녔지 마오는 북경에 올라와 북경대학의 양창제(楊昌濟) 교수에게 사사를 받았지. 그의 소개로 북경대학 도서관의 사서가 되고 그때 많은 중국 고전을 읽었다고 한다. 양창제 교수의 딸 "양카이후이"와 결혼하게 되고. 양카이후이는 마오쩌둥의 사상적 동지이기도 하지. 후일 그의 아내 양카이후이는 국민당 군에 붙잡히게 된다. 그러나 국민당의 회유에 불응하여 마침내 죽임을 당하게 되지. 마오쩌둥의 아들은 한국전에 참전하였다가 전사하는 비극을 겪게 된단다. 이런 사실들로 인해 중국인들이 마오쩌둥을 더욱 존경하게 되는 것이지. 다시 마오쩌둥의 젊은 시절로 돌아가 보자, 마오는 북경대 도서관 사서를 지내며 당시 급진적 지식인이었던 이대조, 진독수(陳獨秀) 등의 영향을 크게 받게 되고 마침내 마르크스주의자가 된다. 이대조의 농상을 너는 북경대 구내에서 보았지? 사실 5·4운동 당

시에 중국인들 사이엔 여러 가지 사상이 들어 왔단다. 무정부주의자도 많았지. 마오쩌둥, 조우언라이 등이 다 "5·4 운동"에 참가한 사람들이란다. 그러다가 마오쩌둥은 1921년 공산당의 창당멤버가 되고, 그 후 당내의 여러 세력과 이론투쟁 등을 벌이며 공산당의 정치, 군사 등의 탁월한 지도자가 된다. 마오쩌둥은 소련에서 배워온 공산주의자들과는 달랐던 것이지.

딸 | 마오쩌둥의 공산주의는 어떻게 다른데요?

아버지 | 농민들의 역량을 조직화해내는 데에서 중국 공산주의 혁명의 성공을 찾은 것이다. 노동자를 중심으로 혁명을 해야 한다는 다른 사람들의 이론과는 달리 중국 농민들의 힘을 본 것이다. 마오쩌둥은 호북성에 가서 실제로 농민운동을 한 후 〈호북농민운동시찰보고〉를 집필하고 그 때의 경험을 잘 살려 중국혁명에 성공한다. 그 유명한 "대장정"에서 농민의 힘을 잘 조직해 내어 항일투쟁에 나서고, 결국 장제스의 국민 당군에 승리하게 되는 거란다. 공산당의 군대인 홍군이 강서성(江西省) 등에 이른바 소비에트를 건설하고, 정강산, 루이진(瑞金), 연안(延安) 등지에 진지를 구축하고 항일전선, 국민당과의 투쟁을 벌이는 동안 마오쩌둥의 지휘하의 공산주의의 이념에 따른 이들의 생활이 얼마나 철저하고 감동적이었나를 많은 서방 종군 기자들이 증언을 하고 있지. 다훈, 너 북경대 구내의 유명한 '웨이밍호(未名湖) 옆에 있는 에드가 스노우의 무덤을 보았지? 묘비에 "중국인의 친구"라고 씌어있지 않던? 이 사람은 당시 종군기자로 대장정과 연안에서의 생활 등을 서방에

전한 사람이지. 그가 마오쩌둥을 수행하며 공산당의 활동을 소개한 책이 『대륙에 뜬 다섯 개의 별(Five Star over China)』이지. 여하튼 마오쩌둥은 시인. 정치가, 사상가, 군사 전략가, 서예가 등등 탁월한 지도력을 발휘한 사람이야. 특히 마오는 중국고전을 많이 읽은 사람으로 정평이 나 있다. 독학으로 공부를 많이 한 사람이지. 연안의 진지 안에서도 루쉰(魯迅)의 소설을 읽는 모습의 유명한 사진을 너는 루쉰 박물관에서 볼 수 있을 거다. 마오쩌둥의 사상을 '마오이즘'이라 하는데 이는 한 마디로 말해 '마르크스주의의 중국화'를 뜻하는 것이라고 보면 된다.

딸 | 넵, 알겠습니다. 앗, 아니 마오쩌둥(毛澤東)의 초상화, 입 근처에 큰 사마귀가!!

아버지 | 눈도 밝다! 중국 배우들이 마오 주석으로 분장할 때면 이 사마귀와 약간 머리가 벗겨진 마오 주석을 특징으로 분장한단다.

(8) 서안사변, 중일전쟁, 제2차 국공합작

〈사진 10-4〉 장개석

장제스는 이엔안(延安)의 공산혁명 근거지를 소탕하기 위해 토벌군을 섬서성(陝西省)으로 파견한다. 제6차 토벌작전이었다. 공산당을 구한 것은 아이러니컬하게도 일본의 중국침략이었다. 일본은 만주에 괴뢰정부를 수립하고 중국대륙을 침략하였다. 상황이 이렇게 되자 중국인은 국공내전보다, 국공합작의 항일전선을 바라고 있었다. 학생들은 연일 데모를 벌여 국공합작을 촉구하였고, 전국각계구국연합회(1936년 5월)를 결성하고 송경령(宋慶齡) 등이 앞장섰다.

국민당의 장제스는 공산당 은거지 연안에 대한 최후의 공격을 독려하기 위해 섬서성의 서안을 방문한다(1936년 12월). 이때 장제스에게 반감을 가지고 있던 만주 출신의 젊은 군인 장쉐량(張學良)은 국공합작을 성사시키기 위해 장제스를 체포하여 인질로 삼고 국공합작에 동의할 것을 요구한다. 이것이 서안사변(1936)이다. 장제스는 어떻게 되었는가? 저우언라이가 서안으로 날아와 협상에 임하고, 장제스는 풀려난다. 이 사건을 계기로 서안협정에 따라 장제스는 공산당 토벌을 중지하게 되며, 공산당은 다시 국민당과 제2차 국공합작을 하였다. 국민당 정부는 남경으로 수도를 옮기며 항일전쟁을 수행한다. 그렇다면 장쉐량은 왜 장제스를 체포하였는가? 에드가 스노우의 증언에 의하면, 당시 장쉐량이 세력을 쥐고 있던 만주 동북군이 이미 섬서성 연안의 홍군과 반 남경(즉 반 국민당), 반 일본 동맹을 맺고 있었

〈사진 10-5〉 장학량

〈사진 10-6〉 서안사변 당시 장개석 구금 장소, 총탄흔적

다는 것이다. 그러니까, 연안을 포위하고 있던 국민당 군대는 이미 장쉐량의 휘하에 있던 군대로서 장제스의 토벌작전보다 국공합작에 의한 항일전쟁을 추구하고 있었던 것이다.

한편 일본은 노구교(마르코폴로 브리지) 사건[102]을 구실로 중일전쟁을 일으킨다(1937). 북경에 이어 남경을 점령하며 30만의 양민을 학살한다. 남경대학살사건이 이것이다. 오늘날 남경에는 남경대학살 기념공원이 있어 이곳을 찾은 이들로 하여금 숙연한 마음을 갖게 한다. 난징대학살 조난동포 기념관에서 다훈이가 쓴 글을 인용해 본다.

> …누구나 무언가를 생각하면 그에 따라 바로 연상되는 것이 있다. 겨울 하면 눈이 떠오르고, 아침 하면 일출이 생각나듯이… 사실 '남경'이란 이름을 듣고 내가 가장 먼저 떠오른 것은 '난징대학살'이었다. 도대체 '난징대학살'이란 어떤 사건인가? 익히 들어서 마치 한 단어처럼 느껴지는 말 – 난징 대학살! 여행안내서에 적혀진 '난징대학살 조난동포 기념관'이란 단어는 그래서 내게 더욱 강한 인상으로 다가왔고, 역사적인 장소를 찾아가는 내 발걸음은 더욱 조급해졌다. 시내에서 택시로 약 10분 거리, 그곳에 기념관이 세워져 있었다.
>
> 300000! 정문에 들어서자 가장 먼저 눈에 들어 온 이 숫자! 그리고 살고자 하는 한 인간의 처절한 눈빛과 땅 속으로 서서히 빨려 들어가는 손을 형상화한 조형품! 당시의 참혹하고 처절했던 상황을 그대로 보는 것만 같아 안으로 들어가는 내내 숙연한 마음을 감출 수가 없었다. 그것은 다른 어떤 말보다 당시 일본군의 잔인함과 남경시민들의 참혹한 죽음을

102) 북경서 10마일 정도 위치한 노구교에서 불법으로 야간 기동훈련을 벌이던 일본군은 중국 철도경비병으로부터 총격을 받는다. 이에 일본은 중국을 공격한다. 물론 노구교 사건은 일본군에 의한 의도된 도발이었다.

그대로 보여주고 있었다. 북대부중, 역사시간에 난징대학살에 대해 선생님과 함께 토론하던 우리 반 아이들의 분노하는 모습이 이제야 실감이 났다. "워 뿌 시환 르번런(난 일본인이 싫다)"라고 내게 말하던 왕이와 장장산의 얼굴이 왜 그리도 절실하게 느껴지던지(나 또한 당시에 우리나라 사람들도 일본인에게 많이 학살을 당했다며, 열렬하게 토론했었으니까). 30만이란 숫자, 30만 명이라는 사람들, 30만 명의 죽음, 30만 명의 대학살! 강릉시의 현재 인구보다 10만이나 더 많은 인명의 죽음! 이것은 1937년 12월 15일 밤부터 6주 동안이나 남경시내에서 이루어진 일이라고 하니, 그 공포의 6주는 어떠했을까? 난징대학살 조난동포 기념관의 바깥쪽에는 남경시내 곳곳에 세워져 있던 조난동포 기념비를 한곳에 모아둔 곳과 일부 발견된 인골의 전시가 있었다. 아무렇게나 널려있는 듯한 인골 전시는 발굴 당시의 그대로 모습이라고 하는데, 일부만 팠을 뿐, 전체가 발견된 것은 아니라고 한다. 얼마나 많은 사람들이 대량으로 죽어 땅에 무더기로 묻혀있단 말인가!

그러면 이 끔찍한 '난징 대학살'은 도대체 어떻게 일어난 것일까? 그것은 일본이 노구교 사건을 통해 일으킨 중일 전쟁(1937)에서부터 출발한다. 그 중일전쟁은 국민당과 공산당의 내전 중에 일어난 사건이다. 5·4 운동 이후 1919년 결성된 장세스 중심의 국민당과 1921년 마오쩌둥이 이끄는 공산당은 그 이념의 대립으로 많은 갈등을 겪는다. 쑨원이 죽은 후, 그 뒤를 이은 장개석은 북쪽의 북벌세력을 견제하는 동시에 공산당까지 토벌한다. 그 결과 공산당의 홍군은 국민당 군대에 쫓겨, 1,2000㎞에 이르는 이른바 '대장정'을 감행하며 1935년 옌안(延安)을 새로운 활동의 거점으로 삼게 되는 것이다.

바로 이 시기에 중일전쟁이 발발한 것이다. 일본이 1930년 세계 경제공황을 극복하기 위한 수단으로 군부가 재벌과 손을 잡고 대륙침략에 나선 것이 원인이었다. 일본 육군은 만주지역을 침략하여 괴뢰 만주국을 세운 후 다시 1937년 중국침략을 감행한다. 그 후 난징으로 쳐들어간 일본군이 민간인을 대량 학살하고 왕자오밍을 주석으로 하는 친일정권을 세우게 되는 것이다. 1937년 결국 국민당과 공산당은 다시 손을 잡고(제2차 국공합작) 항일전쟁에서 일본의 항복으로 승리하게 된다. 무엇보다 재미있는 사실은 제2차 국공합작의 시기가 바로 공산당이 국민당에게 쫓기는 시기와 맞물린다는 것이다. 그때까지 만해도 국민당의 세력이 훨씬 세었으며 국민당의 정통성 있는 당으로 간주되고 있었다. 항일전쟁에서의 승리 후, 각각 중경과 남경에서 국민당과 공산당대표가 협상을 하나 번번이 국민당의 무리한 요구로 결렬되고, 급기야 다시 내전을 벌인 끝에 장개석은 대만으로 후퇴하고 1949년 10월 1일 마오쩌둥을 중심으로 한 공산당이 중화인민공화국을 선포하기에 이른다. 만약, 중일전쟁이 발발하지 않았다면, 국민당이 중국을 집권하고 있을지도 모를 일이다. 왜냐하면 국민당 군대는 공산당 홍군의 근거지인 연안을 포위하여 마지막 타격을 가하기 직전, 중일전쟁이 발발하고 따라서 국민당과 공산당은 제2차 국공합작을 하지 않을 수 없었기 때문이다.

이런 중국 현대사를 더듬으며, 기념관 내부로 들어갔다. 내부에 전시된 사진과 자료들은 일본의 남경 침입당시의 상황을 생생하게 보여주고 있다. 기념관 내부 전시실에서 밖으로 나오자, 13곳에서 자행된 학살을 되새기는 13개의 기념비들이 놓여있었다. 기념비를 둘러보는 도중에 한 남경시민을 보았는데, 딸과 함께 기념관을 참관하러 온 숙연한 자세에서 이들에게 이 사건은 절대 잊혀 질 수 없는 것임을 다시 한 번 확인할 수 있었다. 우리 또한 일제 식민지 시대를 결코 잊을 수 없는 것처럼…. 그리고 문득 이런 생각이 들었다. 지금 저 남경시민은 이 기념관 앞에서 어떤 생각을 하고 있을까? 무슨 말을 딸에게 해주고 있을까? 비석 앞에 설 때마다 우리나라에서 독립운동을 하다가 이름 모르게 숙어갔을 많은 애국지사들이 생각나 애석한 마음을 지울 수가 없었다. 그런데 나도 모르

> 게 그 애석하고 슬픈 마음들이 기념비 사이를 하나하나 스쳐 지나갈 때마다 믿음으로 변해갔다. 그것은 나의 믿음이기 전에 죽은 사람들의 간절한 믿음이었다. 조국의 해방을 무엇보다 염원했던 믿음과 해방에 대한 기다림 – 30만 명의 남경시민들은 바로 그것을 보여주고 있었다.
>
> '우리는 죽은 것이 아니다. 우리의 믿음과 기다림은 결코 죽지 않는다.' – 이것은 조국을 위해 장렬하게 목숨을 바쳤던 세계 모든 나라 애국지사들의 변함없는 소망이 아닐까…. 지금, 이렇게 살아있는 나는 그들 앞에, 그들이 기다렸던 그 믿음 앞에, 무엇이라고 할 수 있을지….

김구 주석의 임시정부도 장제스 정부와 함께 상해에서 남경으로, 남경에서 다시 중경으로 임시정부를 옮기며 항일투쟁을 벌인다. 국민당과 공산당은 중일전쟁동안 공동의 적 일본을 대상으로 전쟁을 벌이며 국공합작을 하였던 것이다.

(9) 항일승리와 국공 담판

일본의 패망으로 국민당과 공산당은 담판을 통해 건국을 시도하였으나, 남경에서의 담판은 실패로 돌아가고 내전에 접어들게 된다. 남경 매원신촌(梅園新村)에서의 담판이 그것이다. 중경과 남경에서 담판을 벌이는데, 매원신촌에 그 사진이 있다. 마오쩌둥과 장제스는 중경에서 만나 웃으며 악수하는데, 부인을 죽인 원수와 악수하는 모습이 참으로 인상적이다.[103)]

1945년 국공간의 전투가 재개되고, 트루먼 대통령은 중국의 정치적 해결을 도모하기 위해 국민당과 공산당의 협상을 모색하여 미국 중

---

103) 정인화·정다훈, 『클릭! 차이나』(제4부 양쯔강을 찾아서 참조)

재하에 국공간 휴전이 이루어졌다. 남경 매원신촌의 협상에는 마샬, 국민당의 서영창(徐永昌) 그리고 공산당의 저우언라이가 참여하였다.

미국의 국익을 우선적으로 고려한 마샬 장군의 중재노력은 오히려 국공간의 투쟁을 악화시켰고, 미국의 강력한 경제적 군사적 지원을 받던 국민당군은 인민해방군에 패하게 된다.

(10) 신 중국 건설

국민당 군이 1949년 12월 타이완으로 후퇴하기 전, 이미 공산당은 10월 1일 북경에서 전국인민정치협상회의를 개최하고 중화인민공화국을 수립하였다. 대만으로 건너간 국민당군은, 가오슝과 지룽에서 대량학살을 저질렀다(2·8사건). 대만 타이베이 시의 고궁 박물관의 보물은 이때 장제스 군대가 본토로부터 배로 옮긴 것이다. 오늘날 북경의 고궁박물관은 텅 비어있는데, 그 이유는 장제스 군이 후퇴하며 보물을 대만으로 가져갔기 때문이다. 결국 국민당은 대만으로 옮겨갔으며, 마오쩌둥, 조우언라이, 류사오치, 주더, 숭칭링, 덩샤오핑 등 공산당 지도부는 1949년 10월 1일, 천안문 2층에 올라, 광장에 운집한 수많은 인민 앞에서 "중화런민꽁흐어구어청리러!(중화인민공화국성립)"을 선포하게 된 것이다. 그때의 장면이 지금 천안문 2층 벽화에 그려져 감회를 새롭게 하고 있다

제 11 장

마오쩌둥의 정치경제학

1. 사회주의 중국건설[104)]

중국은 1949년의 건국 이래 토지개혁과 농촌의 통합, 그리고 한국전쟁에서의 항미원조(抗美援朝), 그리고 농업 집단화 등 사회주의적 개조를 추구한다. 이 과정을 거치며, 신중국은 당-국가체제(Party-State System)를 유지하였다. 그 특징은 당의 지도, 대중운동, 계획경제이다. 계급투쟁, 개인소유폐지, 농업 집단화 등의 노선은 1958년의 과도기를 거치며 폐쇄적 자립경제 정책을 유지하였다. 당은 설득과 계도를 통해 인민을 교육한다. 따지이나 따칭사업에서 보듯, 근로자의 민주적 조직운영과 참여를 통해 효율을 추구한다. 대중운동 등을 통해 사회 심리적 보상체계를 구축함으로써 조직 효율을 높인다. 계획경제하에 공동생산, 공동분배의 방식을 통해 사회 전체적 효율, 장기적 효율을 도모한다. 즉 계획경제하 또는 명령경제하의 효율을 추구하였다.

104) 정인화, 『중국의 이데올로기 갈등과 정책변동』(고려대 학위논문, 1991)

모사상의 핵심은 실천론과 모순론이다. 마오(毛)는 실천론과 모순론을 통해 주의주의적, 자기희생적, 지행합일적 인간을 상정하고 사회주의적으로 개조된 인간이 계급구조의 모순으로 가득한 사회를 계속혁명의 논리에 의해 개혁해나갈 것을 주장한다.

이러한 마오쩌둥(毛澤東)의 기본입장에 따라, 마오는 평등주의, 당의 지도, 인민민주전정, 대중로선, 자력갱생 등을 그의 정치경제학의 기본골격으로 삼고 있다. 이러한 마오식 평등에 의한 정책을 실현할 때, 효율성도 자본주의적 효율보다도 더 제고된다는 것이 마오사상(maosim)의 기본가정이다.

(1) 자력갱생과 평등주의

자력갱생은 중국의 실제에서 출발하여 대중에 의지하여 혁명과 건설을 추진하자는 것이다. 중국의 어려운 상황을 뚫고 중국인민자체의 역량으로 경제성장을 추구하자는 마오(毛)의 독립 자주적 사상은 결코 외국의 역량이나 원조에 의존하지 말자는 뜻이 아니라, 출발점을 국내에 두어야 자신의 역량으로 최대한 대중을 동원하고 조직할 수 있으며, 남의 간섭을 받지 않고 중국의 상황에 부합하는 전진의 길을 찾을 수 있다는 것이다. 1945년에 마오(毛)는 "우리는 자력갱생을 주장한다 우리는 외국원조가 있기를 희망한다. 그러나 우리는 그것에 의존할 수는 없다. 우리는 자신의 노력에 의존하고 전체 군·민의 창조력에 의존한다"라고 강조한다. 1958년의 대약진운동에서는 "자력갱생위주, 쟁취외원위보"를 외치며 자주 독립적으로 공업, 농업, 기술, 문화의 혁명을 이룩하고 노예사상, 교조주의를 배척하며, 외국의 좋은 경험을 열심히 배우고 나쁜 것을 연구하여 경계할 것을 주장했다.

근로대중의 순수성과 희생성 그리고 창의성이 기술의존보다 더 효과적이며, 이러한 논리의 실험이 대약진운동이라고도 볼 수 있을 것 같다. 그리고 마오(毛)의 자력 갱생적 경제발전전략은 평등주의적 사고로 연결된다. 한솥밥을 먹으며 공동노동, 공동분배를 통해 자력으로 어려움을 극복하는 공동체의 형성이 마오(毛)가 추구하는 이상적 사회였기 때문이다.

그리하여, 토지개혁을 통해 소유의 평등화를 이룩하고, 농업 집단화를 통해 노동소외를 극복하며, 철저한 당의 지도로 공동체적 삶을 영위함으로써, 사회주의적 평등을 이룩하겠다는 것이다.

(2) 당의 지도

중국의 정치체제는 원칙적으로 노동자계급이 지도하는 노농동맹을 기초로 한 인민민주전정, 즉 실질적인 프롤레타리아 독재 체제이다. 이 프롤레타리아 독재는 인민의 전위대인 중국 공산당이 대행한다. 제도적으로는 국가 기관으로 입법(전국인민대표대회), 행정(국무원), 사법(최고인민법원과 최고 인민검찰원)의 삼권이 분리되었으나, 어떠한 국가 기관, 공산당이외의 정당, 이익집단 혹은 개인도 그 존재의 전제조건은 "당의 지도"를 받는 것이다. 1949년 건국 이래 헌법은 4차례 개정을 보았고, 당 규약도 변경이 있었으나, 모두 당의 지도를 확인해 오고있다. 1982년에 채택된 헌법(덩샤오핑 헌법이라고도 불림)의 전문에도, "중국의 각 민족인민은 중국공산당의 지도하에 놓여 있음"을 명기하고 있다. 당 규약에서도, 당은 "중국노동자계급의 전위이자, 중국 각 민족인민의 충실한 대표이고, 중국 사회주의사업의 지도적 중핵이며, 당은 '인민을 지도하고', '나라의 입법·사법·행정기관·경제·문화조직·인민단체가 활동할 수 있도록 보증하며, 대중조직에 대한 지도를 강화해야 한다'라고 규정하고 있다.

(3) 대중노선

당의 대중노선은 먼저 대중에 대한 당의 명확한 관점을 기초로 해서 존재한다. 혁명의 전위대요 향도인 당은 대중을 위하고 대중에 의지하고 대중을 믿고 존중하며, 대중에 대하여 책임을 지고 대중에게서 배워야 하며, 대중이 진정한 영웅이라는 것을 믿는 '대중관점'을 견지해야 한다는 것이다. 마오(毛)는 이러한 대중관점에 근거하여 대중노선의 원형을 다음과 같이 제시하였다.

> 우리들은 광범위한 대중들의 절실한 이익의 문제, 대중생활문제에 대해 조금도 등한시하거나, 조금도 경시해서는 안 된다. 왜냐하면, 전쟁은 대중의 전쟁이며, 대중을 동원함으로써 비로소 가능한 것이고, 대중에 의거해서만이 비로소 가능한 것이기 때문이다."

즉, 당 정책이 옳고 좋게 되려면, 그 정책이 반드시 대중(농민, 노동자)으로부터 나와야 하며 그리고 인민의 요구와 이익이 그 정책에 내포되어 있어야 한다는 것이다.

강서소비에트 시절에 구상된 이러한 대중노선개념은 군중의 지지를 확보하는데 효과적인 방법이었다. 대중노선의 적용에서 지도자와 대중 상호간에 학습하고 지지하는 교육과정이 필요한데 이 과정은 지도자와 인민대중사이에 끊임없는 대화를 제공해준다. 대중노선의 여러 단계를 거치면서 대중은 정책결정과정에 참여하고, 정치지도자들은 정책 및 정강에 대한 인민의 지지를 확보할 수 있다는 것이다.

각 이익집단이 자신이 이익을 반영하기 위해 정치적 압력을 행사하는 것과 마찬가지로 노동자, 농민이 대다수인 대중들이 자신의 이익을 반영하고, 정책집행과 평가에 참여하며, 관료의 일탈행위를 통제하는 일종의 외부통제기능을 대중노선이 제공하는 것이다. 이러한 대중노선을 실현하기 위해 개발된 방법이 비림비공(批林批孔) 운동, 주자파(走自派) 비판운동, 애국위생운동, 삼반오반운동 등과 같은 대중운동이다. 이러한 대중운동이 바로 마오(毛)식 참여의 대표적인 형태이다. 이외에 마오(毛)는 대중노선에 따라서, 학습소근(공장, 기관, 인민공사의 최하위 조직단위에 구성되어 있는 정치 학습소조) 등의 방법들을 제도화시켰다.

(4) 인민민주전정론(人民民主專政論)

1949년 중국대륙을 점거하고 중화인민 공화국을 수립하기까지 중국공산당의 당면과제는 신민주주의 혁명을 달성하는 일이었다. 반식민지상태, 반봉건상태의 중국을 자주·독립의 부르주아 민주사회로 개조하는 반제반봉건 부르주아와 민주혁명의 단계가 바로 프롤레타리아 사회주의혁명의 전 단계에서 중국공산당이 구체적으로 실천해야 하는 혁명과제였던 것이다. 그러나 중국에는 부르주아 민주혁명을 성공적으로 이끌어 나갈 수 있는 강력한 민족부르주아 계급이 존재하지 않는다고 본 마오(毛)는, 반제반봉건단계에서 중국공산당이 지향해야 할 혁명은 프롤레타리아가 전면적 또는 부분적으로 관여하는 혁명이 될 수 밖에 없고, 또한 프롤레타리아 계급의 이익을 대표하는 공산당에 의해서 지도되어지는 새로운 형태의 민주혁명, 즉 "신민주주의혁명"이어야 했다.

마오는 인민민주전정에 관해 다음과 같이 규정한다. 마오는 건국 후, 특히 사회주의적 개조를 완료한 후(1957)에는 "우리나라는 노동자 계급이 지도하고 농공동맹에 기초한 인민민주전정의 국가"라고 하여 인민전정의 주체가 노동자와 농민임을 밝힌다. "인민이란 무엇인가? 중국의 현 단계에서는 노동자, 농민, 소시민, 민족 자본가들이 인민이다. 인민 내부에서는 민주제도를 실시하여 언론, 집회, 결사 등 각종의 자유로운 비판을 인정한다. 선거권은 인민에게만 주고 반동파에게는 주지 않는다. 이 두 가지 측면, 즉 인민내부에 있어서의 민주주의와 반동파에 대한 독재주의를 결부시킨 것이 인민민주전정이다."

2. 홍(紅)과 전(專)의 갈등

그러나 중국은 중소갈등, 쌍백운동, 반 우파투쟁, 대약진운동, 인민공사운동 등을 통해 사회주의적 모순과 갈등을 해결하려 한다. 이 과정에서 류사오치, 덩샤오핑 등 당권파와 정책노선을 놓고 갈등을 벌인다.[105] 이를 홍(紅: The Red)과 전(專: The Expert)의 갈등이라 한다.

105) 마오 시대와 덩샤오핑 시대의 이데올로기, 정치제도와 권력 구조, 정책 등에 대한 비교를 위해서는, 서진영, 『현대중국정치론: 변화와 개혁의 중국정치』(나남출판, 1997)을 참조할 것. 제임스 왕, 금희연 역, 『현대중국정치론』(2000) / 중국의 정책결정과정을 갈등과 타협으로 본 글로는 서신영, 『중공의 정책결정과정』(성남내 극동문제연구소, 1985), '중공의 개혁정치: 구조, 과정, 정책', pp.68~94.

(1) 대약진운동과 인민공사(1958~1959)

사회주의로의 개조를 마친 중국은 제1차 5개년 계획(1953~1957)을 수립하고, 소련식 발전모델을 도입한다. 경제성장과 공업화를 위해 대규모 군중동원을 벌이나, 생산력은 오르지 않는다. 엄격한 군사적 규율 아래서 실업자들에게는 일자리가 주어졌고 작업장 직공에겐 더욱 열심히 할 것을 강요하는 등 심리적 보상(영웅칭호, 쉬에 레이펑, 의사 정신)을 추구한다. 따칭운동, 따자이 운동이 그 예이다. 서구사회에서는 중국체제의 이러한 모형을 "紅(The Red)"이라 칭한다. 그러니까, 홍은 '혁명과 건설'을, 전은 생산력에 우선을 두는 정책을 말한다.

(2) 우홍우전(又紅又專)

마오(毛)는 자본주의체제하에서 평등과 효율을 양립 불가능한 가치로 보는 것과는 달리, 사회주의체제하에서는 이 평등과 효율이 서로 조화 가능한 개념으로 파악하였다. 즉, 사회주의적 평등사회에서는 개인의 이기심에서가 아니라, 사회전체의 공동이익을 위해 개인은 자기희생적 봉사를 함으로써 자본주의 사회보다도 더 높은 생산력을 달성할 수 있으며, 평등과 효율의 조화가능이라는 점에서 사회주의체제가 자본주의 체제보다 우월성이라는 것이다. 자본주의의 동기부여 방식인 경제적 유인보다도, 혁명의식의 고취에 의한 사회적, 심리적 보상이 더 큰 생산력을 가져오며, 경제를 국가가 통제함으로써 사회 전체적인 낭비와 비효율을 줄임은 물론, 사회적 가치의 평등한 분배를 가능케 하여, 사회주의의 궁극적인 목표를 달성할 수 있다는 것이다. 이러한 마오(毛)의 평등주의에는 반물질주의가 포함된다. 자본주의체제의 병폐로 지적되는 물질주의의 극복도 평등주의의 실현으로 가능하다고 보는 것이다. 이와 같이 사회주의적 평등에 의한 '혁명과 건설'의 동시달성이 마오식 평등주의의 개념이다. 이를 "우홍우전(又紅又專)"이라고도 한다. 1956년부터 마오는 반 우파투쟁을 전개한다. 지식인들에게 사회주의 대의를 펼치는 이른바 '백화제방(百花齊放)'을 촉구하며, 공산당의 이데올로기적 지위를 강화하자는 '정풍운동'이 시작된다. 이러한 평등주의 개념에 따라 수행한 정책이 대약진운동과 문화대혁명(1966~ 1976)이다. 반 우파투쟁과 문화대혁명이 끝나는 시기까지 55만 명으로 추산되는 이들을 우파로 찍어 낙인, 숙청되었다.

〈표 11-1〉 반 우파투쟁 일지

1956년 5월	마오쩌둥, 지식인들에게 사회주의 대의를 진전시키라며 이른바 '백화제방'촉구
1957년 4월	공산당의 이데올로기적 지위를 강화하자는 정풍운동 시작
1957년 5월	마오쩌둥, 민주정당과 지식분자들 속의 우파들이 결연한 모습을 보이지 않고 있다고 비판
1957년 6월	〈인민일보〉 사설에 우파들이 당을 불평하고 있다고 비판하면서 반 우파투쟁 촉발
~1977년	공산당, 55만 명으로 추산되는 이들을 우파로 낙인찍어 숙청
1978년	반 우파투쟁 피해자들 복권되기 시작

〈출처: 한겨레신문, 2007.4.30일자〉

3. 문화대혁명106)

홍과 전의 갈등이 정치적 투쟁으로 나타나는 것이 문화대혁명(cultural revolution)이다.

문화대혁명이 무엇이냐에 대해서는 두 가지 시각이 있다. 가장 보편적인 관점은, 대중과 평등주의에 기초한 과거의 유격전 경험에서 비롯된 혁명정신이 사라지는 것을 방지하기 위해 추진된 '사상개혁운동'이다. 즉, 당과 정부내부의 관료주의를 근절시키기 위한 정풍운동이다. 이는 마오쩌둥의 영구혁명론을 기본 바탕으로 한다.

또 다른 관점은, 정치체제가 점차 발전함에 따라 전략이나 정책상에서의 우선순위를 둘러싼 정책갈등이라고 보는 시각이다. 중소분쟁, 미국의 월남전 개입저지 등을 위해 중국 지도부내에서 논쟁이 야기되었다는 것이다.

(1) 문혁의 전개

문화대혁명은 공식적으로 중국공산당 제8기 11중전회에서 철저한 혁명수행을 위한 16개조의 지침 승인에서 시작된다. 1966년 8월 8일이다.

문혁은 1966년 마오쩌둥이 대약진운동의 실패를 딛고 권력을 정비하려고 일으킨 정치투쟁이었으나 '문화'라는 말로 포장되어 있었다.

---

106) 모리스 마이스너는 아편전쟁 이후, 내셔널리즘적 관점에서의 중국 혁명의 유산과 마오쩌둥의 유토피아적 이상주의적 관점에서 백화운동, 대약진운동, 인민공사, 문화대혁명을 설명하고 있다. 모리스 마이스너, 김수영 역, 『마오의 중국과 그 이후 I, II』(이산, 2004)

300만 명의 아사자를 내면서 비참하게 끝난 대약진운동은 사실 마오쩌둥이라는 독재자의 무모한 경제계획이 빚은 결과였다. 당시 이를 비판한 국방장관 펑더화이는 해임되었고, 경제 건설을 주장했던 류사오치(劉少奇), 덩샤오핑(鄧小平) 등은 '자산계급 반동노선'을 따르는 자(走資派)란 비판을 받고 실각된다.

그러나 문혁은 이보다 9~10개월 전, 사학자이자 극작가인 우한(吳啥)이 쓴 경극 <해서파관(海瑞罷官)>을 통해서이다. 해서파관이라는 경극은 명나라 관리 해서(海瑞)가 관직에서 추방된 후에도 추앙받는다는 이야기다. 우한은 당시 북경시 부시장이었는데, 당시 북경 시장이자 정치국원 펑전(彭眞)과 함께 류사오치(劉少奇) 노선을 따르고 있었다. 해서는 1956년 대약진운동을 비판하다가 숙청된 국방장관 팽덕회를 옹호하는 것이란 비판을 받았다.

우한(吳啥)에 대한 요문원의 비판문이 인민일보에 게재되며 당 지도부에 이 경극의 정치성에 대해 논쟁이 벌어졌다. 격노한 마오는 위원회를 통해 조사를 지시했으나, 위원회는 "정치적인 의도가 없는 순수문예물"이라는 결론을 내렸다. 팽진의 지시에 의해 조사결과 '이월요강(二月要綱)'이라는 최종보고서가 유소기가 장악하고 있던 당정치국의 승인을 받았다. 유소기는 당내 사상과 이데올로기의 경직성을 완화하고, 학문과 문학 분야에서의 계급투쟁과 극좌세력에 대한 정풍운동도 완화할 것을 요구하였다.

여기에 대해 더욱 격노한 마오쩌둥은 "사령부를 폭파하라"는 지령을 내리는 등, 예술과 문학에 대한 군중비판을 강화시킬 것을 지시하였다. 문혁에서 중심역할을 한 인물이 린뱌요(林彪)이다(마오는 린뱌요를 그의 후계자로 지명했지만 몇 년 뒤 두 사람 사이는 금이 가고, 린은 마오

(毛)의 암살을 모의하였으나 실패하고, 비행기로 탈출하던 중 몽골 상공에서 격추당한다).

당권파에 대한 이러한 공격은 북경대, 청화대 당위원회에 번져나갔으며, 마오쩌둥의 혁명후계자를 자처하는 '홍위병(紅衛兵)'을 조직하였다.

〈사진 11-1〉 당간부 비판

홍위병에 대항하기 위해 각 지방 당 간부들은 그들 스스로 홍위병을 조직하였으며, 홍위병들 사이에 파벌싸움과 반목이 계속되었다. 홍위병들의 '대자보'가 나붙기 시작하여 정책논쟁에 대한 견해를 외부로 알리는 주요 통로가 되었다. 이렇게 되자 군사통제위원회가 다시 등장하였고 1967년 말 군부는 중국전역을 통제하게 된다. 중국전역이 군

〈사진 11-2〉 모택동 지지집회

대 통제 하에 들어가게 되자 각성은 성혁명위원회를 설치하여 당위(黨委)를 대신하였다. 이렇게 하여 1969년 4월 제9차 당 대회에서 문혁 종결과 당의 재조직이 선포되었다. 혁명세력이 권력을 장악하게 되었다. 임표는 제9차 당 대회의 핵심내용이 '단결'이라고 선언했으나 그도 역시 오래가지 못했다.

〈사진 11-3〉 자랑스런 뱃지의 홍위병

'라오싼제'란 말이 있다. 1967~1969년 중고등학교를 졸업한 세대를 가리킨다. 이들 지식 청년이 문화혁명 시기 전국 농촌에 투입된다. 이른바 상산하향(上山下鄕) 운동 또는 하방(下放)이라 부른다. 문혁 시기 십년간 하방에 동원된 지식청년은 1700만 명에 달한다. 상하이에서만 50만 명이 넘는다. 1980년대 이른바 상흔문학(傷痕文學), 반사문학(反思文學)의 조류는 이들 하방의 경험을 가진 지식 청년들이 각자 처한 입장에서 그려낸 문화혁명의 문학적 초상화이다.

〈사진 11-4〉 천안문 광장 집회의 임표와 강청

〈표 11-2〉 중국 현대사 주요 장면

1949년	10월	1일 중화인민공화국 출범
1957년	6월	반 우파투쟁 전개
1965년	11월	문화혁명 시작
1976년	1월	8일 저우언라이 사망
	4월	5일 천안문광장 사태(4·5사건) 발발
	9월	9일 마오쩌둥 사망
	10월	사인방 체포, 문화혁명 종결
1977년	7월	덩샤오핑 복귀
1978년	12월	중국공산당 제11기 중앙위원회 제3차 전체회의(개혁개방 천명)
1989년	4월	15일 후야오방 사망
	6월	4일 천안문 사건 발발
1992년	1월	덩샤오핑 '남순강화' 공표, 시장경제 가속

우리나라에서 화제가 됐던 아이호우잉(戴厚英)의 소설 『사람아! 사람아!(人啊!人啊!)』도 1950~1970년대 중국 격동기를 살아낸 중국인의 사랑과 좌절을 담은 대표적인 상흔문학이다. 중국 정부는 반체제적 내용을 문제삼아 판매금지했지만, 복사본이 50만 주 이상 팔리면서 80년대 중국 젊은이의 필독서가 됐다.

모엔(莫言)의 『홍까오량 가족(紅高粱)』이나 위화(余華) 소설 『인생(活着)』 등은 1980년대 이후 개혁·개방기의 제 5세대 문학인데, 장이모우(張藝謀) 감독이 모두 영화로 제작하였는데, 1980년대에 우리나라에서도 개봉되었다.

중국에서 '10년의 재난'이라 불리는 문화대혁명은 1976년 1월 저우언라이의 사망, 그리고 같은 해 9월 마오쩌둥의 사망으로 종결되고, 1970년대 후반 덩샤오핑 등이 다시 '네 명의 패거리(四人幇: 강청, 왕홍문, 장춘교, 요문원)'를 타도하고 집권하게 된다.[107)]

(2) 문혁의 결과

〈사진 11-5〉 수난받고 있는 문화재들

첫째, 북경의 권력핵심부와 지방사이의 관계 변화를 가셔왔나. 중앙의 정책결정에 성 대표들의 참여가 늘었다.

둘째, 군의 정치적 위상이 제고되었다.

---

107) 사회주의 중국의 정치행정을 이해하기 좋은 책으로는 제인스 왕, 이문규 역, 『현대중국정치론』(인간사랑, 1988)이 있다.

셋째, 교육의 기회가 농민과 일반대중에게 확대되었다. 그러나 대학입시제도가 폐지, 고등교육과정에서 평가제도 폐지 등으로 학문적 수준과 질이 저하되었고, 장기적으로 전신 과학기술과 발전에 막대한 영향을 주었다.

넷째, 정책결정과정에서의 분권화와 경제개발계획에서의 군중참여가 확대되었다.

(3) 문혁에 대한 평가: "역사결의"와 영화 부용진

중국은 1981년 발표한 '역사결의'에서 "문혁은 마오쩌둥이 잘못된 정세판단 하에 발표한 것으로, 린뱌요 일파와 4인방이 국내를 대혼란에 빠뜨리게 한 내란이었다"라고 규정하고 있다. 그러나 '역사결의' 만으로는 문화대혁명이라는 수수께끼를 이해할 수 없다. 마오의 역할과 린뱌요와 4인방의 관계, 4인방과 마오의 관계, 린뱌요사건의 진상, 저우언라이의 역할, 홍위병 운동의 실상과 혼란의 배경 등은 아직도 규명되지 않고 있기 때문이다.

분명한 것은, 오늘날 중국인들은 문화대혁명을 '잃어버린 10년'이라 평하며, 특히 젊은이들은 이제 홍위병으로 상징되는 중국의 이데올로기 시대를 이해할 수 없을 정도로 자본주의화하였다는 사실이다.

변화된 중국을 이해하기 위해 영화 '부용진(芙蓉鎭)'을 보자. 중국사회주의의 변혁을 이해하는데 굉장히 도움을 주는 영화이기 때문이다. 이 영화는 중국의 제5세대 감독이라는 유명한 '장이모우'가 감독하고 '지앙우언' 그리고 지금 말한 '리우샤오칭'이 주연한 영화로서 문화대혁명을 비판하고 덩샤오핑(등소평)의 개혁·개방 정책을 지지하는 정치적 색채가 강한 영화이다. 그럼에도 불구하고 예술성으로도 성공한 작품이다(이 영화가 한국에 소개된 후, 중국영화가 우리나라 극장에 상연되기 시작하는데, 역시 장이모우 감독이 만든 〈붉은 수수밭〉, 〈국두〉 등이 한국에서 흥행에 성공한 작품들이다. 〈국두〉는 일본이 돈을 대어 만든 영화인데 아직 중국에서 상영되지 않고 있다. 이 영화의 내용이 봉건적이고 반 사회주의적이기 때문이리라).

〈부용진〉의 줄거리는, 개인업자인 주인공이 쌀과 두부를 팔아 돈을 모으나, 문화혁명으로 인해 재산과 사랑 모두를 잃게 되고 비참한 생활을 하다가, 마침내 문화대혁명이 끝나고 개혁정치가 시작되면서 잃었던 재산과 행복을 다시 찾는다는 것이다.

중국에서 10년간의 "대재난"이라고 평가되는 문화대혁명이란 무엇인가? 왜 〈부용진〉이 중국 개혁·개방 정책의 상징성이 강한 영화인가?

중국은 반식민지 반제국주의 투쟁, 장제스(장개석)의 국민당과 마오쩌둥(모택동)의 공산당간의 내전과 항일투쟁을 거쳐, 1949년 10월 중화인민공화국의 성립을 선포한 이래, 사회주의적 개조와 경제개발정책을 통해 급속한 발전을 이룩하게 된다. 그러나 1950년대 말과 1960년대 초에 걸친 "대약진운동"의 실패로 중국은 경제위기에 봉착하게 되고, 중국지도부 내에서는 노선갈등을 겪게 된다. 마오(毛)의 권위는 실추되고 수석 자리도 류사오치(유소기)에게 넘어가게 된다. 이러한 노선투쟁과정에서 마오(毛)는 '홍위병'을 동원하여 류사오치, 덩샤오핑 등 반대세력을 제거하기 위한 문화대혁명을 전개한다. 1966년부터 마오가 사망하는 1976년까지 10년 동안 계속된 이 문화대혁명을 통해 지식인, 자본가 등은 큰 고초를 당하게 된다. 덩샤오핑의 아들이 불구가 된 것도 문화대혁명 때의 일이다. 지식인은 비판과 자아비판을 하고 농촌과 공장으로 내려가야했으며, 돈을 버는 것은 죄악으로 취급되었다. 이와 같이 문화대혁명이라는 이데올로기위주의 정치가 중국국민에게 어떤 재앙을 가져왔는가를 보여주는 영화가 바로 이 〈부용진〉인 것이다.

(4) 평반(平反)108)

문혁은 특히 지식인들의 고통을 가져 왔다. '우파주의자(주자파)', '반혁명분자'로 낙인찍혀 구타, 구금, 실직 또는 농촌 하방(下放), 마녀사냥 같은 탈선행위와 당의 권위 붕괴로 인민이 고통 특히 지식인들 고통을 받았다.

'그늘져 어두운 곳과 구부러져 잘못된 것을 바로잡는 일'을 중국에서는 핑반(平反)이라고 한다. 핑반의 주역은 후야오방(胡耀邦)이다. 1978년 당 조직부장에 임명된 뒤 핑반을 적극 추진했던 후야오방은 "문혁으로 얼마나 많은 무고한 사람이 누명을 쓰고 또 죽었는가. 실제 나쁜

108) 중국인들은 관한경(關漢卿)의 소설 『두아원(竇娥寃)』을 각색한 경극 〈유월설(六月雪)〉을 보며 열광한다. 평반은 억울함이 회복되는 것에 대한 중국인들의 카타르시스를 보여주는 경우처럼, 중국인들의 가슴의 한을 풀어주는 정치적 행위이다. 한 청상과부 두아(竇娥)가 시어머니 채파(蔡婆)와 살았다. 건달 장려아(張驢兒)가 두아에게 혼인을 졸랐으나 거절당한다. 그러자 채파 독살을 꾀하다 실수로 자신의 아버지를 죽인다. 장려아는 뇌물로 관리를 매수, 두아에게 살인죄를 씌운다. 형장에 선 두아는 세 가지 소원을 빈다. "피가 솟구쳐 깃발 위 흰 명주에 튈 것이다", "6월에 눈이 날릴 것이다", "3년간 극심한 가뭄이 들 것이다" 두아의 저주는 그대로 실현돼 사람들을 떨게 했다. 훗날 관리가 되어 돌아온 두아의 아버지는 혼령으로 나타난 두아의 호소를 듣고 마침내 범인을 잡아 처형, 그 억울함을 푼다는 내용이다.(중앙일보, 핑반)

사람은 전체 피해자의 5%에 불과하다"라고 했다. 그해 복권된 사람은 약 300만 명에 달한다.

1981년 공식평가인 '역사결의'에서 당은 마오쩌둥이 주도한 '동난(動亂)'은 중대한 과오임을 인정하였다. 후야오방 총서기는 문혁을 경제적, 문화적, 교육의 '대재앙기'라 묘사하였던 것이다.

(5) 덩샤오핑과 천안문 사건

문혁기간 동안 덩샤오핑은 정치적 고통을 당한다. 저우언라이는 덩샤오핑을 복권시켜 국무원 부총리와 인민해방군 총참모장으로 임명하지만, 그러나 문혁기간동안 유소기와 함께 축출된다.[109]

등은 유명한 흑묘백묘론을 내세우며, 정치보다 경제, 이념보다 과학기술과 전문지식 중시 등 실용주의 노선을 걷는다. 1976년 저우언라이 수상이 사망한다. 반 덩샤오핑 비방은 1976년 4월에 발생한 천안문 사건에서 절정을 이루는데, 주총리 애도하는 군중이 바친 화환이 누군가에 의해 치워버려진데 분노하여 천안문 광장에서 일어난 정치적 항의가 제1차 천안문 사건이다. 그리고 마오쩌둥은 그해 9월 9일 82세로 사망함으로서 문혁은 끝난다.

당 지도부가 분열하는데 위협을 느낀 마오쩌둥은 화국봉을 신설된 당 제일부주석과 총리서리에 임명한다. 1976년 10월 7일 중앙위원회에서 화국봉이 당 주석으로 임명된다.

---

109) Uli Franz, 한영택 역, 『덩샤오핑 전기』(시사영어사, 1989)

그러나 덩샤오핑은 4인방을 타도하고 권력을 장악하게 된다. 강청(江青), 장춘교(張春橋), 왕홍문(王洪文), 요문원(姚文元) 등 이른바 사인방은 8341 보안부대의 정치국원 왕동흥의 지휘로 체포되고 재판을 받는다. 강청등은 투옥되고, 옥중에서도 강청은 억울함을 호소하였다. 마오쩌둥 시대와 덩샤오핑 시대의 간극을 화국봉이 메운 것이다.

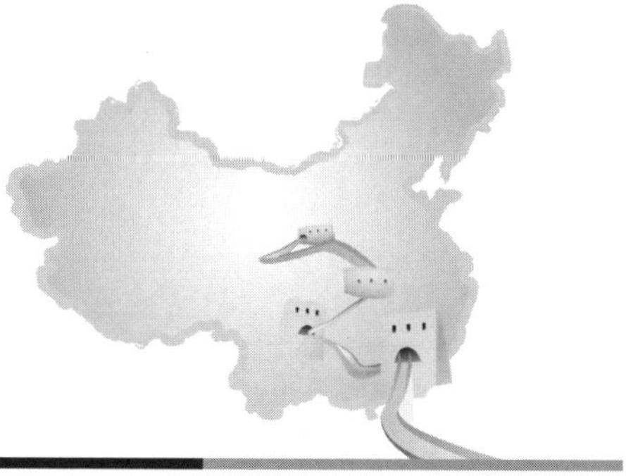

도 약 하 는 중 국 |제5부|

덩샤오핑의 제2차 혁명

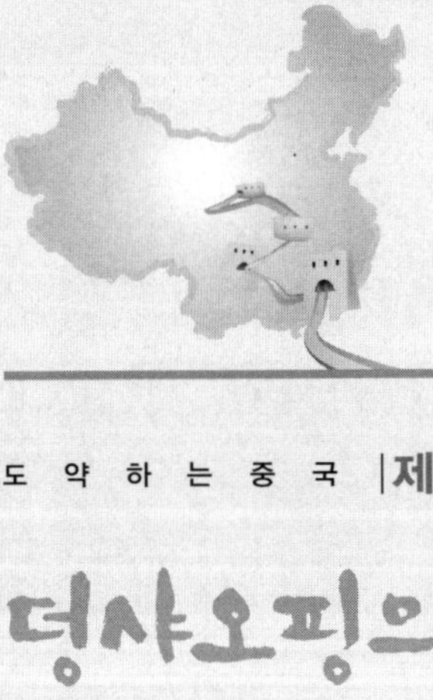

도 약 하 는 중 국 |제5부|

덩샤오핑의 제2차 혁명

제 12 장

왜 공산주의는 개혁할 수밖에 없는가?

공산주의를 어떻게 이해해야 할 것인가? 우선, 중국정치의 진원지, 천안문 광장에서 아버지와 딸이 나눈 대화를 통해, 공산주의와 자본주의를 이해해 보기 바란다.110)

딸 | 인민대회당의 회색 돌기둥은 그리스 파르테논 신전을 연상시키는데요? 중국 휘장이 걸려 있는 것도 인상적이구요.

아버지 | 정사각형의 건물이지? 마오쩌둥 기념관도 정사각형이고…. 네 변 모두에 12개의 돌기둥이 있구나.

딸 | 그런데 아버지, 인민대표대회란 국회와 같은 입법기관이라면서요?

110) 정인화·정다훈, 앞의 책.

아버지 | 전국인민대표대회(全人大)는 헌법상 최고 권력기관이다. 약 3000여명의 대표로 이루어진다. '전인대'의 상무위원장은 우리나라의 국회의장이지. 지금은 총리를 지낸 리펑(李鵬)이 상무위원장이다. 전인대는 법률을 만들고 중국의 국가주석을 선출하며, 국가주석의 지명에 의한 국무원 총리 등을 선출한다. 최근 들어 인민대회당의 관람을 일반인들에게 허용하고 있더구나. 전인대는 과거와는 달리 반대표가 많이 나와 더 이상 '거수기'가 아니라는 평가를 받기도 한다.

〈사진 12-1〉 인민대표대회당

딸 | 그런데 아버지, 아까 중국을 '당우위의 정치-행정'이라 했잖아요? 그러면 당과 인민대표대회는 어떻게 되는 건가요?

아버지 | 인민대표대회는 형식상의 최고 권력기관이고 실질적으로는 공산당 중앙위원회가 최고의 핵심권력기관이다. '중공중앙(中共中央)'이라 부르는데, 이 중앙위원회에서 약 150~200명의 정치국 위원을 선출하고 정치국(Political Bureau)에서

다시 7명의 정치국 상무위원을 선출한다. 이들이야 말로 중국 정치권력의 핵인 것이다. 장쩌민, 리펑, 주룽지, 리우이환, 후진타오, 웨이젠싱, 리란칭 등 7인이 그 주인공이다. 이중 상무위원장(장쩌민)이 당 총서기가 되는 것이지. 정치국 회의 모습을 가끔 비추어 주더구나. 그러나 정치국의 회의 내용은 거의 비밀에 속한다. 당총서기는 '장쩌민(江澤民)'라 했지? 장쩌민은 당 총서기, 국가주석, 국가 군사위원회 주석 등 세 타이틀을 가지고 있다. 공산국가의 권력은 '국가주석-당 총서기-국무원 총리'의 트로이카로 이루어진다. 그런데 실제적 권력은 누가 해방군을 통치하느냐에 달렸다. 중국의 경우 실제 권력자를 보려면 중앙군사위원회 주석이 누구인가를 보아야 하는 거지. 덩샤오핑은 사실 국가주석, 총서기, 총리 그 어느 타이틀도 갖고 있지 않았다. 그의 후계자라고 생각되는 후야오방(胡耀邦), 자오즈양(趙紫陽) 등을 총서기, 총리 등에 내세웠지. 그리고 자신은 단지 중앙군사위원회 주석 직만 지니고 있으며 실제로 권력을 행사한 것이 그 예이다. 오늘날 중국은 '장쩌민-주룽지-리펑' 등 당-정부-의회의 세 지도자가 이끌어가고 있다는 것이 일반적인 관찰이고 아버지도 그렇게 생각한다.

딸 | 좀 복잡해요. 아버지, 민주주의, 공산주의, 사회주의, 자본주의 등등의 용어도 좀 혼란스러워요.

아버지 |

■ 민주주의의 참뜻

우리나라 고등학교 교과서에 어떻게 설명이 되어 있지?

딸 | 생산수단을 개인이나 기업이 소유하는 경우를 시장경제라 하고 국가가 소유하는 경우를 계획경제라 했어요. 그리고 누가 경제를 운영하느냐에 따라 자본주의, 사회주의로 분류한다고 되어 있어요.

아버지 | 교과서에서 민주주의는 무엇이라고 설명하지?

딸 | 자유와 평등이 보장되는 정치제도요.

아버지 | 그래? 그럼 공산주의는 자유와 평등을 보장하지 않는 거고? 이 세상에 자유와 평등을 내세우지 않는 체제가 어디 있겠니? 민주주의란 말을 쓰지 않는 나라는 거의 없지.

딸 | 그럼 민주주의란 어떤 것이라고 해야 되나요?

아버지 | '국민이 정부를 선택할 수 있는 경우'를 민주주의라 한다. 그 이외에는 민주주의가 아니다. 키워드는 '선택'이다. 선택의 자유가 있을 때 이를 민주주의라 하는 것이지. 아버지가 존경하는 분 가운데 임어당(林語堂)이란 분이 있다. 네가 읽어 보기를 바라는 책 중의 하나인 『생활의 발견』, 『중국인』, 『이교도에서 기독교인이 되기까지』 등등의 책을 저술한 분인데, 이분이 재미나게 표현하고 있더구나. 네가 비행기를 탔는데 승무원 언니가 불쑥 아무 음료나 마시라고 하면 그건 민주주의가 아니라는 거지. 가령, "커피하시겠어요 아니면 홍차로 하시겠

어요? 설탕은 몇 스푼? 크림은 어떻게 넣어 드릴까요?"라고는 질문을 한다면 넌 선택의 자유가 주어지는 거지.

이렇게 선택의 자유를 통한 서비스가 가능할 때 행복한 여행이 된다는 거지. 그러니까 자유의 동의어는 선택이다. 그리고 선택의 자유가 민주주의와 동의어가 되는 거지.

딸 | 그러면 자유주의는 민주주의의 동의어겠네요?

아버지 | 민주주의는 개인의 이기심을 긍정적으로 보고 공산주의는 개인의 이기심을 억제하고 이타심을 발휘케 하려는 제도이다.

딸 | 무슨 말씀이신지, 이 소녀에게는 어렵사옵나이다.

아버지 | 조금 이해하기가 힘들겠지만, 들어보아라. 민주주의는 인간을 불완전한 존재, 이기적 존재, 악한 존재로 본다. 민주주의가 가장 꽃핀 나라를 미국이라 할 수 있겠지? 바로 미국 민주주의야 말로 인간을 이기적이고 악한 존재로 전제하고 이를 견제하는 수단으로서 헌법을 제정한 것이다. 그런데 중국 공산주의는 평등사회 구현이라는 이념을 위해 자기희생을 하는 인간으로 본 거지. 민주주의가 인간의 취향이나 가치, 목표 등이 다양한 것으로 보고 다원주의를 추구한 데 비해, 공산주의는 평등 사회라는 단일 목표를 향해 모든 사람이 동원되는 일원적 사회이다. 즉 공산주의는 물질적인 보상이 없어도 인간은 목표를 위해 희생하는 존재로 본 것이다. 어느 것이 옳은 거겠니?

딸 | 글쎄요…

아버지 | 글쎄는 무슨 글쎄. 이미 공산주의의 붕괴를 통해 인간성이 다시 확인된 걸. 인간은 자신의 이익을 위해 최대의 노력을 기울이는 존재라는 사실 말이다.

딸 | 이기심을 억제하고 이타심을 가지라는 것이 지금까지 학교에서 배운 얘기인데 아버지는 그럼 인간이 이기적이어도 좋다는 말인가요? 말도 안돼!

아버지 | 이기적이라는 말을 정확히 이해해야 한다. 네가 동생의 옷도 독차지하려는 것은 분명 이기적인 것이고 네 옷도 네 동생이 입게 하는 것이 좋은 것이겠지. 그러나 네가 열심히 공부하고 또 아버지의 말도 잘 듣는 것은 네가 동생을 위해서도 아버지를 위해서도 아닌 바로 네 자신의 이익을 위해서라는 사실을 인정할 수 있겠니?

딸 | 글쎄, 그런 게 다 이타적인 것 같은데….

■ 자본주의의 장점은?

아버지 | 그럼 이런 예를 들어 보자. 어떤 농부가 육질이 아주 좋은 소고기를 만들기 위해 밤새워 연구하고 노력하는 것은 이타적인 행위냐, 이기적인 행위냐?

딸 | 이기적이요.

아버지 | 농부의 행위는 어디까지나 이윤동기다. 돈을 벌기 위한 것이지. 그러나 농부의 그 이기적인 행위로 인해 인류는 최고 육질

의 스테이크를 먹을 수 있는 것이란다. 바로 아담 스미스가 들은 예이다. 이런 이기심들이 사회적으로 '보이지 않는 손'이란 자동조절장치를 통해 전체적인 이익을 산출한다는 거지. 이것이 자본주의의 논리이다. 민주주의의 철학과 이론을 제시한 토마스 홉스 등이 모두 이기심을 사회의 원동력으로 본 것이란다. 이러한 개인적 이기심이 경쟁이라는 메커니즘을 통해 사회전체의 이익을 창출한다고 보는 것이 자본주의의 기본틀이란다. 네가 한국에서 입고 온 옷, 네가 한국에서 가시고 온 가방이 세계에서 최고의 품질임을 알겠니? 그것이 바로 자본주의 사회가 물질적으로 풍요로울 수 있는 근거임을 알겠니? 물론 자본주의의 문제점이 어디 한 두 가지이겠냐. 시장 메커니즘이 제대로 작동하지 못해 빈부격차, 공해 등의 문제가 생기지. 이런 걸 '시장실패'라고 한단다. 그래서 정부가 개입하게 되는 거고….

딸 | 빈부문제, 공해 등은 사회주의 국가 중국도 문제잖아요?

아버지 | 중국의 빈부격차, 지역격차, 물질제일주의 등등의 문제는 시장과 경쟁의 원리를 도입한 이후에 생긴 문제란다. 그리고 사회주의란 체제에 이런 자본주의를 접목시키려다 보니 어려움이 생기는 거지.

딸 | 그럼 공산주의는 어떤 장점이 있는 건가요?

아버지 | 가족주의의 장점을 생각해 보거라.

■ 공산주의의 장점은?

딸 | 가족주의요?

아버지 | 그래. 여러 자식들의 능력과 재주는 서로 다르겠지? 그러나 이들 가족은 가장인 아버지의 권위를 중심으로 평등하게 서로가 나누어 먹으며 생로병사 모든 것을 가족을 통해 해결하지 않니?

바로 그런 것이 공산주의가 추구하는 내용이란다. 가령 국가에서 직장을 알선해 주고, 집 문제도 제공하며, 의료혜택도 있으며, 심지어 식량까지 배급해주고 퇴직 후에도 생계비를 제공하는 것, 이런 것들이 공산주의의 장점이다. 집을 공짜로 받고, 직장 구하는데 어려움이 없다고 생각해 봐라. 자본주의 국가에서는 상상도 못할 그런 일들 아니냐? 그런데 이런 장점이 곧 단점이 되는 아이러니를 이해할 수 있겠니? 가령 직장을 잃어도 정부에서 월급을 준다고 해보자. 그러면 누가 직장에서 열심히 일하겠니? 사회복지가 잘된 서양에서도 이와 같은 현상, 특히 영국이 이런 질병을 앓아오다가 '대처' 수상의 개혁으로 다시 회복되는 경우, 그리고 스웨덴 같은 세계 최고의 복지국가가 정책을 변동하는 예 등이 모두 여기에 속한다. 적당한 비유인지 모르겠다만, 사람은 긴장해야 한다. 동해에서 잡은 생선이 횟감으로 서울 등 대도시로 실려 간다. 그런데 차에 실려 대관령을 넘어가는 사이에 생선은 죽거나 약해지지. 이 문제를 어떻게 해결할 수 있겠니?

아버지 | 글쎄요….

딸 | 게를 한 마리 넣으면 된단다.

딸 | 웬 게?

아버지 | 그래. 생선은 게와 함께 있으니까 긴장을 하게 되는 거지. 잡히지 않으려고…. 그래서 대도시로 실려가는 도중에 생선은 죽지 않고 싱싱하게 살아있게 됨을 사람들은 안 거란다. 사람도 근심 걱정이 없으면 오히려 자살률이 높거든…. 경쟁을 통해 긴장감속에 살 때 사회의 역동성이 생겨나는 거란다.

딸 | 중국 뿐만 아니라 영국 등 유럽국가의 경우 그 제도가 비능률적이기 때문에 개혁을 한다는 말이 이해가 되어요. 그런데 영국은 자본주의 국가이고 중국은 공산주의 국가인데 어떻게 같은 맥락에서 개혁을 하게 되는 것이죠? 우~ 예리한 질문!

아버지 | 음, 역시 다훈이가 예리한 질문을 하시는데? 자본주의 국가에도 국영기업이 있지. 그런데 과거 영국은 국영기업이 특히 많았거든. 그 기업들이 적자를 많이 내니까 문제가 된 거지. 그런데 공산주의는 개인의 자율성을 억제하고 전체적인 조화를 추구하는 경향이 있는데, 이런 것이 사회 전체로 볼 때 능률적이지 못하다는 거지. 예를 들어 볼까? 네가 다니는 북경대 부속고등학교 기숙사는 10시 반이면 불이 꺼진다며?

딸 | 말도 마요. 그렇게 일찍 불 끄는 기숙사 정말 처음 보네. 완전히 조선시대로 돌아갔다니까요. 요즘 세상에 촛불 켜고 공부하는 인간이 어디있냐고요!!

아버지 | 북경대학 기숙사도 10시 반이면 불이 꺼진다는 사실을 우리나라 대학생들은 상상이나 하겠니? 학생들이 학교 당국에 건의를 해도 받아들이지 않는다는구나. 지금 40대인 북경대 교수들이 학생시절이던 때에도 그랬고, 그때에도 학생들이 항의를 했는데 받아들이지 않았다는구나. 도저히 이해가 안 되지? 이런 비슷한 예를 우리는 여행하며 꽤 여러 번 경험했잖니? 충분히 자율적으로 할 수 있는데도 일일이 규제하고, 그러는데 대해 아버지가 얼마나 화가 났었니?

딸 | 아니, 대학까지? 새 나라의 어린이는 일찍 자고 일찍 일어나는 법인 고라~잉?

아버지 | 간단한 예다만 시사하는 바가 크지 않니? 전체성, 결속, 조화를 좋은 것으로 보는 것이 공산주의이다. 그것은 동양사회의 전통이기도 하지. 그런데 미국 등 서구는 갈등을 노출시키는 것에서 문제 해결의 길을 찾은 것이란다. 그런 사회는 겉으로 보면 엄청난 혼동이요, 비능률적인 것처럼 보이지. 지시나 명령이 아니라 혼돈 속에서 질서를 찾는 것이니까…. 그러나 갈등을 억제하는 것이 아니라 그 갈등을 자유롭게 표출하게 하고 또한 '갈등을 제도화'하는 데에서 개인이나 사회의 역량이 더 커진다는 사실을 알아야 한단다. 우리나라도 엄청난 권위주의 사회였거든. 이견이나 갈등, 그리고 비판이 용납되지 않

았지. 하이에크같은 학자는 그런 권위주의는 '노예에의 길'이라고 했단다. 노예의 평화와 만족을 거부하는 데에서 사회의 역동성과 효율성이 생긴다는 거지.

딸 | 그런 이야기는 교과서에는 없는 얘기들인 줄로 아옵니다.

아버지 | 너희들이 배우는 교과서는 공산주의를 비판만 하지. 분명 장점이 많은데도 말이다. 이 세상에 완벽한 제도란 없거든. 인간 스스로가 만든 인공물이 완벽할 수 있겠니? 그러니 문제점을 찾아 자꾸 고쳐나가야하는 것이지.

딸 | 그런데 아버지, 서양과 동양의 전통이 다르잖아요. 동양은 가족주의, 전체주의의 전통이 더 강해서 서양식 민주주의가 부적합하다는 비판도 있는 것 같은데….

아버지 | 물론 문화적으로 큰 차이가 있지. 가령 싱가포르의 전임 수상 이광요 같은 분은 '아시아식 민주주의'를 주장하기도 한다. 서구식 민주주의는 동양에 안 맞는다는 거지. 그러나 아버지는 그런 의견에는 찬성하지 않는다. 동양은 서양보다도 먼저 민주주의를 주장하는 사상가가 많았는데, 그런 것은 빼고 유교식 권위주의만 강조되어 통치의 원리로 작용한 거란다. 우리나라도 한때 '한국형 민주주의'란 말을 만들어 권위주의를 정당화한 적이 있단다. 그러나 교육수준이 높은 우리 국민은 그런 말에 현혹되지 않았지.

딸 | 그러나 중국과 우리나라의 문화는 비슷한 것 같지만 분명 달라요.

아버지 | 물론 각 민족이나 나라의 특성이 다르지. 그리고 동양과 서양의 문화도 분명 다르지. 가령, 서양은 개인주의가, 동양은 유교적 가족주의 전통이 강하지 않겠니? 그러나 마치 친절, 질서, 청결 이런 것이 어느 문화권에서나 절대적 가치이듯, 민주주의는 전 세계 어느 민족에게나 필요하다는 게 아버지의 생각이란다. 이를 학자들은 '글로벌 민주주의'라고 한단다.

딸 | 조금 더 구체적으로 설명해 주세요. 왜 민주주의가 보편적인 건가요?

■ 개인주의가 의미하는 것

아버지 | 오케이. 다훈, 너 영국의 유명한 대학인 옥스퍼드를 알지? 그 옥스퍼드의 교훈중 하나가 인디비주얼리즘(individualism) 즉 개인주의란 사실을 아니? 아버지는 처음에 옥스퍼드의 교훈이 '개인주의'인 것을 보고 매우 이상스럽게 생각되었지. 도대체 개인주의적으로 살라니 말이다. 그런데 그 개인주의란 다름 아닌 개인의 창의력을 최대한 발휘케한다는 이념인 것이지. 그리고 타인의 이익이나 권리도 보호해주는 그런 철학의 기본인 것이지. 그런 개인주의에서 자유주의가 자연스럽게 나온 것이다. 네가 주의할 것은, 자유주의란 너희들이 생각하는 것처럼 무엇이든 하고싶은 것을 하는 그런 개념이 아니라, 자기의 생각이나 주장을 펼 수 있는 것을 의미한다. 버트란트 러셀은 이렇게 얘기하고 있지. "자유주의란 내 주장이나 생각이

틀렸음이 입증되면 언제라도 그 주장이나 생각을 철회할 것을 전제로 자신의 주장이나 생각을 펴는 것"이라고 말이다. 열린 사회가 이를 가능하게 하지. 칼 포퍼가 쓴 『열린사회와 그 적들』이란 책을 너도 읽어 보기 바란다. 자유주의란 그러니까 '비판', '관용' 등과 동의어이다. 그런데 우리 동양인은 자신의 생각이나 주장을 잘 펴질 못하고 남을 비판하는 것을 금기시하지. 과묵하고 겸손한 것을 미덕으로 삼으니까 말이다. 그러니까 유럽은 자유주의가 동양은 가족주의가 역사적으로 자리 잡은 것이지.

딸 아버지의 민주주의 강의는 좀 어려운데요?

아버지 그러나 공산주의와 민주주의, 자본주의와 사회주의의 개념을 조금은 이해할 수 있지 않겠니? 다시 정리해 보자. 민주주의는 선택의 자유를 의미하는 것임을 알겠니? 그래서 반드시 경쟁과 견제, 그리고 균형이 있어야 한다. 한 정당이 아니라 두 개 이상의 서로 대등한 힘을 지닌 정당이 자신의 상품인 정책 패키지를 만들어 국민에게 제시하고 이의 선택을 국민들이 하게 하는 것, 이것이 정치적 의미의 민주주의이다. 마치 대우, 삼성, 엘지 등이 서로 좋은 세탁기를 만들어 주부들에게 정보를 제공하고 선택케 하는 경쟁의 원리가 바로 민주주의의 원리이다. 그리고 이런 경쟁이 있을 때, 국민은 값싸고 품질 좋은 재화와 서비스를 제공받을 수 있는 것이지. 다훈, 네가 처음 북경에 와 '하이디엔' 병원에서 그 엉터리 같은 서비스를 받은 것도 바로 중국의 병원이 경쟁체제가 아니기 때문인도,

그리고 그 숱한 중국의 식당중 개인 기업이 운영하는 음식점에서 맛있는 음식과 서비스를 제공받은 것도 다 체제와 관련된 것임을 알고 있는 거지?

딸 | 그럼요. 직접 경험하고 본 건데요, 뭐.

아버지 | 다훈, 네가 알아야 할 것이 또 하나 있다. 중국은 개혁·개방을 통해 자본주의 국가보다도 더한 자본 중심의 국가로 변했는데도 여전히 사회주의라고 하는 거냐?

딸 | 소인이 어찌 알겠사옵니까?

■ 중국이 사회주의 국가인 이유는?

아버지 | 바로 소유제에 있다. 가령 우리가 세 들어 사는 중국집은 "팡뚱(집주인)"의 소유이지? 그러나 사실은 소유권이 아니라 사용권만 있단다. 팡뚱이 소속된 '단위'에서 이 집을 불하받은 건데, 소유권이 생긴 게 아니라, 50년간의 사용권만 생긴 거란다. 소유권은 여전히 국가에게 있고…. 그러니 이론적으로 50년 후 국가가 그 소유권을 회수할 수 있는 것이지. 원래 공산주의는 개인의 소유권을 전혀 인정하지 않는 거였다. 국유국영만 있는 것이지. 심지어 오늘날 중국 천지에 필름 파는 구멍가게도 '국영'이라고 써있지 않았니? 중국 공산주의는 지난 20년간 개혁·개방을 통해 다양한 경영방식과 개인의 재산권을 인정한 오늘날에도 말이다.

딸 | 중국은 근본적으로 개인은 부동산 등의 사용권만 있지 소유권은 여전히 국가의 소유로 되어 있다면서요?

아버지 | 기업도 50% 이상이 국유기업이다. 물론 네 북경대 부속고 친구들의 부모처럼 개인이 회사를 차려 돈을 벌어 멋진 외제차를 타고 다니는 것을 우리는 보았지만 말이다. 그러니 중국이 공산주의에서 개혁·개방을 통해 자본주의의 요소를 도입했지만, 여전히 소유나 경영방식에서 공산주의적인 제도를 유지하고 있고, 그렇기 때문에 중국을 사회주의 국가라고 부르는 거다.

딸 | 아버지, 그럼 근본적인 질문 하나. 왜 중국은 개혁·개방을 한 것인가요?

아버지 | 명령경제 체제로는 능률이 오르지 않기 때문이다. 농산물, 공산품등 생산이 이루어지지 않고 품질은 열악하여 국제경쟁력이 생기지 않기 때문이지. 그리고 정부나 국영기업은 엄청난 예산만 쓰게 되고 적자를 내는 것이지. 공산주의 체제가 애초의 생각처럼 효율적으로 작동하지 않은 거지. 그 비효율의 예로 지금은 없어진 인민공사를 하나 들어볼까?

딸 | 어떤 예인데요?

아버지 | 인민공사가 1958년에 생겨서 공동생산, 공동분배, 공동소비의 그야말로 공산주의식 생산양식과 생활방식을 채택하였지. 그런데 화장실이 필요했단다. 이 화장실을 짓는데 1년이 걸렸다.

딸 | 1년?

아버지 | 그래. 저 말단 인민공사에서 화장실 짓기 위해 서류를 만들고 이 서류가 상급기관에 전달되고 그 상급 또 그 상급기관에 전달되고, 그러는 동안 (자신의 이익이 없으니까) 아무도 이를 신속하게 처리하려 들지 않고 미루고 미룬 거지. 그러다가 중앙당까지 오고 이것이 다시 반대의 순서를 거쳐 인민공사에 이르게 되는데 일 년이 걸렸다는 거지. 아무도 책임을 지려 하지 않고, 아무에게도 자율성이 부여되지 않았기 때문이지. 아무런 물질적 보상체계가 없었거든. 그저 지시와 명령에만 따르는 거지.

딸 | 우와, 화장실 하나 짓는데 1년이 걸린다…! 말 되네요, 정말!

아버지 | 1인당 생산량을 비교해 보면 도저히 믿기지 않는다. 미국 노동자와의 생산량을 비교해보면, 중국은 미국의 3/100이다. 이 얘기는 무엇인고 하니, 미국 노동자 3명이 해내는 생산량을 중국에서는 100명이 한다는 얘기다. "철밥 그릇"이란 말을 들어 보았니?

딸 | 아뇨!

■ 사회주의는 왜 개혁을 계속하는가?

아버지 | 중국말로 '티에판완(鐵飯碗)'인데, 철그릇이니 깨질 리가 없지 않니. 즉 해고가 절대 안 되는 거지. 그리고 열심히 일해도 똑같은 보수, 그냥 놀아도 같은 보수이니 누가 일을 하겠니? 그래서 개혁·개방이란 이런 철밥그릇을 깨트리는 것을 의미한다. 경쟁과 물질적 보상을 통해 생산성, 능률성을 높이려는 것이지. 그것이 개혁·개방의 핵심이란다.

딸 | 아~ 철밥그릇이 유리그릇으로 바뀌는 것? 그럼, 중국은 지난 20년 동안 개혁을 완성했나요?

아버지 | 노, 네버. 중국은 개혁·개방을 통해 엄청난 경제성장을 했지. 그러나 아직 해결해야 할 문제들이 많이 남아있다. 행정, 금융 그리고 국유기업의 개혁이 여전히 난제로 남아있는거지. 한 예를 들어 볼까. 중국에는 500대 국유기업이 있다. 이 500대 국유기업의 총이윤이 미국 유수의 자동차 회사 하나의 이윤보다 적다.

딸 | 믿겨지지 않는데요? 그럼 왜 개혁을 못하는 거죠?

아버지 | 개혁이란 생각만큼 쉬운 게 아니거든. 생각해 보거라. 국유기업의 개혁을 위해 경쟁체세를 도입하고 그러기 위해서는 많은 직공을 해고해야 한다. 그러면 어떻게 되니?

딸 | 실업문제가 생기죠.

아버지 | 맞았다. 그런데 실업문제는 정치적인 문제가 되는 것 아니냐? 정치인들의 지지기반을 잃어버리는 것이 되니까. 그러니 정치인들은 가능한 한 자신의 집권기간에 그런 위험부담을 무릅쓰고 개혁을 하지 않는 것이 일반적인 현상이지. 그래서 개혁이 혁명보다도 더 어렵다고 하는 거란다. 중국은 향후 3년간 800만 공무원 중 절반인 400만 명을 줄일 계획을 세우고 있다. 만약 계획대로 400만 명의 고급 실업자가 생긴다고 해보자. 이미 국유기업개혁 등으로 1000만 여명이 "샤강(下崗: 해고)" 당했는데, 이들이 연대하면 중국의 사회는 크게 흔들릴 것이 아니냐? 이 인민대회당의 여러 돌기둥이 건물을 떠 받치고 있듯이 중국도 자율성을 지닌 정치-사회의 여러 세력이 서로 비판과 견제, 그리고 경쟁을 통하여 최고 품질의 정책서비스를 국민들에게 제시할 수 있겠지. 그것은 중국 뿐만 아니라 세계 모든 국가가 지향해야 할 민주주의, 즉 글로벌 데모크라시(global democracy)인 것이다.

딸 | 이제 좀 알 것 같아요. 아버지.

아버지 | 휴, 이 넓은 천안문 광장만큼이나 할 얘기가 많지? 중국이 해결해야할 문제도 이 천안문 광장만큼이나 광범위한 것이란다.

딸 | 그래서 천안문 광장은 늘 역사의 중심무대가 되어온 것이죠?

아버지 | 오잉? 다훈이도 이제 천안문의 의미를 아는 것 같은데?

딸 | 그럼요. 아버지, 그런데 "내 배가 이의를 제기"하고 있어요.

아버지 | 후후, 중국어에서 내 배가 이의를 제기한다는 것은 배고프단 얘기렸다. 그럼 우리 어디 가서 '기름을 좀 붓자. 기름을 채운다(加油!)'는 것은 운동할 때 '화이팅!'이란 뜻이지만, 음식을 먹고 요기를 한다는 뜻도 있다는 걸 몰랐지?

딸 | 오케이! 그럼 "자여우(加油!)"

1. 개혁·개방을 이해하는 기본틀

(1) 정부운영방식: 시장이냐 정부냐?

서유럽과 미국에서 발달한 자본주의는 정부의 운영방식을 기본적으로 시장이라는 자율 메커니즘과 자유주의의 원리에 맡긴다. 자유주의란 사회의 각 개인이 국가, 종교, 집단의 권력에서 자유로울 때 인류가 가장 역동적이고 현명해지며 행복해진다는 믿음이다. 시장의 원리란 경쟁체제에 의해 시장가격이 형성되고 재화와 인력이 조절되어 사회수요와 공급을 담당하는 체제를 말한다. '보이지 않는 손'이 작동한다. 정부의 시장에 대한 간섭이 최소화되고 경쟁과 무역이 자유롭게 이루어질 때 경제가 가장 힘차게 성장한다는 생각이다.

정부의 역할은 '작은 정부'이며 보이지 않는 손에 의한 시장 자율이고, 이 시장의 힘과 자유무역, 세금 삭감 등에 의한 성장에 의해 (파이 자체를 크게 키워서) 분배문제를 해결한다는 것이다. 이러한 경제학적 관점을 고전적 자유주의라 한다. 자본주의를 뒷받침하는 철학은 인간의 이기심을 긍정적으로 본다는 점이다. 이기심이 사회적 동력인 것이다. 아담 스미스, 홉스 등이 인간을 이기적인 존재, 이윤동기에 의해 움직이는 존재로 보았다. 질 좋은 소고기를 먹을 수 있는 것도, 농부의 이기심(이윤동기) 때문이지 희생정신이나 봉사정신 때문은 아니라고 본다. 그러나 자본주의의 원리는 고장을 일으킨다. 독과점, 상대적 빈곤문제, 형평, 공공재, 공해 등의 문제가 발생한다. 여기에 정부개입의 근거가 생긴다. 정부는 독과점 방지법을 만들고, 공해방지 등을 위한 각종 규제를 하며, 공공재에 자금을 투입한다. 정부역할이 증대되어 '큰 정부'가 출현한다. 특히, 제1차 세계대전과 대공황의 발발로 자유주의적 관점은 크게 흔들린다. 그래서 대안으로 나온 것이 사회주의와 파시즘이다. 개인의 자유를 제한하고 국가가 시장을 대체하거나 강력하게 통제하는 국가주의에 기초하는 이론이다. 큰 정부 또는 보이는 손의 작용에 의해 자유주의 경제의 한계를 극복하려는 것이다. 자유주의 경제학적 관점에 기초한 철학을 우파 또는 우익이라 부르는데 반해, 우파에 대한 대안 또는 반동으로 나온 사회주의 경제학적 관점을 좌파 경제학 또는 진보주의라 한다.

한편 정부의 과도한 개입은 정부실패를 가져온다. 비효율, 낭비 등이 그것이다. 모든 사적 소유를 없애고, 각종 기업 활동 등 사영역까지 정부가 주관하고, 인간의 생로병사 문제, 교육 등 사회복지영역 영역까지 정부가 전담하는 운영방식을 공산주의라 한다. 공산주의야 말로 가장 진보적인 경제학, 즉 급진주의라 할 수 있다.

각 국은 비대해진 정부조직을 개혁하고, 공기업을 민영화시키며, 각종 규제를 풀어 시장 자율에 맡기는 등 정부개혁을 시도한다. 영국, 뉴질랜드, 우리나라 등이 그 예이다. 그리고 각종 자본과 인력의 국제적 이동을 자유롭게 하도록 정부가 무역장벽 등 규제를 푸는 것을 신

자유주의라 한다. 서유럽과 미국의 보수주의의 바탕은 이러한 신자유주의이다.[111)]

한편, 사회주의는 계급 없는 사회, 평등사회를 그 이념으로 한다. 자본주의의 모순을 극복하고 사회주의 이념을 달성하는 길은 사상으로 무장된 공산당원들의 열정과 희생정신이 대중을 지도하여 혁명으로 나가는 것이다. 인민대중의 의식을 자각시키고 이들의 자발성을 도출해내어 생산력을 증대시킬 수 있다고 보았다. 그 근본은 생산수단의 공유, 계획경제에 있다고 보았다.

이와 같은 사회주의의 꿈은 1950~1960년대 동유럽(헝가리, 체코)에서 깨어지기 시작하더니 1989년 베를린 장벽이 무너지고, 소련이 해체되며 공산주의 실험은 결국 대실패(grand failure)임을 입증하고 말았다.[112)] 중국사회주의도 1978년부터 경제개혁, 대외개방이라는

---

111) 미국의 경우, 지난 30년 간 보수주의 또는 신자유주의에 의해 정부가 운용되어 왔다. 작은 정부, 사장자율, 성장 위주, 자유무역, 세금 삭감 등이 보수주의의 논리이나, 2008년 현재 미국은 보수주의의 논리와는 달리 현실은 정부역할 증대, 금융시장 규제강화, 빈부격차 심화, 보호주의 득세, 재정적자 급증 등으로 나타나, 보수주의로부터 변화를 추구하는 민주당의 정책에 미국 국민들이 호응을 하고 있다. 미국의 보수주의는 주로 공화당 정책의 핵심을 이룬다. 가족 가치의 존중, 낙태 금지, 기독교 근본주의 등을 내세운다. 한편, 우리나라에서 보수주의란 반공, 민족 도약을 지상의 목적으로 삼고 개인의 사유를 억압하고 경제를 통제하던 독재체제의 정책을 지시하는 의미로 사용되고 있다.

112) 소련 공산주의의 실패는 결국 스탈린 체제의 실패를 의미한다. 스탈린 체제란 공식이데올로기/유일 정당/군사통제 독점/통신언론수단 독점/경찰에 의한 통제/경제의 중앙집권적 계획경제를 말한다. 이러한 통치체제는 고르바초프의 페레스트로이카로 변혁을 시도한다. 그러나 정치체제의 개혁은 인민의 경제적 욕구를 충족시킬 경제개혁이 따라주지 못했다. 소련

정책변동을 추구하게 된다.

이처럼 각국 정부의 운영은 시장과 정부의 역할을 놓고 그 체제를 달리한다.

〈표 12-1〉 서구자본주의와 공산사회주의 비교표

	서구 자본주의	공산 사회주의
정치 체제	자유민주주의 (복수정당, 다원제)	당-국가 체제 (유일정당, 당우위)
경제 체제	시장경제(경쟁, 사유제)	명령 경제 (계획, 생산수단 공유제)
체제 조정방식	자율 메커니즘	규율, 교육, 감시
이념	효율	평등
당 관료	중립적 법집행자	계도자, 이념창출자

(2) 정부의 역할

우리는 자유민주주의 체제하에 살고 있다. 자유민주주의는 시장이 지배하는 사회이다. 그렇다면, 우리나라에서 정부는 어떤 역할을 하나? 자유민주주의의 기본 원리는 시장에 의한 지배이다. 그러나 공산주의체제를 제외하고, 어떤 사회도 100% 시장의 자율에 의해 움직이지는

은 다시 구체제로의 복귀를 꿈꾸는 군부 강경세력의 쿠데타로 의회 의사당이 포격을 당하나, 옐친의 등장으로 소련은 자본주의 체제로의 변혁을 시도한다. 인민의 물질적 삶과 생존을 위해 옐친은 생필품 수입의 문을 열어 당면 문제를 해결하였다. 그러나 소련은 다민족 국가로서 2차 대전 후 통합된 국가였다. 체제와 이데올로기의 해체는 결국 소련 연방내 민족주의의 등장을 가져와 소련은 붕괴하게 된다.

않는다. 정부의 역할은 크게 세 가지이다.

첫째, 국가의 안정과 성장(치안, 국방, 교육, 경제개발, 사회개발)을 시도한다. 학교를 세우고, 도로나 항만 등 사회간접자본을 건설하고, 자유수출지역 지정, 공단형성 등을 통해 경제성장을 유도한다. 우편, 철도, 담배인삼, 전력, 항공부분 등은 정부가 직접 기업을 운영하기도 하고, 반관반민의 형태를 취하여 운영하기도 한다.

둘째, 부의 공평한 분배(조세, 금융, 가계부채, 농가부채), 우리나라의 경우 특소세, 부동산 과다 보유세, 개발이익 환수세 등을 실시한다. 신용 불량자를 구제하기도 한다.

셋째, 자원의 효율적 배분(예산배분, 사회복지) 등의 역할이 그것이다. 2005년도 우리나라 예산은 200조이다. 이 예산을 사회복지, 국방, 경제사회개발비등에 분배한다.

이와 같은 기본적인 정부의 역할을 바탕으로, 각국의 정부운영방식은 달라진다. 이를 스펙트럼화하면 다음과 같다.

- 사회주의 ↔ 자본주의
- 정 부 ↔ 시 장
- 계획경제 ↔ 시장경제

위의 논의를 요약하면 다음과 같다.

- 시장실패의 원인: 독점/공공재/빈부격차/공해
- 정부실패의 원인: 부패/무능력(고비용 저효율)
- 시장주의: 자유경제/보수주의

- ▲ 시장: 경쟁, 보이지 않는 손
- ▲ 자유: 개인의 이익보장(사유제), 효율
- ▲ 민주주의: 다양성, 국민의 정부선택권
- ▲ 자본주의: 시장의 원리가 작동하는 경제체제
- ▲ 개혁 개방: 세계화, 신자유주의
- ▲ 국가주의: 계획경제/사회주의
- ▲ 계획: 보이는 손, 정부개입
- ▲ 사회주의: 형평, 평등사회
- ▲ 공산주의: 국가소유, 국가분배체계

2. 중국, 왜 개혁이 필요한가?

개혁은 사회체제가 적실성을 상실할 때 이루어진다. 그렇다면 사회주의 체제가 개혁해야 하지 않을 수 없도록 중국에서 실패한 근본적 원인은 무엇인가?[113)]

(1) 계획경제의 체제 내 모순

이념으로서의 사회주의 경제는 계획적으로 운영되기 때문에 수요와 공급이 균형을 이루며, 불황도 공황도 없고 실업도 존재하지 않는다.

그러나 문제는 계획경제를 추진하기 위해서는 합리적인 계획을 작

113) 오쿠무라 사토시, 박선영 역, 『새롭게 쓴 중국 현대사』(소나무, 2000), pp.34~42.

성할 능력과 그것을 수행할 능력을 갖추어야 한다. 계획경제의 한계를 얘기하는 재미난 예가 있다. 스탈린의 딸에겐 생리대가 필요하였으나, 공급받을 수 없었다. 왜일까? 그런데 수요예측에 참가한 사람들이 모두 남자인지라, 생리대 수요를 빼버렸던 것이다.

하나의 예일지 몰라도, 사회적인 모든 수요를 정확히 파악한다는 것은 불가능하다. 설혹, 인간의 선호가 동일하다고 쳐도, 물질에 대한 수요량과 그 질에 대한 파악은 불가능하다. 오늘날 슈퍼컴퓨터를 동원하더라도 국민의 다양한 수요를 정확히 예측할 수는 없다. 어떤 규격의 인민복이 각각 몇 벌이나 필요한지 정도를 예측할 뿐이다. 설혹 일시적으로 수요가 산출되었다할 지라도 수요에 맞게 생산, 공급할 수 있느냐는 별개의 문제이다. 다시 소련의 예를 들면, 우크라이나의 곡창지대에서 생산되는 농산물로 전 소련 국민이 충분히 먹을 수 있다. 그리고 우크라이나에 풍년이 들었다. 그러나 공급과정이 원활치 않아, 곡물은 썩어 버리고 백성들은 배급을 받기 위해 줄을 서야 한다는 것이다.

계획과 실상을 보여주는 '삼팔제(三八制)'라는 말이 있다. 이는 세 가지 80%라는 뜻인데, 기업에서 실제로 할당받은 물자는 예상 수요량의 80%, 이에 입각해 기업이 발주할 수 있는 것은 할당량의 80%, 더욱이 실제로 입수할 수 있는 것은 그것의 80%라는 것이다. 결국 기업이 실제로 취급하는 물자는 예상 수요량의 51.2%이다.

더욱이, 기업은 계획을 채우기 위해 사용할 수 없는 불량품도 대량으로 쌓아놓게 된다. 할당받은 만큼 생산할 책임은 있어도, 손익의 책임은 없기 때문이다. 명령경제는 중앙의 장악력이 작동해야 한다. 그러나 "위에는 정책이 있고, 아래에는 대책이 있다"라고 하여, 상부의 지시나 지령에 형식적으로 대응하게 된다.

보고도 허위가 많다. 대약진 정책이라고도 불리는 제2차 경제개발 5개년 계획이 그 예이다. 당시 세계 2위인 영국을 따라잡겠다는 이 계획은 실패로 돌아갔다. 계획에 영합하여 목표를 초과달성했다고 보고하면, 상부는 목표를 상향조정하고, 하부에서는 다시 초과달성했다고 보고를 하는 식이었다. 그래서 15년이었던 영국추월계획이 3년까지 당겨졌다. 결국 대약진 기간에 아사자만 생겨났다.

또한 실업이 없다는 것은 그만큼 인민공사나 '단위'가 적정 인원을 넘어서는 사람들을 끌어안고 있음을 뜻한다. 천안문 광장의 화장실은 좋은 예이다. 1991년에 나는 북경 천안문을 구경하였다. 이때 천안문 광장의 화장실에는 돈 받는 사람 바로 옆에 화장지 나누어 주는 사람이 또 있었다. 한 사람이 해도 충분한 일을 두 사람이 하는 것이었다.

그리고 직장에서 해직이 없기 때문에 생산성은 자본주의에 비해 3/100에 불과하다.

(2) 당에 의한 소유

정부를 포함하여 기업과 사회조직에는 주인의식이 존재하지 않았다. 이러한 체제는 결국 자본주의와는 비교 될 수 없는 고비용 저효율의 체제 무능력을 가져왔다. 이러한 현상을 중국인들 스스로 "공산품(共産風)"이라 한다. "한 솥밥(大鍋飯)"을 나눠먹으며 업적이 공유되는 평등주의는 고비용 저효율의 경제체제에 대한 개혁요구를 증대시켰다. 더욱이 문화대혁명이라는 정책의 총체적 실패는 중국 국민들에게 물질적 빈곤뿐만 아니라, 정신적으로 깊은 상처를 남겨놓았다.[114]

생산수단의 공유화를 통한 무계급-평등 사회를 향한 공산주의의 꿈은 그 많은 장점에도 불구하고 조직과 사회운용체계의 비효율, 그리고 빈곤의 평등화라는 원하지 않는 결과를 가져왔던 것이다.

(3) 형식적인 평등분배

생활향상에 대한 요구나 물질주의는 부르주아적이라 하여 배격되었다. 영화 〈부용진〉에서 보듯, 심지어 돈 버는 것도 죄악시한다.

노동에 따른 분배라고 하나, 얼마만큼 일했는가를 평가하는 것은 쉽지 않다. 분업의 결과로 생겨난 여러 가지 다른 노동을 각각 어떻게 평가할 것인가? 정신노동과 육체노동, 공업과 농업, 농업에서 씨 뿌리기와 땅 일구기 등 질적으로 다른 노동을 어떤 기준으로 평가할 것인가?

(4) 비 자율적인 일원적 통합

개인을 장악하여 관리, 동원하는 동원체제이다. 농촌에서는 인민공사, 도시에서는 '단위'라 부른다. 이곳은 직장이면서, 동시에 소비와 교육이 이루어지는 생활의 장이다. 이곳에서 한 사람 한 사람은, 간부밖에 볼 수 없는 '당안(개인에 관한 기록문서)'이 기록된다. 이러한 체제에서 대중운동이나 집회에 참가하여 적극적으로 누군가를 규탄하지 않으면 자신이 규탄의 대상이 된다. 정치에 참가하지 않을 자유조차도 박탈되는 것이다.[115]

---

114) 다이호우잉, 『사람아! 사람아』(1991) 같은 상흔문학(傷痕文學)이 대표적인 예이다.

115) 오구무라 사토시, 박선영 역, 『새롭게 쓴 중국현대사』(소나무, 2001), 42쪽.

지시, 명령에 따른 행정체제는 또한 자율성을 상실한 행정이다. 인민공사가 초기, 화장실을 짓는데, 계획을 올려서 당 중앙의 허가를 받기까지 1년이 걸렸다는 '화장실 사건'은 중국 행정의 경직성을 보여주는 좋은 실례일 것이다.

(5) 성선설(性善說)에 기반을 둔 공산주의적 인간관

인간을 공산주의적 이념, 즉 계급 없는 사회와 공동체적 삶을 위해 희생하는 존재, 경제적 존재가 아니라 사회 심리적 존재로 본 인간관에 대한 가정이 잘못되었던 것이다. 법규범 또는 시장제도 등에 의한 자율적 통제가 아니라 사회주의적 인간으로 이루어진 집단인 당, 다시 말해 당원인 인간이 사회전반을 통제하며, 혁명의지에 불타는 인간에 의한 지배로 노동자 계급의 이익을 대변하려 하였다.

(6) 당의 무오류성

공산당은 오류 불가능하다고 본다. 유일당이 공익을 창출하는 역할을 할 수 있다는 이데올로기적 신념 때문이다. 물론 중국은 개혁·개방 이후에도 여전히 사회의 다원성을 부인하고 다원적 민주주의를 부정한다. 그러나 인민대표대회의 역할 강화, 정부와 기업의 자율성 인정 등을 통해 당 중심사회에서 당 우위로의 사회로의 전환을 시도하고 있다.

셋째, 전문성을 부인하였다. 비록 근로자, 군인, 의사, 과학자 등 육체노동자와 정신노동자의 평등을 내세웠으나, 지식인은 "냄새나는 아홉번 째로 나쁜 족속들"이란 뜻의 '초우라오지우(臭老九)'라 하여 경멸의 대상으로 삼았다.

중국은 분명 개혁·개방을 통해 정부의 역할에 중대한 변화를 시도하였다. 그렇다면, 중국은 유럽처럼 자유민주주의체제인가? 아니다. 공산당 자체가 하나의 거대한 권력이다. 개혁·개방에도 불구하고, 정치체제는 여전히 사회주의 체제로 남아있기 때문이다. 그래서 중국은 '중국적 특색을 지닌 사회주의'를 표방하고 있다.

1997년 겨울, 나는 중국 국가행정 학원에서의 세미나에 참석한 적이 있었다. 이때 한국 측이 서구식 민주주의를 발표하였는데, 중국 측의 한 학자가 토론에서 〈댄스 위드 울프〉란 영화를 예로 들면서, 권력과의 공존을 위한 민주주의의 필요성을 말하는 것이었다. 나중에 이분과 친구가 되어 술자리에서 세미나를 회상하면서 하는 말이, 당시 한국 측의 민주주의 발언에 참가자 모두 대경실색을 하였다는 것이다. 그래서 할 수 없이 자기가 〈댄스 위드 울프〉얘기를 했다는 것이다. 다음 장에서 중국의 개혁·개방 체제를 이해해 보자.

제 13 장

중국적 특색의 사회주의 건설

1. 제11기 3중전회

1978년 11기 제 3차 중앙위원회 전체회의(이를 '제11기 3중 전회'라 한다)에서 중국공산당의 노선이 혁명에서 건설로 전환되었음을 선언하고 있다(역사결의). 중국은 마오(毛)의 사망 후 이른바 '네 명의 패거리(4인방)'를 타도한 덩샤오핑 세력이 권력을 장악하게 됨에 따라, 이데올로기적 정치에서 실용주의노선으로 급선회하게 된다. 1978년의 제11기 3차 중앙위원전체회의를 기점으로, 중국 공산당의 공작중심은 '계급투쟁'에서 '4개 현대화'로 전환하며, 중국은 지금껏 '4개 현대화'와 '개혁-개방-활성화'라는 이 기본노선을 고수하고 있다.

개혁·개방의 길로 돌아 선 것이다. 문제해결을 위한 노선과 정책은 변경되어야 했다. 사상해방(思想解放), 실사구시(實事求是)를 통해 공산주의를 중국의 실제상황과 결합한 '중국적 특색을 지닌 사회주의 이론(有中國特色的社會主義)'이 그 기본 정책방향을 이룬다.[116]

중국의 개혁·개방을 주도한 인물은 덩샤오핑(鄧小平)이다. "개혁·개방의 총설계사" 덩샤오핑의 노선과 정책을 살펴보자.[117]

(1) 등(鄧)의 실용주의

마오(毛)의 이데올로기와 정책에 반대하는 현실주의 정책이 형성되는 것은 대약진운동의 실패로 말미암아 초래된 최악의 경제위기를 수습하는 과정에서이다. 유소기, 덩샤오핑, 진운과 같은 당 관료와 경제전문가들은 당면한 경제적 난국을 타개하는 길은 심리적·정신적 보상과 대중운동에 의존하는 기존의 마오(毛) 식 효율운동이 아니라, 물질적 자극과 시장의 원리를 도입하는 것이라고 한다. "검은 고양이든 흰 고양이든 쥐만 잡으면 좋은 고양이다(黑猫白猫論)"라는 실용주의에 입각하는 이들은 마오(毛) 사상에서 보는 인간관과 사회관을 부정한다. 즉, 혁명적 정열에의 의존과 심리적 보상에 의한 생산력 발전운동은 한계가 있으며 이는 경제적 유인과 과학지식으로 대치되어야 한다고 본다. 또한 계급갈등은 사회주의적 개조가 끝남에 따라 주요한 모순에서 덜 중요한 모순으로 되었으며, 계급은 조화가 가능하다는 이른바 '계급조화론'을 편다. 이와 같은 실용주의적 견해는 부분적으로 1956년의 제8차 전당대회의 결의에서 나타났지만 그것은 곧 마오쩌둥과 좌파에 의하여 부정된다. 마오(毛)의 인간관과 사회관에 정면으로 반하는 이러한 현실주의, 실용주의 노선은 좌파와의 노선투쟁에서 '실사구시', '사상해방'이라는 마오사상(maoism)으로부터 실용주의 옹호의

---

116) 덩샤오핑, 『중국특색이 있는 사회주의를 건설하자』, 이문규 역, 『덩샤오핑 문선 하』(인간사랑, 1988), pp.86~91

117) 송봉규 외, 『중국학개론』(동양문고, 1998), 제3장.

논거를 삼는 전략을 사용한다.

덩샤오핑의 실용주의정책이 구체화되는 것은, 당의 목표가 계급투쟁에서 4개 현대화로 바뀜을 공식 선언하는 1978년의 '제11기 3중 전회' 이후이다. 『덩샤오핑 문선』에 보이는 등(鄧)의 말을 분석하여 등(鄧)의 사상이 마오사상을 어떻게 수용, 변질시키는가를 분석해 보자.

(2) 등(鄧)의 사상체계

등의 기본사상은 한 마디로 '사상해방'과 '실사구시'라 할 수 있다. 등(鄧)은 우선, 마오(毛) 사상의 경직성을 탈피하기 위해 사상해방의 논리를 제시하였다. 즉, 사상해방을 통해, 1) 과거 문화대혁명 동안 임표와 사인방의 획일적 사상통제로 생긴 사상의 경직성에서 벗어나 백화제방, 백가쟁명을 통해 마오(毛) 사상의 수정을 시도하고, 2) 당내 관료주의의 극복을 통한 민주집중제의 회복을 시도하며, 3) 당벌의 명확화와, 4) 소생산의 관습으로부터의 탈피 등을 시도한다.

그리고 실사구시를 내세움으로써, 기존 체제의 개혁에 대한 정당성을 확보한다. 즉, 마오(毛)가 남긴 유산인 생산력 미발전 문제를 해결하기 위해, 시장제도 도입에 의한 자율 조정화와 당-기 분리에 의한 분권화를 골간으로 하는 경제체제개혁을 시도하게 되는 것이다. 경제체제개혁을 중심 내용으로 하는 등(鄧)의 개혁사상은'중국적 특색을 지닌 사회주의'이다. 중국적 특색을 지닌 사회주의란 마치 마오(毛) 사상이 마르크스주의를 중국의 현실에 접목시켰듯이, 마오(毛) 사후 마오(毛) 사상을 수정하고 개혁정치를 전개하는데 이론적 기초를 제공하는 등의 정책이론이라 할 수 있다. 등(鄧)의 중국적 특색을 지닌 사회주의가 지향하는 기본모교는 '사회주의적 4개 현대화건설'이며, 이 목표달성을 위한 수단은 경제체제개혁, 대외개방 및 기업 활성화(까이그어, 카이팡, 까오후어)와 정치체제개혁 등이다. 여기에 더하여 등(鄧)이 일관되게 내세워 오는 것이 바로 '4항 기본원칙의 견지'와 '자산계급 자유화 반대'이다.

등의 개혁정책은 정책오류로 인하여 인플레, 실업, 부패, 범죄 등 사회주의에서는 용인하기 어려운 문제가 발생하게 되고 이에 따라 등(鄧)은 사상교육의 강화에 의한 정신문명건설을 물질문명건설과 함께 강조하지 않을 수 없게 된다. 또한 등(鄧)의 개혁은 정치에서는 통제, 경제에서는 자율이라는 이른바 신권위주의 체제를 형성하게 되는데, 이는 인권, 언론자유, 다당제, 선거 등 정치적 자유화를 요구하는 국민과 갈등을 일으키는 요인이 된다.

등(鄧) 사상은 한마디로 현실주의 또는 실용주의이다. 이러한 실용주의는 마오(毛)의 이상주의와 마오(毛) 사후 중국의 현실 간에 생기는 갭(모순)을 해결하기 위한 대안으로 형성된 것이었다. 경제체제개혁을 우선시하는 등(鄧)의 개혁사상은 우선 생산책임제(농업 청부제), 다중경영 등의 도입에 의한 농업개혁으로 생산력 증대를 유도하고, 이어서 도시개혁을 단행한다. 공장장 책임제, 합자-합작회사건립 등의 방법을 통해 기업을 개혁하고, 물질자극(상여금제도), 안노분배, 시장원리 등의 도입으로 기업의 활성화를 기도한다. 과거 자력 갱생적 경제에서 벗어나 경제특구와 경제 개방구를 지정하여 이자와 기술을 도입한다. 등(鄧)은 이와 같이 사회주의적 제도에 시장 법칙 등 자본주의적 요소를 도입하는 개혁을 중국의 현실에 사회주의이념을 결합한 '중국적 특색을 지닌 사회주의'로 규정한다.

한편, 등(鄧)은 경제체제개혁에 방해가 되는 관료주의를 극복하기 위하여 정치개혁을 시도한다. 정부, 기업에 대한 당의 과도한 통제를 완화하기 위하여 당-정분리, 당-기분리를 지향하며, 기구개혁, 인사개혁, 법제의 정비를 추구한다. 간부의 혁명화, 연소화, 전문화, 지식화 등 '간부 사화'를 통해 조직의 활성화를 시도한다.

이러한 등(鄧)의 개혁정책은 특히, 지방 관료의 보수적 성향, 기업인의 무사안일에 대한 타성, 정책의 급진성과 상황의 복잡성, 불확실성으로 인하여 부작용을 노출한다. 관료부패, 경기과열, 물가고, 소득의 불균형, 실업, 범죄, 물질주의 만연 등 사회주의체제가 용인하기 어려운 부작용이 그것이다. 등(鄧)은 이러한 문제점을 정풍운동으로 해결하려 하나, 이는 한계에 부딪힌다. 불균형전략(선부정책)으로 인한 경제성장은 부의 불균형과 지역 간의 격차를 심화시켜 '상대적 박탈감'이라는 문제를 야기한다. 등(鄧) 체제는 경제성장에 따른 욕구의 증대와 함께 정치적 참여에 대한 요구의 증대로 인하여 정치경제적 불안정을 야기하고 이에 따라 중국사회주의는 '신념의 위기'에 당면한다. 여기에서 등(鄧)은 그의 기존의 입장인 '4개 기본원칙'의 견지(당의지도, 사회주의노선, 인민민주독재, 마르크스-레닌주의-모(毛) 사상의 견지)를 내세워 '반자산계급자유화운동'을 전개한다. 등(鄧)은 자유화운동이 응집력, 전투력의 상실을 가져오고, 삼권 분립은 비능률적이며, 이는 결국 자본계급화를 가져오기 때문에 '4가지 기본원칙'의 견지만이 중국적 사회주의의 이념에 도달할 수 있는 길이라고 인식한다. 등(鄧)은 만일 중국혁명이 성공하지 못하고 중국이 자본주의화하였다면, 중국은 아직도 자본주의 대국의 식민지에서 벗어나지 못하였을 게 아니냐고 하며 자본주의화에 대한 반대를 분명히 한다.

2. 개혁 개방의 내용[118)]

그 특징은 자본주의적 시장경제 체제를 중국 사회주의 체제에 결합시키는 것이다. 상대적 평등, 물질자극, 경쟁체제, 개인소유 확대에 의한 효율 등이 주요 내용이다.

마오쩌둥(毛澤東)의 사회주의 건설을 마르크스주의의 중국화라고 한다면, 덩샤오핑(鄧小平)의 이러한 사회주의 시장경제론은 "서구 자본주의의 중국화"라 할 수 있을 것이다. 즉, 중국은 당의 지도하에 4개 현대화를 위한 경제건설을 지상 과제(一介中心)로 삼고, 그 방법으로서 우선 경제체제의 개혁과 대외개방을 시도하였다. 다종(多種) 경영 방식을 도입한 농촌경제 개혁, 여기에 상품경제 방식을 도입한 기업 개혁을 시작으로, 경제특구 지정과 14개 연해도시 개방을 통한 도시경제체제 개혁을 실시하였다. 즉, 인민공사의 해체, 계약제 농업, 자영농지 허용, 보너스제 도입, 주식제, 사유재산제의 확대 등 가히 혁명적인 경제개혁을 추진하였다. 경제개혁과 함께 중국은 '당-정 분리', '당-기업 분리', 기구개편, 인사개혁 등의 정치개혁도 추구하였다. 그러나 여기에서 주의해야할 점이 있다. 중국의 개혁은 "당의 지도"라는 기본원칙을 포기하지 않고 경제개혁과 정치개혁을 추구한다는 점이다. 분권화에 기초한 '당-정 분리', '당-기업 분리'를 표방하였으나, 당의 정치 지도적 역할을 포기하지 않았던 것이다.[119)]

118) 정인화, 『중국의 이데올로기 갈등과 정책변동』(고려대 박사학위논문, 1991)

119) 마오쩌둥 시대와 덩샤오핑 시대의 이념갈등과 정책변동을 인민일보를 통해 분석한 자료로는 정인화, 『중국의 이데올로기 갈등과 정책변동』(고려

중국의 개혁·개방 정책을 요약하면 다음과 같다.

- ▲ 한 가지 중심, 두 가지 기본점(一個中心, 兩個 基本点)
- ▲ 한 가지 중심: 4개 현대화
- ▲ 두 가지 기본점: 개혁, 개방과 4항 기본원칙
- ▲ 방향: 4개 기본원칙 견지(당의 지도, 사회주의 노선, 인민민주독재, 마르크스 레닌주의, 마오(毛) 사상)
- ▲ 목표: 4개 현대화
- ▲ 수단: 개혁(농업, 공업개혁/당기분리 등 분권화), 개방(경제특구, 외자도입), 활성화(물질자극, 과학적 관리. 안로분배, 과학기술, 지식인
- ▲ 개혁: 시장경제화, 자본주의화
- ▲ 개방: 자력갱생노선을 버리는 것. 경제특구 지정. 외자도입
- ▲ 개혁의 초점: 경제 활동의 자유화와 다양화
- ▲ 국공유와 국공영(실질적인 당소유, 당경영) 및 계획경제(통제경제)를 포기하는 것
- ▲ 농업개혁: 각호 청부제=인민공사의 농지 분할하여 농민에게 소유권 부여(형식은 국유로서 경작권을 인정하는 형태지만, 매매도 가능)
- ▲ 자유 시장 부활.
- ▲ 형식만 남은 인민공사도 1985년 6월에 전국적으로 해체, 향정부로 재편
- ▲ 상업: 민영화를 중심으로 한 다양한 기업형태.
- ▲ 향진(鄉鎮) 기업 발전(한국의 새마을 공장과 비슷)
- ▲ 농촌으로부터 노동력이 연해주로 이동

대학교 박사학위 논문, 1991)이 있다.

3. 개혁개방정책의 한계

(1) 천안문 사건: 1989년 6월 4일

1989년은 중화인민공화국 건국 40주년, 개혁·개방 10년의 성과를 검토하는 시기이다. 또한 5·4운동 70주년이기도 한 해이며, 프랑스 혁명 200주년의 해이기도 하다. 1989년은 베를린 장벽이 무너진 해로서, 동유럽민주화로 이데올로기의 시대가 끝난 해이기도 하다.

그러나 개혁·개방 정책의 추진은 사회주의 이념과 자본주의의 모순을 해결하지 못했다. 지역 격차 또한 늘어만 갔다. 먼저 부자가 될 수 있으면 되라(先富論)는 덩샤오핑의 주장은 계층 간, 지역 간 격차구조를 더 이상 설명할 수 없게 되었다. '만원호', '억원촌'이 출현하였으며, 텔레비전 보급도 해외정세에 대한 인식변화(예: 1988 서울 올림픽/동구변화) 권력형 부패(官倒)도 만연하였다.

덩샤오핑의 개혁·개방이 추구한 '4개 현대화'에서 정치 현대화는 없었던 것이다. 민중의 불만은 억압되었다. 지도자들 중에서 민주화의 필요성을 가장 깊이 이해하고 있었고, 그 때문에 2년 전에 강등되었던 후야오방이 4월 들어 사망하였다. 후야오방은 1978년 당 조직부장에 임명되어 문혁의 억울한 희생자를 위한 핑반(平反)을 주도했다. 1982년에 당 총 서기가 된 그는 경제 개혁뿐만 아니라 정치개혁도 추진했다. 좌파는 이런 그에게 "부르주아 자유화 잘못을 저질렀다"는 모자를 씌워 1997년 실각시켰다. 1998년에 후가 사망하자 천안문 광장에 그를 추모하는 군중이 몰려들었다. 학생과 민중이 몰려들었고, 여기에서 반정부의 구호가 터져 나온 것이다. 보통선거, 다당제에 대

〈사진 13-1〉 천안문 사건

한 요구가 나오기도 하였다. 중국 지도부는 군대를 동원하여 천안문 광장에 모인 군중에 대해 발포하였다. 이후 '후야오방'은 금기가 되었다.[120] 1949년 천안문의 광장에서 "중화런민공허구어청리러!(中華人民共和國成立了)"를 외치며 감격하던 그 자리가 40년 만에 피로 물든 비극의 장소가 된 것이다. 자오즈양 총서기는 해임되었고, 민주화 운동 확대를 저지했다고 평가되는 장쩌민(江澤民)이 총서기로 취임하게 된다.

(2) 남순강화(南巡講話)

덩샤오핑은 1992년 1월 개혁·개방 선진 지역인 광동성 심천(深圳) 등지를 방문하여, 개혁성과를 칭송하고 더욱 정진할 것을 호소하였다. 중국은 시장의 실패에서 다시 정부 개입으로 돌아서는 것이 아니라, 시장경제를 더 확대하여 나간 것이다.

---

120) 후의 탄생 90주년 되는 해인 2005년에 후진타오 주석이 후야오방 핑반(平反)에 나섰다.

4. 마오(毛) 사상의 지속과 변질[121)]

등은 마오쩌둥과 마오쩌둥사상을 구분한다. 마오쩌둥 비판과 탈신격화를 통해 마오(毛)의 정치적 오류를 지적한다. 그러나 등(鄧)은 마오(毛) 사상을 통해 자신의 개혁정책을 정당화한다. 특히 당의 지도는 등(鄧)이 시종일관 내세우는 마오(毛) 사상의 하나이다.

마오(毛) 사상 중 등(鄧)의 개혁 이래 지속되는 것은 당의 지도, 인민민주전정, 민주집중의 원리 등이고 이것은 등(鄧)의 집권 초부터 지속적으로 강조하는 '4가지 기본원칙의 견지'로 나타난다. 마오(毛) 사상 중 지속되지 않는 것으로는 대중노선, 평등주의, 자력갱생 등이다. 대중노선은 지식인, 과학자에 대한 우대정책으로, 평등주의는 선부정책으로 자력갱생은 대외개방으로 바뀐다.

(1) 마오(毛) 사상의 지속

모사상 중 '당의 지도'는 등(鄧)의 집권시기에도 유지된다. 비록 당-정분리를 내세워 정치체제개혁을 표방하나, 실제적으로 중앙당과 정부의 권한을 위임하지는 않고 있다. 당과 국가기관의 관계를 볼 때, 정치개혁이라는 표면 상의 구호와는 달리, 당이 여전히 정책의 결정과 집행과정 전체에 관여하며 당 우위 현상은 여전하다. 제도적으로 당의 조직망은 대체로 여러 남낭부문과 각 차원의 국가기관에 대응하는 형태로 배치된다. 개개의 국가기관은 상급 혹은 중앙기관에 책임을 짐과 동시에 또 다른 면에서 그것에 대응하여 설치된 당기관의 통제와 감독

121) 정인화, 『중국의 이데올로기 갈등과 정책변동』(고려대 박사논문, 1991)

을 받아야 한다. 국가기관의 지도적 기구 내지는 당 조직의 설치가 의무화되어 있는 것이다. 인원 면에서도 국가기관에 대한 당의 지배가 관철된다. 1950년대 전반까지는 "장기공존, 상호감독"의 방침 하에서, 비당원이 국가기관의 요직을 차지했으나, 1950년 후반 이래 모든 국가기관의 지도적 포스트는 당원에 의해 독점되었다고 한다. 뿐만 아니라, 기업에도 '당위원회'가 있어, 기업의 전반적 업무를 관리한다. 기업체 내의 당원으로 구성되는 '당위원회'의 서기는 일반 근로자와는 달리 당의 업무만 맡으며, 이 서기는 자동적으로 상급 당위원회의 위원이 된다고 한다.

요컨대, 중국 공산당은 건국 전부터 유일한 지배정당으로서, 정치뿐만 아니라, 경제, 사회, 문화, 사상 등 중국인의 생활 전영역에 대하여 당의 지도를 관철하여, 사회주의의 건설을 주도하는 전위대의 역할을 한다.

(2) 마오(毛) 사상의 변질

등은 "좌적인 경향과 우적인 경향을 시정하는 데 있어서 임의로 대강을 만들어서도 안 되고, 어떤 검열을 모든 사람들에게 실시할 필요도 없으며, 어떤 운동을 일으킬 필요도 없습니다. 사람이 모두 나서서 검열을 한다면 이는 곧 운동으로 변해버릴 것입니다"라고 하여 반 대중노선을 분명히 밝히고 있다. 실제로 등(鄧)의 개혁 이래 마오(毛) 시대의 대중운동은 없었음을 인터뷰를 통해 알 수 있었다.

평균주의에 대한 수정으로써 등(鄧)은 업적주의와 능률주의를 내세운다. "다학다득"의 원칙에 의거한 물질장려제도, "선부", "최고주의", "시간은 돈이고 효율은 생명이다"라고 하는 능률제일주의 등이 모두 등(鄧)의 평균주의 원칙에 대한 수정이다.

또한 자력갱생은 대외개방을 통한 기술과 자본의 도입, 나아가서 다종경영방식의 도입 등으로 변질된다.

5. 마오(毛) 사상과 등(鄧) 사상의 함의

모는 모순을 인식하고 이를 실천적으로 변화시킬 수 있는 인간의 '주관적 능동성'을 강조하였다. 이러한 주의주의적 인간관에 따른 과도한 비물질주의나 금욕주의의 강조는 오히려 왜곡된 인간과 획일적인 사회를 생성하게 된다. 이른바 사회주의적 인간관은 '특수한 모순'의 시기라 할 수 있는 혁명기에는 유용한 이론으로 작용하지만, 체제안정기에는 이러한 마오(毛)의 이상주의적 인간관은 한계를 노출한다. 일반대중은 혁명이라는 추상적이고 형이상학적인 것보다는 자신들의 복지와 편리에 더 많은 관심을 가진다. 좀 더 잘 살 수 있고 더 많은 여행을 즐기고 더 많은 책을 읽고 더 나은 정상생활을 하기를 원한다. 혁명적 이데올로기보다는 물질적 필요에 자신을 조화시키고자 하는 것이다. 인간은 이문영 교수나 김이곤 교수가 말하듯이 '유형 물질적 존재'로서 물질적 삶을 본질적으로 추구하게 되기 때문이다.

솔즈베리는 혁명의 열기가 한창이던 1970년대 초에 인민공사를 방문하고 인민공사 구성원들의 물질적 열망을 간취하고 있는데, 이는 중국인민의 본질적 인성이 마오(毛) 사상이라는 굴레에 속박되어 있었음을 암시하는 것이기도 하다. 인간의 유형 물질성, 일상성을 무시하고 혁명적 열성만을 단선적으로 교육하려는 이러한 마오(毛)의 인간관은,

그 이론과는 달리 '과학기술과 생산력 낙후'라는 문제를 생성한다.

마오(毛) 사상은 등(鄧)의 실용주의에 의해 인간관과 사회관이 크게 수정된다. 정신적·심리적 보상체계에 의한 동기화에서 물질적 자극에 의한 동작화로, 그리고 계급모순의 보편성, 항구성에 의한 영구 혁명 전략에서 계급조화에 의한 생산력 극대화 전략으로의 수정이 평모운동과 함께 중국사회의 탈 이데올로기화를 증명하는 예이다. 그러나 마오(毛) 사상은 등(鄧)의 실용주의 정책이 시행된지 10여년 만에 재평가되어져야 할 만큼 그 생명력을 지속한다. 개혁·개방 정책에 따른 중국국민의 정신문명오멸문제, 관료의 부패문제, 그리고 새로운 계급구조의 형성 등은 바로 마오(毛) 사상이 가장 경계하는 문제들이기 때문이다. 자본주의적 물질만능주의와 계급, 계층 간의 갈등극복을 위해 창출된 마오(毛) 사상은 바로 오늘날 중국의 개혁에 따른 부작용 극복에 대안으로 제시되 수 있는 이론 체계인 것이다. 이는 마오(毛) 사상이 적용된 현실은 비록 왜곡되어 있으나, 그 사상만은 완전한 체계를 갖추었기 때문이다. 마치 동구에서 공산주의가 무너질지라도 마르크스 사상은 그 유용성이 지속되는 것과 같은 이치이다. 인간 마오쩌둥과 마오(毛) 사상을 구별하려는 등(鄧)의 시도도 바로 이러한 마오(毛) 사상의 유용성을 증명하는 하나의 근거가 된다.

6. 중국의 체제를 어떻게 평가할 것인가?[122)]

(1) 중국인의 정부에 대한 인식

중국 공산주의는 1949년의 건국 이래 당-국가체제(Party~State System)를 유지하였다. 그 특징은 당의 지도, 대중운동, 그리고 계획경제이다. 서구사회에서는 중국체제의 이러한 마오(毛) 형을 "홍(紅: The Red)"이라 칭한다. 계급투쟁, 개인소유폐지, 농업 집단화 등의 노선은 1958년의 대약진운동을 통해 폐쇄적 자립경제 정책(閉關自守)을 유지하였다. 당은 설득과 계도를 통해 인민을 교육한다. 따지이나 따칭 사업에서 보듯, 근로자의 민주적 조직운영 참여를 통해 효율을 추구한다. 대중운동 등을 통해 사회 심리적 보상체계를 구축함으로써 조직의 효율을 높인다. 계획경제 하에 공동생산, 공동분배의 방식을 통해 사회 전체적 효율, 장기적 효율을 도모한다. 즉 계획경제하 또는 명령경제하의 효율을 추구하였다. 그러나 이와 같은 홍(紅) 위주의 정치경제 구조는 "공산풍(共産風)" 또는 사회전체의 관료주의적 폐해로 인한 비능률, 저효율의 정치경제 현상을 나타냈었다. 생산수단의 공유화를 통한 무계급-평등 사회란 사회주의의 꿈은 그 많은 장점에도 불구하고 조직과 사회유용체계의 비효율 그리고 빈곤의 평등화라는 원하시 않는 결과를 가져왔다. 중국은 새로운 체제의 노선 그리고 정책전환을 모색해야 했다.

1978년 12기 3중전 이래 중국은 실용주의 노선으로 그 정책방향을 선회한다. 문제해결을 위한 노선과 정책은 변경되어야 했다. 사상해

122) 정인화, 『중국의 이데올로기 갈등과 정책변동』(고려대 박사논문, 1991)

방(思想解放), 실사구시(實事求是)를 통해 공산주의를 중국의 실제상황과 결합한 "중국적 특색을 지닌 사회주의 이론"이 그 기본 정책방향을 이룬다. 그 특징은 자본주의적 시장경제 체제를 중국 사회주의 체제에 결합시키는 것이다. 상대적 평등, 물질자극, 경쟁체제, 개인소유 확대에 의한 효율 등이 그 주요 내용이다. 마오쩌둥(毛澤東) 주석의 사회주의 건설을 마르크스주의의 중국화라고 한다면, 덩샤오핑(鄧小平) 동지의 이러한 사회주의 시장경제론은 "서구 자본주의의 중국화"라 할 수 있을 것이다. 중국은 4개 현대화를 위한 경제건설을 지상 과제(一個中心)로 삼고, 그 방법으로서 우선 경제체제의 개혁과 대외개방을 시도하였다. 다종(多種) 경영 방식을 도입한 농촌경제 개혁, 여기에 상품경제 방식을 도입한 향진(鄕鎭) 기업 개혁을 시작으로, 경제특구 지정과 14개 연해도시 개방을 통한 도시경제체제 개혁을 실시하였다. 경제개혁과 함께 중국은 정치개혁도 추구하였다. 사회주의 제도의 공고화, 당의 지도강화, 당의 지도와 사회주의 제도하의 생산력 발전이 그 핵심내용이다(兩個 基本点).

중국은 당-정부의 분리, 당-기업의 분리, 법제정비, 인사제도 개혁 등 정치제도 개혁과 함께, 인민공사의 해체, 계약제 농업, 자영농지 허용, 보너스제 도입, 주식제, 사유재산제의 확대 등 가히 혁명적인 경제개혁을 추진하였다.

국가자본주의의 색채를 띤 개발독재의 하나. 냉전의 일단을 담당했던 사회주의는 이미 붕괴되었다.

그러나 중국은 기존 사회주의 체제가 개혁·개방 체제에 쉽게 적응하지 못하는 문제와 자본주의의 도입에 따른 정신적 해이 등으로 인해 사회질서의 붕괴 등 심각한 후유증을 겪게 된다. 3철(三鐵)이라는 고용, 임금 보장체제가 사라짐으로 해서 사회적 유동성이 높아졌다. 물욕과 배금사상이 도덕을 대신하고 경제력 불균형에 따른 지역, 계층 간의 격차가 심화되었다. 마약거래, 매춘, 도박, 인신매매, 밀수 뿐만 아니라 농촌지역의 집단소요도 일어났다. 중국인은 이른바 '홍안병(紅眼病)'을 앓게 되고, '향전간(向錢看)'의 풍조가 보편화되며 상대적 박탈감을 경험한다. 사회질서의 붕괴가운데 가장 심각한 것은 부정부패이다. 중국은행 송금부 직원 공금횡령, 국영적기공사 부서장 횡령, 중국 최대의 부자마을 대구장(大邱莊)의 총책임자 위줘민(禹作敏)의 뇌물공여, 공영기업과 사영기업의 탈세 등등 건국 이래 최대의 부패문제를 경험한다. 개혁·개방에 따른 '자본주의의 쇠파리'가 중국사회 전체에 위협을 가하는 독충으로 변한 것이다. 중국은 이제 제 2의 개혁을 시도하지 않을 수 없게 되었다. 중국은 권력분산, 정부와 기업 간의 관계 재정립, 시장관리과 법집행 관계의 구분 등의 개혁을 추진하고 있으며 이를 통해 사회주의 시장경제 체제를 구축하여 한다. 중국 지도부가 인식하는 중국 사회주의체제의 문제는 관료주의현상, 권력 집중현상, 가부장제 현상, 간부층의 종신제 현상, 각종 특권현상 등이다. 기구의 비대화, 인력과다, 권한 집중 등의 문제를 해결하지 못한 결과 부정부패와 재정 악화 등의 문제가 야기된 것이다. 여기에서 중국은 딜레마에 빠진다. 경제효율을 높이는 개혁·개방을 확대하되 민주주의의 문제를 어떻게 할 것인가 하는 문제가 그것이다. 즉 개인의 자유, 인권, 정책결정의 투명성, 다당제, NGO, 권력분산, 자유언론, 법의 지배 등으로 표현되는 서구적 민주주의의 도입을 중국 지도부가 어떻게 처리할 것인가의 문제이다. 지금까지 중국 지도부는 행정, 금융, 국유기업 3대 개혁을 중국 정치경제 성공의 핵심으로 인식하고 있는 것 같다. 그리고 아직 서구적 민주주의의 도입이 중국의 현실에는 시기상조라는 것이 일반적인 인식인 것 같다.

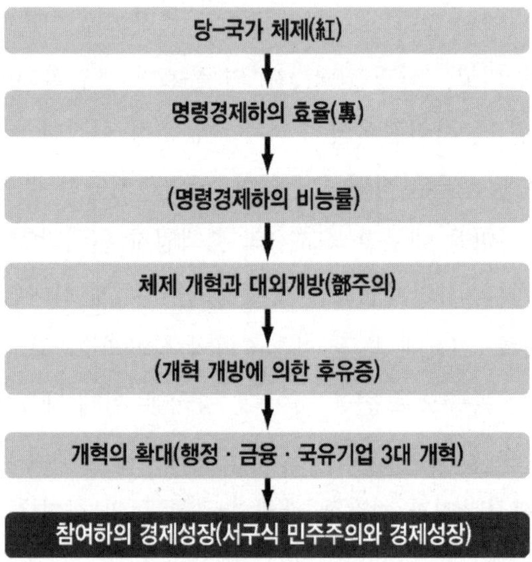

〈그림 13-1〉 체제개혁의 방향

(2) 한국의 민주주의 시장경제와 중국의 사회주의 시장경제

그러면 중국의 사회주의 시장경제와 한국의 민주주의 시장경제의 차이는 무엇인가?

첫째, 경제에 있어 중국은 계획경제의 큰 틀 속에 공유제의 기본원칙을 고수하며 개인기업의 확대와 국유기업의 개혁을 추진한다. 이에 반해 한국은 민간기업의 육성과 공공부문의 민영화를 추구한다는 점이 다르다. 중국은 대형 국유기업을 경제의 견인력으로 삼고 이의 개혁을 도모하는데 반해, 한국은 재벌 해체와 벤처기업 등 중소기업 육

성정책을 추구한다는 점이 다르다.

둘째, 정치에 있어 중국은 당 우위를 유지한다. 한국은 협력형 통치를 추구한다. 행정부의 전산화와 사회의 정보화를 통해 전자민주주의가 가능하게 되었고, TV 정치를 통해 참여정치의 길이 열렸다. 특히 1995년 이래 지방자치의 실시로 자치단체장을 직선으로 뽑으며 풀뿌리 민주주의의 길을 열었고, 시민사회의 성숙으로 인해 관료제를 대체하는 시민조직의 역량을 키워나간다.

셋째, 행정에 있어, 중국은 정-기분리를 추구하나 여전히 행정이 공기업을 규제한다. 한국은 작은 정부를 추구한다. 기업과 노조의 관계에 있어 노조의 정치참여를 허용하고 노조의 경영참여를 포함한 여러 문제를 노사정 협의를 통해 해결하도록 유도한다.

넷째, 중국은 사회에 있어 부패추방운동, 정신문명건설 운동 등 물질주의 타파를 강조한다. 한국은 학력, 출신지역, 성 등의 차별철폐를 국민 의식개혁과 함께 제도적으로 시행한다. 여성 정치인의 비율, 장애인 고용의무화, 지방출신학생의 공무원채용비율 등이 그 예이다. 이를 표로 요약한 것이 〈그림 13-1〉이다.

그런데 중국이 부패문제의 해결을 위해 당정분리, 당기분리를 시도하는 점과 한국정부가 부패 없이 경제성장도 없다는 점을 명백히 하며 정경유착과 관치금융의 고리를 끊으려는 것, 그리고 정치인과 공무원이 세비와 월급만으로 살아가기를 촉구하는 점 등 부패문제 해결을 위한 체제개혁을 시도하고 있는 점은 양국의 공통점이다.

그러면 한국 김대중 정부가 추구하는 민주주의 시장경제 모델이 중국에 어떤 영향을 미칠 것인가? 첫째, 아시아 민주주의에 있어, 한국의 민주주의는 영향을 미칠 것이다. 학자들은 경제성장이 민주주의를 가져올 것이라고 보았다. 경제성장은 중산층의 등장을 가능케 하고 그들의 참여 요구를 정부가 수용하지 않을 수 없을 것이라고 본 것이다. 경제발전이 권위주의 체제 약화에 기여하는 정치적 압력이나 사회적 긴장으로 작용하기 때문이다. 그러나 이러한 기대는 이광요 전 싱가포르 수상의 서구적 민주주의 부적합론으로 이어져 동아시아에서의 민주주의는 기대한 민주주의의 진전을 보지 못하였다. 특히 한국의 경우 군사정권과 지역주의 등으로 인해 민주주의는 억압되어졌다. 그러나 아시아의 경제위기는 결국 민주주의 없는 경제발전은 몰락의 위험성이 내포되었음을 보여주었다. 이 점에서 한국 정부의 민주주의 시장경

〈표 13-1〉 중국과 한국의 체제 비교표

	중 국		한 국	
	개혁 이전	1978년 개혁 이후	구 정권	김대중 정부
이 념	평등주의	사회주의 지장경제 / 실용주의	경제성장	민주주의 시장경제 / 다원주의
체제모델	계도자형 모델	자유시장, 권위주의	권위형 통치	협력형 통치
정 치	당 지배	당 우위	지역지배 연합	전자 민주주의 / 참여 민주주의 / 화합정치
경 제	계획경제, 공동생산, 공동분배, 사회 심리적 보상	공유제 기초 / 경쟁체제 / 공기업중심, 사유 기업 확대	재벌중심	재벌해체 / 중소기업 중심
행 정	규제, 지시자	지도감독자	규제자, 관주도의 행정	탈규제, 조정자, 보조자
사 회	자기희생	정신문명건설	지역, 여성 차별	차별철폐, 정의와 윤리

제 모델은 중국에도 상당한 영향을 미칠 것으로 본다.

둘째, 김대중 정부가 추구하는 민주주의는 전지구적 민주주의이다. 민주주의란 결국 정보를 공개하고 이를 시민이 공유할 수 있는 것을 말한다. 이렇게 하여 시민이 주인이 되어 정책결정에 참여할 때 부정부패 문제도 그 근본적 해결책이 열린다. 세계적으로 부강하고 안정된 나라는 모두 민주주의를 하는 나라라는 점을 주목할 필요가 있다. 아시아적 가치에 대한 논쟁에도 불구하고 동아시아인은 유교적 가치의 장점을 부인할 수는 없을 것이다. 동아시아의 경제위기는 아시아적 가치가 잘못 되어서라기보다는 후쿠야마 교수의 지적처럼 정책실패와 참여를 배제한 사이비 민주주의 때문이라고 본다. 이 글 제 3절에 제시한 한국인의 가치는 범문화적 가치이기도 하다. 서구인이 비판하는 아시아적 가치들, 즉 비합리주의, 정실자본주의, 부패한 관치경제 등은 공맹(孔孟)이 제시한 유교 고유의 가치와는 거리가 멀다. 아시아적 가치는 민주주의와 결합될 때 그 빛을 발하며, 아시아에 있어 민주주의는 서구의 존 로크 보다 훨씬 이전에 제창된 이론이었다. 아시아적 가치도 결국 글로벌 민주주의의 가치 속에 포함되며 동아시아도 글로벌 민주주의를 지향하지 않을 수 없게 될 것이다. 이런 점에서 한국 정부의 민주주의 시장경제는 글로벌 민주주의란 측면에서도 일정한 공헌을 할 것이다.

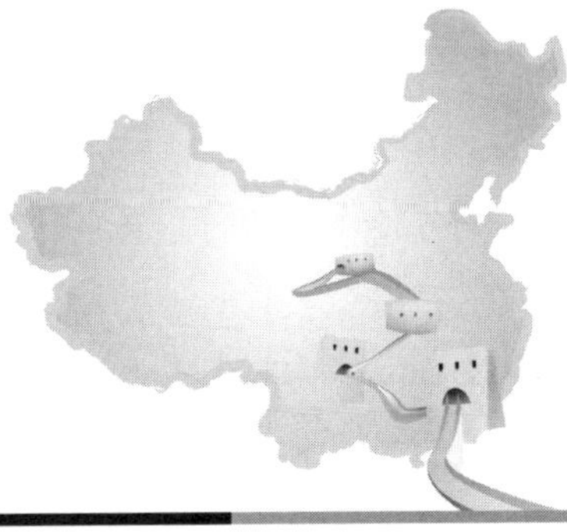

도 약 하 는 중 국 |제6부|

중국의 정부운용방식

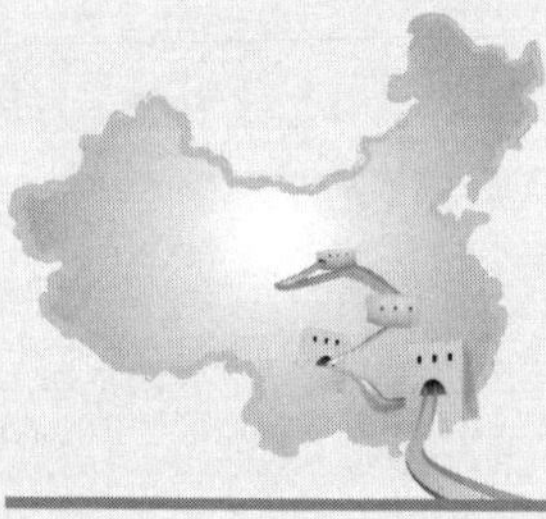

도 약 하 는 중 국 |제6부|

중국의 정부운용방식

제 14 장

중국정부의 조직체계

1. 중국 정부조직의 특징

(1) 당(黨)우위의 정부

중국에서는 헌법보다는 당장(黨章)이 더 우월하다. 물론 당장이 헌법보다 우월하다는 명문규정은 없다. 조직의 기능이 우월하다는 것이다. 헌법의 수정이나 법률의 제정 또는 수정, 예산과 경제발전계획의 입안, 각급 선거의 실시, 기타 각종 정치, 경제, 사회적 현안에 대한 대책 및 지침이 모두 사전에 당 정치국이나 중앙위원회에서 결정된 뒤 전국인민대표대회에 회부되면 전인대나 상무위원회가 거의 이의없이 통과시킴으로써 합헌, 합법화시키고 행정, 사법 등 국가기관은 그 결정에 따라 집행만 한다.[123)]

중국의 헌법상 최고 권력기관은 전국인민대표대회(全國人民代表大會)이다. '8·2헌법(1982년 헌법, 1993년 3전인대에서 부분수정)'에 의하

---

123) 조군환, 『중국의 실체와 정해』(서울: 한국외국어대학교출판부, 1995), pp.143~144.

면 입법부는 전국인민대표대회, 행정부는 국가주석과 국무원, 사법부로서는 최고인민법원과 최고인민검찰원이 있다. 그러나 중국은 국가주석-당 총서기-국무원 총리의 삼두 마차가 권력을 분점하는 권력분립의 형태를 띤다. 이 세 마차가 견제와 균형을 이루지만, 국가주석 등 권력을 쥔 자의 카리스마 등에 따라 권력분립은 균형이 달라진다. 또한 한 사람이 세 가지 권력 모두를 가지는 경우는 마오쩌둥 사후 정치적 타협으로 옹립된 화국봉(華國峯) 뿐이었다. 그러나 화국봉(華國峯)은 형식상의 권력이었으며 얼마 후 실각되었음은 주지의 사실이다. 그렇다면 중국 정부의 핵심적 권력기관은 무엇인가? 당 중앙(黨中央: 중국공산당 중앙위원회)이다. 이중 정치국(政治局)과 당 군사위원회(黨軍事委員會)가 권력중의 권력기관이다. 당과 행정부는 대등한 관계가 아니라 지배-복종의 관계이다. 당이 행정부를 지휘 감독한다. 당 조직은 행정부인 국무원(國務院) 조직과 대칭을 이룬다. 당은 한마디로 초헌법적 권력기관의 정치실세이다. 당우위의 행정현상은 중국의 독특한 정치문화에서 이루어진 것이다. 즉 1921년의 공산당 창당에서부터 대장정을 거쳐 중화인민공화국이 수립되기까지 당의 지도와 정책이 인민대중을 지배하였기 때문이다. 그러므로 중국의 정부형태는 서구의 행정우위 국가나 의회우위 국가와는 다르다. 국가주석(國家主席)을 미국의 대통령이나 서구식 의원내각제하의 총리의 권력과 단순 비교할 수는 없다. 서구식 의회에 해당하는 전국인민대표대회는 형식상 국가기관 중 최고의 권력기관이며, 국가주석은 상징적인 국가원수에 불과하다. 특히 당군사위원회와 중앙군사위원회는 해방군을 장악하는 중요한 권력기관이다. 중국의 지도자 덩샤오핑(鄧小平)이 가지고 있던 직책은 바로 당군사위원회 위원장과 중앙군사위원회 위원장이었음도 바로 이 기관이 지닌 의미와 무게를 잘 나타낸다. 북한의 경우도 김일성 사후 김정일이 국방위원회 위원장의 타이틀만 가지고도 북한을 통치한 것도 바로 군사위원회의 성격과 특징을 상징적으로 말해 주는 예이다.

중국 권력구조의 특징 중 또 다른 하나는 최고인민법원과 최고인민감찰원이 국무원보다 하위에 있다는 점이다. 인사배치, 조직규모, 예우면에서도 나타난다. 한 예로, 계림시(桂林市)의 경우 시인민정부(市人民政府)에 공안국(公安局: 우리나라의 경찰에 해당), 국가안전국(國家安全局), 감찰국(監察局), 민정국(民政局), 사업국(司法局)이 있으며, 시인민정부(市人民政府)를 지도 감독하는 당 시위원회(黨市委員會)에는 기율검사위원회가 따로 존재한다.

이 밖에 인민정치협상회의(人民政治協商會議) 같은 준국가기관과 전국단위의 군중단체가 존재한다.

중앙통치조직의 구도를 그림으로 표시해 보면 〈그림 14-1〉과 같다.

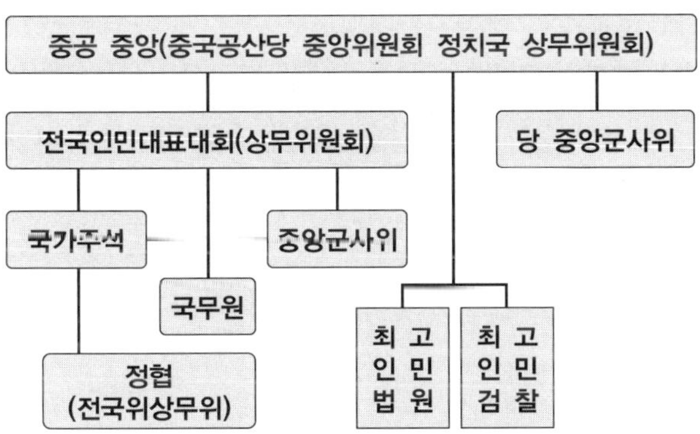

〈그림 14-1〉 중앙통치조직의 전체구조

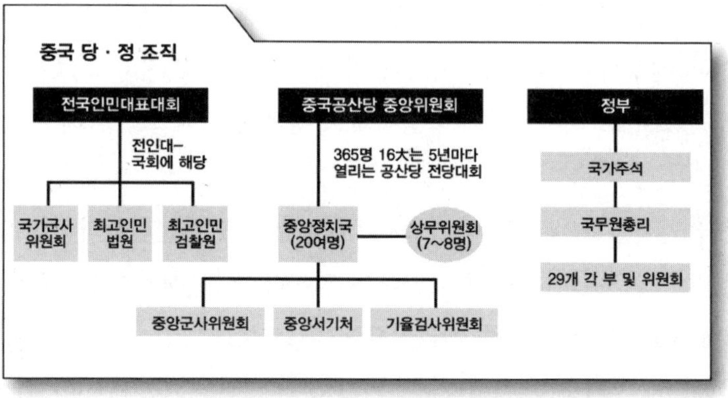

〈그림 14-2〉 중국 당 · 정 조직

(2) "뚜이커우" 조직

중국정부의 조직체계는 기본적으로 이중조직이다. 예컨대, 안후이성의 성정부가 있고 A시의 시정부가 있으면, 안후이성의 당조직, 즉 안후이성 당위원회가 있고, A시의 당위원회가 있다. 실질적인 권한은 성 정부나 시정부보다 당위원회에 있다. 예컨대, 안후이성 경덕진시(景德鎭市)의 경우, 시 당위원회 서기(書記)가 시장보다 권한이 세다. 예컨대, 당위원회의 추천이 있어야 시장은 공무원을 임명할 수 있다. 물론 시장, 부시장 등 모두가 당원으로서 당위원회 소속이다. 대학에도 당위원회가 있다. 대학총장보다 대학 당위원회 서기가 서열이 더 높다.

2. 중국 공산당

중국공산당은 전당대회인 전국대표재회(全代: 대표 2150여 명)를 5년에 한 번씩 개최한다.

1921년 창당 2007년까지 17번 열렸다. 중앙위원회(정위원과 후보위원 350여 명)는 전대가 열리지 않는 기간에 당의 정책을 결정하고 집행하며 대외적으로 공산당을 대표한다. 중앙정치국의 결정으로 1년에 한 번씩 비공개로 전체회의(중전회)가 소집된다. 예컨대, 2005년 10월에 중국공산당 제16기 중앙위원회 제5차 전체회의(11기 5중전회)가 8일부터 11일까지 베이징에서 열렸다. 2002년부터 5년 간의 16차 전대기간에 다섯번째 소집된 전체회의가 제16기 5중전회다. 최고 권력기관인 정치국(Political Bureau)에서 결정된 정책이나 인사를 형식적으로 승인하고 비준하는 것이 보통이다.

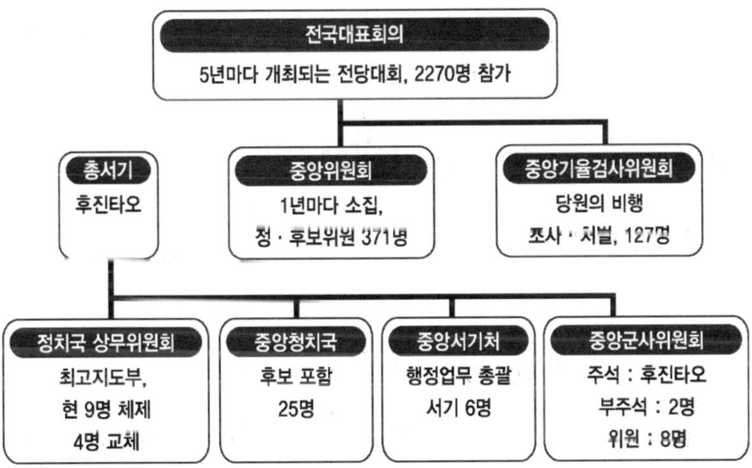

〈그림 14-3〉 중국 공산당 조직도

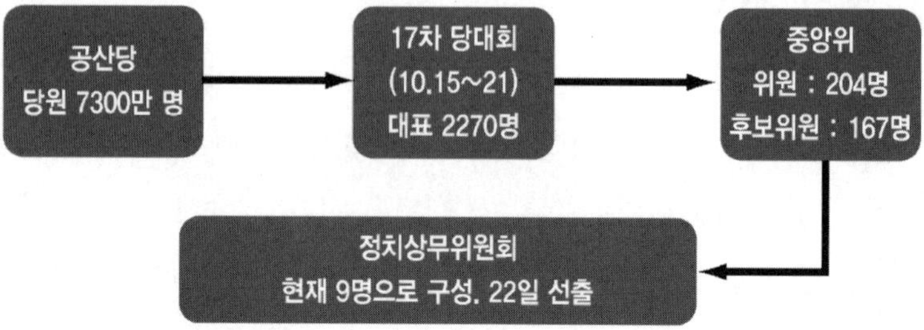

〈그림 14-4〉 당 지도부 선출과정

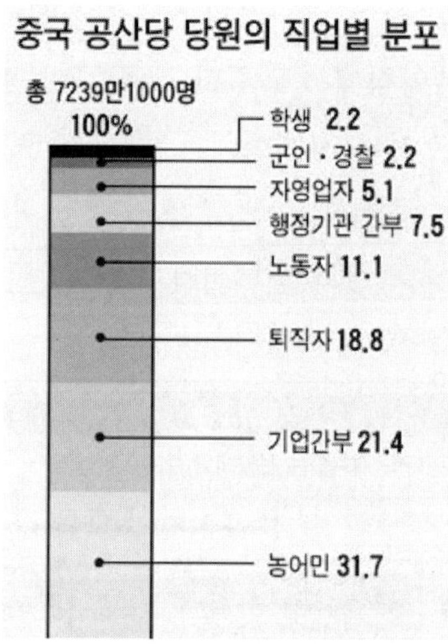

〈그림 14-5〉 중국 공산당 당원의 직업별 분포

〈그림 14-6〉 공청단 단원분포

〈그림 14-7〉 중국의 지도자

〈표 14-1〉 중국 공산당의 주요 변혁

	마오쩌둥
	▶1937년 모순론, 40년 신민주주의 제창 ――――――――――― 의미: 구 소련식 혁명논리 거부, 중국 독자적 대중 노선 등 추구

덩샤오핑

▶78년 '사상 해방' 제창,
80년대 중반 사회주의
초급 단계론 등 입안

의미: 중국 현실에 맞는
경제 발전 추구

장쩌민

▶2001년 '3개 대표' 이론 제창

의미: 자본가의 공산당 입당 허용

후진타오

▶2007년 6월 다시 '사상 해방' 제안
의미: 중국식 사회주의를 위한
정치 · 경제 등 종합 개혁 예고

(1) 전국 대표대회

전국에 약 6천 1백만의 당원이 있다. 당원은 각계, 각지에 산재해 있기 때문에 지역별, 직능별, 성별 및 군대단위별로 대표(대의원)를 선출하여 통상 약 2,000 내외의 전국대표대회(全大)를 구성한다. 문혁이후 정규화 되어 5년에 1회, 1회에 약 10일정도 개최한다. 형식상 당의 최고 의결기관이다. '13전대'는 장쩌민(江澤民) 체제의 출범을 알리는 대회인데, 13전대란 바로 제13차 전국대표대회의 약식 표현인 것이다. 제1차 전국대표대회는 1921년 7월 상해에서 열렸다. '1전대'는 상해시내 중심지이자 프랑스 조계지역인 흥업로(興業路)에 있는 박문(博文) 여학교에서였다. 각 지역의 초기 공산당 조직에서 파견한 대표로 동필무(董必武), 이달(李達), 마오쩌둥(毛澤東), 장국도(張國燾), 주불해(周佛海) 등이 모였다. 이때 장국도를 대회주석으로, 마오쩌둥과 주불해를 서기로 삼아 이곳에서 나흘간 회의를 진행했다. 이 역사적인 '1전대'에서 공산당 강령과 공작임무가 결의되고, 중앙영도기구가 선출되었으며, 중국공산당성립이 정식으로 선포되었다.[124)]

〈사진 14-1〉 중국공산당 제16차 전국대표대회, 2002년

---

124) 금장태, 『산해관에서 중국역사와 사상을 보다』(서울: 효형출판, 1999), pp.269~230.

중국공산당은 5년에 한번씩 '전국대표대회'를 연다. 1977년 제11차 전국대표대회까지는 부정기적이었으나, 제11차대회 이후부터는 계속 5년에 한 번씩 주기적으로 열리고 있다. '전국대표대회'란 이른바 '전당대회'에 해당하는 행사다. '전당대회'라고는 하지만 여기에 6700만 당원이 모두 참가하는 게 아니라 한국 정당의 '대의원'에 해당하는 '대표'가 참가한다. 예를 들어 2002년 11월 8일 개막한 중국공산당 제16차 전국대표대회에는 전국 2154명의 대표 가운데 2134명이 참가했다. 최소한 2154명에는 끼어야 비로소 중국공산당의 중견간부라 할 수 있다.

2154명의 전국 대표는 다시 중국공산당 중앙위원회의 중앙위원 198명과 후보위원 158명, 총 356명을 선출해 이들에게 다음 번 전국대표대회 때까지 당의 운영을 맡긴 뒤 해산한다. 동심원 구조이기 때문에 중앙위원과 후보위원 356명은 2154명 가운데 나오는 것임은 물론이다. 중국공산당에서 이 356명은 전국적으로 비교적 중요한 요직을 차지한 고급 간부라 할 수 있다.

중국 공산당 제17차 전국대표대회는 2007년 10월에 열렸다. 과거와는 달리, 차기 총서기 후보를 미리 확정하지 않는 것이 특징이다.

〈표 14-2〉 중국의 주요 회의

구분	약칭	성격	대표수	개최시기	주요 역할
중국 공산당 전국대회	전대 (全代)	전당대회	지역 및 조직대표 2,120명(2002년)	매 5년 9, 10월경	• 당정군 최고지도부 인사 안 심의 • 당정 정책방향 결정
전국 인민대표대회	전인대 (全人大)	국회	지역 대표 2,985명(2003년)	매년 3월	• 입법안 통과 • 정부 보고 심의
전국 정치협상회의	정협 (政協)	참의원 회의 (입법권 없음)	직능 단체 대표 2,227명(2003명)	매년 3월	• 주요 사안 사전 조율 • 대정부 권고안 채택

2) 중앙위원회

'제 11기 3중전회', 이는 중국정치의 열쇠이기도 하다. 중국정치를 얘기할 때 이것을 빼놓으면 미국정치에서 헌법제정자들을 얘기하지 않고 미국정치를 논하는 것과 같다. 이 제11기 3중전회가 바로, 제11기 전국대표대회 제3차 중앙위원 전체회의란 뜻이다. 전국대표대회는 5년에 한번 열리므로, 1978년에 열린 제11기 3중전회는 다시 말해 1976년 제11기 전국 대표회 제1차 중앙위원 전체회의에 이어 1978년 제3차 회의란 뜻이다. 중국공산당 중앙위원회의 중앙위원은 약 200명이다. 이 가운데 중국공산당 중앙정치국 위원 25명(후보위원 1명 포함)을 뽑는다. 이들 25명 역시 198명 가운데서 나오는 것임은 물론이다. 그 25명은 당과 국무원(행정부)의 최고 요직을 차지하고 있는 '최고 권력층'이라 할 수 있다.

중국공산당 중앙정치국 정식위원 24명은 다시 중국공산당 중앙정치국 상무위원 9명을 선출한다. 중공 16기 상무위원은 후진타오, 우방궈, 원자바오, 자칭린, 쩡칭훙, 황쥐, 우관정, 리창춘, 뤄간 등이다. 이 9명은 명실 공히 중국을 다스리는 최고 지도부다. 이들은 각각 국가 주석·부주석, 전국인민대표대회(국회에 해당)의 수장, 국무원 총리·부총리, 전국인민정치협상회의(공산당 이외의 정당, 직능조직의 대표로 구성된 통일전선조직) 주석, 당 중앙기율위원회 주석 등 중국 국가기관의 최고 수장직을 나눠맡고 있다.

마지막으로 아홉 명의 중국공산당 중앙정치국 상무위원 가운데 한 사람이 '총서기'를 맡는다.

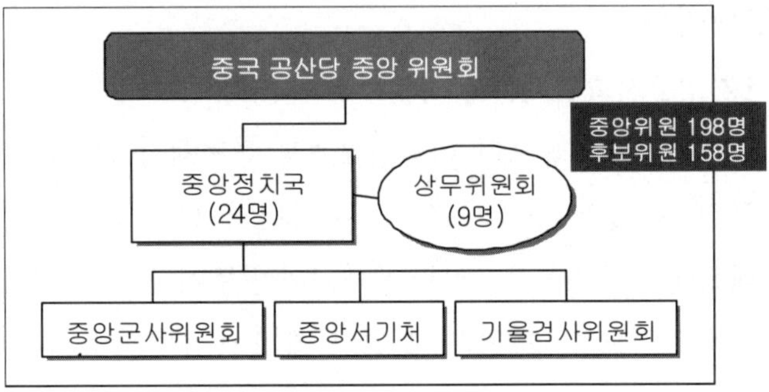

〈그림 14-8〉 중국공산당 중앙위원회

중앙위원회는 1년에 통상 1주일 안팎의 기간 동안 통상 1회 개회한다. 여기에서 중앙정치국 위원, 중앙정치국 상무위원, 중앙위원회 총서기를 선출한다. (당) 중앙군사위원회 성원을 결정하며 중앙서기처 성원을 결정하고, 중앙기율검사위원회가 구성한 지도부를 비준한다. 전국대표대회의 인원수, 선거방법 등을 결정한다.

중앙위원회에서는 경제체제개혁방침, 정신문화 건설지도 방침, 당-인민간의 관계강화방침, 국가경제개발계획 등을 전국인민대표대회에 앞서 미리 결정한다. 그러나 실제로는 정치국과 정치국 상무위원회의 지시를 받은 중앙서기처의 기획안을 통과시키는 역할을 한다.

그러므로 당의 권력은 〈전국대표대회-중앙위원회-정치국-정치국 상무위-총서기〉로 집중화, 위계화 되어 있다.

(3) 정치국: 중국정치의 블랙박스

당의 최고 정책결정기관이다. 중앙위원회에서 선출된 약 20~30명으로 구성되며, 이들 중에서 6~9명의 상무위원회를 구성한다. 정치국은 권력의 핵심이며 정치국 상무위원회는 권력의 핵심 중 핵심이다. 정치국 상무위원 중에서 중앙위원회 총서기(당 총서기)를 선출한다. 혁명시대 마오가 제1세대 리더이고, 덩샤오핑 시대 후야오방이 제 2세대 리더이다. 포스트 덩 세대인 장쩌민(江澤民)-주룽지(朱容基) 라인이 제3세대이고, 그 뒤를 이은 후진타오를 제4세대 리더라 한다. 과연 후진타오 이후, 즉 제5세대 리더는 누가 될 것인가? 2012년 제18대 중국공산당 전국대표대회와 중앙위원회에서의 선출을 기다려야 할 것이다. 하지만, 오늘날 시진핑(習近平) 국가부주석, 리커창(李克强) 상무 부총리를 후진타오 이후의 세대, 즉 제 5세대 지도부라 칭하기도 한다.

그렇다면, 제5세대를 이을 제6세대 지도자를 예측해 볼 수 있을까? 중국에는 쑨정차이(孫政才) 농업부장, 후춘화(胡春華) 허베이 성장, 저우창(周强) 후난 성장, 루하오(陸豪) 공청단 제1서기 등 40대 지도자들이 있어 6세대 지도자를 꿈꾸고 있다. 이들은 1960년대에 출생한 사람들이다. 붉은 색에 젖어 아동기와 소년기를 보냈다. 현실을 무시한 채 무리하게 진행된 대약진운동(1958~1960)의 후유증이 가라앉지 않은 시점에서 태어난 이들은 문화대혁명(1966~1976) 기간에 홍위병으

〈표 14-3〉 중국 5세대 지도자군 주요 이력

시진핑(54)	장가오리(61)	리커창(52)	리위안차오(57)
베이징 출생	푸젠성 출생	안후잇어 출생	장쑤성 출생
태자당 출신	샤먼 대학(경제학)	공청단 출신	태자당 출신
(원로 고시중쉰 아들)	광둥성 부서기	공청단 중앙제일서기	공청단 경력
칭화 대학 졸	선전시 당서기	허난성 당서기	푸단 대학(수학)
(화학엔 지니어링)	산둥성 성장	랴오닝성 당서기	공청단 중앙서기처 서기
푸젠성 성장	산둥성 당서기		국무원 문화부 부부장
저장성 당서기			징쑤싱 팅서기
상하이시 당서기			

〈출처: 중앙일보, 2007.3.26일자〉

로 참여했다. 이들은 그러나 문혁의 끝자락 세대이다. 마오쩌둥 어록을 외웠지만, 1950년대 출생한 사람들보다 문혁의 영향을 덜 받았다. 오히려 이들은 덩샤오핑이 주도한 개혁·개방의 직접적 세례를 받았다. 1977년에 대학입시(高考)가 부활되면서 이들은 1980년대에 자유로운 분위기에서 대학시절을 보냈다. 내가 대만대학에서 유학하던 시절인 1980년대 초, 대만 가수 덩리쥔(鄧麗君)의 노래가 유행했는데, 바로 대륙의 중국인들이 덩리쥔의 노래를 흥얼거린 것이다. 4인방이 금지시켰던 영화도 이 시기에 해금되었고, 청바지를 입고 디스코를 춘 것도 이 무렵이다. 이들은 대학을 졸업하고 정부의 분배에 따라 직장을 구했다. 이들은 국유기업의 '철밥그릇(鐵飯碗)'과 '정리해고(下崗)'도 경험했다. 이들 40대의 6세대 지도자들은 붉은 사회주의 실험과 개혁·개방을 두루 경험한 이들인 것이다.[125]

〈표 14-4〉 정치국 상무위원(후진타오 2기)

중국 공산당 정치국 상무위원 9명		
후진타오(胡錦濤·65) 1	우방궈(吳邦國·66) 2	원자바오(溫家寶·65) 3
▶당 총서기 겸 국가 주석, 군사위 주석 ▶안후이(安徽)성 지시(績溪)출생 ▶청화대 수리공정학과 졸업 ▶공청단 제1서기 ▶구이저우성, 시짱자치구 당서기 ▶중앙당교 교장 ▶정치국 상무위원(1992년) *공청단파	▶전국인민대표대회 상무위원장 ▶안후이성 페이둥(肥東) 출생 ▶청화대 무선전자학과 졸업 ▶상하이전자관공장 근무 ▶상하이시 당서기 ▶정치국 상무위원(2002) ▶국무원 부총리 *중립(장쩌민-후진타오 등거리)	▶국무원 총리 ▶톈진시 출생 ▶베이징지질(地質)학원 졸업 ▶중앙판공청 주임 ▶중앙서기처 서기 ▶정치국 상무위원 *후진타오지지

125) 왕페이런(王沛人), 〈60年代生人〉, 베이징, 중앙일보, 2008.7.26일자. 북리뷰에서.

〈표 14-4〉 정치국 상무위원(후진타오 2기) (계속)

후진타오(胡錦濤·65) 1	우방궈(吳邦國·66) 2	원자바오(溫家寶·65) 3
▶당 총서기 겸 국가 주석, 군사위 주석 ▶안후이(安徽)성 지시(績溪)출생 ▶청화대 수리공정학과 졸업 ▶공청단 제1서기 ▶구이저우성, 시짱자치구 당서기 ▶중앙당교 교장 ▶정치국 상무위원(1992년) *공청단파	▶전국인민대표대회 상무위원장 ▶안후이성 페이둥(肥東) 출생 ▶청화대 무선전자학과 졸업 ▶상하이전자관공장 근무 ▶상하이시 당서기 ▶정치국 상무위원(2002) ▶국무원 부총리 *중립(장쩌민-후진타오 등거리)	▶국무원 총리 ▶톈진시 출생 ▶베이징지질(地質)학원 졸업 ▶중앙판공청 주임 ▶중앙서기처 서기 ▶정치국 상무위원 *후진타오지지
자칭린(賈慶林·67) 4	**리창춘(李長春·63) 5**	**시진핑(習近平·54·신임) 6**
▶전국정협 주석 ▶허베이(河北)성 보터우(泊頭) 출생 ▶허베이공학원 전력학과 졸업 ▶중국기계설비무역 사장 ▶푸젠(福建)성 당서기·성장 ▶베이징시 당서기·시장 ▶정치국 상무위원(2002) *장쩌민 계열	▶당 이데올로기·선전담당 ▶랴오닝 다롄(大連)출생 ▶하얼빈공업대 전기과 ▶선양(瀋陽)시 당서기·시장 ▶랴오닝성 성장 ▶허난(河南)성 당서기 ▶광둥성 당서기 ▶정치국 상무위원(2002) *상하이방(장쩌민 계열)	▶상하이시 당서기 ▶산시(陝西)성 푸핑(富平) 출생 (혁명원로 시중쉰의 아들) ▶청화대 화학공업과(학사)·법학(박사) ▶허베이(河北)성 정딩(正定)현 부서기 ▶푸젠(福建)성 당서기·성장 ▶저장(浙江)성 당서기·성장 *태자당(쩡칭훙 계열)
리커창(李克强·52·신임) 7	**허궈창(賀國强·64·신임) 8**	**저우융캉(周永康·65·신임) 9**
▶랴오닝성 당서기·성장 ▶안후이(安徽)성 당위안(定遠) 출생 ▶베이징대 법과(학사)·경제학(석사, 박사) ▶공청단 제 1서기 ▶허난(河南)성 당서기·성장 *공청단파(후진타오 계열)	▶당 중앙조직부장 ▶후난(湖南)성 샹샹(湘鄉) 출생 ▶베이징화공(化工)학원 졸업 ▶중앙기율검사위원회 서기 ▶산둥성 지난(濟南)시 당서기 ▶화학공업부 부부장 ▶푸젠(福建)성 성장 *태자당(마오쩌둥의 전처 허쯔전의 조카)	▶공안부장 ▶장쑤(江蘇)성 우시(無錫) 출생 ▶베이징석유학원 졸업 ▶국토자원부장 ▶쓰촨(四川)성 당서기 *쩡칭훙 주석 직계

※숫자는 서열 순 ※ *는 정치 성향

〈표 14-5〉 중국 권력 변화 추이(중앙당 정치국 상무위원 9인 판도 중심)

2002년 11월 : 후진타오 주석 취임
- 상하이방: 우방궈(2) · 자칭린(4) · 쩡칭훙(5) · 황쥐(6) · 리창춘(8)
- 비 상하이방: 후진타오(1) · 원자바오(3)
- 중립: 우관정(7) · 뤄간(9)

2006년 9월 : 천량위 상하이 당서기 해임
- 상하이방: 자칭린 · 황쥐
- 비 상하이방: 후진타오 · 원자바오 · 쩡칭훙
- 중립: 우방궈 · 우관정 · 리창춘 · 뤄간

2007년 3월 : 지방정부 • 당 고위간부 인사
- 태자당+상하이방: 쩡칭훙 · 자칭린 · 황쥐
- 범 공청단: 후진타오 · 원자바오
- 중립: 우방궈 · 우관정 · 리창춘 · 뤄간

※( )는 당내 권력 서열

(4) 당 중앙군사위원회

군사위 위원장은 중국군을 통괄하며 실질적 권력을 행사하는 실질적 1인자 자리이다. 덩샤오핑도 모든 직책에서 물러났으나, 군사위 위원장직은 유지하며 실권을 행사하였다.

〈표 14-6〉 역대 중국 공산당 군사위 주석(실질적 1인자)

이름	재임 기간
마오쩌둥	1949년 10월~1976년 9월(병사)
화궈펑	1976년 10월~1981년 10월
덩샤오핑	1981년 6월~1989년 11월
장쩌민	1989년 11월~2004년 9월
후진타오	2004년 9월~현재

3. 국가 주석

국가 주석은 중국의 형식상, 외교상의 국가원수이다.[126] 중국의 정부권력은 형식상, 국가주석-국무원총리-당 총서기의 삼각구도로 이루어져 있다. 국가 주석직은 한때 없어지기도 하였는데, 마오쩌둥 시대에 마오(毛)는 국가주석이었고 저우언라이가 총리였다. '모주석-주총리'는 중국정치의 상징어였고, 이들은 중국여성들의 우상이었다. 국가 주석과 당 총서기직을 동시에 가진 것은, 마오쩌둥 사후 화궈봉 때였다. 그리고 덩샤오핑 이후 장쩌민과 후진타오가 국가주석과 당 총서기, 그리고 군사위원직을 동시에 쥐고 있다. 국가 주석, 부주석, 국무원 총리와 부총리는 전국인민대표대회에서 선출한다.

후진타오 중국 국가주석의 월급은 얼마일까? 3000위안(약 36만원)에 불과하다. 후 주석과 원자바오 국무원 총리, 쩡칭홍(曾慶紅) 국가부주석의 월수입은 기초임금 230위안에 직무수당 1150~1750위안, 호봉 1165위안(1호봉 기준), 근속 수당 30위안 등 다 합쳐 3000위안 수준이다. 여기에 판공비가 있는데 합쳐도 중국 대기업 고참 직원 월급에 불과하다.[127]

---

126) 북한의 경우, 김일성이 국가주석이었다. 김정일은 노동당 총서기이며 동시에 국방위 위원장이다.

127) 중국 정부는 공무원 월급이 적어 부정부패가 만연한다고 보고, 2006년에 공무원 8000만 명의 급여를 올렸다. 세수 증대분 중 347억 위안을 급여 인상에 선용할 방침이라고 한다. 중국정부는 1985년부터 2006년까지 8차례 공무원 월급을 인상했다. 동아일보, 2006.7.11일자 하종대 베이징 특파원 보도.

우리나라 대통령은 청와대에 있다. 미국 대통령은 백악관에 있다. 중국의 국가주석은 어디에 거주하는가? 천안문 광장에서 다훈이와 나눈 대화는 다음과 같다.

딸 | 마오쩌둥의 대형 초상화 옆에 붉은 색 바탕에 대문짝만한 글자로 써진 문구는 무슨 뜻이지요?

아버지 | 읽어 보렴.

딸 | 중국식 약자라서 잘 모르겠어요.

아버지 | 왼쪽 글씨는 '중화인민공화국 만세!', 오른 쪽은 '세계인민 대단결 만세!'이다.

딸 | 자금성 왼쪽 옆 중난하이(中南海)에도 붉은 글씨로 크게 써져 있던데 무슨 뜻이죠?

아버지 | 중난하이로 가보지 뭐. '신화문(新華門)'이란 간판이 보이지? 양 옆에 보초가 서 있고…. 일반인은 들어가지는 못하지.

딸 | 왜 못 들어가는데요?

아버지 | 이곳은 관광지가 아니라, 중국 공산당 지도부가 있는 곳이거든. 북경은 평지가 아니냐? 바다도 없고 산도 없지 않니. 북경 사람들은 그래서 바다와 산을 만들고 싶었지. 그래서 호수를 만들고, 호수를 판 흙으로 산을 만든 거다. 명나라의 마지막 황제가 목매달아 죽었다는 자금성 북쪽의 경산(景山)은 인공 산이란다. 그리고 호수이름에 '바다 해(海)'자를 붙여 중남해,

북해(北海)라고 지은 거고…. 이 중남해는 미국의 백악관, 우리나라의 청와대 같은 곳이다. 아무나 들어갈 수 있겠니? 이 중남해 입구 좌우에 있는 붉은 글씨도 의미 있는 글씨이다. 뭐라고 씌어있지?

딸 | 왼쪽은 "공산주의 만세!"인데, 오른쪽은 모르겠어요.

아버지 | "싸우면 이기는 마오쩌둥 사상 만세!"라고 씌어 있다. 아직도 중국은 마오쩌둥의 권위와 공산당이 큰 힘을 발휘하고 있다. 비록 '정치협상회의'라는 정치기구가 있지만, 중국 공산당은 거의 절대적인 힘을 행사한다고 보면 크게 틀리지 않는다. 저기 천안문 한 복판의 중국 국기를 다시 살펴보아라. 아침저녁으로 국기를 올리고 내리고 하는 것이 명물이 되어 버린 저 천안문 광장의 '오성홍기'말이다.

베이징 중난하이(中南海)다. 베이징의 황궁인 자금성(紫禁城) 서쪽에 있다. 중국인들은 호수 같은 규모도 바다(海)라 부른다. 몽골어로 해(海)는 정원이란 뜻이다. 베이징에 인공호를 판 것이다. 약 100ha의 중난하이는 절반이 호수이다. 이곳에는 최고 지도자의 숙소와 함께 중국 공산당 중앙위원회와 국무원 청사가 입주해 있다. 두 호수 사이를 두고 지도자의 거주 공간과 당·정 기관이 흩어져 있으나 정확한 위치는 외부에 알려져 있지 않다.

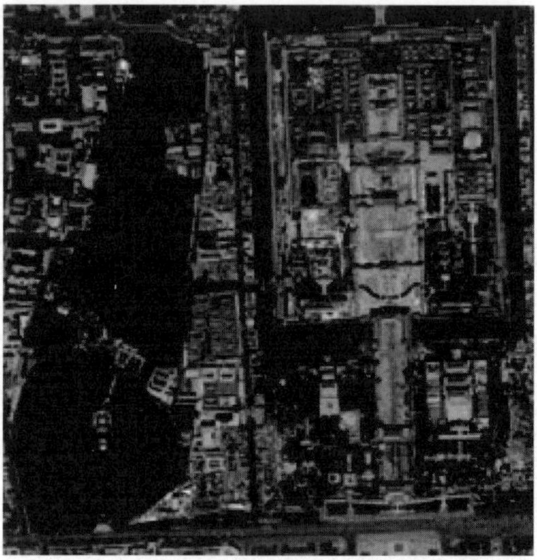

〈사진 14-2〉 위성에서 본 중난하이와 자금성

4. 전국 인민대표대회(全人大)

국회기능을 하는 명목상의 최고 국가 권력기관이다. 각 성과 자치구, 직할시, 군의 대표들로 구성된다. 전체대의원은 2979명이며 이 가운데 80%가 공산당원이다. 해마다 한 번씩 주로 봄에 열리는 전인대(全人大)는 헌법개정, 기본적 법률의 제정 및 개정, 국가 주석과 부주석 선출, 총리(주석 지명)와 부총리(총리 지명) 임명, 경제계획과 국가 예산의 승인 등의 막강한 권한을 가지고 있다. 그러나 최근 사법적 영역의 권한 확대 등 이미지 개선에도 불구하고 공산당의 결정을 추인하는 기구에 그친다는 평가를 받는다. 전인대가 열리지 않는 기간에는 상설기관인 상무위가 그 역할을 대신한다. 천안문 광장의 열주식 건물이 전국인민대표대회 건물이다.

중국 최대의 연례 정치행사인 전국인민대표대회와 중국인민정치협상회의(政協)에도 중국 정치 판도를 읽을 수 있다. 중국의 정치는 상하이출신 세력(上海幇)과 베이징 세력이 주도하고 있다. 마치 우리나라 정치에서 경상도, 전라도, 충청도 등의 지역정치 현상과 같이, 정치세력이 상하이와 베이징으로 양분되어 있는 것이다. 중국의 중앙정치는 이른바 상하이방(上海幇)이 주도하여 왔는데, 2006년 9월 상하이 시의 사회보장기금 불법 전용 비리로 천량위 당시 상하이 당서기와 추샤오화 국가통계국장 등 다수의 상하이 고위인사가 축출되면서 상하이방은 큰 타격을 입었다. 2007년 3월의 전인대에서는 류 치 베이징 당서기와 왕치산 베이징 시장 등이 2008년 베이징 올림픽 등의 분위기를 반영하듯 활기찬 모습이었다. 전인대, 정협의 표정을 보도하는 언론을 보면, "납작 엎드린 상하이, 기세등등한 베이징"으로 표현하며, 중국 양대 도시의 정치 명암을 보도하고 있다.[128)]

전인대 대표는 선거를 통해 뽑힌다. 전인대 상무위 부위원장 겸 비사장은 제10기 전인대 5차회의에서 제11기 전인대 대표선출방안을 설명하면서, 농민공이 집중되어 있는 성, 직할시에서는 농민공(농민출신 도시노동자)도 대표로 선출할 것을 천명한 바 있다. 또한 전인대 대표선출에서 소수민족 대표를 전체 12%, 여성 대표 22% 이상 뽑도록 규정했다.[129)]

---

128) 중앙일보, 2007. 3.9일자 40판.

129) 중앙일보, 2007. 3.9일자 보도.

5. 정치협상회의(政協)

정치협상회의(政協)는 각종 사회단체가 망라된 조직이다. 중국의 지방정부는 성-시-군-현 등으로 이루어져 있는데, 각급 지방 정부 건물 내에 정치협상회의와 인민정부가 있다. 우리나라도 시-군-구청사에 시-군-구의회가 있는 것과 같은 경우이다.

6. 국무원

국무원은 내각에 해당한다. 총리는 총서기가 임명하고 인민대표대회의 동의를 거친다. 국무원은 1998년 국무원 기구개혁을 통해, 40개의 부서를 30여 개로 줄였다. 외교부, 국방부, 문화부, 위생부, 인사부, 지질강산부, 국토자원부, 방송영화텔레비전부(廣播電影電視部), 정보통신부(信息產業部), 사법부, 공안부, 기계공업부, 국내무역부, 철도부, 교통부, 건설, 농업부, 수리부, 대외무역경제합작부, 국가안전부, 민정부, 감찰부 및 회계부 등 각 부서와, 국가발전계획위원회, 국가생육계획위원회(國家計劃生育委員會), 각 부서와 위원회 등 30여 개의 부서로 이루어져 있다. 부장과 위원장이 각 부서를 관장한다.

7. 중국을 움직이는 사람들: 정치국 상무위원

정치국 상무위원의 서열 1위가 당 총서기가 된다. 덩샤오핑 시대에 등은 당 총서기가 아니었다. 등의 후원을 받는 후야오방, 조자양 등이 당 총서기였다. 천안문 사건이후야오방 상해파인 장쩌민이 당 총서기가 되었고, 오늘날은 제4세대 지도자인 후진타오가 당 총서기이다.

중국에서 권력의 서열화도 바로 중앙위원회 위원의 서열을 뜻한다. 서방의 중국정치 분석가들의 관심은 중앙위원회가 어떤 사람들로 구성되는가 인데, 중앙위원의 변동은 곳 권력의 변동과 정책의 변동을 의미하기 때문이다.

(1) 개혁 개방의 주역: 덩샤오핑, 후야오방, 자오즈양

덩샤오핑(鄧小平)은 중국적 특색을 지닌 사회주의 "총설계사"이다. 1978년 당 제11기 3중전회에서 화구어평(華國鋒) 당시 총서기와 문화혁명 잔존세력을 누르고 개혁·개방 노선을 확립, 중국의 진로를 바꿔 놓았다. 덩은 자신이 총서기나 국가주석 또는 총리 같은 직책을 갖지 않고 후계자를 내세워 카리스마를 통한 실질적 통치를 하였다. 물론 중앙군사위원회 위원장직은 유지하여 군권을 장악하고 있었다.

덩은 후야오방과 자오즈 양 두 후계자의 급진적 개혁추진에 따른 민주화 시위와 보수파의 반발이 거세지자 장쩌민(江澤民) 상해 당 위원회 서기를 당 총서기로 발탁하는 등 절묘한 조정력으로 개혁파와 보수파를 아우르는 정치력을 발휘하였다. 1997년 鄧의 사망은 그에 대한 평가를 새롭게 하였다. 그는 사후 조용한 장례를 지시하고 화장을 하게 하였으며, 아무런 재산도 남기지 않는 등 그의 청렴성과 도덕성에 대해 새로운 인식을 하게 된 것이다.

등(鄧)의 노선은 사후에도 여전히 중국사회의 지도력을 발휘하고 있다.

후야오방(胡耀邦)은 등의 첫 후계자이다. 후야오방은 11기 3중전회에서 화구어평이 주장한 "마오쩌둥의 결정과 지시는 모두 옳다"는 범시론(凡是論)을 격파하고 마오의 대약진 운동과 인민공사제도를 비판하였다.후야오방은 민주화를 갈망하는 전국적인 학생시위에 미온적인 대처를 했다는 이유로 1987년 실각했다.

자오쯔양(趙紫陽)은 개혁·개방의 조타수를 맡았다. 1980년 국무원 총리에 이어 1997년 총서기가 된 그는 정부 가격 고시제 철폐 등으로 주목받았다. 1989년 6월 천안문 사건 때 군 동원과 계엄선포에 반대해 실각된 후 연금 상태에서 2005년 사망하였다.

(2) 포스트 덩(鄧) 시대: 장쩌민(江澤民)-주룽지(朱容基)

등(鄧) 사후 '포스트 덩'시대의 "장쩌민-주룽지 신체제"가 확립되는 과정도 형식상으로는 전국인민대표대회에서 국가주석이 선출되고 주룽지 국무원 총리가 인준된다. 그러나 시장경제 전문가인 주룽지 부수상이 수상에 오르고 10년간 수상 직을 지켜온 리펑(李鵬) 수상이 전인대 상무위원장 자리로 옮기고 장 서기의 정적인 차오스(僑石)가 전인대 상무위원장이 정치일선에서 퇴진하는 것 등이 이미 정치국 구성원의 역학이나 정책연합 또는 타협과 합의의 결과이며 이를 전국대표대회를 거처 전국인민대표대회가 공식화하는 것에 불과하다. 가령 장쩌민-주룽지 체제는 행정, 금융, 국유기업의 3대개혁을 추진한다. 국유기업개혁에 있어 주룽지는 한국의 개발독재와 재벌방식을 도입하여 국유기업을 1000개의 대기업그룹으로 재편하려 하였으나, 그 개혁 작업의 모델인 한국의 경제파탄으로 당 지도부내에서 큰 논란이 일었다.[130)]

(3) 후진타오(胡錦濤) 체제

제3세대의 지도자 강택민 총서기와 주용기 총리 체제는 제 4세대의 지도자 후진타오와 웬자바오 총리가 이어받았다. 후진타오는 문화대혁명 후 제대로 대학교육을 받는 첫 세대이며, 벽지인 티벳에서 당 서기를 지냈다. 지방과 중앙을 오가며 혹독한 지도자 수업을 받았다고 한다. 후진타오는 공청단(共靑團: 공산주의청년단) 출신으로, 공산당교 교장(총장)을 맡았다. 총리는 원자보(溫家寶)이며, 부총리는 황쥐(黃菊), 우이(吳儀), 쩡페이엔(曾倍炎), 후이랑위(回良玉) 등 실무 경제통이 맡고 있다. 국무원 총리, 인민대표대회 상무위원장(국회의장에 해당) 등이 모두 정치국 상무위원이다.

중공 제16기 중앙정치국 상무위원은 후진타오(胡錦濤), 우방꿔(吳邦國), 원자바오(溫家寶), 자칭린(賈慶林), 쩡칭홍(曾慶紅), 황쥐(黃菊), 우관정(吳官正), 리창춘(李長春) 등이다. 특이한 것은 후진타오, 우방궈 호아쥐, 우관정 등 8명이 상무위원 중 네 명이 청화대(淸華大) 출신이며 이들은 모두 엔지니어로서 테크노크랏이다. 북경대 출신은 없다. 웬자바오는 베이징 지질대, 쩡칭홍은 베이징 공업대 자동제어과 출신

130) 한겨레신문, 1998.3.5일자, 제9기 전국인민대표대회.

으로 역시 엔지니어들이다.

2007년 17차 당 대회에서는 9명의 정치국 상무위원을 선출하였다. 후진타오(胡錦濤), 우방귀(吳邦國), 원자바오(溫家寶), 리창춘(李長春), 자칭린(賈慶林), 시진핑(習近平), 리커창(李克强), 허궈창(賀國强), 저우융캉(周永康) 등이다.

2007년 10월 17대 공산당 전국대표대회에서는 시진핑(習近平) 상하이 시 서기 리커창(李克强) 랴오닝성 서기를 새 정치국 상무위원으로 선발했으나, 누가 후진타오에 이은 5세대 지도자가 될지에 대해선 구체적 언급이 없었다. 이는 1992년 당시 50세의 최연소 정치국 상무위원으로 발탁되면서 제4세대 집단 지도부의 리더를 예약했던 후진타오와는 커다란 차이가 있는 것이다. 그러나 관찰자들은 2012년 예정인 18대 전국대표대회에서 시진핑이 총서기와 국가주석, 리커창이 총리로 승진해 현재의 후진타오-원자바오 체제를 대체할 것으로 예상하고 있다.[131] 신임 상무위원 가운데 가장 시선을 끄는 사람은 시진핑과 리커창이다. 이들은 이전 지도부가 이공계 위주였던데 반해 인문학 전공자이다. 리커창은 베이징대 법학박사, 시진핑은 청화대 화학공정과 졸업이지만 박사학위는 법학이다. 또한 이들은 건국(1949) 이후 출생자로 처음 탄생한 상무위원이다.

중국정치는 '상하이방'이 주도하여 왔다. 강택민은 상하이시 당 서기였다. 천안문 사건 이후, 중국정치를 이끌 적임자로 발탁되어 중국의 지도자가 되었는데, 강택민 중심의 정치집단을 상하이방이라 한

---

131) "진화하는 중국 공산당식 민주주의"(중앙일보, 2007.10.23일자)

다. 우리나라의 경우, 경상도 출신 지도자가 중앙정치를 장악한 것과 유사하다고 보면 될 것이다. 후진타오 시대는 장쩌민 등 제 3대 정치에서 제4세대 정치세력으로 권력이 이동된 것 이외에, 상하이방이 물러나고 청화대 출신의 테크노크랏이 등장하는 지역 간 정치교체라는 의미도 내포하고 있는 것이다.

후진타오는 공청단 출신의 후야오방이 후원자였다. 천안문 사건으로 실각되었다 사망한 자오즈양의 복권을 시도하고, "인본적 사회주의"에 의한 "사회주의 신 농촌건설정책"등 제3세대와 차별되는 정책을 시도하고 있다.

제 15 장

중국경제의 현황과 경제정책

1. 국가경제의 건강상태

(1) 개혁 개방후의 고속 성장

몇 가지 수치를 보자. 2005년도에 중국 국가통계국이 처음으로 벌인 경제 센서스 결과, 2004년도 GDP(국내총생산) 규모가 1조 6539억 달러에서 1조 9317억 달러로 수정되면서 이탈리아(1조 6801억 달러)보다 앞선 세계 6위였던 것으로 나타났다. 통계에 잡히지 않아온 각종 서비스 업종의 생산액이 새로 확인되어 수정 발표된 것이다. 세계 GDP 총액에서 중국이 차지하는 비중도 3.8%에서 4.4%로 높아졌다. 센서스 결과 제3차 산업이 국내 총생산에서 차지하는 비중은 31.9%에서 40.7%로 높아졌다.[132]

중국이 개혁·개방 정책을 편 1978년부터 1999년간 GNP는 평균 9.6% 증가하였다. 그 견인차는 물론 경제체제 개혁과 대외개방정책

---

132) 한겨레신문, 2005.12.20일자.

이다. 계획경제체제의 경색화를 벗어나 중국은 수평적 분업, 수직적 분업이 전 지구적 범위에서 이루어지고 있다. 수출이 GNP에서 차지하는 비중은 개혁·개방 원년인 1978연 4.67%, 1990년 16.88% 그리고 1997년에 20.15%이다.

1996년과 1997년의 2년 동안에 중국은 국내 총생산 증가율이 9.7%와 8.8%였고, 물가상승률은 3%이내를 달성했다. 97년 국내총생산(GDP)이 3천 6백 24억 위안에서 97년 7조 4천 7백 22억 위안(약 9천 35억 달러)으로 개혁·개방 이후 20년간 20.6배가 증가하였다. 1978년 12월 중국공산당 제11기 3차 중앙위 전체회의(3중전회)에서 개혁·개방을 공식화한 이래, 지난 20년간 중국의 경제규모는 20배 성장하였다. 연평균 9.8%의 성장이라는 유례없는 고도성장을 한 것이다.

경제규모는 세계 6위이다. 78년 206억 4천만 달러로 세계 27위였던 교역액은 97년 3천 2백 51억 달러로 세계 10위이다. 2003년은 교역액 8512억 1천만 불이고 무역흑자는 255억 3천만 불이다. 외환보유고는 78년 1억 6천 7백 달러에서 1997년 말 기준 외환보유고는 1400억 달러로, 홍콩보유분 9백 60억 달러를 합치면 일본(2천 2백 80억 달러)을 제치고 세계 1위이다. 외채 1186억 달러 중 단기채 비중은 12%이다. 무역 흑자 403억 달러에 외자유치 620억 달러로 지표상의 경제는 탄탄한 모습을 보이고 있다.

제3장 제2절(2020년 중국의 위상)에서 설명한 중국 경제 현황을 다시 정리해 보자. 세계은행의 '세계발전지수'를 보면, 2007년 기준 국가별 국내총생산은 미국 13조 1639억 달러, 일본 4조 3684억 달러, 독일 2조 8969억 달러, 중국 2조 6447억 달러, 영국 2조 3770억 달

러 등으로 중국이 4위이다(한국은 8880억 달러로 13위이고, 미국의 국내총생산은 한국의 15배, 일본은 약 5배, 중국은 약 3배에 달한다).

그리고 성장률은 중국 9.3%, 일본 2.4%, 한국 3.9%이다. GDP 세계 4위, 무역규모 세계 3위, 외환보유고 2위(8189억불), 외국인 직접투자유치 1위, 안보리상임위국, 핵보유국, 유인우주선 발사국, ECA(동아시아 공동체)창설, ASEAN+3 에서의 주도권, 상하이 협력기구(SOC), 북핵 6자회담 주도국 등 경제, 과학, 군사, 외교력에서 이미 슈퍼 파워가 되어 있다. 한(漢), 당(唐) 기상을 이어 중국은 중화민족의 위상을 세계에 드높이고 있는 것이다.

중국은 캐나다와 멕시코에 이어 세 번째로 큰 미국의 무역상대국이다. 미국 CIA의 ≪2003년 팩트북(Factbook)≫ 통계에 따르면, 중국의 구매력평가로, 즉 물가와 환율보다 실제로 생산한 것을 기준으로 계산하면 세계에서 두 번째 경제대국이다. 1997년 GNP는 860달러이나, 중국 땅에서 구매력으로 환산 시 3570달러이다. 예컨대, 중국 노동자의 평균 임금은 2005년의 경우 월 1천 위안정도이다. 우리나라 돈으로 14만원이다. 그런데 중국에서 커다란 수박 한 덩이에 3위안, 우리나라 돈으로 450원이다. 중국인들은 아마도 한국인보다 훨씬 더 고기를 많이 먹을 것이다. 대학생 등록금도 한 학기 500위안(7만원)이고, 기숙사비도 한 달에 20위안(2천 8백원)이다. 이 처럼 구매력으로 계산해 볼 때, 중국의 개인소득 수준은 단순히 숫자가 제시하는 것 이상의 의미를 지닌다.

1990년대 초에 연변 등지를 여행한 분들은 술집에서 100불짜리를 흔들며 "너희들 이런 거 보았느냐"라고 호기를 부렸다고 한다. 그러나 중국인의 구매력은 이제, 한국산 소나타 자동차를 사며, 명품백화점에서 우리나라 돈으로 100~200만 원 하는 핸드백이나 옷을 구매한다.

중국의 2004년 무역량은 1조 2천억 달러로서, 미국과 독일 다음으로 세계 3위이며, 일본의 1조 7백억 달러를 앞선다. 중국의 대미 무역은 2004년 34%나 증가하면서 로스엔젤레스, 롱비치, 오클랜드를 미국에서 가장 번창한 세 항구로 변모시켰다. 2004년 중국의 대유럽 무역은 1772억 달러에 상당하며, 대미 무역은 1696억 달러, 대일 무역은 1678억 달러에 달한다. 2005년 10월 현재 한중 무역규모는 1000억불을 돌파하였다. 중국에 대한 한국의 투자는 290억 달러이다.

중국의 경제는 "덩샤오핑이 씨뿌리고 자오즈양이 물주기하고 장쩌민이 꽃피운다"라고 한마디로 요약할 수 있을 것 같다. 덩의 개혁·개방 정책 30년이 지난 오늘, 중국 경제는 빛과 그림자가 공존한다. 하지만, 오늘날, 중국의 개혁·개방을 다시 과거 마오 시대의 사회주의식 경제 정책으로 환원해야 한다고 생각하는 중국인은 그리 많지 않다. 그렇다면, 개혁·개방은 어째서 경제 발전 속도를 가속화하는가?

(2) 개혁개방은 왜 경제발전을 가속화하는가?

후자오량(胡兆量) 교수는 두 가지 원인을 얘기한다. 첫째는 개혁·개방의 보편성으로, 폐쇄경제는 실패하는데 반해 개방경제는 성공한다는 점을 든다. 일례로 체코의 경우, 폐쇄경제의 실시결과 1990년 체코는 GDP가 3140달러인데 비해 개방경제인 프랑스는 1만 9490달러인데, 체코는 프랑스의 1/6에 불과하다. 특히, 후진국가가 개혁·개방으로 추월 시 후발효과가 있다는 것이다. 둘째로 지역특성으로서 자연환경, 자원, 위치, 문화, 역사 등이 성장의 동력으로 작용한다는 것이다.

(3) 대국으로서 중국의 약점과 이점

960만 km^2의 토지, 13억 인구는 평균 성장률을 저하시킨다. 광활한 대륙과 지역적·환경적, 문화적 차이는 성장지역과 비성장지역의 차이를 크게 나게 한다. 연안지역의 높은 성장률은 내륙지역의 낮은 성장률에 의해 평균 성장률을 떨어뜨린다.

그러나 중국경제의 이점은, 13억 인구가 내수사장의 기반을 탄탄하게 받쳐준다는 것이다. 내수시장은 국제사장 의존도를 줄여주어, 금융위기 시 강한 경제체력을 유지케 한다.

(4) 세계 3위, 아직은 제3세계

그렇다면, 중국은 OECD 국가처럼 선진 국가 대열에 속하는가? 1997년 GDP/CAP는 860달러이다. 환율은 1:8.3위안이다. 헌데, 국제연합의 구매력평가(PPP: Purchasing Power Parity)에 의하면, 1997년 위안화 대 달러는 2:1이 된다. 중국 경제규모는 세계 6위이며 중국의 총생산량은 독일 규모이다. 하지만 1인당 총생산량은 독일의 1/15이다.[133)]

중국의 경제 지표 통계가 엉터리라고 홍콩과 일본 언론이 보도한다. 2005년 경제 성장률은 12.1%인데 9.5%로 발표하고, 외국인 투자는 실제로 -13.8%인데, 발표는 -0.8%라는 것이다. 의도적으로 축소, 과장하여 국가차원의 분식회계를 하고 있다는 지적이다.[134)]

---

133) 후자오량 지음, 윤영도 · 최은영 역, 『중국의 경제지리를 읽는다』(휴머니스트, 2003) 제1장.

134) 중앙일보, 2005.8.8일자, "중국 경제통계, 정부입맛대로?"

〈표 15-1〉 중국의 주요 수출입 품목(2003)

(단위: %)

수출 상위품목	비 중	수입 상위품목	비 중
기계, 전자제품 부품	51.9	기계,전자부품	54.5
의류 및 의류자재	11.8	철강제품	4.8
섬유원료 및 제품	6.1	원유	4.8
신발류	3.0	플라스틱 원료	3.8
플라스틱 제품	1.7	유류 제품	1.4

〈출처: 중국해관총서, 『중국해관통계』, 유희문 외, 『현대중국경제』〉

중국은 여전히 가난하고 허약하다. 중국인구의 2/3는 상하이처럼 활기찬 도시에 거주하지 않고 있다. 생활수준도 개도국 수준이다. 2001년 유엔 발표에 의하면 상하이나 베이징은 생활수준이 그리스나 싱가포르에 해당한다. 그러나 인구가 밀집한 깐수(甘肅)나 구이저우(貴州) 등은 아이티나 수단과 비슷하다. 중국은 여전히 노동집약적 산업을 주력으로 삼는다. 중국이 생산하는 다양한 제품들 중 중국인이 고안하거나 디자인한 것은 거의 없다.

중국은 '당주도의 경제 성장정책'으로 높은 성장률을 기록하였으나, 그 이면에는 국유기업과 국유은행의 부실이 문제로 대두되고 있다. 정기분리원칙에도 불구하고 정경유착의 고리를 끊기가 제도적으로 어렵고, 사회주의적 국유기업 운영 메커니즘을 개혁하고 금융을 내실화하는데 한계에 부딪치는 것이다.

둘째로 수출경쟁력의 유지가 문제이다. 지난 1990~1995년 중 중국과 아시아 주요 국가들의 수출증가율은 16~18%로 모두 같은 증가

추세였다. 그리고 1994년 중국의 환율 절하 시 1달러당 5.7위안을 8.7위안으로 절하하였는데, 중국 위안화의 평가절하설이 끊이지 않는 것은 그만큼 근년의 수출부진으로 중국경제가 침체를 겪고 있음을 반증한다. 동남아 통화가치가 동아시아 경제위기로 폭락함에 따라 위안화에 대하여 수출경쟁력이 회복된 것도 중국에게 있어 국제경쟁력 약화를 가져왔다. 중국의 수출 증가율은 1997년의 21%에서 1998년에는 0.5%, 1999년 6.1%로 하락하고 있다.

그러면 중국국민의 생활상은 어떠한가? "평균 중국인"의 모습은 어떠한가? 중국 국가통계국이 밝힌 평균 중국인은 월수입 1천 위안(약 14만원) 미만에 15평 아파트, 자전거를 타고 다니며 여가시간에는 주로 TV를 시청한다. 베이징 등 전국 12개 도시 5만 명을 대상으로 조사한 결과에 따르면 월수입 1천 위안 미만이 73%이다. TV, 냉장고, 세탁기 등 이른바 3신기(神器) 보유율은 각각 97%, 88%, 87%로 높게 나타난 반면, VCR, 에어컨, 전자레인지 보급률은 각각 28%, 34%, 23%로 낮게 나타났다. 개인용 컴퓨터와 자가용 보급률은 8%와 3%였다. 신용카드 소지자는 20%로 현금거래가 대부분인 것으로 나타났다.[135)]

연수입 5만 위안(750만원) 이상이면 중국에서는 부유층에 속한다. 이러한 신흥부유층은 530만 가구의 약 3천만 명으로 중국인구의 2.5%이다. 이들은 대부분 자영업자와 기업체 경영자들이다. 또한 개인교습을 하는 강사, 주식거래자, 연예인, 광고회사 중역 등이 신흥부유층을 형성한다. 이들은 주로 도시생활자이며 외국기업의 투자가

---

135) 동아일보. 1998.5.4일자, "中 도시서민들 어떻게 살까".

집중된 남부해안에 위치한 도시에 집중되어 있다. 이들은 중국경제를 유지하는데 필수적인 소비의 주 계층이며 민간 건설시장도 떠받치고 있다(북경일보, 1998.5.2). 이들의 소비수준은 선진국 국민에 못지 않다. 이들은 해외여행이 가능한 부유층이다. 베이징에 사는 왕구워칭(王國慶, 40) 씨 가족의 경우를 보자. 왕은 자본주의형 직장인 외국인 회사에, 부인은 사회주의형 직장인 학교 교사이다. 맞벌이 부부로서 '일가양제(一家兩制) 형 부부'라 불리는 이들 두 사람의 수입은 월 5천 위안(약 75만원)이다. 연 6만 위안이면 신흥부유층에 속한다. 저축액은 30여만 위안이나 된다. 이 돈이면 20평 아파트를 구입할 수 있으나, 이들은 자동차 구입을 바란다(중국에는 자동차 값이 비싸다). 부인이 다니는 학교에서 배정해준 집이 10여 평으로 좁지만 이들은 자동차 구입으로 레저 생활을 택했다. 이들은 주말여행을 즐기며 비디오 CD 시청 외식, 운전연습 등을 한다.

부유층은 월 130만원을 호가하는 호화유치원이 인기이며, 소비는 매년 40%씩 증가한다. 초등학교 4학년생 아들 하나를 둔 자오쥔(37)은 월수입 2800위안(약 36만원) 가운데 1/3을 아이에게 쏟는다.

(5) 양극화현상

중국 도시가구의 평균 국민소득은 이들 신흥 부유층에 비해 1/10 수준인 4839위안이며 농촌가구의 경우는 1926위안에 불과하다. 연간 수입 5만 위안 이상인 고소득층이 3천 만을 넘어선 반면 기본적으로 의식주조차 해결하기 어려운 극빈층은 6천 5백만 명이다. 빈곤층의 85%를 차지하는 농촌주민과 도시주민 간 빈부격차 심화와 이에 따른 상대적 박탈감은 중국사회가 해결해야할 문제들이다. 도시주민 1

인당 연평균 소득은 1978년 3백 43위안에서 1997년 5천 2백 위안(약 66만원)으로 늘어났다. 각종 가전제품의 보급 속도는 중국민의 생활수준 상승을 상징적으로 보여준다. 1985년 도시 100 가구당 컬러 TV는 17.2대, 냉장고는 6.6대, 세탁기는 48.3대였으나 1998년 상반기에는 각각 100, 73대, 89대이다.

신흥 부유층의 소비생활은 북경의 백화점을 보면 안다. 베이징의 싸이터(賽特) 백화점에는 외국제품은 물론 보석류, 고급의류, 장신구 등 고가품이 날개돋친 듯 팔려나간다. 베이징 시내의 홍콩 메이스팅(美食廳), 순펑(順峰) 등 유명 광동 요리 집은 예약하지 않으면 자리가 없다.[136]

한편, 중국 개혁·개방의 사각지대인 중서부에서는 1년 농사소득이 우리 돈 10만원도 안된다. 무작정 기차에 몸을 싣고 도시로 올라오는 농민들은 상하이역 등 주변에 노숙을 한다. 중국 정치협상회의 제10기 전국상무위원회 10차 회의에 제출된 보고서를 보면, 도농간 소득격차는 1985년 2.57배에서 2004년 3.23배로 확대되었다. 연수입 627위안(7만 8천원)의 빈곤선 기준에서 보면 중국의 빈곤층은 2900여만명이다. 그러나 연 수입 865위안(10만 8천원)이라는 저소득 기준에서 보면 9천여만 명에 이른다. 중국 전체인구 13억 기준에 9억 명의 농촌 인구 중 10%가 절대빈곤에 있음을 의미한다. 농촌에서도 지역격차가 적지 않다. 2004년 중국 농민의 1인당 연평균 수입은 967위안(12만원)이다. 그러나 상하이 인근 농민은 3815위안, 베이징 인근은 2662위안, 창장 삼각주의 저장성은 2675위안이다. 반면 서쪽의 신

136) 동아일보. 1998.12.14일자(중국개혁개방 20년)

장, 위구르 농민의 연수입은 493위안, 칭하이 지역은 476위안, 깐수 지역은 450위안, 티벳 자치구는 408위안(5만원)에 불과해 전국 평균의 절반에도 못 미친다.[137)]

중국 도시-농촌 소득격차를 보면, 도시 평균은 1995년 4283위안에서 2004년 9421위안으로 증가한데 비해, 농촌 평균은 1995년 1578위안에서 2004년 2934위안으로 도농간의 양극화는 심화되고 있는 것이다.[138)] "시골에서 사느니 차라리 도시에서 노숙"하겠다는 것이 오늘날 중국의 경제사회현실을 잘 보여주는 말일 것이다.

(6) 사회문제

개혁·개방에 따른 빈부격차 뿐만 아니라, 매춘, 마약, 밀수, 실업, 부정부패 등의 부작용도 만만치 않다. 매춘여성이 1천만 명, 색정복무(色情服務)라 불리는 매춘의 범람으로 유흥업소, 안마소, 이발소, 기사식당 등에서 종사하는 매춘 여성이 1천 만명 이상으로 추정되고 있다. 국공내전 당시 국민당과 싸운 홍색(紅色) 낭자군 대신 '황색(黃色) 낭자군'이 대륙을 점령하고 있다는 말이 나올 정도이다. 등록된 마약중독자만 54만 명이다. 에이즈 감염자도 30만 명이 넘는다. 중국의 실질적 실업자 수는 등록실업자 550만 명, 정부기구개편에 의한 인원감축으로 감축(分流)될 4백만 명, 국유기업의 정리해고(下崗) 직공 1,150여만명, 앞으로 국유기업에서 쏟아져 나올 1천만 명의 추가하강(下崗) 직공 그리고 농촌의 잉여인력 등 1억 8천 여명에 이른다.[139)] 특히 밀

137) 한겨레, 2005.8.31일자(시골 사느니 차라리 도시서 노숙)

138) 동아일보, 2005.10.7일자(중, '성장에서 분배로' 정책전환)

수는 개혁·개방 이전에는 없던 현상이며, 부정부패의 만연은 개혁·개방 이전과는 달리 권력형 부정부패의 형태를 보여주고 있다. '겉은 사회주의, 속은 자본주의'의 중국이 오늘날 중국의 현실이다.

급팽창하는 중국의 내부갈등도 터져 나온다. 2004년 10월 18일 충칭 완저우 사건(행인이 지게꾼을 폭행하며 한 발언에 분노한 1만여 명의 시민시위), 2004년 쓰촨성 한위안 사건(수력발전소 건설부지로 토지환수당한 주민 10만 명 시위), 2004년 4월 21~23일 광동성 둥완 사건(신발공장 노동자 수천여명 열악한 근로조건 항의 시위), 2005년 7월 28일 내몽고자치구 퉁랴오시 사건(카얼친구에서 고속도로 건설부지로 토지환수당한 농민들 수천 명 시위), 2005년 6월 11일 허베이성 딩저우시(환수당한 토지의 보상액에 불만품은 농민시위), 2005년 7월 광동성 푸산시(난하이구 농민 토지 환수에 항의시위 벌이다 경찰과 충돌) 등이 그 예이다.

2. 후진타오 시대의 경제정책

개혁이전의 경제정책은 ▸'과도기 총노선(1953~1957년)-스탈린주의 ▸대약진운동정책(1958~1960년)-마오쩌둥모델 ▸조정정책(1961~ 1965년)-유소기의 수정주의 모델 ▸문화대혁명기 경제정책(1966~1976년)-마오쩌둥 모델 ▸양약진 시기 정책(1977~1978년)-개혁 및 재 조성, 수정주의' 등으로 마오쩌둥 정책과 덩샤오핑 정책의 갈등과 이에 따른 정책변동으로 정리된다. 한편, 개혁·개방 시기의 경

---

139) 동아일보, 1998.3.20일자(21세기로 가는 중국)

〈그림 15-1〉 경제특구

제정책은 중국적 사회주의-사회주의 초급 단계론과 사회주의 시장경제체제의 형성으로 집약된다. 이 시기의 경제개혁정책은 '제1단계: 농업 개혁시기(1979~1983년) ▸ 제2단계: 도시 상공업 개혁시기(1984~1988년) ▸ 제3단계: 치리정돈시기(1988~1991년) ▸ 제4단계: 개혁심화, 개방확대시기(1992~현재)'로, 개혁·개방 경제정책의 확대정책이라 할 수 있다. 중국적 특색을 지닌 사회주의 건설을 지향하는 덩샤오핑 리더십이 빛나는 것은 시장경제체제로의 전환을 골자로 하는 경제개혁 대외 개방정책에서이다. 선부론(先富論)에 의한 경제특구, 연해안개방도시, 연해안경제개방구 등을 통해 외국투자유치를 하는 경제혁신정책은 그 정책시행 20여 년 동안 커다란 성취를 가져왔다. 경제특구는 중국의 초기 대외정책의 전초기지로서, 1980년 8월 광동성의 심천(深圳), 주해(珠海), 선두 및 복건성의 하문(夏門) 등 4개시가 지정되었다. 1988년 7월에 해남도를 성(省)으로 승격시켜 경제특구를 지정하였다. 1984년에는 중국 연해의 14개 도시를 개방하고 이 도시 내에 경제개발 기술구를 설치하여 수출 및 외자도입 촉진을 시도하였다. 대련, 연대, 청도, 연운항, 남통, 상해, 영파, 온주, 광주, 진황도, 천진, 담강, 복주, 북해 등 전통적인 항만도시들이다. 또한 1985년에는 장강삼각주, 주강삼각주, 하문, 장주, 천주를 잇는 삼각지대를 연해경제개방구로 지정하였다.[140)]

중국 공산당의 집권 철학이 담긴 핵심 키워드가 지난 30년간 이념에서 실리로 변해온 사실이 통계 분석에서 확인됐다. 중국 용어로 이념을 뜻하는 '홍(紅)'에서 실리 · 전문성을 뜻하는 '전(專)'으로 이동한 것이다. 같은 기간 동안 혁명 · 투쟁 · 무산계급 등 이념 색채가 짙은 용어들이 사라진 반면 발전 · 건설 · 경제 등 실용주의적 용어가 대거 등장했다고 유력 주간지 남방주말(南方周末)이 최근 보도했다.

〈표 15-2〉 중국 공산당 역대 당대회의 핵심 키워드 변화

구분	업무 보고자	1위	2위	3위	4위	5위
11차(1977년)	덩샤오핑	마오주석	우리들	사인방	당	무산 계급
12차(82년)	후야방	우리들	당	사회주의	건설	경제
13차(87년)	자오쯔양	사회주의	발전	당	개혁	경제
14차(92년)	장쩌민	사회주의	건설	발전	경제	당
15차(97년)	장쩌민	사회주의	발전	건설	경제	당
16차(2002년)	후진타오	발전	당	건설	사회주의	견지
17차(2007년)	후진타오	발전	건설	사회주의	사회	당

〈출처: 남방주말(주간지)〉

140) 송봉규 외, 『중국학 개론』(동양문고, 1988), pp.175~190.

이 잡지는 '중공 당 대회 보고의 30년간 키워드 변화'란 특집에서 1977년 이후 열린 일곱 차례의 당 대회 업무보고 문건을 분석했다. 또 수만~수십만 자의 당 대회 업무보고서에 등장한 단어의 빈도를 집계했다.

77년에 열린 11차 당 대회에선 '마오 주석' 단어가 214회나 등장해 1위를 기록했다. 문화대혁명이 끝난 이듬해 열리다 보니 마오쩌둥(毛澤東)의 그림자가 여전히 짙게 남아 있었다. 사인방(四人幇)·당·무산계급·혁명·사회주의·투쟁 등이 자주 눈에 띄었다.

82년에 열린 12차 당 대회에서는 단합을 강조하면서 '우리들(我們)과 당'이 가장 많이 등장했다. 이 대회부터 건설·경제·발전이란 용어가 전면 부상하기 시작했다. 마오가 지명한 후계자인 화궈펑(華國鋒)을 축출한 덩샤오핑(鄧小平)의 개혁·개방이 본격화한 시점과 맞물린다.

87년 13차 당 대회, 92년 14차 당 대회, 97년 15차 당 대회에서는 각각 '사회주의'가 가장 많이 등장했다. 소련과 사회주의권 붕괴를 경험하면서 '중국 특색의 사회주의'를 의식적으로 강조했기 때문으로 분석됐다.

이 시기 중국 공산당은 사회주의 간판을 내리지 않았다는 사실을 강조하면서도 실질적으로는 발전·건설·경제에 주력했다.

13차 당 대회에서는 기업가·재산권·경제특구 등 이전에 볼 수 없었던 신조어가 쏟아졌다. 덩샤오핑이 사망했던 97년에 열린 14차 당 대회에서는 추모 분위기의 영향으로 '덩샤오핑'이 수차례 등장했다.

개혁이란 용어는 87년 13차 당 대회 때 가장 많이 등장한 뒤 89년 천안문(天安門) 민주화 시위를 겪으면서 급격한 하향 곡선을 그렸다. 지난해 열린 17차 당 대회에 와서야 다시 '개혁'의 사용 빈도가 늘었다. 후진타오(胡錦濤) 주석이 집권한 16차 당 대회(2002년)와 17차 당 대회에서는 마침내 '발전'이 1위로 올라섰다. '건설'의 사용 빈도도 2위로 올라섰다.

17차 당 대회에서는 '제도'라는 용어의 사용 빈도가 높아진 것도 눈에 띄었다. 법과 제도에 의한 통치를 강화하려는 의지가 반영된 것이다.

후 주석의 집권 이념인 과학적 발전관과 조화사회론에 따라 '과학'과 '조화'가 집중적으로 부각된 것도 이때였다. 이 잡지는 "당과 사회주의의 등장 빈도는 꾸준했지만 발전과 건설은 30년 동안 시간이 갈수록 사용 빈도가 눈에 띄게 증가했다"고 밝혔다.141)

〈표 15-3〉 동북3성의 중점 추진 산업

지역	목표	진흥산업 및 업종
랴오닝성	2대 기지	설비기계(자동차 · 선박, 공작기계, 항공 · 우주 관련 설비) / 원자재(석유 가공 · 에틸렌 · 합성재료, 강판 · 강관, 금속 · 플라스틱)
	3개 산업	하이테크(IT · 바이오 · 제약) / 농산물 가공(곡물 · 야채 · 과일 · 수산물의 2차 가공) / 서비스(금융 · 정보 · 물류)
지린성	5대 산업기지	자동차(자동차 · 자동차부품) / 석유(가공석유 · 에틸렌) / 농산품(옥수수 · 육류 · 유제품) / 제약(한방) / 하이테크(광전자 · 신소재 · 액정)
헤이룽장성	6대 산업기지	설비기계(발전설비 · 항공) / 석유화학(석유 · 천연가스) / 에너지(석탄 · 화력발전) / 녹색식품(유제품 · 육류) / 의약품(한방 · 신약 개발) / 목재 가공(제지 · 펄프 · 판재)

〈출처: 중앙일보, 2006.3.28일자〉

141) 중앙일보, 2008.12.6일자

그러나 평등이념의 사회주의로부터의 이탈과 경제성장의 부작용은 1989년 6월 4일 천안문 사건에서 보듯, 중국인민의 저항에 부딪쳤다. 그러나 중국은 1992년 덩샤오핑의 '남순강화(南巡講話)'[142]를 통해 개혁·개방 정책을 확대해 나가는 정책을 전개하였다. 이러한 중국의 개혁·개방 경제정책은 장쩌민-주룽지 체제를 통해 지속되었고, 후진타오 시대에도 그 기본정책은 변하지 않았다. 다만 중국은 위의 절에서 설명하였듯, 고도성장과 이에 수반하는 불균형 발전문제 등을 해결해야 하는 정책문제에 부딪쳤다. 중국의 경제정책은 계획경제에서 규획경제로, 성장에서 분배로, 선부론(先富論)에서 균부론(均富論)으로 바뀐 것이다. 후진타오 주석의 주도로 열린 중국 공산당 16기 중앙위원회 5차 전체회의(5중전회)에서 채택된 중국의 11차 5개년 경제사회개발계획의 핵심이 바로 이러한 중국 경제정책의 전환이다. 계획경제와 규획경제의 차이는 무엇인가에 대해 아직 명확한 설명이 없다. 규획이란 아마도 느슨한 계획이라 해석할 수 있을 것 같다.

선부론은 덩샤오핑이 주장한 것으로, 먼저 부유해질 수 있는 지역이나 사람은 먼저 부유해지라는 것이다. 지역적으로 연해 경제특구 지역과 남부가 먼저 발전되고 거기서 얻은 힘으로 서부개발을 한다는 전략인 것이다. 사실 선부론은 평등주의 중국혁명의 이념과 배치되는 것이나, 덩샤오핑은 실용주의적 관점에서 선부론을 주장한 것이다[143].

142) 남순강화는 천안문 사건 이후, 덩샤오핑이 1992년에 우한 → 광둥성의 선전과 주하이 → 상하이를 방문하여, 흑묘백묘론에 입각한 개혁개방정책의 지속과 확대를 강조한 경제정책의 한 과정이다.

143) 개혁개방 이전과 이후의 경제정책 변화에 대해서는, 송봉규 外, 『중국학개론』(동양문고, 1998). 제5장을 참조할 것.

그 선부론이 산업간, 도농 간, 업종 간 불균형을 가져왔고, 체제 불안정의 요소가 되었다. 후진타오는 성장위주, 선부위주의 경제정책을 이제 바꾸어 보겠다는 것이다. 이 밖에 농촌생활수준 제고, 양보다 질에 치중하는 경제발전 도입, 그리고 행정관리 체제 개혁 등이 제16기 5중전회에서의 경제정책 전환의 내용들이다.

그렇다면 중국의 경제정책은 누가 만드는가?

(1) 누가 경제정책을 만드나?

후진타오 시대 중국의 경제정책은 시장경제세대의 테크노크랏 부장들(장관들)이 주도하고 있다. 중국 경제정책결정의 최고 수뇌부는 원자바오(溫家寶: 지질학) 총리와 황쥐(黃菊: 전기), 우이(吳儀: 석유), 쩡페이옌(曾培炎: 전자), 후이량위(回良玉) 등 4명의 부총리이다. 원자바오 총리가 경제정책을 총괄하고 황쥐 부총리가 금융개혁, 쩡페이옌 부총리는 공업, 우이 부총리가 통상, 후이량위 부총리가 농업을 각각 담당하고 있다. 여기서 유의할 점은 이들 국무원의 위원장, 장관들이나 총리, 부총리는 당 중앙의 고위직이란 점이다. 당 중앙이 최고정책결정기구이며, 국무원은 집행기구라는 점이다.

장쩌민에서 후진타오로의 권력이양 이후, 경제정책의 무게중심은 국무원 핵심 부장(장관)들에게로 옮겨가고 있다. 저우샤오촨(周小川) 중국인민은행장, 마카이(馬凱) 국가발전개혁위원회 주임 등 세 사람이 국제경제계를 주도한다. 저우샤오촨은 장쩌민 전 주석의 상사였던 저우젠난의 아들로, 미국에 유학하여 경제학 박사를 받았다. 경제학자 오징렌(吳敬璉)과 함께 『중국 경제체제 개혁의 총체적 설계』를 저술, 중국을 시장경제로 전환하는데 핵심 역할을 하면서, 인민은행장을 맡아 중국의 화폐, 금융정책을 총괄하고 있다.

진런칭(金人慶) 재정부장, 보시라이(薄熙來) 상무부장, 왕쉬둥(王旭東) 정보통신부장, 쉬관화(徐冠華) 과학기술부장, 두칭린(杜青林) 농업주장 등 테크노크랏이 중국경제의 과제인 양극화 문제를 해결할 경제정책을 주도하고 있다.[144]

(2) 균형 성장정책(선부론)에서 균형 성장정책(균부론)으로

중국은 1978년 개혁·개방 이후 불거진 사회경제적 불균형상황에서 오히려 개혁·개방의 가속화정책으로 나아갔다. 1992년 덩샤오핑의 남순강화(南巡講話)를 통해 중국지도부는 덩샤오핑의 선부정책을 이어간 것이다. 1980, 1990년대 덩샤오핑과 장쩌민 시대에는 동부연안의우선발전을 추구하는 '선부론(先富論)'을 발전전략으로 내세웠던 것이다.

'후진타오-원자바오' 체제의 이른바 '인본주의 경제개혁'은 빈부, 도농격차 해소와 경기과열 방지 등 두 가지 정책에 초점이 맞추어져 있다. 2005년 3월 14일 전국인민대표대회(全人代) 10기 3차 회의 폐막 때 열린 원자바오 총리 내외기자회견에서 원자바오 총리는 중국경제와 관련한 질문에 '3농 문제'와 '거시경제 조정'에 집중되었다.

중국공산당 제16기 중앙위원회 전체회의(16기 5중전회)에서 2006년부터 2010년까지 국민경제사회발전 제11차 5개년 (11.5) 계획의 청사진을 마련했다. 농민의 수입증대를 골자로 하는 농촌생활수준 향상, 빈곤 계층에 대한 국가재정지원 확대 등이 핵심이다. 2010년에

---

144) 조선일보, 2005.3.8일자(전환기의 중국지도부 대해부)

개방형 사회주의 시장경제 체제를 완성하고, 대국의 지위에 걸맞은 창의적인 과학기술 체계를 마련하는 것을 목표로 하며, 자방정부의 비효율성과 지방 관리들의 부패를 막기 위해 행정관리 시스템 개선 방안도 확정하였다.[145]

〈표 15-4〉 중국공산당 16기 5중전회 주요 결정사항

주요 결정사항
① 5개년 경제계획을 5개년 경제규획(規劃)으로 개칭 ■ 지시 · 통제형 계획경제 체제를 시장 경제 체제로 전환 ■ 거시적 · 전략적 · 장기적인 발전과 사회복지 지표 중시
② 선부론(先富論) 폐기 ■ 균부론(均富論)을 새로운 구호로 채택 ■ 도농 · 계층 · 지역 간 격차 축소 의지 표현
③ 농촌 생활수준 제고 ■ 농민 수입 증대와 농촌 의료 개혁 본격 추진
④ 양보다 질에 치중하는 경제발전 모델 도입
⑤ 행정 관리 체제 개혁 ■ 사회 관리와 대중 서비스 기능 강화

〈출처: 중앙일보, 2005.10.12일자 "중국경제정책대수술"〉

이는 2002년 후진타오 당 총서기 겸 국가주석 체제 출범 이후 4세대 지도부가 내놓은 첫 중장기 국가발전 전략이다. 핵심은 '사회주의 신 농촌 건설'을 통한 도농 간 격차해소와 성장에서 분배 중심으로 경제정책을 전환하는 것이다(이 계획은 2006년 전국인민대표대회에서 정식

145) 중앙일보, 2005.10.12일자.

통과된다). 후진타오 주석은 2004년 9월 16기 4중전회에서 "공업화 초기에는 농촌과 농업이 도시와 공업을 지원했지만, 이제는 도시가 농촌을 지원해야 하며 공업이 농업을 먹여 살려야 한다"고 했다. 사회주의 신 농촌 건설은 지난 50년간 중국경제의 발전전략에 대한 전면 재검토라는 점에서 주목을 받고 있다. 사회주의 신 농촌 건설은 사회간접자본, 교육, 환경, 의료 등에 대한 중앙정부의 집중적인 재정 지원 및 호구제도의 점진적 철폐 등을 통해 불균형발전의 모순을 해결하겠다는 뜻이다. 11차 5개년 계획에서는 안정적인 재정운용을 통해 경제성장률을 연 8%수준으로 억제하면서 사회복지 투자 비율을 높여 빈부격차 해소에 역점을 두는 균부정책을 시행하겠다는 의지가 담겨있다.

(3) 균부정책의 한계

중국은 1978년 개혁·개방 초기에 인민공사를 해체하고 소농경제로 전환하면서 농민에게 자주적 영농권을 부여한 농업개혁을 실시하였으나, 농촌의 근본문제는 해결하지 못한 것이다. 그래서 중국은 도시가 농촌을 지원하는 형식의 농촌 살리기에 나섰다. 2004년 정부는 농업세를 줄이고 보조금 지급을 늘리자 농촌 출신 산업예비군들이 귀농하는 현상이 나타났다. 이러한 농촌지지 정책으로 농가 수익이 16% 증가한 것으로 나타났다.

그러나 중국지도부의 이러한 농촌 살리기와 경제성장이라는 '두 마리 토끼 잡기'는 어려움에 봉착할 것이라는 회의시각도 적지 않다. 농촌 살리기로 인한 귀농현상은 이른바 '민공황'이라 불리는 공장일손부족 현상으로 이어지기 때문이다. 일손부족은 임금상승으로 나타나고, 원자재 값 상승과 더불어 저임금 위주의 중국 산업에 발목을 잡게되기 때문이다.

그리고 철강, 시멘트, 자동차 등 일부 과열업종에 대해 통제와 불량 대출 회수 등 거시경제 조정으로 경제의 급격한 상승이나 물가앙등 정책을 펴고 있다고 하였다.

그러나 이러한 거시조정 정책은 성장위주의 중국경제를 조정하는 데에는 한계가 있다. 정부가 은행대출을 통제했지만, 각 분야의 투자는 25%이상 늘었고, 자하금융을 동원한 부동산의 과열은 건잡을 수 없기 때문이다.

또한 급속한 성장드라이브 정책에서 균형성장정책으로 전환함에 있어, 기득권층의 저항을 어떻게 해소하느냐가 중국 지도부의 과제로 떠오르고 있다.

분명한 것은 중국의 경제정책인 경제체제 개혁과 특구위주의 개방경제정책은 후진타오 시대에도 그 물결을 거스르지는 못할 것이다. 특구는 중국의 성정부에서 자율적으로 확대해 나가고 있으며, 투자유치를 위한 정책은 포기되지 않을 것이다. 또한 사회주의의 기본이념을 포기하고 서구식 민주화로 가는 것도 쉽지 않을 것이다. 중국인들은 서구식 민주화를 주장하는 사람들에게 대하여 "공산당을 대체할 만한 정치세력이 중국내 어디에 있느냐"라고 반문한다.

경제정책은 정치민주화와 자치와 분리를 요구하는 소수민족의 목소리와 행동에 맞물려 조정되어질 것이며, 후진타오 시대의 경제정책도 정치와 경제의 변곡점에서 조화를 찾아나갈 것이다.